한국 고대극장의 역사

A Study of Theater Space in Korean Court Ritual

韓國 古代劇場의 歷史

한국 고대극장의 역사

우리 옛 극장의 기원, 그리고 그 정체성을 찾아서

辛仙姬

열화당

머리말

나는 지난 이십여 년 동안 대학에서 서양극장사를 강의해 왔다. 그것은 공부하기를 게을리 할 수 없는 소중한 기회였고, 한국의 극장사에 대한 근본적인 고민을 하게 만들었다. 그 동안 나는, 한국 전통극장에서는 희곡이 정착되지 않아 연극이 아닌 연희만이 가능했다는 점과, 건축적으로 극장을 짓고 상업행위를 하지 않아 극장의 역사가 없다는 일반론을 수긍할 수 없는 답답한 심정에 시달려 왔다. 그리하여 후학들을 대할 때마다 죄를 짓는 것 같은 무거운 마음이 내게 한국 전통극장의 내용에 대한 체계적인 공부를 부추겼다.

흔히 주위에서는 한국의 전통극장은 사료가 빈약하여 극장사의 연구가 불가능하다고도 했다. 그러나 나는 한국 현대극장의 현장에서 일하고 있고, 그 중심이 되는 전통의 정신과 양식을 계승하는 데 몰입해 왔다. 현대극장에서 한국적 양식이란 무엇인가, 한국의 극장예술은 문화사적인 측면에서 어떻게 형성되었는가 하는 의문에 대한 해답을 얻기 위해 사 년 동안 박사학위논문을 썼고, 선배들의 독려로 이 년이 지난 지금 이 책을 내게 된 것이다. 이 책은 물방울로 바위를 뚫는 공부의 즐거움을 간신히 터득한 이 시점에 많은 도움을 주신 선배·동료·후학들에게 보답으로 내놓는 일종의 증거물에 불과하며, 가까운 미래에 한국극장사 연구에 더욱더 힘써 달라는 후학들에 대한 부탁이기도 하다.

이 책에서 나는 고대부터 조선 후기까지 행해진 왕실 주도의 의례를 텍스트가 있는 가무악의 형태로 취급했고, 인간생활의 길흉화복을 우주의 순환법칙에 반영시키는 제의적 연극과 왕실과 백성이 함께 개최한 축제극장의 양상을 공간 연출의 시각에서 연구했다. 무엇보다도 이 연구의 핵심은 산과 물의 제단에서 출발한 제의적 무대공간의 원형을 탐구하는 것이었고, 유(儒) · 불(佛) · 선(仙)의 사상이 혼재된 역사를 통해 일관되게 지켜져 온 토속신앙이 공간적으로 실체화된 산대(山臺)의 유형과 기능을 연구하는 것이었다.

한국 민속극 분야와 조선시대 의례와 연희는 그 동안 많은 학자들에 의해 연구되었다. 따라서 나는 민속학으로만 규정되고 있는 상고시대 · 삼국시대 · 고려시대의 제천의례와 불교의례를 국사학 · 고고학 · 미술 · 음악 · 무용 · 시가(詩歌)와 종합하여 극장예술의 형태로 연구하는 한편, 중국 · 일본 · 인도 · 그리스의 극장과 비교했고, 조선시대 궁중의례를 20세기 서양의 환경극장과 비교했다.

한국의 극장공간은 사찰과 궁궐에서 의례용으로 지어진 중정(中庭)과 정전(正殿)의 건축이 시사하듯 땅에서 하늘로 열려 있는 반야외 · 반실내 공간이었다. 자연공간을 향해 신속하게 열리고 닫히는 한국 의례공간의 유동성은 고정된 관념적 극장공간을 해체하는 현대 환경극장의 원리와 같은 것이며, 인간의 극행동이 현시적인 사건으로 확대되는 제의적 야외극장의 양상과 일치하는 것이다.

극장공간의 연구에서 도면작업은 필연적인 것이었고 수채화로 그린 일부 의례공간의 유추도는 연구의 내용에 따라 제작한 것이다.

이 글은 불과 수년 동안의 연구이지만 화두는 오래되었다. 열심히 공부했다는 기쁨의 한편에 수십 년 동안 연구하신 선배들에게 부끄럽고 죄송한 마음 금할 길 없다. 직접적인 도움과 격려를 아끼지 않으신 심우성 · 서연호 · 고승길 · 강춘애 · 사진실 교수님께 감사드린다.

끝으로 어린 시절부터 훌륭한 스승들로 하여금 한국의 전통예술을 가르쳐 주신 위대한 교육자, 나의 부모님께 깊은 감사를 올린다.

2006년 2월
신선희

차례

A Summary
A Study of Theater Space in Korean Court Ritual

The art of Korean theater has its origins in the ancient rituals of heaven worship. The court rituals, managed by the State, enjoyed an uninterrupted existence from the Three Kingdoms period (三國時代, 57 B.C.–668 A.D.) through the late Joseon (朝鮮, 1392–1910) Dynasty. The tradition of rituals as theater was by turns motivated by Shaman, Buddhist, and Confucian beliefs, and it gave rise to a special kind of theater space that satisfied the needs of both worship and pure celebration.

The object of worship in ancient Korean rituals was "God of Heaven (天神)." Beginning in the fourth to the third century B.C., the Yeonggo (迎鼓) of Buyeo (夫餘) and the Mucheon (舞天) of Ye (濊) practiced group singing and dancing as a way of greeting God of Heaven. The Sodo (蘇塗) of Mahan (馬韓) hung drums and bells from big trees during similar ceremonies, indicating the mountains and the forests were the setting of these ceremonies.

Mountains and trees have held a special place in Korean worship. They are described as the pillars of the universe (宇宙山, 宇宙木), buttressing Heaven and Earth, and thus easily take the role of the altar. In the Dangun (檀君) myth , which is the founding myth of Korea, Hwanwung (桓雄) descends from Mount Taebaeksan (太白山) by way of a sacred tree named Sindansu (神檀樹). The sacred tree is thus the point where God of Heaven and the Godly Founding Father merge into one.

In the Three Kingdoms period, Goguryeo (高句麗, 37 B.C.–668 A.D.), Baekje (百

濟, 18 B.C.–660 A.D.), and Silla (新羅, 57 B.C.–935 A.D.), all performed rituals for the Divine Founding Fathers, held in Shaman temples, concurrently with rituals for God of Heaven, held on high mountaintops.

The most representative ceremony of Goguryeo was the Dongmaeng (東盟) ceremony, which was performed from the second century on to the sixth. It was a ceremony which reenacted the birth myth of King Dongmyeong (東明王), the founder of Goguryeo, who was believed to have been born from the marriage of Sun God, Haemosu (解慕漱) and River God, Yuhwa (柳花). The ceremony represented the birth and the death of the founder by giving a symbolic meaning to a phenomenon of recurrence in nature, in this case, the sunrise and the sunset. At sunset a river burial was carried out where a statue of the founder was burned and sunk in the water. Then, at sunrise, a rebirth of the founder was announced with a new statue, which was then carried throughout the capital in a walking ceremony.

The mountain for Koreans is the place of burial and the passageway to the other world and where the ancestral spirits thus linger. In Baekje and Silla, therefore, God of Heaven was re-imagined as God of Mountain (山神), and God of Earth (地神) as God the Dragon (龍神). The houses of worship for these gods were accordingly placed in the mountains and in the seaside forests respectively.

To move the godly presence in natural space into human space, a special sacred pole called Singan (神竿) was used during the ceremonial procedures. Singan was a symbolic representation of Sinsu (神樹, the earlier sacred tree) which itself was a representation of the mountain. Singan was further broken down into Singi (神旗, the sacred flag pole), Janggan (長竿, the long pole), and Jogan (鳥竿, the bird pole).

Likewise, during this period, many sacred places were marked in the village: for example, the Seonang, a stone pile, the Dangsanmok (堂山木), an extra-tall tree, the megalith, and the mound, where tutelary gods or spirits were believed to reside. While these places were fixtures in the everyday life of the village where villagers stopped to engage in rituals of worship, the court held its own special rituals in the palace gardens and the temple courtyards. During these court rituals, in front of the gates of palaces and temples, an open feast would be spread out for all come and partake freely of the food and the celebration.

The ritual music during the Three Kingdoms period was largely influenced by the Northern and Southern Dynasties (南北朝, 420–589) that ruled China then, but soon locally-developed musical instruments and musical forms flourished and led to Gamuak (歌舞樂), which was a comprehensive form of performance art combining acting, singing, and dancing. The Three Kingdoms also saw the rise of Shaman-related music and dance and acts of magic and exorcism.

In Silla the performance of rituals was carried out in a pagoda-shaped structure which was built in front of the royal pavilion or the ceremonial altar. The pagoda was made up of two levels, on the upper part of which musicians played music while on the lower part people sang and danced to the music coming from above. Sometimes, as shown in the Igyeondae (利見臺) pavillion at Gameunsa (感恩寺) temple, a pavilion was built over the sea so the king and the Hwarang (花郎, the flower of youth in Silla Dynasty who excelled in beauty and military arts as well as trained for ritual music and dance) and other dignitaries performing the ceremony were stationed above the rising tide during the ceremony.

The concept of the stage made its appearance in this period of the Three Kingdoms. Nodae (露臺) and Nudae (樓臺), for example, were open platform stages, and Mujeong (舞亭) and Muru (舞樓), were open but roofed pavilions where ceremonial music and dance were performed. In the meantime, the chariot show of Sangeo (山車) and a variety show of acrobatics and other acts of entertainment called Baekijapgi (百戲雜伎) were typically played out on open grounds in front of the temple gates or inside the palaces. They would then also travel through the whole city afterwards.

During the Unified Silla (統一新羅, 668–935) period, traveling ritual ceremonies became popular, and mountains, seas, and rivers became sanctified, as they were visited by these ceremonies. Open stages and pavilions, symbolizing by their shape the all-important mountain, were still being built as well on temple and palace grounds, and they continued to be the setting for Sinakmu (神樂舞, a ritual music and dance), or the divine song and dance.

The ceremonial traditions of Silla survived the fall of Silla. When King Taejo (太祖) of Goryeo(高麗, 918–1392) Dynasty, which replaced the Unfiied Silla in 918, had the Palgwanhoe (八關會) ceremony performed in the first year of his reign, he in effect borrowed from the Silla ceremony of Yongbongsangmachaseon (龍鳳象馬車船). This was a pageant featuring a traveling chariot, carrying the sacred tree and characters variously disguised as a dragon, a phoenix, and an elephant, which were considered divine animals, a suite of performing horses, and sailboats sailing on the river.

Yeondeunghoe (燃燈會) and Palgwanhoe were representative state ceremonies of Goryeo and were celebrated throughout its 600-year history. These ceremonies brought together the king and his subjects in a communal setting where they enjoyed music and dance performed by specially-trained female artists and exchanged with one another gifts of wine, flowers, tea, and incense. For these ceremonies, a semi-indoor, semi-outdoor theater space was built with a special set of steps leading to it, which the participants of the ceremony ascended together.

I would like to give the name Dae (臺) to this special space which the king and his subjects ascended together and where they shared the common vision of the ideal world as sung in the songs of the female performers. I, moreover, have written a script organizing the structure of the ceremony as an epic drama. The alternation of ritual procedures and the female performers' songs and dances is reminiscent of the structure of epic drama where the protagonists' adventures alternate with musical numbers performed by the chorus.

The distinguishing characteristic of the space used in Yeondeunghoe was that the ritual space of Dae adjoined the congregational space of Madang. The lanterns hung on Chaebung (綵棚, the colored hill) erected on Madang would cast beams of sacred light on the ritual space of Dae. The main feature of Yeondeunghoe was the lighting of lanterns, and the whole city was covered with posts, trees, hills where lanterns were hung. Musical shows were also popular, and during the festival they continued on end in front of the palace and temple gates.

As for Palgwanhoe, the setting was inside the palace on its main open square.

Two stages were set, and thousands of soldiers and spectators surrounded them. One stage was set up in front of Sinbongmun (神鳳門, the divine phoenix gate) where the royal tent was pitched. It was reserved for ritual ceremonies. The other was a stage where in the center there was a rotating lantern, and on either side of the lantern two colorful mountains constructed from silk were erected. This stage was reserved for a variety show. I attach great importance to these two spaces as they represent the space of rituals and the space of festive celebration, the juxtaposition of which is the central characteristic in my view of the Korean ritual theater space. I propose to call these two types of spaces Dae and Madang respectively.

On the Dae, where music and dance were provided by trained female performers, the main acts of ritual ceremony took place. On the Madang, in front of it, a variety show of magic, acrobatics, animal shows, and other sundry performances would take place. Chaebungsan (綵棚山, the multicolored silk mountains) erected on Madang sometimes rose as high as 15 meters, and on them hung numerous figurines and sacred objects, making them into huge sacred objects themselves.

Unlike the Goryeo Dynasty, which embraced Shaman, Buddhist, and Confucian beliefs at once in its court rituals, Joseon Dynasty adopted Confucianism as the state's official spiritual policy and sought to convert its subject to that path through the administration of correct behavior codes and correct forms of art. There was no longer any place for variety shows in these times. Only Dangak (唐樂, the court music of Tang in China) and Hyangak (鄉樂, the court music of Goryeo) would be permitted on the Dae and the Madang.

Jinyeon (進宴) was a Confucian rite performed in the palace to seal a sacramental vow between the king and his vassals. It was a theatrical ceremony where wine was offered to the king, and all the participants acted in solemn manner and kept their distance as demonstration of propriety as decreed by Yeak (禮樂). Ye(禮), signifying the Law of Earth, required that man find his own station in life, and the ritual was intended to show that each participant understood his relative station and those of the others. Ak(樂), meaning music, on the other hand was meant to be the expression of the ideal world of heaven where perfect harmony existed among the five elements of the universe: namely, water, fire, metal, wood, and earth. Ohaeng (五行, the five elements), by special spatial concept, also designated five directions of the universe: north (water), south (fire), west (metal), east (wood), and center (earth).

In the Jinyeon ceremony, the king's throne represented heaven, and a huge platform, the Dae, was built in front of it to accommodate bowing, offering of flowers and drinks, reciting of ceremonial poems, and choral singing and dancing. The participants, approaching the Dae, however, did not walk straight to it but followed winding alleys, taking steps to the east and steps to the west, sketching a generally circular path. The significance of this detoured approach was that it created harmony Hwa (和) among the five directional spaces. It was believed that the five directions and the five elements were in constant conflict with one another but that they were nevertheless able to coexist if embraced in this manner in circular space, as nature itself did by its circular movement.

On the Dae, the dancers and singers took center stage. They dedicated to the King a song of the people and a chanting of blessings and a dance choreographed in symbolic spaces and gestures. The musical orchestra on the other hand was placed on the Madang, the courtyard space.

The relationship between Dae (臺, platform), Madang (庭, courtyard), and Gil (路, path) was already established in the Palgwanhoe ceremony of Goryeo Dynasty. The Jinyeon ceremony of Joseon Dynasty, however, prescribed that all subjects, including the musicians and the chorus members, were to be placed on Madang, the courtyard, below Dae, the ceremonial platform, until they were called upon to be on the platform. Long alleys and steps formed Gil, or the path, where the act of moving toward the sanctuary would be symbolically enacted.

The sacred mountain took on monumental proportions during the Joseon Dynasty. In front of Gyeongbokgung (景福宮) palace near Gwanghwamun (光化門) gate, huge mountains (18 to 27 meters high) called Sandae (山臺), representing four seasons, were built by water fountains called Dajeong (茶亭). Numerous figures of ancestors and saints were placed on the realistically modeled mountains. In front of the mountains, thousands of people gathered to watch, as acrobats, clowns, and animal performers all got ready to present their acts.

When the King went on a parade, the road he took went from the ancestral shrine at Jongmyo (宗廟) to Gwanghwamun gate. His carriage was led by Yesandae (曳山臺), which was the royal mountain on wheels. Heongasandae (軒架山臺) was another traveling stage from which typically famous old tales would be told. Sometimes such a traveling stage would be sent out of the city as part of the welcoming reception for visiting imperial envoys from China. On such special occasions, the stage also held dancing and drumming together with mechanical puppet shows.

The Korean court rituals invented majestic spectacles illustrating the divine world realized on earth. Sinsu (神樹, a sacred tree), Hwasan (火山, mauntains of lanterns), Hwasu (火樹, trees of lanterns), Chaebungsan (綵棚山), Yeonhwadae (蓮花臺, the lotus flower stand), Chaebung (綵棚, the canopy in court ritual) and many types of traveling Sandae stages were all technological devices created to bring a vision of the ideal world into the space of the theater. The ritual spaces in the palace, the temple, the pavilions, the city gates, the mountains, and the rivers all formed environmentally harmonious performing spaces where human life was just another part of the universe and its circularity.

The task of Korean contemporary theater is to revive natural space, both indoors and outdoors and in architectural constructs. At the same time, the tradition of magical theater, which continued for more than 2000 years and which was expression of deep-rooted spiritual beliefs of Koreans about mountains, trees, the five elements, and other phenomena of nature should be revived as well. The use of modern technology should give renewed life and means to this form of theater, both so rewarding spiritually and hugely entertaining as spectacle.

1장 서론

한국의 극장예술 연구는 희곡을 중심으로 하는 연극론의 영향을 받아, 전통극장을 조감하는 데 여러 가지 부정적인 결과를 초래하고 있다. 현재까지도 연극학계에서는 연극의 특성을 허구적 이야기와 가상의 인물 창조로만 국한시켜, 이야기가 아닌 것은 연극의 대상이 아닌 것으로 단정하고 있다. 따라서 서사적 대본을 갖춘 가면극·인형극·판소리만을 한국의 전통연극으로 간주하고 있으며, 행동 중심의 산대잡희(山臺雜戲)를 놀이로, 궁중의례를 즐거움을 베푼 정재(呈才)로 축소해 정통 극장사의 범주에서 제외시키고 있다.

근대 이전 한국에서는 연극이라는 용어를 쓰지 않았고, 오기(五伎)·산대잡희(山臺雜戲)·괴뢰희(傀儡戲)·나례(儺禮)·소학지희(笑謔之戲) 등의 종목별 고유명칭만이 있었다. 서양극장 역시 비극·희극·전원극·판토마임·마임·오페라·발레·멜로드라마 등의 명칭이 있었을 뿐 극장예술 전체를 극이라고 통칭한 적은 없다. 드라마(drama)의 어원은 '행위하다'라는 뜻의 그리스어 드란(drān)이며, 아리스토텔레스는 연극을 무대에서 상연되는 행동의 하나의 완성된 구조로 보고, 종말이 열려 있는 서사시(epic)와 명확히 구분했다. 따라서 그가 강조한 플롯은 서사적인 해설이 아니라 시작과 종말이 있는 사건, 즉 기승전결의 구성이었던 것이다. 물론 이러한 구성은 재현이 가능한 희곡으로 정착된다. 그런데 희곡이란 인물의 창(唱)이나 대사를 통한 언어 외에 음악과 제스처(춤)의 운율과 구성을 통해 총체적인 생명의 리듬을 갖는 공연대본이기 때문에 엄밀한 의미에서 문학의 범주와는 구분해야 할 것이다. 연극은 의식적(儀式的)으로 만들어내는 공개적 사건이며, 희곡은 이러한 극적 행동을 시공간의 구조로 적어 놓은 대본으로 보는 것이 타당하다.

현대의 인간은 공간을 우주적으로 인식함으로써 인간의 행동 역시 일상적 시공간을 뛰어넘는 하나의 특별한 의사소통의 방법으로 확대해 파악한다. 따라서 현대의 공연예술은 미학적인 허구의 세계로부터 역사적 사건으로 확대되고 있으며, 고정된 극장공간의 해체와 함께 새로운 의식 및 축제 공간을 추구하고 있다.

극장예술은 시대를 막론하고 인류문화사의 측면에서 종교·정치·사회의 사상과 현상을 하나의 압축된 공간 행동으로 반영하는 특수장치로서 존재해 왔고, 목적에 따라 고유한 의식을 행사해 왔다. 따라서 우리는 극장 연구를 당시의 역사적 현실과 문화사상의 측면에서 바라보고, 현대문화의 현상과 연관되는 보편성을 추구해야 할 것이다.

극장예술에 대한 신화적 접근방법은 20세기 서양극장에서 재현주의적 무대를 타파하는 움직임으로 일어났는데, 그 이상적 모델은 동양극장의 제의적 양식성에 담긴 극장주의의 세계였다. 극장주의 미학적 개혁은 실내극장의 폐쇄성을 극복하기 위해 자연공간과 결합하는 야외극장을 재생시켰고, 이는 21세기 세계 극장에서 보편화한 현상으로 나타나고 있다. 그러나 아직도 한국에서는 서양 근대연극의 수용에 머물러 폐쇄적인 액자무대를 짓고 있으며, 제의성과 축제성을 지향하는 현대의 열린 극장(open theater)에 관심을 기울이지 않고 있다.

한국의 극장예술은 고대의 제천의례(祭天儀禮)에서 출발해 무(巫)·불(佛)·선(仙)·유(儒)의 종교사상을 기반으로 하는 국가의례의 전통 속에서 제의적 연극을 형성했다. 제의는 초월 대상을 청배(請拜)하는 신맞이와 신을 즐겁게 하는 오신(娛神)의 행위, 신과 일체가 되기 위한 신성설화(神聖說話)를 연행(演行)함에 있어 가창, 음악 연주, 무용, 의상, 가면, 분장 등의 극장예술 요소를 수반했다.

한국의 궁중의례는 고대로부터 조선시대까지 임금이 제주(祭主)가 되어 군신들과 함께 의식을 치르는 것을 규범으로 해 지방 관아와 향리들이 제사를 지냈으며, 수일간의 놀이축제가 뒤따르는 것이 통례였다. 왕이 집전했던 궁중의례의 전통은 한국의 문화사상을 반영하는 특수한 장치로서, 한국문화의 신화공간을 현실세계에 투영하는 극장예술의 내용과 양식을 창출했다. 궁중의례는 또한 인간생활의 길흉화복을 우주의 순환법칙에 연결시키는 국가적 제의행사로서 자연공간 속에 제장(祭場)을 열었으며, 한편 신궁(神宮)·사찰·궁궐 등은 의례의 공간을 중심에 두고 건축되었다.

이 책의 목적은 첫째, 고대 국가의례에서 자연이 의례의 대상이 될 때 자연공간에 제장이 형성되는 과정과 자연이 의례의 물리적 장치물로 발전되는 과정 및 건축적 의례공간을 연구함으로써, 현대 한국 극장예술 공간의 정체성 규명을 위한 중요한 단서를 발견하고자 한다.

둘째, 제의와 축제를 동시에 연행하는 의례의 양식과 공간연출 방법을 분석해 현대의 극장예술 미학에 적용시킬 원리를 유출하고자 한다. 이 책은 한국의 의례극장을 중국·일본·인도·그리스의 극장과 비교함으로써 보편적 특성을 찾아내고 한국 극장예술 공간의 고유한 특성을 밝혀낼 것이다.

셋째, 한국의 궁중의례는 제의와 축제를 양 축으로 해 몰입과 놀이의 법칙을 병행하면서 환상과 현실을 넘나드는 유동성과 현장성의 공간을 운영하는데, 이는 20세기 중반 서양극장에서 대두한 환경극장의 개념과 상통하는 것이다. 따라서 이 책에서는 다원적 무대공간에서 배우가 신화적 공간으로 진입하는 통로(길)에 대한 공간원리를 살펴보게 될 것이다.

허구의 세계를 창조하는 서양의 극장예술에 비해 한국의 극장예술은 제의와 축제 의식이 관습화된 의례에 근거해 발전·계승되었다. 현대의 극장예술이 동서양의 신화세계를 표현하는 복합적인 문화양상으로 확대되고 있는 이 시점에, 제의와 축제에 집중되었던 의례극장의 운영방식은 현재와 미래의 극장이 필요로 하는 창조적 극장공간 원리를 구축하는 데 핵심적인 영감의 원천이 될 수 있으리라고 생각한다.

지금까지 한국연극사의 연구는 주로 희곡을 갖춘 극의 형태를 대상으로 이루

어졌고, 굿은 민속학에서, 궁중의례는 국악사에서, 춤은 무용사에서, 사원연극
은 불교의례에서 따로따로 이루어졌다. 또한 제례를 지냈던 신궁이나 자연의 제
장 등은 국사학과 고고학에서, 건축·벽화·의물(儀物) 등은 미술사에서 연구
되어 왔다. 위의 여러 분야를 종합적으로 한데 묶어서 의례의 연행 및 극장공간
으로 연구한 자료는 아직까지 발견하지 못한 상태이다. 그러나 이 책에 관련된
각 분야별 기존 연구를 상세히 검토해 보면 다음과 같다.

한국연극의 결정체를 가면극으로 보면서 나례·잡희·궁중의례의 가무를 전
반적으로 다루고 있는 것은 이두현의『한국연극사』이다. 그는 한국연극의 장르
를 가면극(탈춤)·꼭두극(인형극)·판소리·창극·신파극·신극으로 분류하
고, 가무 중심의 고대연극을 판토마임적 무용(pantomimic dance) 또는 무의식극
(unconscious drama)이라고 정의했다.[1] 이 책에서 극장공간을 다룬 것은 봉산탈춤
의 무대이다. 이는 사리원(沙里院) 경암루(景岩樓) 앞 광장에 스물여덟 개의 구
획을 가진 반원형의 이층 다락을 객석으로 설치한 1920년대의 상업극장으로서
임시 가설극장의 모습이었다.[2] 이는 그리스의 야외극장과 마찬가지로 분장실이
무대의 배경이 되고 삼면을 객석으로 에워싼 원형극장의 형태로서, 현재 한국
마당극의 공간구조로 계승되고 있다. 김재철은『조선연극사』(1933)에서 산대극
의 임시 가설형 극장의 모습을 그렸는데, 객석으로 둘러싼 무대의 오른쪽에 분
장실이 있고 왼쪽에는 악사석을 배치했다.[3]

고대의 국가의례를 무속(巫俗) 및 무불(巫佛) 의례굿의 연행으로 연구한 것은
이두현의『한국 무속과 연희』, 조지훈의『한국학 연구』, 서연호의『한국 전승연
희의 원리와 방법』, 김태곤의『한국무속 연구』, 현용준의『무속신화와 문헌신
화』, 미시나 아카히데(三品彰英)의『신라 화랑의 연구(新羅花郎の研究)』가 있으
며, 논문으로는 박호원의「한국 공동체신앙의 역사적 연구」, 홍기삼의「월명사
(月明師) 도솔가(兜率歌)의 불교설화적 관점」이 있다.

---

1. 이두현,『한국연극사』, 학연사, 2000, p.13.
2. 위의 책, pp.196–198.
3. 김재철,『조선연극사』, 동문선, 2003, p.128.

한편 삼국시대 국가의례의 양상을 국사학과 고고학에서 다룬 것은 노태돈의 『고려사 연구』, 강경구의 『고구려의 건국과 시조숭배』, 서길수의 『고구려 역사유적 답사』, 황수영·문명대의 『반구대(盤龜臺) 암벽조각』, 장인성의 『백제의 종교와 사회』, 김병모의 「한국 거석문화원류에 관한 연구」 등이 있고, 서정록의 『백제금동대향로』는 동북아시아의 신화적 세계에 기반해 백제와 고구려의 의례 굿을 미술사의 관점으로 연구했다.

한편 삼국의 가무백희(歌舞百戲)를 연구한 자료는 고승길의 「고분벽화에 나타난 고구려의 곡예와 아시아의 곡예」와 「한국과 아시아의 산거(山車)」, 강춘애의 「행렬의식과 산악백희(散樂百戲)」, 또 한국과 중국의 산악백희를 다룬 김학주의 『한·중 두 나라의 가무와 잡희』『중국 고대의 가무희』 등이 있다.

한국의례에서 가장 중요한 요소인 음악 분야에서는 '악(樂)'을 극장예술로 보는 시각은 찾아볼 수 없었다. 그러나 송방송은 『고려음악사 연구』에서 고려의 가무백희를 다루고 있고, 전통예술원에서 편찬한 『한국 중세사회의 음악문화』에 실린 이혜구의 「고려시대의 음악문화와 사상」과 김창현의 「고려시대 음악기관에 관한 제도사적 연구」는 의례의 연행조건을 연구했다. 또한 송방송의 『조선조 음악사 연구』에 실린 「숙종조 기해(己亥)『진연의궤(進宴儀軌)』의 공연사료적 가치」는 진연을 복식·물품·준비절차 등의 행정제도사로서 연구한 것이다. 인남순·김종수가 공역한 『고종황제 50세 경축연향 여령정재홀기(女伶呈才笏記)』에서는 신축(辛丑) 함녕전(咸寧殿) 내진연(內進宴)과 야진연(夜進宴)의 기용도(器用圖)·의장도(儀仗圖) 및 복식·악장·정재춤을 상세히 정리하고 있다.

무용 분야에서도 의례의 중요한 요소인 무(舞)를 극장공연예술사로 본 시각은 거의 없었다. 다만 장사훈의 『한국무용개론』과 정은혜의 『정재 연구』I이 『악학궤범』과 『정재무도홀기』에 있는 정재무의 공간구성을 정리했을 뿐이다.

불교의례의 공간적 연행을 다룬 자료는 문화재연구소가 편찬한 『불교의식』과 법현의 『불교무용』이 있다. 한편 박정혜의 『조선시대 궁중기록화 연구』는 조선시대 의례의 실상을 알게 해주는 중요한 자료이다.

사진실은 조선시대 궁중의례를 무대공간의 시각으로 연구했다. 『공연문화의 전통』에서 그는 한국연극을 제의에서 기원한 악(樂)·희(戲)·극(劇)의 형식으로 보고, 극의 대표적 양식을 판소리로, 희의 대표적 양식을 탈춤으로, 악의 대표적 양식을 정재로 정의했다.[4] 그는 조선시대 궁중의례의 외연(外宴)과 내연(內宴)을 거행한 연회공간의 구조를, 정재를 올리는 곳을 무대로, 왕이나 왕후의 옥좌를 객석으로 나누어 분석했다. 사진실은 정재를 관람용 공연으로 보고 정재의 여기(女妓)들이 극중 가상인물이 되는 것을 극의 조건으로 삼았다. 이는 길례(吉禮)의 진연을 제의적인 의례보다는 연향으로 바라본 시각이라고 하겠다.

이 책에서 내가 규명하고자 하는 조선시대 궁중의례는 예의 행동과 악의 행동이 종합된 이상세계를 서사적 의례구조로 구현하는 것이다. 의례의 극장성은 작위적 사건을 행위하고 있는 모든 참여자들의 의식적(儀式的) 행동의 구조가 가상의 이상세계를 구성하는 극이 되며, 가무악의 요소는 코러스로서 극의 세계를 미학적으로 반영함으로써 신명의 교감을 자아내는 데 있다. 즉 의식과 가무악은 몰입과 관조의 극적 체험을 상호 전환시킴으로써 의례의 행동을 완결짓고, 참여자들의 교감이 의례가 목적하는 특수한 신화적 체험으로 작용하는 데에 그 극장성이 있는 것이다.

한국의 궁중의례는 신화의 구현을 의식적인 사건으로 구성했으며, 축제는 일상의 삶을 원초적 시공간에서 새롭게 재생시키는 주술장치였다. 한국의 전통극장은 제의와 축제를 일원화하는 의례의 형태로서 발전되어 왔기 때문에 전통극장의 연구는 의례의 시각으로 이루어지는 것이 타당하다고 사료된다.

의례의 연행을 극장예술의 시각으로 연구하는 이 책의 목표는, 시대별 종교사상적 배경의 고찰을 통해 의례의 구조를 이해하고 공간운영 방식을 분석하는 것이다. 연구 범위는 제천의례가 시행된 고대 삼국시대부터 통일신라·고려·조선조까지 국가 주도의 궁중의례를 포함한다.

고대의 제천의례는 천신인 태양과 지신인 산과 물을 대상으로 했고, 삼산오악(三山五岳)의 산과 강 또는 바다를 제장으로 삼아 국토를 성역화했다. 천지신신

---

4. 사진실, 『공연문화의 전통』, 태학사, 2002, pp.44-53.

앙과 자연숭배는 상고시대의 샤머니즘과 애니미즘 사상에 기반한 것으로, 중세까지 무굿의 제례가 국가의례로 연행되었다.

통일신라대의 산신신앙은 국토성역 신앙과 조상숭배 사상으로서, 산악(山嶽)이 사전(祀典)의 대사(大祀)·중사(中祀)·소사(小祀)로 편성되었다. 또한 무(巫)의 사상에 자연신을 숭배하는 선(仙)·불(佛)의 사상이 흡수되면서 불교의 제석천(帝釋天)이 무의 신앙대상이 되기도 하여 다신론적인 의례의 내용으로 발전했다.

고려는 송나라에서 유교의 사전을 받아들여 대사에 원구(圓丘)·방택(方澤)·사직(社稷)·태묘(太廟)를, 중사에 산전(散田)·선잠(先蠶)·문선왕묘(文宣王廟)를, 소사에 풍사(風師)·우사(雨師)·뇌신(雷神)·영성(靈星)·대부(大夫)·사(士)·서인(庶人)의 제례를, 그리고 재래의 토속신들을 모두 잡사(雜祀)로 편성했다. 그러나 고려 왕실은 불교를 국교로 삼고 수많은 진전사찰(眞殿寺刹)을 건축하고 연등(燃燈)·팔관(八關)의 국가의례를 육백 년 동안 지속했다.

한국 중세문화의 금석을 이룬 연등회와 팔관회는 유교식 예제(禮祭)와 중국의 음악을 받아들였으나, 내용적으로 연등회는 고려 왕실의 종교였던 불교에 기반한 백성들의 세시의례였으며, 팔관회는 천령(天靈)·오악(五嶽)·명산대천(名山大川)·용신(龍神) 등의 토착신앙을 중심으로 한 중동(仲冬) 세시의례였다. 고려 왕실은 또한 춘추제로서 명산대천의 별기은(別祈恩)을 국행제(國行祭)로 지내고, 산천의 음우(陰祐)에 대해 가호(加號)를 바치기도 했다. 그러나 불교 및 도교의 풍수도참사상과 결부된 고려의 산신신앙은 조선 건국의 주체인 성리학자들에 의해 음사(淫祀)로 간주되어 타파의 대상이 되었다.

조선왕조는 성리학을 국시로 해 예악(禮樂)의 도(道)로 백성을 교화하는 왕도정치를 추구했다. 이로써 왕실 중심의 국가의례는 유교식 예제의 틀을 갖게 되었고 내용적으로는 도가의 사상이 활용되었다. 조선 왕실의 길례제사(吉禮祭祀)는 대부분 고려의 사전을 그대로 수용한 것이었으며, 잡사에 속하던 영성·명산대천을 소사로 승격시켰다. 국조오례의(國朝五禮儀)에는 길례·가례(嘉禮)·빈례(賓禮)·군례(軍禮)·흉례(凶禮)가 있었는데, 예악사상에 입각해 흉례를 제외하고 모든 예제에 음악을 사용했다.

이와 같이 한국 전통의례는 무·불·선·유의 사상이 서로 상치되고 혼합되는 가운데 다양한 양상으로 변천되었고, 자연신을 대상으로 자연공간 속에서 거행되었던 국가 의례굿은 민간의 동제(洞祭)로 집약되어, 당굿·당산굿·서낭제·산신제·별신굿 등으로 연행되었다.

의례공간의 유형을 시대적으로 살펴보면 다음과 같다. 고대 삼국의 의례굿은 제천과 국가 시조에 대한 제사를 병행했는데, 왕실이 자연공간에 제장을 여는 것이 상례였다. 또한 불교의 유입 이후에는 왕실의 사찰 외에도 명산·성림(聖林)·해안가에 사찰을 중건해 의례굿을 거행했고, 고려조에는 사찰·궁궐·산천의 제장이 의례공간으로 정착되었다. 따라서 중세에는 여러 장소에서 의례를 행하는 이동식 야외극장의 양상이 발전되어 백성들이 함께하는 광장식 의례공간을 설치하게 되었다.

조선시대에 전개된 예악사상의 의례는 반실내·반야외의 건축적 의례공간을 창출했다. 이 책에서는 의식과 가무악이 병행하는 진연의례를 채택해 공간연출의 연구대상으로 삼고자 한다. 또한 고대부터의 전통적인 장치와 운영방식을 고찰해 제의의 축을 이루는 궁궐의 의례와 축제의 축을 이루는 산대나례를 연결해 총체적 극장으로 종합하고자 한다.

이 책의 연구방법은 첫째, 특정 의례의 연행조건과 사상 연구를 위해 국사학·국문학·고미술·건축·음악·무용·민속학의 자료를 종합해 공연학적 연출방법을 제시하는 것이고, 둘째, 위의 자료를 형상자료와 결합시켜 도상화하는 것이다. 셋째는 한국 의례극장 공간을 동시대의 중국·일본·인도의 극장공간과 비교함으로써 동양극장의 범주 내에서 한국 고대 극장공간의 형성과 그 미학적 원리를 추출하고자 한다. 문헌자료와 연계된 형상화의 연구 내용을 밝히자면 다음과 같다.

기원전 4세기부터 기원후 6세기 후반까지 거행된 것으로 나타나는 한국 고대의 제천의례는, 중국의 『후한서(後漢書)』『삼국지(三國志)』『주서(周書)』『양서(梁書)』와 『삼국사기(三國史記)』『삼국유사(三國遺事)』 등의 사료 연구와 함께 현존하는 무가(巫歌), 무덤의 유물, 고적지의 답사자료 등을 통해 형상화될 것이다. 또한 삼국시대의 의례굿 연구를 위해서는 사료에 제가(祭歌)로서의 향가 연구와 국선(國仙)으로서의 화랑 연구를 종합할 것이며, 고구려 무덤벽화와 중국 한대의 화상석(畵像石), 한과 북위(北魏)의 시부(詩賦)에 나타난 산악(散樂)의 형상을 우주산의 신화에 근거한 신악(神樂)의 형태로 취급하고자 한다.

고려시대 연등회·팔관회의 의례극장 연구는『고려사』에 나타난 의례의 절차에 음악의 구성과 창사(唱詞)의 내용을 연계해 분석할 것이며, 축제공간의 연구는『고려사』의 사료에 문인들의 등석(燈夕) 치어(致語), 팔관회(八關會) 하표문(賀表文), 산대잡희에 대한 시부의 내용을 종합해 채붕산(綵棚山)의 형상을 유추할 것이다.

조선시대의 궁중의례는 현대의 환경극장의 개념과 맞닿는 다양한 극장공간을 포함하고 있다. 전반부에서는 궁중의례를 극장주의적 무대예술로 연구함에 있어 의례의 구조와 연출방법 연구가 선행되는데, 주로 박정혜의『조선시대 궁중기록화 연구』에 나타난 기록화와『순조기축진찬의궤(純祖己丑進饌儀軌)』『기사진표리진찬의궤(己巳進表裏進饌儀軌)』『무신진찬의궤(戊申進饌儀軌)』등의 의궤에 준거해 연구하고자 한다. 궁중의례의 공간연출 연구는 예악사상을 역사적 사건으로 보고, 이를 이상세계를 실제로 그려내는 행동예술로 보는 관점에서 출발한다. 정재의 합창 및 창사를 무(舞)와 더불어 의례를 진행시키는 구성요소로 보고, 의궤의 의식절차와 종합해 하나의 연출적인 대본을 만들고자 한다. 또한 건축적 공간에서도 궁궐의 건축은 정사(政事)만을 위해 지은 것이 아니라, 예악의례의 연행을 위해 축조되었다는 것을 전제로 궁궐건축의 적용과 변용을 연구하고자 한다.

마지막으로 궁궐 바깥에서 거행된 산대나례는 지금까지 가면극·인형극·소학지희 등의 민속극의 근원으로만 연구되었지만, 이 책에서는 고대 제천의례의 전승이라는 맥락에서 자연공간이 배경의 관념으로 머무르지 않고 극장적 장치로서 물질화하는 과정을 연구하고, 고대로부터 산과 물의 자연공간이 한국인의 종교적 문화적 공간인식에서 어떠한 극장공간을 창조해냈는지를 연구하고자 한다.

조선시대 궁궐에서는 국조오례의 외에도 구나의식(驅儺儀式) 이후의 공연행사인 관나(觀儺)를 수시로 개최했다. 관나는 소학지희·처용희(處容戲)·화희(火戲) 등의 종목으로 인양전(仁陽殿)과 충순당(忠順堂) 같은 궁궐의 뜰에서 행한 오락행사로서, 구조적인 무대연출 공간으로 발전하지 못했다. 따라서 이 책에서는 관나를 연구의 범주에 넣지 않았으며, 궁중의례에서 큰 비중을 차지할 수 있는 왕의 행차도나 가례행렬도(嘉禮行列圖)는 그 자체만으로 극 구조가 없는 축제 행렬로서 연구 범위에서 생략했다. 또한 관나, 민간의 동제, 민속극 분야는 참고로 하되 본격적인 연구의 범주에 넣지 않았음을 밝힌다.

2장 자연공간의 제장(祭場)

1. 제의(祭儀)와 자연공간

고대인들은 하늘·땅·물 또는 영웅이나 토템신에게 생사화복(生死禍福)의 길운소통(吉運疏通)을 기원하는 제의를 지냈다. 제의는 전쟁·홍수·가뭄·역병을 물리치는 국중대회(國中大會)나 동제(洞祭)로서 발전되었고, 젊은이들에게 신앙과 터부를 가르치는 교육의 장이 되기도 했으며, 관행적인 연행은 총체적인 예술행위의 원천이 되었다.

한국 연극사에서도 부여의 영고(迎鼓), 고구려의 동맹(東盟), 예(濊)의 무천(舞天), 마한의 춘추제(春秋祭) 같은 제천의례의 집단적인 음주가무(飮酒歌舞)를 연극의 기원으로 서술하고 있으며, 이와 같은 집단가무는 오늘날의 농악에까지 그 자취를 남기고 있다. 농악은 단순한 들놀음이 아니라 산에서 신을 맞아 물을 건너 마을로 들어오는 신맞이 제의이며, 이러한 자연공간의 순행(巡行)은 수천 년 동안 전통적으로 계승되어 왔다. 고대인들은 자연공간을 신성화해 특히 산과 물을 신의 영역으로 삼고 그 중심에 제장을 지었다. 이는 전통적으로 신궁건축·산신당·불교사찰이 배산임수(背山臨水)의 환경에 조성되게끔 만들었다.

자연공간의 신성화는 제의의 내용에서도 극명하게 나타난다. 제의는 본질적으로 우주의 순환과 질서 회복에 대한 인간의 인식작용이며, 또한 주술적 행동으로서 창세와 인류형성의 신화를 수반한다. 제주도·경기도·함경도의 무가(巫歌)

에는 천지개벽을 비롯해 일월성신(日月星辰)과 짐승들의 기원, 인간 남녀의 창조를 서술하는 창세신화가 발견된다. 특히 고구려의 주몽(朱蒙)과 유화(柳花)의 시조신화는 한국 전역의 제석본풀이 무가에 그 원형이 남아 있는데, 하늘·땅·물의 공간이 시조 탄생과 건국의 배경이 되고 있으며, 금개구리·새·거북·물고기 등의 짐승들이 의인화해 나타난다.

한국의 제의는, 고대의 민족종교가 천지인의 삼신신앙과 우주만물을 숭배하는 애니미즘에 기반해 정령과 소통하는 의식이었던 만큼, 제의의 내용에서 자연의 대상은 구체적으로 미분화되었고, 제장은 자연공간을 상징적 은유로 연출하는 극적 공간이 되었다.

2. 우주목(宇宙木)과 제천(祭天)의 공간

한국인의 우주론적 공간 인식은 천지인 즉 하늘·인간·땅의 삼재론(三才論)에서 가장 두드러지는데, 이는 제주도의 「천지왕본풀이」와 함경남도 「창세가」에서 다음과 같이 나타나고 있다.

태초, 천지가 혼합되어 있었는데, 갑자년 갑자월 갑자일 갑자시에 하늘의 머리가 자방(子方)으로 열리고, 을축년 을축월 을축일 을축시에 땅의 머리가 축방(丑方)으로 열리고, 인방(寅方)으로 사람이 태어나 천지는 개벽했다. 그 모습은 천지가 캄캄해 한 덩어리가 되었던 것이 시루떡의 징처럼 금이 나서 떨어지는 것이다. 그래서 하늘로는 청이슬이 내리고 땅으로는 흑이슬이 솟아나 서로 합수(合水)가 되어 만물이 생겨났다.〔제주도 큰굿 초감제(初監祭) 「천지왕본풀이」의 개벽신화〕[1]

하늘과 땅이 생길 적에 미륵님이 탄생한즉, 하늘과 땅이 서로 붙어 떨어지지 아니하소아. 하늘은 북개꼭지처럼 도도라지고, 따는 사귀에 구리기둥을 세우고, 그때는 해도 둘이요 달도 둘이요, 달 하나 떼어서 큰 별을 마련하고, 작은 별은 백

성의 직성별을 마련하고, 큰 별은 님금님과 대신 별 마련하고….(함경도 무가
「창세가」서두)[2]

　위의 자료를 종합해 보면 하늘과 땅이 양과 음의 교합으로 서로 이슬을 뿜어내
어 최초의 인간이 탄생했는데, 그가 미륵님이었다. 그런데 이 미륵은 땅의 네 귀
퉁이에 구리기둥을 세워, 붙어 있던 하늘과 땅을 분리한 창조신이기도 하다는 것
이다. 네 개의 구리기둥은 중국 고사(故事)에서 돌을 녹여 하늘을 보수하고 거북
의 다리를 잘라 기둥을 삼음으로써 세계를 재건립한 여와신화(女媧神話)를 연상
케 하는데, 하늘과 땅 사이를 버티는 우주기둥은 한국 고대의 제의에서 때로는
우주산의 형태를 또는 우주목의 형태를 취하면서 천상계를 연결하는 통로에서
점차 천상세계를 상징하는 제의적 장엄물로 변천해 간다.
　신화학자 자크 브로스(Jaques Brosse)는 "나무의 생명은 탄생과 죽음의 순환일
뿐이지만 종교적 관점에서 재생과 생명의 상징일 뿐 아니라 인간의 가장 오랜 조
상, 인간의 기원 자체가 된다"[3]고 했다. 우주관을 암시하는 나무의 신화는 메소포
타미아를 중심으로 서쪽으로는 이집트까지, 동쪽으로는 중국·한국·시베리
아·일본에까지 퍼져 있는데, 그 공통점은 나무는 뿌리에 샘이 있고 태양을 향해
뻗어 올라가는 생명의 상징이라는 것이다. 우주목이 나무의 실체를 벗어나 신화
의 상상력으로 양식화해 문화적 대상이 되고 있는 실례는 한국의 제례에서 쉽게
발견할 수 있다.
　우주목의 신화가 가장 선명하게 나타나는 것은 단군신화의 신단수(神檀樹)에
대한 기록에서이다.『삼국유사』「고조선(古朝鮮)」조에서 "환웅은 삼천의 무리를

1. 현용준,『제주도무속자료사전』, 신구문화사, 1980, p.33.
2. 손진태,『조선신가유편(朝鮮新歌遺篇)』, 東京 : 鄕土硏究社, 1930, p.1.
3. 자크 브로스, 주향은 역,『나무의 신화』, 이학사, 2000, p.35.
4.『삼국유사』권1,「기이」제1, '고조선(왕검조선)'.
5.『삼성기전』에서는 삼위태백산이『삼국유사』에서 일연이 언급하는 묘향산이 아니라, 중국 감숙성
돈황현의 태백산이라는 견해를 밝히고 있다. 원동중 찬,『삼성기전』하, "於是桓雄率衆三千 降于太白
山頂神檀樹下 謂之神市是謂桓雄天王也 將風伯雨師雲師"
6.『삼국유사』권1,「기이」제1, '고조선(왕검조선)' 참조.

1. 천상으로 통하는 우주목과 들놀음. 장천 1호분 전실 북벽 부분. 고구려 5세기 전반. 길림성 집안현.

이끌고 태백산 마루의 신단수 밑으로 하강했다(桓雄率徒三千 降於太伯山頂 神壇樹下)"⁴라고 기술하고 있다. 한편 단군 이전의 신시개천(神市開天)을 기록하고 있는 원동중(元董仲)이 찬(撰)한 『삼성기전(三聖記全)』 하편에서도 천왕인 환웅이 풍백(風伯)·우사(雨師)·운사(雲師)와 함께 삼천의 무리를 끌고 태백산 신단수 밑으로 내려와 신시를 열었다고 했다.⁵ 또한 곰이 마늘과 쑥을 먹고 변신한 "웅녀는 혼인해 줄 이가 없어 항상 단수 아래에서 아이를 잉태하기 원하니, 환웅이 거짓 사람으로 변해 혼인하고 잉태해 아이를 낳으니 단군왕검이라 했다(熊女者無與爲婚 故每於壇樹下 呪願有孕 雄乃假化而婚之 孕生子 號曰壇君王儉)"⁶라고 했듯이, 신단수를 땅과 하늘을 연결시키는 신들의 통로이면서 인간 존재의 근원으로 파악하고 있다.

천상으로 통하는 우주목의 모습은 고구려의 집안 장천 1호분 벽화에서 찾아볼 수 있다.(도판 1) 5세기경 고구려의 사회생활이 그려진 이 벽화에는 백여 명의 인물이 등장하며, 씨름과 수렵, 매사냥, 악기 연주, 귀부인의 나들이, 원숭이놀이 등의 장면이 사실적으로 묘사되어 있다. 벽화의 윗부분에는 태양을 꼭대기에 얹고 있는 우주목이 있는데, 일곱 개의 나뭇가지에 열매와 잎사귀가 매달려 있다. 불꽃 모양의 도형으로 뻗어 있는 이 나무 쪽으로 태양의 상징인 봉황새가 날아오고 있다. 이는 고구려의 제천 대상이 일신(日神)임을 시사하는 것이다. 우주목을 중심으로 좌측에는 무덤의 주인이 타고 가야 할 안장이 매인 흰 말과 길을 인도하는 개가 있고, 우측에는 고인을 향해 무릎을 꿇고 환송의 인사를 드리는 사람들이 있다. 그림 전면에 환생을 상징하는 연꽃잎들이 휘날리고 있는데, 이 장면은 죽음 후에 맞이할 재생의 기쁨을 악기 연주, 기예, 무용으로 표현하는 고구려 특유의 장례제의라고 할 수 있다.

한편 씨름무덤(5세기)의 벽화에도 안장이 놓인 말 앞에 천상으로 오르듯 꿈틀거리는 우주목이 보인다.(도판 2) 이러한 벽화에 나타난 우주목은 영원불멸의 생명을 상징하며, 동시에 천상으로 승천하는 길이 되는 것이다.

우주목은 태양이 감응된 듯 금빛으로 표현되기도 하는데, 그 대표적인 예는 신라의 수지녹각형관(樹枝鹿角形冠)으로서, 기원전 7-6세기부터 알타이 지방을 중심으로 한 시베리아 일원에 널리 유행한 사슴뿔 모양의 샤먼의 모자와 매우 흡사하다. 그 중에도 스키타이 사르마트(Sarmat) 금관의 자작나무(도판 3)는 신라 금관의 사슴뿔 이미지와 유사하다. 신라 금관의 사슴뿔은 나무처럼 계속 자라나기 때문에 생성의 이미지로서 우주목을 표상하고 있다.

5세기 후반에서 6세기로 추정되는 황남대총(皇南大塚) · 금관총(金冠塚) · 금령총(金鈴塚) · 천마총(天馬塚)의 금관들은 모두 세 개의 우주목 가지와 두 개의 사슴뿔로 구성되었고 원판의 나뭇잎과 곡옥(曲玉)이 장식되어 있다.(도판 4) 이러한 금관들과 함께 출토된 금제허

2.생명의 상징 우주목. 씨름무덤 현실 서벽. 고구려 5세기. 길림성 집안현.

리띠〔과대(銙帶)〕에는 곡옥·물고기·손칼·향주머니의 드리개〔요패(腰佩)〕장식이 되어 있는데, 이는 금관과 함께 왕과 왕비가 착용한 제례용 복장으로 볼 수 있다.(도판 6) 금관에 달린 황금색 나뭇잎〔수엽(樹葉)〕은 시베리아인과 신라인이 숭배하던 자작나무〔백화수(白樺樹)〕이고, 푸른색의 곡옥은 열매와 생명을 상징한다.

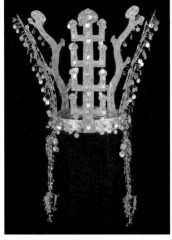

3. 우주목으로 장식된 스키타이 사르마트 금관. 기원전후. 에르미타주 박물관, 상트 페테르부르크.(위)
4. 우주목과 사슴뿔. 금령총 출토 금관. 신라 6세기. 국립경주박물관.(가운데)
5. 태양신을 상징하는 미추왕릉 출토 금제 귀면장식. 신라 5-6세기. 국립경주박물관.(아래)

한편 신라 왕족의 무덤인 천마총에서는 금관과 함께 새 날개 형태의 금관장식(金製鳥翼形冠飾)이 발견되었는데, 이는 알타이 문화의 새 숭배 사상과 동북아시아 샤먼들의 새 장식 모자가 미분화한 것이다. 또한 서봉총(瑞鳳塚) 금관 꼭대기에 태양새인 봉황 세 마리가 달려 있고,(도판 7) 동시기의 것으로 추정되는 금제 마구장식에서 옥구슬 눈을 박은 귀면(鬼面)의 모습이 태양의 형태를 취하고 있어,(도판 5) 한국 고대 제천의례의 대상을 확인할 수 있다.

왕권이 우주목의 신력(神力)을 부여받은 또 하나의 예는 백제 한성 도읍기의 칠지도(七枝刀, 도판 9)와 신라 진흥왕 5년(544)에 세운 송림사(松林寺)에서 출토된 우주목(도판 8)으로서, 고대 삼국의 제천의례가 태양과 우주목을 중심으로 형성되었음을 알 수 있다.

우주목의 제천의례는 상고시대로 거슬러올라가는데, 『단군세기(檀君世紀)』에서는 경인(庚寅) 원년(B.C. 1891)에 "단제(檀帝)께서 국선(國仙)의 소도(蘇塗)를 설치하셨는데, 박달나무를 많이 둘러 심고 가장 큰 나무를 환웅의 모습이라 정하고 제사할 때 웅상(雄常)이라 이름했다(設國仙蘇塗 多環植檀樹 擇最大樹 封爲桓雄像而祭之名雄常)"[7]라고 기록하고 있다. 또한 『위서(魏書)』에

6. 제례용 복식인 금관총 출토 금제 허리띠. 신라 5–6세기. 국립경주박물관.

7. 우주목과 태양새 봉황 장식. 서봉총 출토 금관. 신라 5–6세기. 국립중앙박물관.

는 각 읍에 천군(天君)이 있어 큰 나무를 세우고 방울과 북을 매달아 제사를 주관 했다고 한다.[8] 또한『단군세기』에서는 소도의 우주목은 하늘에서 내린 꽃인 '천 지화(天指花)'를 심고, 글 읽고 활 쏘는 국자랑(國子郎)들이 머리에 천지화를 꽂 아 천지화랑이 되었다고 했다.[9]

천지화 또는 환화(桓花)는 생명의 상징으로서 우주산의 형상인 돌무지 위에 심 었던 것으로 보인다.(도판 10)

이맥(李陌)의『태백일사(太白逸史)』에는 세상을 구제하는 환인(임)〔桓仁(任)〕 을 정하고 모시는 장면을 다음과 같이 서술하고 있다.

무리가 스스로 환무하며 환인을 모셔서 환화가 피어난 돌무지 위에 앉으시게 하고, 그에게 줄지어 경배하며 환호하는 소리가 넘쳐 귀의하는 자가 성시를 이루 었으니, 그를 인간 최초의 우두머리라고 했다.(衆自相環舞仍以推桓仁 坐於桓花之

---

7. 홍행촌노인(紅杏村老人) 찬,『단군세기』'십일 세 단군 도해(道奚) 재위 57년'.

8.『위서』「동이전」'한전'. "信鬼神 國邑各立一人 主祭天神 名之天君 又諸國各有別邑 名之爲蘇塗 立大木縣鈴鼓 事鬼神."

9. 홍행촌노인 찬,『단군세기』'십삼 세 단군 흘달(屹達)'. "戊戌二十年 多設蘇塗 種天指花 使未婚子 弟讀書習射 號爲國子郎 國子郎出行頭揷天指花 故時人稱爲天指花郎."

10. 이맥,『태백일사』「환국본기」제2.

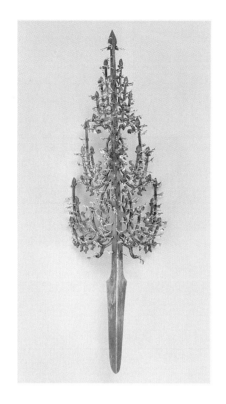

8. 우주목 형상의 장식구.
송림사 오층탑 내 유물.
통일신라시대. 국립중앙박물관.(왼쪽)
9. 우주목 형상의 칠지도.
백제 4세기 후반. 이소노카미신궁
(石上神宮), 덴리.(오른쪽)

下積石之上 羅拜之山呼聲溢歸者如市 是爲人間最初之頭祖也)[10]

　　꽃이 핀 돌무지 위에 환인을 추대하고 환무와 노래로써 경배하는 의례는 천지인의 인신(人神)에 대한 것이었다. 소도에서 가장 큰 웅상나무가 천군인 왕을 상징하는 것이었다면, 적석산(積石山) 위의 환화목(桓花木)도 왕권의 신성함을 표현하는 신목이라고 할 수 있다. 따라서 신라의 왕관에 장식된 금빛 잎사귀는 국자랑의 천지화가 의물화(儀物化)한 것이며, 송림사의 우주목(도판 8)에서도 장엄화한 천지화를 확인할 수 있다.

　　한편 제례의 장엄물로 발전된 우주목은 산에서 마을로 이동되어 신간(神竿)·솟대〔조간(鳥竿)〕·장승〔목우(木偶)〕으로 변천되었고, 신산(神山)을 대신한 돌무덤과 합성되어 지신을 모시는 서낭(도판 11)으로 발전되었다.

　　고대 삼국은 왕조시대에 이르러 제천의 대상이 해부루(解夫婁) 같은 천신에서

10. 환화의 제단 유추도.
돌무지 위의 환화목을 둘러싸고 제천가무가 연행되었다.

11. 지신을 모신 돌무덤.
충남 공주 반포면 공암리.
(신용희 사진)

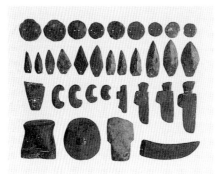

12. 제례용 청동방울. 5세기 전후.
전북 부안 변산면 격포리 죽막동 출토. 국립전주박물관.(위)
13. 나무에 매달았던 석제 공물. 5세기 전후.
전북 부안 변산면 격포리 죽막동 출토.
국립전주박물관.(아래)

부터 유화·주몽·박혁거세 등의 국조신으로 변천되었다. 따라서 제천의례의 우주목은 산의 정상으로부터 땅을 수호하는 신들의 영역으로 내려와 도읍지의 중심에 있는 수림이나 산천·바다와 같은 경계지에 위치하게 되었다.

자연공간의 제장에서 물 위로 솟은 암벽은 우주산을 대신해 그 위에 수림과 신궁을 갖게 되었다. 그 하나의 예는 최근에 전북 부안군 변산면 격포리 죽막동에서 발굴된 해신(海神) 수성할미의 신당(神堂)이 있는 언덕이다.

제사의 유적은 해식단애(海蝕斷崖) 위에 노출되어 있는데, 북쪽에 해식동굴인 용굴이 인접해 있고 칠산(七山) 앞바다를 바라보는 수성당(水聖堂)의 뒤편 숲에서 발견되었다. 채취된 유물은 제례용 석제 공물로서 모두 작은 구멍이 뚫려 있는데, 아주 작게 축소된 토마(土馬)·거울·갑옷·칼·도끼·낫·곡옥·방울로서 나무 위에 매달았던 것으로 연구되었다.(도판 12, 13)[11] 그 중 철령(鐵鈴)·동탁(銅鐸)·동경(銅鏡) 등은 소리를 내는 무구(巫具)였으며, 칼·도끼·낫·곡옥·원판(圓板) 등은 몽고족의 샤먼이나 신라 임금의 요패와 같은 형태로서 백제의 제천의례에서도 이같은 무구가 사용되었음을 알 수 있다.

11. 한영희 외, 「부안 죽막동 제사 유적 발굴조사 진전보고」 『한국고고학지』 4, 한국고고미술연구소, 1992, pp.135-173.
12. 게르만의 신화에 관한 텍스트들은 중세 스칸디나비아 시인들에 의해 기록되었는데, 전쟁의 신이었던 오딘이 지식의 샘물을 마시고자 이그드라실(Yggdrasil)이라는 물푸레나무에 아홉 낮밤을 매달려 한쪽 눈을 잃고 창에 찔려 희생됨으로써 스스로 지혜의 신이 되었다는 신화가 있다. 자크 브로스, 앞의 책, pp.14-23.
13. 『삼국사기』 권45, 「열전」 5, '온달'.

이처럼 우주목이 신의 강림지일 뿐만 아니라 희생물을 바치는 제단의 역할을 하는 예는 북유라시아 오딘(Odin)의 신화[12]에서도 엿볼 수가 있으며, 북과 방울을 매달았다는 삼한의 소도제의와 일치한다. 다만 수성할미의 신당을 내부에 품은 죽막동 숲은 칠산 앞바다로 상징되는 물의 세계에 수로(水路)를 내려 지하의 어둠을 하늘 위로 끌어올리는 우주목의 제단이라고 말할 수 있다.

인류 역사에서 우주목은 생명의 원천이며 재생의 상징으로서, 인간 사회를 형성하는 마을이나 도시를 건립할 때 가장 먼저 설정되었던 성소이자 신단이었다. 부르야트(Buryat)족이 사는 시베리아 지방의 높은 구릉에는 고립된 나무숲이 있어 그 가운데 제장이 있었던 것으로 알려져 있다. 또한 그리스의 제우스·아폴론·디오니소스 신전 주위의 성림(聖林)은 애초에 제단을 둘러싼 나무군이었으며, 이를 배경으로 점차 직경 육십에서 백 미터 크기의 원형극장이 형성되었고, 곧이어 건축적 공간으로 발전된 야외극장이 형성되었다.

아직 수렵을 중시하던 고구려시대에는 동맹제천과 차별되는 제의가 있었다. "고구려는 항상 봄 삼월 삼짓날 낙랑의 언덕에 모여 잡은 돼지와 사슴으로 하늘과 산천신에 제사했다(高句麗常以春三月三日 會獵樂浪之丘 以所獲猪鹿祭天及山川神)"[13]라는 기록은 산림을 배경으로 하는 봄의 축제로서 만물의 소생을 기원하는

14. 고인돌과 당산목. 충남 공주 이인면 초봉리.

15. 입석. 전남 화순 화순읍 대리.

16. 연화기둥. 수산리 고분 현실 동벽 부분.
고구려 5세기 후반. 평남 대안.(위)
17. 봉정사 화엄강당 연화기둥.
신라 7세기. 경북 안동.(아래)

의례로 해석된다. 수렵시대의 산림은 생업의 터전으로서 생명의 원천이었고 농경시대의 나무는 경계를 보호하고 마을을 수호하는 수신(隧神)으로 구체화되었다고 할 수 있다. 우주목과 산림의 제단은 마을 어귀, 고갯마루, 뒷산에 배치된 당산목(堂山木)으로 이어지면서 수천 년 동안 제단을 갖춘 고정적인 제장이 되었다.(도판 14)

토템으로서의 우주목은 하늘을 떠받치는 우주기둥과 동일시되어 입석(立石) 설치에서도 나타난다.(도판 15) 입석은 돌장승이나 돌로 쌓아 만든 조탑(造塔)과도 기능이 비슷하다. 이들은 마을공간의 비보신적(裨補神的) 경계표로서 마을의 중심과 사방 변두리에 설치되는데, 특히 북쪽 및 해안쪽을 향해 있다. 보편적으로 입석은 선사시대부터 성인들을 기념하는 오벨리스크였으며, 국내성의 광개토대왕비도 그 하나의 예라고 할 수 있다.

우주기둥으로서의 입석은 후에 사원 및 궁궐 등 신전건축의 기둥으로 발전했다. 고구려 수산리 무덤벽화의 연화기둥은 지하에서 물을 끌어올리는 우주목의 이미지이며,(도판 16) 이러한 물과 우주목의 교합은 한국의 사찰과 궁궐에서 단청으로 장식된 기둥으로 나타난다.(도판 17)

지금까지 고찰한 바에 의하면 자연공간으로서의 우주목은 인간들에 의해 신림(神林)으로 형성되었고, 신간과 입석은 세속공간을 성역화하는 우주목의 장엄물로서 제장의 중심축이 되었다. 또한 의례공간으로서의 신단수는 나뭇가지에 공헌물을 매달거나 나무 앞에 제단을 부착한 것으로, 나무 자체가 숭배의 대상으로서 제단화된 형태였다.

3. 제천(祭天)의 단

1. 산의 제단

한민족의 기원과 고대 역사를 기술한 박제상(朴堤上)의 『부도지(符都誌)』 제13에 의하면, 단군조선의 임검(壬儉)이 "태백산 밝은 땅 정상에 천부단을 짓고 사방에 보루단을 설치했는데, 보루단의 사이에 각각 세 겹의 도랑이 통하게 했다 (乃築天符壇於太白明地之頭 設堡壇於四方 堡壇之間 各通三條道溝)"고 한다. 이는 고대 국가의 왕실이 신정정치를 행함에 있어 천부단을 중심에 놓고 나라의 도읍지를 설치했음을 말한다.

또한 이맥의 『태백일사』에는 "광개토경호태황이… 군진에 나아갈 때마다 병사들이 아름다운 노래를 부르게 하고, 순행길에 올라 마니산 참성단에서 삼신께 제사를 올리는 데 하늘의 음악을 사용했다(廣開土境好太皇… 每於臨陣 使士卒歌 此於阿之歌 以助士氣, 巡騎至摩利山 登塹城壇 親祭三神亦用天樂)"[14]라고 했다.

위의 두 기사를 보면, 고대 국가가 세운 산의 제단은 왕실이 모시는 천부단과 순행지에 설치된 천단의 두 종류가 있었음을 알 수 있다.

고대의 천단제사는 왕권의 신성화를 위해 백성들에게 개방적이지 못했다. 고구려는 건국 초기부터 동맹제라는 명칭이 나오는 3세기 후반까지, 왕실에서 지낸 제천의례는 교제(郊祭)라 하여 돼지를 희생물로 바치는 천지신 제사를 무당이 총괄했다.[15] 또한 왕은 시조묘 제사를 위한 순행에서 흰 사슴과 붉은 사슴을 사냥했다.[16]

중국에서도 교외에 단을 쌓고 천지에 제사하는 것을 교사(郊祀)라고 칭했는

---

14. 이맥, 『태백일사』, 「고구려본기」 제6.
15. 『삼국사기』 권13, 「고구려본기」 제1, '유리명왕'. "十九年秋八月 郊豕逸 王使託利斯卑追之 至長屋澤中得之 以刀斷其脚筋 …九月 王疾病 巫曰 託利斯卑爲祟 王使謝之 卽愈."
16. 『삼국사기』 권13, 「고구려본기」 제1, '유리명왕' "二年 …九月 西狩獲白獐";『삼국사기』 권15, 「고구려본기」 제3, '대조대왕' "五十五年 秋九月 王獵質山陽 獲紫獐";『삼국사기』 권18, 「고구려본기」 제6, '장수왕' "二年 …冬十月 王畋于蛇川之原 獲白獐."

데, 고구려의 교제와 시기 및 명칭이 흡사하다는 점에서 제단의 양상 또한 비슷했을 것이다. 교사에 대한 기록을 보면 한무제(漢武帝)가 신이 내리는 장소로서 노대(露臺)를 세웠는데, 너무 높아 그 위에서 연주하는 음악과 노래를 들을 수 없었다고 했다.

무제가 명정궁 북쪽에 신선을 부르는 대를 세웠는데, 명정궁은 감천(甘泉)의 별명이었다. 대 위에는 벽옥으로 된 종을 걸고 현려(懸黎)의 경을 매달고, 상조(霜滌)의 지(篪)를 불고, 내운의일(來雲依日)의 곡을 노래했으나, 대 아래 있는 사람들은 연주와 노래 소리를 들으려 해도 들을 수 없었다.(武帝起招仙之台于明庭宮北 明庭宮者 甘泉之別名也 于臺上撞碧玉之鐘 挂懸黎之磬 吹霜滌之篪 唱來雲依日之曲 使臺下聽而不聞管歌之聲)[17]

또 『태평어람(太平御覽)』 권1707에서는 감천궁(甘泉宮)에 높이 삼십 길의 통천대(通天臺)를 건축케 해, "여덟 살짜리 동녀(童女) 삼백 명이 춤을 추었고, 사당을 차려 신선을 불렀다. 하늘에 제사한 후 맑은 이로 하여금 통천대에 올라 천신을 기다리게 했다(舞八歲童女三百人 置祠具招仙人 祭天已 令人升通天台以候天神)"라고 적고 있다.

이처럼 지상으로부터 높이 올려진 천단은 고구려 건국시에 축조된 졸본(卒本)의 오녀산성(五女山城)에서 발견되었다.(도판 18)[18] 오녀산성은 해자(垓字)의 도랑으로 둘러싸인, 해발 팔백 이십 미터의 높은 산 위에 들판과 군사시설을 갖춘 왕궁 터였다. 성의 북쪽에 절벽을 이룬 장대는 군사 사열로 사용되고, 남쪽 끝 소오녀산의 정점에는 돌을 쌓아 제단을 만들었다. 성의 중앙부에는

18. 오녀산성의 천단. 고구려 초기. 요녕성 환인현.

천지(天池)라는 샘이 있었고 그 북쪽에서 왕궁지와 도교사원이 발견되었다. 아마도 처음 이 자리에는 토착신앙의 신묘가 세워졌다가 후에 도교식의 사당으로 변화했을 것이다.[19] 성남문 입구에는 거대한 박달나무 숲이 있는데, 그곳으로부터 상당 거리에 있는 작은 산봉우리가 소오녀산이다. 이 소오녀산의 꼭대기 바위 위에 있는 제단은 지금도 천단이라고 불리는데, 성산산성(城山山城) 천단(도판 19)[20]을 쌓은 석재의 크기(약 50×120 센티미터)를 참고하면 높이 약 삼 미터에 사방 십일 미터 정도의 넓이로 보인다.

19. 성산산성 제단 서면 계단. 요녕성 장하현. (서길수 사진, 위)
20. 참성단. 상고시대. 마니산, 인천 강화.(아래)

고구려 산성 외에도 강원도 태백산의 천단이나 강화도 마니산의 참성단(도판 20)의 천단들을 보면, 중국의 노대처럼 평지 위에 세워진 대(臺)가 아니라 세속으로부터 격리된 산의 정상에 제천단을 세웠음을 알 수 있다. 요동반도 벽류하(碧流河) 유역의 성산산성에 대한 연구보고서에 의하면, 제단의 동남쪽 이십 내지 삼십 미터 거리쯤 된 산꼭대기 바위에 작은 구멍들이 깊이 파여 있고, 삼백 미터 떨어진 거리에는 성주(城主)의 깃발을 꽂는 돌무지 같은 것이 있다고 했다.[21] 이를 재해석해 보면 돌무지에 거대한 신간을 설치하고 작은 구멍들에는 깃발을

17. 곽헌, 『동명기』 권1.
18. 「북한의 유적, 고구려 벽화전(졸본 오녀산성 사진전시)」, 서울 COEX 전시관, 2003. 1–2.
19. 서길수, 『고구려 역사유적 답사』, 사계절, 1998, pp.68–97.
20. 서길수, 「2000년 고구려 산성 답사보고서」 『고구려연구』 11, 학연문화사, 2001, p.407.
21. 서길수, 「벽류하 유역의 고구려산성과 관방체제」 『고구려연구』 11, 학연문화사, 2001, p.242, p.234.
22. 위의 책, p.201.

꽂아 제단을 옹위하는 경계지를 조성했을 가능성이 있다. 또 하나의 흥미 있는 사실은 제단으로부터 얼마 떨어지지 않은 남쪽에 사찰 터가 남아 있다는 점이다.[22] 도교사원과 불교사찰의 자리에는 일찍이 동명성왕과 선조들을 모시는 신묘(神廟) 및 종묘(宗廟)가 있었을 것이고, 교제의 천단은 천신에게 돼지나 사슴 등의 희생제사와 천악(天樂)을 올렸던 정방형의 제천단이었다고 정의할 수 있다.

제의의 목적은 신을 모시는 의식이며 인간들은 신과 합일해 신성을 체험하는 것이다. 과연 교제의 천단에서는 어떠한 내용의 의식이 행해졌을까. 『삼국지』와 『후한서』에 나타나는 한국 고대의 제천은 백성들이 밤낮으로 가무음복하며 즐겼다고 기록되어 있다. 그러나 이러한 집단가무는 신의 응답을 기뻐하는 축제로서 천단에서 올린 청배(請拜)의 천악과는 좀 다른 것이다.

『단군세기』 '무술(戊戌) 28년' (B.C. 1583)의 기록을 보면 다음과 같다.

구환(九桓)의 여러 한(汗)들이 영고탑(寧古塔)에 모여 삼신과 하늘에게 제사지냈으며, 환인·환웅·치우 및 단군왕검을 모셨다. 닷새 동안 크게 백성과 더불어 연회를 베풀고 불을 밝혀 밤을 지새며 경을 외고 마당밟기를 했다. 한쪽은 횃불을 나란히 하고 또 한쪽은 둥글게 모여 서서 춤을 추며 단군을 사랑하는 노래를 함께 불렀다. 애환(愛桓)이란 옛날부터 신에게 올리는 노래의 종류를 말함이다. 옛 사람들은 환화에 이름을 붙이지 않고 다만 꽃이라고만 했다. 애환의 노래는 다음과 같다.(會九桓諸汗于寧古塔祭三神上帝 配桓因桓雄蚩尤及檀君王儉 而享之五日大宴與衆 明燈守夜唱經踏庭 一邊列炬一邊環舞齊唱愛桓歌 愛桓卽古神歌之類也 先人指桓花而不名直曰花 愛桓之歌有云)

산에는 꽃이 있네, 산에는 꽃이 피네	山有花 山有花
지난해 만 그루 심고 올해 또 만 그루 심었지	去年種萬樹 今年種萬樹
불함산에 봄이 오면 온 산엔 붉은빛	春來不咸花萬紅有
천신을 섬기고 태평을 즐긴다네	事天神樂太平[23]

위의 기사에 의하면 영고탑이라는 천단에서 천지인의 삼신에게 제사한 후 족장(汗)들이 백성들과 함께 마당밟기를 했으며 애환이라는 꽃의 노래를 부르며 천신을 모셨다는 것인데, 이때의 음복가무는 제의성을 띤 것으로 사료된다. 또한 『태백일사』에는 "『조대기』에서 말하기를 …사람들이 아침에 동쪽 산에 올라 해가 처음 뜨는 것을 경배하고 저녁엔 서쪽 강가로 나아가 달이 처음 뜨는 것에 경배한다(朝代記曰 …朝則齊登東山 拜日始生 夕則齊趨西川 拜月始生)"[24]라고 했다. 이는 정월의 세시의례인 일월제(日月祭)를 말하는 것이다.

한편 중국의 사료에 기록된 고대 부여와 마한의 제천악무는 다음과 같다.

은력(殷曆)으로 정월에 하늘에 제사하며 나라의 큰 모임으로서 여러 날 마시고 먹으며 노래하고 춤춘다. 이를 영고(迎鼓)라 하며 이때 형옥을 중단해 죄수들을 풀어 준다.(以殷正月祭天 國中大會 連日飮食歌舞 名曰迎鼓 於是時斷刑獄 解囚徒)[25]

항상 5월에 씨뿌리기를 마치고 귀신에게 제사한다. 여럿이 모여 노래하고 춤추며 술마시고 노는데 밤낮으로 쉬지 않고 한다. 그 춤은 수십 명이 함께 일어나서 서로 따라가며 땅을 밟고 구부렸다 치켜들었다 하면서 손과 발로 서로 장단을 맞추는데, 그 가락과 율동이 (중국의) 탁무(鐸舞)와 비슷하다. 10월에 농사일을 마치고 나서도 이렇게 한다.(常以五月下種訖 祭鬼神 羣聚歌舞 飮酒晝夜無休 其舞數十人俱起相隨 踏地低昂 手足相應 節奏有似鐸舞 十月農功畢 亦復如之)[26]

귀신을 믿는다. 국읍마다 각각 한 사람씩을 세워 대신의 제사를 주관하게 하는데 이를 천군이라 한다. 또 여러 나라에 각각 별읍이 있으니, 그것을 소도라 한다. 큰 나무를 세워 방울과 북을 걸어 놓고 귀신을 섬긴다.(信鬼神 國邑各立一人

---

23. 홍행촌노인 찬, 『단군세기』 「십육 세 단군 위나(尉那)」 '재위 58년, 신미 원년, 무술 28년'.
24. 이맥, 『태백일사』 「환국본기」 제2.
25. 『삼국지』 권30, 「위서」 30, '동이전, 부여전'.
26. 『삼국지』 권30, 「위서」 30, '동이전, 한전'.

主祭天神 名之天君 又諸國各有別邑 名之爲蘇塗 立大木縣鈴鼓 事鬼神)[27]

위의 기록은 한국 제천의례 가무에 대한 최초의 사료로서, 현존하는 한국 연극·음악·무용사에서 일반적으로 공연예술의 기원으로 삼고 있다. 여기에 나온 제천의례의 가무 역시 단순한 축제로서 해석하기보다는 신맞이 집단가무로 보는 것이 더욱 적절할 것 같다.

한반도 안에 있는 마한은 고조선의 후예였다. 따라서 송화강 유역 북부여의 북을 치는 신맞이 영고와 큰 나무를 신간으로 삼고 무당이 북과 방울소리로 청신(請神)하는 것은 별 차이가 없어 보인다. 또한 예의 무천에서 방울소리에 장단을 맞추어 춤추었다는 집단가무는 신을 모시기 위해 참여자들이 무(巫)와 함께 집행한 직접적인 주술행위이었다고 사료된다.

산 정상의 제천단에서는 희생제사와 신의 강림의식이 집전되고, 이어서 마을의 들판으로 이동해 수일 동안 가무로서 축제를 거행할 때 천신을 대신하는 대상물, 즉 종교적 장엄물의 설치가 필요했을 것이다.

현존하는 굿이나 동제에서의 신맞이 공간의 형성은 신상·신간·깃발 같은 장엄물의 현신과 음악의 연주에 의거한다. 최남선은 무당의 역할을 했던 단군의 천부인(天符印)이 경(鏡)·검(劍)·관(冠)이었고 이들은 강신을 위해 사용된 주술적 도구였다고 정의했다.[28] 거울은 태양을, 그리고 검은 종족의 번성을 상징하는 것이었고, 관은 제사를 주관한 왕이 소유한 것이었다. 또한 영고·무천·소도의 제천에서 사용된 북과 방울도 신과 소통하는 도구로서 천부인의 하나였다고 해석할 수 있다.(도판 21-23)

제천단에는 천신단과 지신단(地神壇)이 있었다. 이 둘의 구별을 위해『태백일사』의 인용구절을 보면 다음과 같다.

---

27. 『삼국지』권30,「위서」30, '동이전, 한전'.
28. 최남선,「단군고기전석」『사상계』, 1954. 2, p.60.
29. 이맥,『태백일사』「신시본기」제3.

44

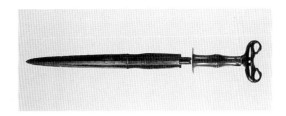
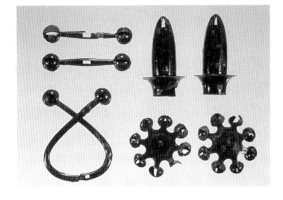

21. 천부인의 하나인 동검. 대전 괴정동 출토. 기원전 4-3세기.(위)
22. 신기(神器)로서의 청동소리기구. 기원전 3-2세기.
강원 출토. 호암미술관.(아래)
23. 천부인의 하나인 다뉴세문경. 기원전 3-2세기.
숭실대학교박물관.(오른쪽)

밀기에 말하기를, 옛날 사(徙)의 사람들은 죽으면 고향에 묻었는데, 죽은 자들을 합장해 돌을 세워〔지석(支石)〕표시했다. 후에 이것이 변해 단을 만들고 지석단이라고 불렀는데, 제석단이라고도 했다. 산꼭대기에 땅을 파고 성단을 만들어놓은 것을 천단이라 했고, 산골짜기에 나무를 심고 토단을 만들어 놓은 것을 신단이라 했다. 지금 승도들이 혼동해 제석(帝釋)을 단이라 부르는데, 이는 옛날의 것을 말함이 아니다.(密記云 古者徙死 無出鄕 合葬一處 表爲支石 後變爲壇 稱支石壇 亦祭夕壇 在山頂 而塹山爲城壇者曰天壇 在山谷 而植木爲土壇者曰 神壇 今僧徒混 以 帝釋稱壇 則非古也)[29]

위의 기사는 산꼭대기의 천단과 산골짜기에 조성한 신단, 즉 산신단과 지석단 등 세 가지 종류의 단을 설명하고 있다. 우선 사(徙)라는 종족의 합장무덤은 돌을 세워 표시했다고 하는데, 이것은 고인돌의 형태를 말하는 것이다.

고인돌(dolmen)은, 기원전 4000년경 이집트에서 태양과 거석 구조물을 숭배하는 양석(陽石, heliolithic) 복합문화가 출현했고, 중동·유럽·남미·동아시아·

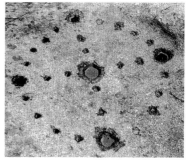

24. 제천단의 일종인 고인돌.
인천 강화 하점면 부근리.(박정태 사진,왼쪽)
25. 북극성과 스물여덟 개의 별자리가 있는 제천단.
전북 익산 금마면 신용리 거북바위 윷판.
(박정태 사진, 오른쪽)
26. 제천단으로서의 장군무덤.
고구려 4세기 후반~5세기 전반.
길림성 집안현.(아래)

북유라시아에 걸친 모든 문명권에 분포되었다. 특히 인도 · 독일 · 서카프카스 · 말타 등지의 고인돌에는 원형구멍이 나 있어 태양숭배와 영혼의 통로로 보는 설이 있다.[30](도판 24) 한편 한반도 고인돌의 덮개돌에서는 수많은 알 모양의 구멍들이 발견되고, 바위 위에도 윷판 모양의 천체도가 암각되어 있는 것을 볼 수 있다.(도판 25) 알 모양의 구멍은 동남아시아에서 유입된 쌀농사 농경민의 난생신화(卵生神話)와 관련 있으며,[31] 무덤의 덮개돌은 땅에 주검을 묻음으로써 다시 탄생하는 곡령제단이면서 풍요의 비를 기원하는 제천단이었다.

박제상은 『부도지』 제14에서 제단의 운용법을 다음과 같이 밝히고 있다.

황궁씨의 후예 육만 명이 이주해 …박달나무 숲에 신시를 열고 …북극성과 칠요(七耀)의 위치를 정해 넓고 평평한 돌 위에서 희생물을 구워 제사를 올리고, 모여서 노래하며 천웅의 음악을 연주했다. …인해 또 바닷가에 성황을 열어 천부에 제사를 올리고 모든 종족들이 머물러 집을 지어 살게 하니, 그 뒤로 천 년 사이에 성황이 전역에 널리 퍼졌다.(於是移黃穹氏之裔六萬守之 …大開神市於朴達之林 … 又奠定北辰七耀之位 燔贖於盤石之上 會歌而奏天雄之樂 …仍而(仍以)築城於海隅 奉奠天符 使駐留諸族 舘而居之 爾來千年之間 城隍遍滿於全域)

이를 종합하면 고대인들은 산의 정상에 제사의 음악과 공물을 올리는 돌의 제단을 설치했고, 산 밑 해안가의 성황에는 신체(神體)를 대신하는 거울·검·관의 천부인 및 북과 피리의 신기(神器)를 모셨던 것으로 사료된다.

산은 하늘이 맞닿은 우주의 중심이었으며, 천단은 하늘과 인간이 만나는 주술적 공간이었다. 단군신화에서 천신인 환인은 세상을 내려다보고 삼위태백(三危太伯)의 산을 선택해 주었으며, 그의 아들 환웅은 태백산정에 하강했다. 또한 수로(首露)의 신화에서도 가락국 북쪽에 있는 구지봉(龜旨峰) 위에서 소리가 들려 아홉 명의 족장 및 백성들이 구지가를 노래하고 춤추니 하늘에서 한 줄기 자주색 줄이 땅으로 내려왔다고 했다.[32] 이는 산 정상에 설치한 거북바위의 천단을 묘사한 것이다.

한편 『삼국유사』 「남부여」편에는 사비 고을 안에 일산(日山)·오산(吳山)·부산(浮山)이 있는데, 국가의 전성기에 그곳에 사는 신들이 날아다니며 조석으로 왕래했다는 기사가 있다.[33] 건국 이래 백제의 왕실은 사비성으로 도읍을 옮긴 6세기 이후에도 천지신 제사를 위해 삼산(三山)에 단을 쌓고 제장을 고수했던 것이다.

산은 천신의 강림지일 뿐 아니라 천손들이 죽어 묻히는 조상들의 거주지가 되

---

30. 정수일, 『고대문명교류사』, 사계절, 2002, pp.79-81.
31. 김병모, 「한국 거석문화원류에 관한 연구」 『한국고고학보』 10·11, 한국고고학연구회, 1981, p.88.
32. 『삼국유사』 권2, 「가락국」 "所居北龜旨 有殊常聲氣呼喚 …九干等如其言 咸忻忻而歌舞 未幾 仰而觀之 唯紫繩自天垂而着地."
33. 『삼국유사』 권2, 「남부여·전백제·북부여」. "又郡中有三山 曰日山 吳山 浮山 國家全盛之時 各有神人居其上 飛相往來 朝夕不絶."
34. 서길수는, 장군무덤(장수왕릉) 꼭대기에서 연꽃무늬 기왓장이 출토되었고 호태왕릉(광개토대왕릉)의 꼭대기에서도 여섯 개 꽃 모양이 양각된 수막새와 기와조각들이 발견된 것으로 보아, 왕릉 위에 향당이 설치되었을 가능성을 제기했다. 서길수, 『고구려 역사유적 답사』, 사계절, 1998, p.225, p.234.

었다. 단군은 수명이 다하자 아사달의 산신이 되었고, 동명성왕은 죽어서 졸본에 있는 용산(龍山)이 되었다. 중국 집안(集安) 지역의 장군무덤은 피라미드 형태의 적석묘(積石墓)로 축조되었는데, 그 꼭대기에는 제사를 지내는 향당(香堂)이 설치되었을 것이다.[34](도판 26) 즉 고인돌과 적석의 무덤은 산과 같이 하늘로 통하는 길의 공간이었으며 이것이 조상들에게 풍요의 비를 기원하는 제천단으로 발전되었음을 알 수 있다.

2. 물의 제단

동맹제의의 공간연출

고대 힌두교의 창조신화에 의하면 태초에 이 세계의 모든 것은 물이었다. 여기서 프라자파티(Prajapati)는 바람이 되어 돌아다니다가 멧돼지가 되어 대지를 들어 올렸다. 이것이 커져서 대륙이 되었고 우뚝 솟은 것이 수미산(須彌山)이다. 5세기경 불교 경전에서는 이를 발전시켜 성산(聖山) 수미산을 중심축으로 지하에는 지옥계가 있고 지상은 중심축을 둘러싼 다중원상(多重圓相)의 세계인 만다라를 그렸다.(도판 27)[35]

한편 고대 중국의 신화에서는 동남쪽의 바다에서 봉래산이 솟아났는데, 신령한 짐승을 타고 하늘을 나는 신선만이 갈 수 있는 대중천(臺中天)이라고 했으며 이는 천지의 모습이라고 했다.(도판 28)[36]

고구려의 물에 대한 신화는 추모왕(鄒牟王)의 건국신화로서, 왕실의 신화적 정통성을 끌어내는 서사성을 띠고 있다. 광개토왕릉비(廣開土王陵碑) 금석문(金石

---

35. 원자핵을 연상시키는 이 그림은 시륜교에서 설파하는 우주를 바로 위에서 바라본 것이다. 선명하게 채색된 열두 개의 윤(輪)은 태양을 위에 얹고 시계방향으로 운반하는 열두 개의 양궁(陽宮)의 궤도를 나타내고 있다. 이 그림에서는 중앙의 소용돌이가 있는 수미산을 둘러싸고, 바다·대륙·산맥이 교대로 원이 되어 나타난 여섯 개의 주(십육 층의 윤으로 표현된다)와 가장 바깥쪽의 네 개 주를 포함한 도넛형 첨부주(瞻部洲)가 경전에 나와 있는 대로 정확히 묘사되고 있다. 이것들을 광대한 수륜·화륜·풍륜이 둘러싸고 만다라적인 원환세계(圓環世界)를 투영하고 있다. 이와타 게이지(岩田慶治)·스기우라 고헤이(杉浦康平) 편저, 『アジアの宇宙観』, 東京: 講談社, 1989, pp.49-76.
36. 위의 책, p.54, p.208.
37. 『삼국사기』 권13, 「고구려본기」 제1, '시조 동명성왕'.

文, 414)의 첫머리에 다음과 같은 내용이 적혀 있다.

옛날 시조 추모왕이 나라를 세웠다. 시조는 북부여에서 나셨는데 천제의 아들이요, 어머니는 하백(河伯)의 딸이다. 알을 깨고 태어나셨는데 태어나면서부터 성덕이 있어….(唯昔始祖鄒牟王之創基也 出自北夫餘 天帝之子 母河伯女郎 剖卵降世 生而有聖德…)

또한 장수왕의 신하였던 모두루(牟頭婁)의 묘지에는,

하백의 손자이며 일월의 아들인 추모성왕이 북부여에서 태어나셨으니, 천하 사방은 이 나라 이 고을이 가장 성스러움을 알 것이다.(河伯之孫 日月之子 鄒牟聖王 元出北夫餘 天下四方知此國郡最聖)

라고 적혀 있어 고구려인들이 천손(天孫)이면서 또한 물의 자손이라는 사상을 확인할 수 있다. 중국 황하의 수신(水神)은 하백이라는 동일한 이름을 갖고 있지만 사람의 얼굴에 물고기의 몸을 한 강물의 정령일 뿐이다. 그러나 북부여 송화강의 하백은 위대한 수신으로서 우신(牛神)이기도 했으며 하백녀 유화의 아버지였다. 『삼국사기』에 의하면 유화는 압록강가

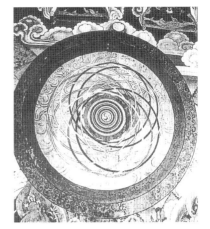

27. 수미산을 중심으로 하는 다중원상의 만다라도. 파로존 사원 입구 벽화. 17세기. 부탄.(위)
28. 바다에서 솟아난 봉래산도. 명대 17세기.(아래)

에서 천제의 아들 해모수(解慕漱)와 정을 통한 후 하백의 노여움을 받아 우발수(優渤水)에 귀양가 있다가 동부여의 금와왕(金蛙王)에게 구조를 받아 주몽을 낳게 되었고, 뛰어난 활솜씨로 금와왕의 아들들의 시기를 받아 도망치던 주몽은 물고기와 자라의 도움으로 개사수(蓋斯水)를 건너 졸본에 도읍을 정하고 고구려를

세웠다고 했다.[37] 유리왕대에 국내 위나암성(尉那巖城)으로 천도한 뒤 졸본은 한동안 부여라고 불렸으며 유화의 신묘와 동명왕 시조묘를 모신 왕실의 직할지였다. 「고구려본기」를 보면, 신묘에서는 매년 10월에 치제(致祭)했으나 시조묘는 2월이나 4월에 국왕이 직접 졸본에 순행해 제사했다. 즉 유화부인인 부여신(扶餘神)에 대한 제사는 국중대회인 동맹제와 함께 치러졌고, 시조묘 참배는 왕실의 행사로만 거행되었다.

3세기 중반에 편찬된 『삼국지』는 고구려의 제천의례가 '國東水上' 즉 '수도의 동쪽 물 위에서' 행해졌다고 기록하고 있다.

은(殷)의 정월에 하늘에 제사지내는데, 나라의 큰 모임으로 동맹이라 한다. 그 공식 모임에서는 모두 비단에 수를 놓은 의복을 입고 금은으로 장식한다. …그 나라 수도의 동쪽에 큰 동굴이 있는데 수혈(隧穴)이라고 한다. 10월 국중대회 때 수신을 맞아들여 도성 동쪽 강물 위에서 제사지내고, 나무로 만든 수신을 신좌에 앉힌다. 〔以殷正月祭天 國中大會 名曰東盟 其公會 衣服皆錦繡金銀以自飾 …其國東有大穴 名隧穴 十月國中大會 迎隧神還于國東水(上)祭之 置木隧于神座〕[38]

인용문에 나온 대로 동맹은 국토신을 맞이하는 수신제(隧神祭)였다. 그리고 수신은 동굴 속에 봉안되어 있었다. 이 수신은 분명 동명왕을 말하는 것일 텐데 왜 동굴 속에 있어야 하는 것이었을까. 이 국동대혈(國東大穴)은 과연 어디였을까. 동명왕은 국토신인 수신이었으나 졸본에 묻혔을 것이기 때문에 고구려 왕실은 동명의 신체를 가까이 모실 수 없었다. 따라서 국내성 천도 이후 고구려 왕들은 즉위의례와 시조제에만 졸본 순행을 하고, 백성들과 함께 하는 국중대회는 도성 가까이에서 열었던 것이다. 즉 집안의 북쪽인 압록강 상류에 통천굴(通天窟)이 있어서 그곳에 신상(神像)을 봉안했다가 배를 타고 국내성 앞으로 내려오게 된 것이 아닌가 한다. 여기에는 또한 부여의 하백에게 드렸던 수상제사(水上祭祀)의 습속을 계승했을 것이며, 강 상류에 조상의 신령들이 거주한다는 동북아족의 관념이 반영된 것으로 보인다.

앞의 인용문에 나타난 바에 의하면 공식모임의 참여자들은 금은으로 장식한 제례복을 입었고, 신맞이의 제사를 지낸 후 나무로 된 신상을 신좌에 앉혔다고 했다. 이렇듯 건국신화의 서사적 내용을 의례굿으로 연행한 동맹제의 구조를 살펴보면 다음과 같다.

10월의 제천은, 동명왕 숭배인 동맹제로 발전되기 이전에는 농경의례의 천신제였을 것이다. 『삼국사기』와 『삼국유사』에는 동명왕이 천제의 아들 해모수와 유화의 아들로, 압록강가의 정사(情事)로 태어났다고 전하고 있다.[39] 또한 이규보가 쓴 「동명왕편」에서는 바다 동쪽에서 온 해모수가 하늘의 아들이라고 했는데, 오룡거(五龍車)를 타고 백여 명의 고니를 탄 무리를 이끌고 웅심산(熊心山)에 내려와 낮에는 인간세상에서 정사를 보고 저녁에는 하늘로 돌아가곤 했다는 기록으로, 해모수가 태양의 아들임을 시사하고 있다.[40]

「동명왕편」은 『삼국사기』와 『삼국유사』의 건국신화와는 달리 서사적 갈등구조와 수중결혼을 강조하고 있다. 즉 해모수가 유화와 함께 오룡거를 타고 수궁으로 들어가자 하백이 노여워하면서 잉어·꿩·사슴이 되어 이들을 쫓으니, 해모수는 수달·매·승냥이로 변했다. 하백이 천제의 아들임을 믿고 혼인을 시켰으나 해모수는 술이 깨어 여자의 황금비녀로 가죽을 뚫고 나와 하늘로 올라가 버렸다는 것이다.[41]

이규보의 서사시는 고려 때까지 전해져온 설화에 기인했을 것이므로 동맹제의의 서사적 구조로 유추해 볼 수 있을 것 같다. 즉 태양의 신인 해모수가 압록강의

---

38. 『삼국지』 권30, 「위서」 30, '동이전·고구려전'. 노태돈은 『한원(翰苑)』에 인용된 『위략(魏略)』에서 '國東' 다음에 '水' 자가 있으니 문맥상으로 보아 '上' 자가 들어가는 것이 옳다고 주장했다. 노태돈, 『고구려사 연구』, 사계절, 1999, p.159.

39. 『삼국사기』 권13, 「고구려본기」 1, '시조 동명성왕'. "我是河伯之女 名柳花 與諸弟出遊 時有一男子 自言天帝子解慕漱 誘我於熊心山下 鴨綠邊室中私之"; 『삼국유사』 권1, 「기이」 제2, '고구려'. "名柳花 與諸弟出遊 時有一男子 自言天帝子解慕漱 誘我於熊神山下 鴨淥邊室中知私之."

40. 이규보, 『동국이상국집』 「동명왕편」. "海東解慕漱 直是天之子 …乘五龍車 從者百餘人 皆騎白鵠 …止熊心山 …朝則聽事 暮卽升天 世謂之天王郞."

41. 이규보, 『동국이상국집』. "王與女乘車 風雲忽起 至其宮 …河伯曰 王是天帝之子 有何神異 王曰 唯在所試 於是 河伯於庭前水 化爲鯉 隨浪而游 王化爲獺而捕之 河伯又化爲鹿而走 王化爲豺逐之 河伯化爲雉 王化爲鷹擊之 河伯以爲誠是天帝之子 以禮成婚 …王郞酒醒 取女黃金釵 刺革輿 從孔獨出乘天."

웅심못에서 유화와 정사를 가진 후 하늘로 승천한 것을 태양의 운행 시간으로 볼 때, 저녁에 태양신이 물속으로 떨어져 신성결혼을 하고 아침이 되어 하늘로 승천한 것으로 해석할 수 있다. 이에 따라 동맹제의의 양상을 구체적으로 유추해 보면 다음과 같다.

바다 동쪽 동굴에 모셔진 동명왕의 신상은 석양 무렵 신여선(神輿船)에 실려 국내성 앞 강가의 제장으로 모셔져 왔을 것이다. 이 제장은 강으로 열려 있는 사당으로서 여기에서 해모수와 일치하는 동명왕의 신화가 연행되었을 것이다. 물에 들어온 해모수는 하백과 신통력을 겨룬 후 유화와 결혼하고 하늘로 승천하는데, 이 장면은 일출 때 오래된 신상을 소각하는 불의 제사로 연출되었을 것이다.(도판 30) 유화(물)와 해모수(태양)의 교합이 어둠 속에서 이루어진다고 했을 때 해모수가 승천하는 일출의 장면은 그 아들인 동명왕의 탄생을 상징했고, 따라서 새로운 신상을 국동수혈로 다시 모실 수 있었을 것이다. 이처럼 동맹제는 북두칠성인 하백을 중심으로 해 일신과 월신이 결합해 인간을 창조한 창조신화(도판 29)였으며, 고구려 시조왕의 탄생을 밝히는 건국신화였다.

『삼국사기』에 의하면, 2월에 행해진 고구려 왕의 졸본 순행에서는 백성들의 죄를 면해 주고 10월의 국중대회에서는 오히려 형벌을 엄하게 다스렸다고 했다. 이는 한 해의 농경을 마감하는 10월의 수상제사가 더러움을 씻어내는 액풀이의 기능이었음을 시사하고 있다. 오래된 신을 보내고 새로운 신을 맞이하는 것은 원시종교의 제례관습이며 한국 무속제례에서 일관적으로 나타나는 양상이다.

공연의 관점에서 해가 지는 석양부터 해돋이 시간까지 행해진 동맹제의 순서를 정리해 보면 다음과 같다.

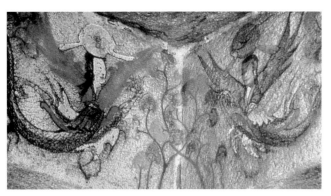

29. 일신과 월신. 통구 다섯무덤 4호분 현실 천장받침.
고구려 6세기 후반. 길림성 집안현.

국동대혈(日神) → 수신

30. 동맹제의의 유추도. 해모수의 승천은 일출시 신상(神像)을 소각하는 불의 제사로 연출되었다.

상(隧神像)을 수상(水上)으로 모심(신맞이굿) → 일신과 월신의 결혼(물의 제사)
→ 동명왕의 탄생과 승천(불의 제사) → 새로운 신맞이굿(새로운 수신상을 국동
대혈로 안치)

한편 동맹제에 대한 중국의 사료를 살펴 보면 다음과 같다.

그 나라 풍속에는 음사(淫祀)가 많아 영성신 · 일신 · 가한신 · 기자신을 섬긴
다. 나라의 도성 동쪽에 큰 굴이 있어 수신이라 하며, 모두 10월에 왕이 친히 제사
를 지낸다.[42]

왕의 거처 왼쪽에 커다란 집을 세워서 귀신에게 제사를 지내고 영성과 사직에

---

42. 『구당서』 권199 상, 「열전」 제149 상, '고려'. "事靈星神 日神 可汗神 箕子神 國城東有大穴 名隧神
皆以十月王祭之."
43. 『양서』 권54, 「열전」 제48, '고구려전'. "好治宮室 於所居之左立大屋 祭鬼神 又祠零星 社稷."

도 제사를 지낸다.[43]

    귀신과 사직신·영성신에게 제사하기를 좋아한다. …10월에 하늘에 제사하는 큰 모임이 있는데 일컬어 동맹이라고 한다.[44]

    위의 인용문은 모두 중국의 문헌에서 나왔기 때문에 재해석을 거칠 필요가 있다. 먼저 『구당서(舊唐書)』에서는, 고구려의 동맹은 수신 외에도 별에 대한 성신제, 태양신 숭배, 기자신 등의 조상신 제사가 있다고 기록하면서 중국의 천지신 외의 것을 음사로 간주하고 있다. 또한 『양서(梁書)』(6세기 편찬)에서 왕궁의 왼쪽 즉 동쪽에 있는 커다란 집에서 귀신에게 제사한다고 했는데, 이는 곧 신궁을 지칭하는 듯하다. 셋째 인용문의 『후한서』에 나오는 귀신 역시도 중국의 천지신이 아닌 고구려의 시조인 동명왕을 뜻하며, 사직신은 중국에서처럼 시조 이후 역대의 친족 선왕들을 지칭하는 것으로 사료된다. 동명왕은 시조왕일 뿐 아니라 천자와 동일한 일월지자(日月之子)로서 제천의례의 대상인 수신이었는데, 중국인들의 시각으로 봤을 때 종묘·사직 제례는 정상적인 것이었고 나무를 깎아 세운 수신은 귀신이고 음사였던 것이다. 따라서 동맹은 신궁에 모신 고구려의 시조인 동명왕과 역대 선왕들에 대한 종묘제례와 일월성신의 자연신들에게 제사했던 종합적인 세시의례라고 할 수 있다.

    고구려는 제2대 유리왕(瑠璃王) 22년(3)에 도읍을 졸본에서 국내성으로 옮겼으며, 제20대 장수왕(長壽王) 때(427) 도읍을 평양성으로 옮겼다. 동맹제에 대한 기록은 3세기 중반에야 비로소 나타나는데, 유추해 보면 동맹제의는 국내성과 압록강에서 시작되어 5세기부터는 평양성과 대동강을 배경으로 개최된 것으로 보인다.

    6세기말에서 7세기에 편찬된 『주서(周書)』에서는 다음과 같이 동맹제를 기록하고 있다.

    고구려는 항상 하늘에 제사했는데 부정한 귀신에게 지내는 제사가 많았다. 신묘가 있었는데 첫째는 부여신이니 나무에 새겨 부인상을 만든 것이요, 둘째는 등고신이니 이는 시조 부여신의 아들이라 했다. 모두 관청을 두어 사람을 보내어 지키고 보호했는데, 대개 하백녀와 주몽이라 했다.[45]

위의 기사는 동맹제의 대상이 부여신인 유화와 등고신인 주몽이라고 밝히고 있다. 그러나 동명왕은 부여족의 천신을 계승하는 고구려의 천손으로 동맹제의 대상이 되었고, 주몽은 4세기 이후 평양 천도시 장수왕대에 고씨(高氏) 왕족의 정통성을 위한 시조신화의 창조에서 동명왕과 동일시되기 시작했다.[46]

따라서 평양 천도 이후에 새겨진 장수왕의 신하 모두루의 묘지문이나 광개토왕릉비 금석문(414)에 나오는 하백의 손자이며 일월지자인 추모성왕은 주몽을 지칭하는 것임을 알 수 있다. 따라서 고구려 건국초인 2-3세기의 동맹제는 천신이며 국토신인 동명왕 숭배였고, 5-6세기 이후의 등고신은 주몽에 대한 의례라고 했을 때 차별화된 연구가 필요하다.

평양 천도 이후의 동맹제는 신궁을 갖춘 대동강의 수상제의였음이 선명하게 드러난다. 『신증동국여지승람(新增東國輿地勝覽)』에서 전하는 주몽 설화를 살펴보면, 주몽의 신위(神位)는 구제궁(九梯宮)[47]에 있었는데 동명왕이 기린말을 타고 부벽루 아래 있는 굴속으로 들어갔다가 땅속을 통해 강 위의 조천석(朝天石)으로 나와 하늘로 승천한 후 다시 평양 서남쪽 오 리 지점에 있는 통한교(通漢橋)에 강림해 구제궁으로 귀환했다고 한다.[48]

이는 동명왕이 죽어서 땅속 깊은 지하의 세계로 내려갔는데 조천석에서 다시 재

---

44. 『후한서』권85, 「동이열전」 제75, '동이전'. "樂好祠鬼神社稷靈星 …十月祭天大會名曰東盟."
45. 『주서』권49, 「열전」 제41, '이역(異域) 상' '고려'. "又有神廟二所 一曰夫餘神 刻木作婦人之象 一曰登高神 北史 本傳倒作登高神 云是其始祖 夫餘神之子 竝置官司 遣人守護 蓋河伯女與朱蒙云."
46. 강경구, 『고구려의 건국과 시조숭배』, 학연문화사, 2001, pp.348-353.
47. 구제는, 알타이어로 천신 또는 시조신을 뜻하는 쿠타이(Kutai)와 통한다고 한다. 강경구, 위의 책, p.267.
48. 『신증동국여지승람』권51, 「평양부」 '고적'. "麒麟窟 在九梯宮內 浮碧樓下 東明王養麒麟馬于此 後人立石誌之 世傳 王乘麒麟馬 入此窟 從地中出朝天石 升天 其馬跡 至今在石上 …朝天石 在麒麟窟南 見上 …通漢橋 在府西南五里 諺傳 東明王昇天 由通漢橋 下九梯宮."

생해 하늘로 승천한 후 인간세계인 통한교 기하석(機下石)에 돌아왔다는 줄거리로서, 시조왕의 죽음과 부활을 주제로 하고 있다. 평양부 서남쪽 오 리에 있었던 통한교는 보통강(普通江)이 흐르는 곳으로 알려지고 있는데, 기하석에 강림한 신체는 신여(神輿)에 모셔져서 구제궁으로 다시 봉안된 것으로 보인다.[49] 동명왕(태양)의 죽음·부활·승천·강림의 이야기를 서사적 구조로 재현하는 것이 동맹제의 핵심이었다면, 대동강 조천석으로부터 승천하는 등고신의 장면에서 주몽의 신위는 소각되어 강물에 뿌려졌을 것이다.[50]

천신제로서의 동맹제는 주인공 주몽을 태양과 동일시함으로써 어둠과 빛, 밤과 낮의 순환을 연출하고 있다. 제의의 공간을 구체적으로 살펴보면, 대동강 부벽루(浮碧樓)의 구제궁은 천신궁으로서 주몽은 천마인 기린마를 타고 저승으로 승천했다가, 도성의 중심에 있는 보통강의 다리를 건너 이승으로 귀환하는 인격신의 영웅담을 연출하고 있다. 물속 깊은 곳 즉 기린굴로 내려간다는 것은 물속으로 사라지는 일몰을 뜻하고, 조천석에서의 승천은 태양이 떠오르는 것을 묘사한 것이며, 통한교 다리를 밑에서 받치고 있는 기하석[51]에 회귀한 주몽은 세상에 빛을 던지는 일출의 장면으로 상징화하고 있는 것이다. 이 제의는 저녁에 시작되어 아침에 종결되었을 것이다. 대동강의 동맹제를 요약해 보면 다음과 같다.

31. 저승길을 닦는 수박희(手搏戲). 통구 다섯무덤 4호분 현실 천장받침. 고구려 5세기. 길림성 집안현.(위)
32. 비천취각(飛天吹角). 춤무덤 현실 천장받침. 고구려 5세기. 길림성 집안현.(아래)

부벽루 구제궁에서의 제사(주몽이 부벽루 뿌리로 내려가다) → 주몽의 신위를 강 위의 조천석으로 옮김(소각제사/일몰) → 보통강이 흐르는 통한교의 기하석에 신이 강림(일출) → 새로운 신위를 구제궁으로 모심(도성의 축제)

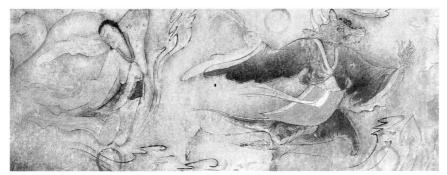

33. 볏단을 든 주몽과 유화. 통구 다섯무덤 5호분 현실 천장받침. 고구려 6세기 후반. 길림성 집안현.

그렇다면 이러한 제의 속 주몽의 모습은 어떠했을까. 기린마를 타고 승천한 후 백성들에게 다시 돌아온 주몽은 농경신이자 물의 신인 소의 모습을 하지 않았을까. 고구려인들의 사상과 신앙은 그들이 남긴 무덤벽화에 투영되어 당시 생활상과 연행된 의례의 모습을 그대로 담고 있다.

그 중에서도 5세기초에 축조된 춤무덤의 천장 벽에 백호(白虎)·봉황(鳳凰)·주작(朱雀)·천마 등의 신수(神獸)들 사이에 그려진 수박희(手搏戲)와 거문고 연주, 글 쓰는 사람들, 나팔을 부는 장면 등은 당시 행해졌을 제의의 양상을 시사하고 있다.(도판 31, 32)

6세기 후반의 통구 다섯무덤(五恢墳) 5호분에 주작·청룡·백호·현무의 사신도(四神圖)와 뱀의 몸체를 한 남녀의 일월도(日月圖)가 있고, 천장에 교룡(蛟龍, 黃龍)과 도교풍 비천선인(飛天仙人)들이, 벽에는 인동초무늬가 있는 것으로 보아 당나라의 영향을 많이 받은 것으로 보인다. 그러한 연유에서인지 학계에서

49. 통한교의 기하석으로부터 구제궁까지는 약 오 리의 거리가 되는데, 강경구는 주몽의 신여가 이 구간을 순회하는 행상의례의 가능성을 제기했다. 강경구, 앞의 책, p.268.
50. 중국 서남지방 납서족(納西族)에는 기린무라는 것이 있어 제사에서 인봉춤을 춘 뒤에 그 신체를 모두 소각해 승천과 재강림을 기원한다고 한다. 위의 책, p.264.
51. 기는 북두칠성의 세번째 별의 이름이고 중국 문헌상에 기석은 직녀의 암석을 가리킨다고 했다. 강경구는 기하석을 사체를 받치는 칠성판과 연관해 주몽의 신반을 놓는 가설판이 아닌가 추정하고 있다. 위의 책, p.265.
52. 강경구는 '소'의 고대어가 '수지(首知)' '수차(首次)'였으며, 그 음가가 '수(隧)' '수(禭/襚)'와 일치한다고 했다. 위의 책, p.221.

34. 창을 든 수신 주몽. 삼실총 벽화. 고구려 5-6세기.
길림성 집안현.

는 소의 머리를 하고 볏단을 들고 있는 우두신인
(牛頭神人)을 신농씨(神農氏)로, 맞은편의 긴소
매춤을 추고 있는 여인을 불의 신으로 설명하고
있다.(도판 33) 그러나 중국의 신농은 약초의 신
으로 머리에 뿔이 난 선인의 모습을 하고 있으
며, 중국의 반인반수의 형태 중에서는 우두신인
의 모습은 찾아볼 수 없다.

물의 여신 하백녀가 태양의 불과 감응되었을
때 국조신인 주몽이 탄생한 것이라면, 벽화 속에
볏단을 들고 있는 우두신인 수신(隧神, 檖神)은
마땅히 동명성왕과 동일화한 주몽이라야 한다.[52] 또한 통구 다섯무덤 가까이에
있는 삼실총 벽화에서 붉은 옷을 입고 창을 든, 소의 가면을 쓴 인물의 사실적 묘
사를 보더라도 제의 속의 주몽으로 간주할 수 있다.(도판 34)

그렇다면 치마자락에 불꽃을 일으키며 도약무를 추고 있는 여인은 유화부인을
대신한 여사제일 가능성이 크다. 고대사회에서는 왕실이나 씨족의 제사를 왕실
여성이 주관하는 것이 통례였다. 『삼국사기』에 의하면 신라의 남해왕(南解王) 차
차웅(次次雄)은 시조 혁거세의 사당을 세워 친누이동생 아로(阿老)에게 제사를
주관하도록 했다.

졸본에 있었던 유화의 신묘는 '하백녀 유화'라는 이름으로 명시하고 있듯이
하천가에 버드나무를 심은 곳이라 생각된다. 버드나무는 몽골의 신성구역인 '오
보'에 세우는 나무였고, 만주와 한반도의 무속신앙에서는 성스러운 신목이며,
더 나아가서 지모신인 유화의 신체로 상징화하는 것이다. 버드나무가 꽂힌 오보
는 몽골의 호숫가나 강가에서 흔히 발견되는 것으로 보아 압록강가에도 하백녀
유화의 사당이 존재했을 것으로 추측된다. 따라서 압록강 동맹제의 제장은 국내
성 압록강가에 설치된 유화의 사당이었을 것이며, 강 가운데로 배를 띄워 수신
(隧神)의 승천을 연출할 수 있었을 것이다.

북두칠성의 단

고구려의 고분들은 강변에 떼를 이루어 형성되었다. 졸본의 비류수(沸流水)와 집안의 압록강 서편에 있는 고분들은 하천의 돌멩이로 쌓아 올려진 적석총이며 그 위에 흙을 덮어 봉분을 만든 것이다. 그 내부에 회벽을 바르거나 판석을 내장해 벽화를 그렸는데, 그림의 소재는 북두칠성과 연꽃이다. 그 중에서도 졸본 환인(桓仁) 지역에 있는 장군무덤(장수왕릉)은 천장과 벽면이 연꽃 문양으로 가득차 있어 수중궁궐을 연상케 한다.(도판 35)

또한 4세기 중반에서 6세기 초반까지의 고구려 고분의 천장벽화에는 세 발 까마귀가 있는 태양과 두꺼비가 살고 있는 달을 그린 일월도가 그려져 있고, 북두칠성을 중심으로 한 천체의 별자리를 궁륭에 그대로 옮겨 놓고 있다. 특히 장천 1호분의 안각 천장에는 북두칠성이 일월도를 감싸고 있는데,(도판 36) 이는 모두루의 묘지문에서 밝히고 있는 주몽의 정체성을 그대로 보여주고 있다. 즉, 해모수와 유화의 아들인 주몽의 외할아버지 하백은 북두칠성이 되고, 인간의 생사와 행복을 주관하는 칠성신인 것이다. 무덤의 중심에 있는 북두칠성은 명부(冥府)의 세계이며 생명을 잉태하는 물의 세계이다. 무덤벽화의 연꽃은 흔히 천장 부분의 일월성신과 함께 배치되는데, 이는 우주의 순환과 함께 재생하는 수련(水蓮)의 생명력을 묘사한 것이다. 5세기 전반에 제작된 장천 1호분 벽화에는 이러한 연꽃의 모습과 그 속에서 태어나는 인간의 모습이 그려져 있다.(도판 37)

인간이 사후에 재생의 연꽃으로 피어난다는 물의 세계관은 북두칠성이라는 영원불멸의 세계로 회귀한다는 고구려인들의 사상을 극명하게 보여준다. 유화는 수신계의 지모신이다. 설화에 의하면 유화는 비둘기가 되어 강을 건너는

35. 장군무덤의 연꽃 문양. 고구려 5세기말. 요녕성 환인현.

36. 일월북두칠성도(日月北斗七星圖)와 연꽃. 장천 1호분
현실 천장. 고구려 5세기 전반. 길림성 집안현.(위)
37. 연화화생도(蓮花化生圖). 장천 1호분
현실 부분. 고구려 5세기 전반. 길림성 집안현.(아래)

주몽에게 곡물의 씨앗을 전달했다. 후에 유화는 무속신앙의 삼신할미로, 국조 동명은 골매기신과 당산의 성황신으로 발전되었다. 따라서 국동대혈의 제장은 당산의 할아버지 당으로, 유화의 사당은 바다와 강 앞의 할머니 당으로 남게 되었으며 현존하는 별신굿의 제장이 되었다.

유화의 사당은 고구려 말기에 산 위의 연못으로 옮겨졌다. 평양 동북부에 있는 대성산성(大星山城)은 평양 천도시 안악궁 조성 전에 축초된 별궁으로서, 군사적 요새인 동시에 제례의 장소로서 중요한 역할을 했다. 대성산성 내에는 아흔아홉 개의 연못이 있는데, 그 중에 가장 크고 수심이 칠 척이나 되는 구룡지(九龍池)는 사슴의 발을 가진 녹족부인(鹿足夫人)이 나타나던 곳이라 했으며, 조선시대까지 가물지 않는 술못〔순지(蓴池)〕으로 불렸다.[53]

최남선에 의하면 이 술못 위에는 20세기초까지 역대 방백들이 기우제를 지내던 기우단(祈雨壇)이 있었으며, 또한 용신굿을 하던 '애기 당집'이 연못가에 있었다고 한다.[54] 이 애기 당집은 제석본풀이의 여주인공 당금애기를 모신 곳이며, 애초에 유화부인을 주신으로 모신 사당이었을 것이다. 『평양지』에 의하면 중세에는 이 "순지 위에 은봉사가 건립되어 있었다.(隱鳳寺在大成山蓴池上)"[55]는 기록이 있는데, 사찰의 건축이 산과 물의 제단에 근거했음을 시사하고 있다.

압록강과 대동강의 동맹제는 풍농을 감사하는 농경제례였다. 그런데 그 시행

---

53. 강경구, 앞의 책, pp.232–238.
54. 위의 책, pp.232, 236.
55. 『평양지』 권1, 「사우(寺宇)」.

시기는 음력 10월인 겨울의 초반이었다. 땅과 물이 얼어붙는 죽음의 계절에 동명의 죽음과 소생을 연출한 것은 겨울의 공포를 극복하고 봄의 회귀를 기원하는 태양제였다고 할 수 있다.

자연신을 대상으로 하는 천신·월신(수신)·산신 등 자연신을 숭배하는 제단은 자연공간의 제장에서 희생제물을 바치는 피의 제단이었으며, 이러한 전통은 도교·불교·유교의 의례와 상충되는 것이었다. 한국의 자연신 숭배는 만물의 정령을 섬기는 애니미즘과 융합해 자연공간에 토템·돌무지·조간(鳥竿) 등의 장엄물로써 성역을 정했고 산수의 공간 안에 제단을 구축하는 전통을 이어 나갔다. ·

무속제례굿이었던 고대 고구려와 백제의 국가의례에서 천지인의 세계는 산(山)·수(水)·화(花)의 자연물질로 상징되었다. 또한 물의 제의에서 일몰과 일출의 순환을 저승과 이승의 공간으로 연출함에 있어 암석과 다리는 영(靈)의 통로로서 제단화되었다. 따라서 현존하는 무속제례에서 설치하는 곡물(穀物)의 산과 무명다리, 대나무 가지로 된 열두 대문, 환생의 꽃들은 물의 세계에서 펼쳐진 죽음과 소생의 연극적 장치였음을 인식할 수 있게 한다.

3장 삼국시대 의례악(儀禮樂)의 공간연출

1. 오신유인(娛神遊人)의 가무백희(歌舞百戲)

1. 고구려·백제의 가무백희

고구려의 벽화와 중국의 문헌을 통해 볼 때 고구려는 중국 북조(北朝)와 중앙아시아의 악기를 삼국 중에서 가장 먼저 수용했다. 고구려 음악은 중국에서 고려기(高麗伎) 또는 고려악(高麗樂)으로 불렸으며, 수나라 문제(文帝) 당시의 개황(開皇, 581-600) 초에 설치된 칠부기(七部伎)와 수양제 대업(大業, 605-616) 때 설치된 구부기, 그리고 당나라 태종의 정관(貞觀, 624-649) 때 재정비되어 설치된 십부기로서, 이는 궁중연향악이었다. 당시 중국의 연향악은 태자 책봉의 축하연, 사신영접, 군신을 위한 잔치, 풍년 축하연회를 위해 궁궐의 전정(殿庭)에 설치되었고 사원이나 귀족의 개인 잔치에서 사용되기도 했다. 『삼국사기』에서는 당나라 두우(杜佑)의 『통전(通典)』을 인용하여 고구려악에 대한 기록을 다음과 같이 소개하고 있다.

고구려 악공은 새 깃으로 장식한 자색 비단 모자를 쓰고, 큰 소매의 황색 두루마기에 자색 비단 띠를 두르고, 넓은 바지에 붉은 가죽신을 신고, 오색 끈으로 매었다. 무용수 네 명은 머리 쪽을 뒤로 틀고, 붉은 마래기를 이마에 동이고, 금귀고리로 장식했다. 두 명은 붉고 누런 바지를 입었는데, 그들의 소매는 매우 길었고, 모두 검은 가죽신을 신고 쌍쌍으로 서서 춤을 추었다.(樂工人紫羅帽 飾以鳥羽 黃大袖 紫羅帶 大口袴 赤皮靴 五色絛繩 舞者四人 椎髻於後 以絳抹額 飾以金璫 二人黃 裙襦 赤黃袴 二人赤黃裙 襦袴 極長其袖 烏皮靴雙雙倂立而舞)[1]

위의 인용문은 춤무덤의 가무배송도(歌舞徘送圖, 도판 38)에 실린 장면과 일치 한다. 악공이 새 깃으로 장식한 자색 모자를 쓰고 있다는 기록으로 보아 선두에 선 사람은 가자(歌者)로 추정되며, 뒤에 다섯 명의 무자(舞者)는 긴소매춤을 추고 있다. 악기를 연주하는 모습은 보이지 않으나 같은 춤무덤 안에 거문고와 완함(阮 咸) 연주 장면이 있다. 상단의 대무(對舞) 장면은 안무의 특성을 묘사하거나 다섯 명이 춤추기 전의 이인무(二人舞)로 생각된다. 하단에 서 있는 모자 쓴 악인 두 명 과 무자 다섯 명은 다음 순서를 기다리고 있는 듯하다.

초기 발굴자들에 의하면, 상단에 발만 남아 있고 지워진 부분은 완함의 연주자

38. 가무배송도. 춤무덤 현실 좌벽. 고구려 5세기. 길림성 집안현.

였다고 한다. 본래 고구려 등 북방계 음악에서는 춤의 반주로 가창을 했는데, 완함 등 서역 악기의 유입과 함께 전통음악에 변화가 일어나 기악 반주가 등장했다고 한다.[2] 그러나 『삼국사기』에 의하면 진나라에서 보낸 칠현금을 고구려의 재상 왕산악(王山岳)이 거문고로 고쳐 만들고 백여 곡을 연주했는데, 그때 현학(玄鶴)이 와서 춤을 추었으므로 현학금(玄鶴琴) 또는 현금(玄琴)이라 했다고 적혀 있다. 검은 학이 춤을 추었다 함은 순전한 연향악이라기보다는 주술성이 깃든 신악(神樂)이 아니었을까 추정케 하며, 고구려에서는 서역의 악기가 수용되기 이전인 3세기말에 이미 무용과 거문고가 함께 연주되었음을 추측케 한다. 긴소매 춤은 당나라 궁중에서 이색적인 새의 무용으로 비친 것 같다. 이백(李白)은 고구려 춤을 해동의 새가 오는 것 같다고 다음과 같이 묘사하고 있다.

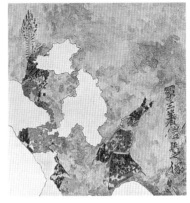

39. 태양 속의 삼족오. 씨름무덤 현실 동벽 천장.
고구려 5세기. 길림성 집안현.(위)
40. 붉은 태양과 깃털 장식을 한 모관.
개마총 현실 좌벽 천장받침. 고구려 5-6세기.
평양.(아래)

금화 절풍모에	金花折風帽
백마가 더디 도네	白馬少遲廻
펄펄 나부끼는 넓은 소매	翩翩舞廣袖
해동의 새가 오는 것 같으이	似鳥海東來[3]

이처럼 고구려무는 호선무와 같이 빙빙 도는 동작과 소매를 뿌리치는 역동적인 춤으로, 그 모습이 마치 동쪽 바다에서 날아오는 새와 같다고 했다. 고대 동이족(東夷族)은 태양숭배의 전통과 함께 새의 토템문화를 가지고 있었고, 삼족오

1. 『삼국사기』 권32, 「잡지」 1, '악'.
2. 方起東, 「集安高句麗壁畵中的舞樂」, 최무장 편역, 『고구려 · 발해 문화』, 집문당, 1985, pp.60-73.
3. 이백, 『이백 시전집』 「고구려」 권167-17.

41. 새 솟대. 전북 정읍 산외면 목욕리. (박정태 사진, 왼쪽)
42. 방비형동기(防備形銅器) 속에 새겨진 새솟대. 대전 괴정동 출토. 기원전 3-4세기. 국립중앙박물관.(위)
43. 무동타기 중 기러기사위. 경기 평택농악. (정병호 사진, 아래)

(三足鳥)는 그들이 숭배해 온 신조(神鳥)이다. 악공이 머리에 꽂고 있는 깃털은 새 토템을 장식한 제의적 의장이며, 긴소매춤은 태양의 순환과 더불어 비상하는 삼족오를 묘사한 것으로 보인다.(도판 39, 40)

한편 토템 조성에 있어 부여계 민족은 기러기를 신조로 삼았다. 따라서 한반도 안의 백제에서도 철 따라 북아시아에서 남쪽의 온대지방으로 이동하는 기러기는 태양을 좇아 나는 태양새로서, 국경과 마을 어귀에 세워진 지신(地神)이 되었다.(도판 41, 42)

옛 신궁터인 부여 능산리(陵山里)에서 출토된 백제금동대향로(百濟金銅大香爐, 도판 46)는 고대 동북아의 천신사상에 기반한 우주관을 상세히 묘사하고 있어, 당시 백제 제천의례의 내용을 연구하는 데 중요한 단서들을 제공하고 있다. 향로의 구조를 보면, 태양의 상징인 봉황을 꼭대기에 두고 윗부분은 삼산(三山)이 연속적으로 중첩되어 하나의 커다란 산을 만들고 있다. 산봉우리에 있는 다섯 마리의 기러기는 봉황을 우러러보고 있으며 기러기 뒤편으로 완함·거문고(玄琴)·퉁소(長簫)·북·배소(排簫)를 연주하는 악사들이 기러기춤을 위해 연주하고 있는 듯 보인다. 이는 기러기새춤이 천신에게 제사하던 다섯 부족의 춤이었음을 말하는 것이며, 현존하는 농악 중 무동춤과 소고춤에서 기러기춤(도판 43)을 추고 있어 제천악이 농악의 판굿으로 계승되었음을 알 수 있다. 산 안에는 각종 신수(神獸)와 신수(神樹)들 사이에 명상하거나 농사·수렵·낚시질을 하는 조상들이 살아 있는 듯 움직이고 있다. 뚜껑과 테두리에는 유운문(流雲紋)이 새겨져 있고 그 위에 불꽃 모양의 삼각형 박산(博山) 문양이 장식되어 있는데, 고구려의 벽화에도 자주 나오는 문양이다. 뚜껑 밑 테두리 부분은 한 마리 용이 큰 연꽃을 입에 물고 비상하는 모습으로, 연꽃에 새와 물고기가 가득 장식되어 있다.

뚜껑 테두리의 구름 문양을 경계로 향로의 구조를 상하로 나누어 보면, 윗부분은 태양조인 봉황을 중심으로 천상세계인 산이 있고, 유운문의 아랫부분은 용을 중심으로 생명과 물의 세계가 연꽃으로 상징화되어 있다. 이러한 제례용 향로에 새겨진 '山'자형의 귀면상(鬼面像)이나 택견을 하는 인물(도판 44, 45) 등은 제의의 실제를 반영한 요소로 보인다. 금동대향로에 있는 산과 물의 세

44. 제의무로서의 택견. 도판 46의 세부.(위)
45. '山'자형 귀면상. 도판 46의 세부.(아래)
46. 금동대향로. 백제 6세기. 국립부여박물관.(오른쪽)

47. 신수와 창을 든 선인의 택견. 방격규구신수문경 부분.
백제 6세기 전반. 국립공주박물관.

계는 하늘에 대한 땅의 세계이면서 둘 다 사후에 돌아가야 할 천상의 세계라는 점에서 고구려 고분벽화에서 나타나는 세계와 거의 동일한 공간 개념을 시사하고 있다.

한편 백제 무령왕릉에서 출토된 방격규구신수문경(方格規矩神獸紋鏡)의 뒷면에 보이는 택견과 신수들의 모습은 왕의 사냥을 표현하는 제의무로 해석할 수 있다.(도판 47)

앞의 고구려 춤무덤(도판 38)에 나타난 가무 배송도는 장례의식의 장면이다. 그림의 중앙에 말을 타고 저승으로 떠나는 무덤의 주인공이 보이는데, 그 앞에는 누런 개가 저승길을 인도하고 주인의 뒤에 시종이 작은 종 같은 악기를 치고 있으며, 그 뒤편에는 환생의 연꽃 장식을 한 빈소가 보인다. 지붕에 세 개의 연꽃 봉오리가 장식된 빈소에서 여인들이 음식을 들고 나오고 있는데, 이는 사자(死者)의 천상부활을 축하하는 의식으로 보인다. 『수서(隋書)』 「고려」전에 의하면 죽은 자는 집안의 빈소에 모셔 두었다가 탈골이 된 삼 년 후에 길일을 택해 장례를 지낸다고 한다. 또한 시신을 빈소에 모실 때는 곡을 하고 눈물을 흘리지만, 장례를 치를 때는 북을 치고 춤을 추며 가무로써 혼령을 보낸다고 한다.[4]

고구려 춤무덤의 안간 서북쪽 벽은 누운 시신의 오른쪽 벽인데, 삼산형(三山形)의 산악에서 말을 타고 활을 쏘는 수렵도 안에 꽃이 피어 있는 커다란 신목이 수렵도를 지배하고 있다. 이 수렵 역시 죽은 자의 과거의 일상이라기보다는 삼

---

4. 이두현에 의하면 장송의례의 가무풍습은 고구려뿐 아니라 신라 화랑의 위령제에서도 행해졌으나, 조선 성종 20년(1489)에는 부모의 장례에 성악(聲樂)하고 배우백희(俳優百戱)하는 것을 금하는 유시(諭示)를 내렸다고 한다. 그는 상가의 놀음 중에서 황해도의 상여돋음, 경기도와 충청도의 손모듬 또는 걸지리, 경상도의 개도덤 또는 휘켕이춤, 강원도의 손모듬 또는 대도듬, 전라도 진도의 다시래기를 들고 있다. 이두현, 『한국무속과 연희』, 서울대학교출판부, 1996, pp.205-208; 『수서』 「고려전」. "初終哭泣 葬則鼓舞作樂 以送之."

산이 있는 천상에서의 환생을 그린 것이라고 할 수 있다.(도판 48) 이러한 천상세계에서의 연속적인 삶은 노래로 불렸을 것이며, 그에 수반하는 고구려무는 우아하고 유연하게 빙글빙글 도는 선무(旋舞)로 안무되었을 것이다. 그러나 고구려무는, 동맹제 같은 제천의례에 입었던 비단에 수를 놓고 금은으로 장식한 제관(祭官)들의 의상이 아닌, 민간인들이 평상시에 입었던 복식에 긴 소매를 이용한 민속무용으로 보인다. 기악반주와 가창에 맞추어 여러 명의 무용수가 함께 추었던 고구려무는 민속무였지만 당나라의 궁중에서도 대중적 인기를 얻었던 것 같다.

고구려 무덤벽화에는 신목 앞에서 말을 타고 저승으로 가는 죽은 사람이 그려진 곳에, 춤무덤에 나타난 가무배송도뿐만 아니라 광대들의 잡기(雜技) 장면들이 그려져 있다. 예를 들면 장천 1호분(5세기말-6세기초)의 들놀음 장면에는 거문고 반주에 춤을 추는 장면이 보이고, 씨름·공던지기·바퀴던지기 등의 곡예가 귀부인의 행렬과 섞여 있는 것을 볼 수 있다.(도판 1) 또한 수산리(水山里) 고분벽화(5세기말)에서는 무덤 주인 부부의 바깥나들이 앞에서 광대들이 장대타기, 탄도(呑刀), 공이나 바퀴던지기를 하고 있는데, 중앙아시아에서 수입된 잡기

48. 천상의 수렵도와 신목. 춤무덤 현실 서벽. 고구려 5세기. 길림성 집안현.

가 길거리에서 행해졌음을 알 수 있다.(도판 49) 고구려의 벽화에 나타나는 또 하나의 빼놓을 수 없는 연희 종목은 씨름과 수박희(手搏戱)이다.(도판 50) 상체를 벗고 두 남자가 힘을 겨루는 이 경기는 중국 한대에서도 각저희(角觝戱)라고 불렸다. 고구려 벽화에서 각저희의 그림은 천장받침돌이나 그림 속의 신목 옆에 배치되어 있는데, 이는 저승길에 악귀가 침입하지 못하도록 하는 벽사(辟邪)의 장면이라고 볼 수 있다.

이와 같이 5세기에서 6세기에 걸친 고구려의 춤무덤, 장천 1호 무덤, 수산리 무덤에 나타나는 가무악은 곡예·각저희와 함께 전정(殿庭)이나 광장의 야외공간에서 병렬식으로 연행되었는데, 여기서 그 공간구조를 고찰하기로 한다.

49. 잡기도. 수산리 무덤 현실 서벽. 고구려 5세기 후반.
평남 대안.(위)
50. 악귀를 막는 씨름도. 씨름무덤 현실 좌벽. 고구려 5세기.
길림성 집안현.(아래)

안악 1호분에 있는 귀족의 집을 그린 전각도(殿閣圖, 도판 51)를 보면 저택 구조가 사랑채와 안채로 나뉘어, 앞편에는 커다란 이층집 형태의 사랑채가 있고 뒤편에는 안채와 살림에 관련된 건물들이 배치되어 있다. 저택은 사방이 문을 닫지 않은 개방적인 회랑으로 둘러쳐져 있어 객석의 공간이 조성되었고, 그 가운데에 빈 마당이 무대공간이 되고 있다. 일반적으로 정원은 안채에 조성되었을 것이므로 장례식의 가무배송은 사랑채 앞의 전정에서 연행되었을 것이다.

한편 가무백희가 성행했던 중국 한대의 화상석(畵像石)은 고구려의 벽화처럼 천상계나 제의적 내용의 가무를 그린 것이 아니라 이승세계의 기록화이기 때문에 전정에서의 공간연출을 상세히 알 수 있다. 사천성(四川省) 한

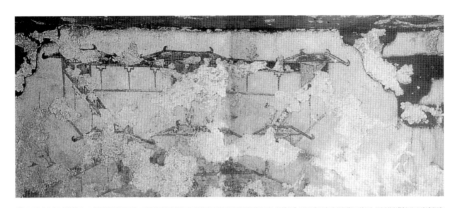

51. 안악 1호분의 전각도 부분. 고구려 4세기말-5세기초. 황해남도 안악.(위)
52. 전정백희도. 한묘 화상석 부분. 한대. 사천성 현동 석관.(가운데)
53. 휘장을 친 실내의 연희공간. 한묘 화상석 부분. 한대. 사천성 성도시.(아래)

묘(漢墓) 연음백희도(宴飮百戱圖)를 보면, 전정에 악사석과 가무백희가 있고 실
내에도 다섯 명의 악사들이 자리하고 있다.(도판 52) 사천성 양자산(羊子山) 한
묘화상석에는 휘장이 쳐진 실내에 주인과 손님들이 가무공간을 중심으로 삼면에
배치되고, 주인석의 건너편에 악사석이 있어 연회 공간은 사면으로 완전히 둘러
싸인 아레나(Arena) 무대를 연상케 한다.(도판 53)

　위의 그림에서는 가무와 백희가 같은 공간 안에서 연행되지만 연향의 주체가
왕이나 귀족들로 압축될 때는 그 현장성이 매우 밀접한 것으로 보인다. 즉 실내

에서는 고귀한 사람이 좌정한 위치를 중심으로 악사석과 객석이 삼면에 배치되고 중앙의 무대공간에 가무백희의 종목이 차례대로 들어오고 나가는 형식을 취하는 반면, 넓은 뜰에서는 여러 종목이 동시에 진행되는 병렬식 연출을 했던 것으로 보인다.

2. 신라의 가무백희

삼국시대의 가무백희에 대한 형상 자료는 앞서 고찰한 춤무덤, 장천 1호분, 수산리 고분의 벽화와 신라의 오기(五伎)뿐이다. 오기라 함은 신라말 최치원(崔致遠, 857-?)이 절구시로 읊은 「향악잡영(鄕樂雜詠)」 오수(五首)에 나타나는 금환(金丸)·월전(月顚)·대면(大面)·속독(束毒)·산예(狻猊)를 말한다. 그런데 이 오기는 중국과 서역에서 들어온 외래악으로서, 가무를 주로 한 신라의 향악(鄕樂)과 같은 것으로 볼 수는 없을 것 같다. 『삼국사기』에서는 신라 악만을 전반적으로 다루고 있으며 오기는 가장 마지막에 소개되는 자료이다. 음악을 소개하는 서두는 다음과 같다.

신라악은 삼죽·삼현·박판·대고·가무가 있다. 춤에는 두 사람이 있는데, 귀가 난 복두(幞頭)를 쓰며 자줏빛 큰 소매에 수가 놓인 공복(公服)을 입고 붉은 신을 신었으며, 도금한 띳돈[銙]을 단 허리띠를 매었다. 삼현은 첫째는 거문고, 둘째는 가야금, 셋째는 비파이고, 삼죽은 첫째 대금, 둘째 중금, 셋째 소금이다.(新羅樂 三竹三絃 拍板 大鼓 歌舞 舞二人 放角幞頭 紫大袖 公襴 紅鞓 鍍金銙腰帶 烏皮靴 三絃 一玄琴 二加耶琴 三琵琶 三竹 一大笒 二中笒 三小笒)[5]

위의 기록은 최치원 당시의 통일신라의 국악기를 서술한 것으로, 비파와 삼죽 같은 외래 악기가 향악화했음을 말하고 있다. 또한 춤추는 두 사람이 모자를 쓰고 수를 놓은 의상에 도금한 허리띠를 매었다는 점에서 삼죽·삼현의 향악이 공식적인 의례악의 성격을 띠었다는 것을 짐작할 수 있다.

『삼국사기』의 저자는 곧 이어서 거문고와 가야금의 국기(國器)로서의 유래를 적고, 신문왕(神文王) 때 바다의 대나무로부터 얻은 만파식적(萬波息笛)을 소개하고 있다. 그는 또한 각 지방의 민속음악이 향악으로 종합된 것을 다음과 같이 밝히고 있다.

내지(內知)는 일상군(日上郡)의 음악이고, 백실(白實)은 압량군(押梁郡)의 음악이며, 덕사내(德思內)는 하서군(河西郡)의 음악이고, 석남사내(石南思內)는 도동벌군(道同伐郡)의 음악이며, 사중(祀中)은 북외군(北隈郡)의 음악이다. 이것은 모두 우리나라 사람들이 즐기는 음악에 따라 만들어진 것인데, 악기의 수효와 노래와 춤의 모양은 후세에 전하지 아니한다. 다만『고기(古記)』에 "정명왕 9년(政明王, 689)에 신촌에 행차해 잔치를 베풀고 음악을 연주하게 했는데, 가무(笳舞)는 감(監) 여섯 명, 가척 두 명, 무척 한 명이었고, 하신열무(下辛熱舞)는 감 네 명, 금척(琴尺) 한 명, 무척 두 명, 가척 한 명이었으며… 애장왕 8년(807)에 음악을 연주함에 비로소 사내금(思內琴)을 연주했는데, 무척 네 명은 푸른 옷을 입고, 금척 한 명은 붉은 옷을 입었으며, 가척 다섯 명은 비단옷에 수놓은 부채를 들었고, 다시 금루대(金縷帶)를 두르고 있었으며, 다음은 대금무(碓琴舞)를 연주했는데, 무척은 붉은 옷을 입었고, 금척은 푸른 옷을 입었다"고 했다.(內知日上郡樂也 白實 押梁郡樂也 德思內 河西郡樂也 石南思內道 同伐郡樂也 祀中 北隈郡樂也 此皆鄕人喜樂之所由作也 而聲器之數 歌舞之容 不傳於後世 但古記云 政明王九年

---

5. 『삼국사기』권32,「잡지」1, '신라'.

6. 『삼국사기』권32,「잡지」1, '악'.

7. 『삼국사기』권32,「잡지」1, '악'. "金丸 廻身掉臂弄金丸 月轉星浮滿眼看 縱有宜僚那勝此 定知鯨海息波瀾 月顚 肩高項縮髮崔嵬 攘臂羣儒鬪酒盃 聽得歌聲人盡笑 夜頭旗幟曉頭催 大面 黃金面色是其人 手抱珠鞭役鬼神 疾步徐呈雅舞 宛如丹鳳舞堯春 束毒 蓬頭藍面異人間 押隊來庭學舞鸞 打鼓冬冬風瑟瑟 南奔北躍也無端 狻猊 遠涉流沙萬里來 毛衣破盡着塵埃 搖頭掉尾馴仁德 雄氣寧同百獸才."

8. 김학주,『한·중 두 나라의 가무와 잡희』, 서울대학교출판부, 1994, p.79.

9. 위의 책, p.82.

10. 왕극분, 차순자 역,『중국무용사』, 동남기획, 2002, p.295.

11. 윤광봉,『한국연희시연구』, 도서출판 박이정, 1997, p.29 ; 황경숙,『한국의 벽사의례와 연희문화』, 도서출판 월인, 2000, p.59.

幸新村 說酺奏樂 笳舞 監六人 笳尺二人 舞尺一人 下辛熱舞 監四人 琴尺一人 舞尺二人 歌尺三人 思內舞 監三人 琴尺一人 舞尺二人 歌尺二人 韓岐舞 監三人 琴尺一人 舞尺二人 …哀莊王八年 奏樂 始奏思內琴 舞尺四人靑衣 琴尺一人赤衣 歌尺五人彩衣 繡扇並金縷帶 次奏碓琴舞 舞尺赤衣 琴尺靑衣)[6]

위의 기사에 의하면 신라의 향악은 지방 민속악을 종합한 국악이었다. 또한 춤과 가야금과 가창이 병행하는 가무악을 연행했는데, 악사가 푸른 옷을 입고 춤추는 사람이 붉은 옷을 입었으며, 합창대가 비단옷에 금루대를 두르고 수놓은 부채를 들었다는 사실에서 향악은 국가의 의례악으로 연주되었다는 것을 알 수 있다. 창사(唱詞)의 내용이 구체적으로 어떠한 것인지는 잘 알 수 없으나, 호국신앙을 바탕으로 한 향가와 연관해 생각할 때 시와 악조(樂調)가 춤을 서술하는 가무악으로서 문학성 내지 극적 구조를 지닌 양식이었다는 것을 짐작할 수 있다.

최치원의 「향악잡영」 오수는 위의 기사에 이어서 소개되고 있다. 앞서 언급한 대로 금환·월전·대면·속독·산예7는 오락성이 있는 기예이면서 벽사의례의 기능을 갖는 종목이다. 금환은 여러 개의 금빛 공을 공중에 던지며 노는 것으로 오래 전부터 중국에서는 농환(弄丸)이라 했다.(도판 54) 원진(元稹, 779-831)의 「서량기(西凉伎)」에 의하면 사자와 호아(胡兒)들이 정식으로 등장하기 전 무대

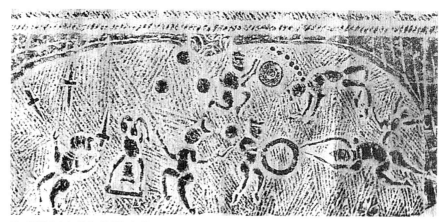

54. 의빈석관잡기도(宜賓石棺雜技圖). 한묘 화상석 부분. 한대. 사천 팔십대 의빈현 공자산(公子山) 애묘(崖墓) 출토. 의빈박물관, 사천성.

55. 월전으로 추정되는 호인의 호등무.
안양 수정사(修定寺) 부조와(浮雕瓩)
사리탑 벽돌. 당대. 하남성.(왼쪽)
56. 지옥성문 앞 사당패 놀이에서의
매호씨. 용주사(龍珠寺) 감로탱.
1790. 경기 화성.(오른쪽)

앞에서 농검(弄劍)을 연출했는데,[8] 이러한 종목들은 고구려 수산리 고분벽화(5세기말)에 나타난 잡기와 동일한 것이다. 월전에 대한 묘사를 보면 "어깨는 높고 목은 움츠려 있고 머리는 뾰족이 솟아 있으며, 여러 사람들이 팔로 젖히며 술잔을 다투어 마신다"라고 되어 있다. 김학주는 뾰족하고 높은 오랑캐 모자를 쓴 춤꾼이 술잔을 들고 추는 호등무(胡騰舞)라 했는데[9] 당대(唐代)의 호인(胡人)이 춘 '호무(胡舞)'와 비슷한 것이 아닌가 추정된다.(도판 55)[10]

윤광봉과 황경숙은 월전이 관중과 함께 술잔을 다투는 골계희이면서 나례가면희라고 해석했다.[11] 월전은 조선 후기 고성지방의 지방관아 나례행사에 대면과 함께 나타나고 있기 때문이다. 고종(高宗) 30년(1893) 11월에 지방관 오횡묵(吳宖默, 1834-?)이 경상도 고성부에서 나례를 보고 기록한 『고성총쇄록(固城叢瑣錄)』에 다음과 같은 기록이 있다.

날이 이미 어두웠다. 조금 후 나희배(儺戲輩)들이 징을 치고 북을 두드리며 펄쩍 뛰어오르는 등 시끄럽게 떠들며 모두 관아의 마당으로 들어온다. 마당 가운데 석대 위에는 큰불을 준비해 놓았는데, 마치 대낮처럼 밝다. 쇠와 북을 치는 소리가 어지럽고 시끄러워서 사람의 말을 듣기 어렵다. 월전과 대면, 노고우(老姑優)와 양반창(兩班倡) 등의 기이하고 괴상한 모양의 무리들이 교대로 마주서서 희롱하고, 미친 듯이 소리지르며 천천히 춤을 춘다. 이와 같은 것을 수없이 계속하다가 그쳤다. 이곳의 잡희는 함안(咸安)의 것과 비슷하지만 익살은 더 나은데, 복식의 꾸밈은 다소 졸렬했다.(已迫昏 少頃 儺戲輩 鳴錚伐鼓 踊躍轟闐 齊入官場 場中石臺上 預設炬火 明若白晝 而金革亂眂人語難分 月顚 大面 老姑優 兩班倡 奇形怪容之流 頭頭迭出 面面相謔 或狂叫或慢舞 如是數食頃面止 蓋其雜戲 與咸安略相似 而滑稽較勝 服節較劣)[12]

위의 인용문에서 알 수 있는 것은 월전과 대면이 조선시대까지 나례의 고정 레퍼토리로 정착되었고 횃불을 밝힌 마당놀이의 가면희로서 연행되었다는 점이다. 최치원의「향악잡영」오수에 의하면 대면은 '황금빛 가면을 쓴 사람이 붉은 의상을 입고 봉황새처럼 우아하게 춤추면서 채찍으로 귀신을 쫓아낸다'고 했다. 따라서 대면은 나례의 가면희이고, 월전은 관중과 재담을 주고받는 매호씨(도판 56)와 비슷한 역할로 추정된다. 그 다음에 소개되는 속독(束毒)은 '쑥대머리에 남색 얼굴을 한 별난 사람들이 대를 지어 뜰로 나와 난새(學舞鸞)처럼 춤을

57.「신서고악도」중 '사자놀이'. 헤이안 시대. 도쿄 국립박물관.

추는데, 북소리에 맞추어 남쪽으로 뛰고 북쪽으로 뛰어다녔다'고 했다. 속독은 인도 북부 중앙아시아에 있었던 '소그드(Soghd)' 국이라는 설이 있는데,[13] 쑥대머리와 남색 얼굴이라는 표현은 곱슬머리에 검은 피부색을 한 외래인들의 춤을 묘사한 것일 수 있다. 월전을 묘사

한 최치원의 시에 '밤하늘에 나부끼는 깃발은 새벽을 재촉한다'고 했는데, 깃발이 설치된 광장에서 월전·대면·속독이 함께 연행되었고 '남빛 얼굴을 한 별난 사람들'이 말을 탔거나 또는 빠른 속도로 몰아치는 무용적 마임을 구사했으리라 생각된다. 맨 마지막의 산예는 사자가 '사막의 만리 길을 건너와서 털옷을 흔들어 먼지를 털어낸다'는 내용으로 보아, 아마도 멀리 서역에서 방문한 사자가 임금의 어진 덕을 찬양하고 성세를 상징하는 축원의 춤을 춘 것으로 추정된다.(도판 57) 이는, 문수보살의 동자들이 사자를 끌고 나와 여의주를 입에 물려 주는 불교의례나 오방사자(五方獅子)로 발전되기 이전의 사자무라고 생각된다.

가무백희의 전반부에는 의례악이었던 향악의 가무악이 연주되고 후반부에는 축제적인 백희가 연행되었을 것이다. 공간적인 측면으로 볼 때, 왕실과 귀족을 위한 가무 부분은 궁궐 뜰이나 넓은 강당에서 이루어졌고, 백희는 각저희·탄도·토화(吐火) 등의 기예로서 민간인들이 참여하는 광장형 공연이었을 것이다. 백희와 가면무로 구성된 오기(五伎)는 깊은 밤부터 새벽까지 연행한 가무백희의 마지막을 장식하는 종목이었으며 벽사의 기능을 동반했을 것이다. 한편 오기가 벽사나례의 종목이었다면 과연 고정된 장소에서 연행되었겠는지 생각해 보아야 한다.

『고려사』「계동대나의(季冬大儺儀)」조에 나오는 나례행사를 보면, 새벽에 방상씨(方相氏)가 창을 들고 방패를 휘두르며 진자(侲子)들을 인솔해 궁중의 뜰로 들어가 북을 치고 떠들다가 궁성 밖 성문으로 가서 고각과 북소리로 악귀를 쫓고 성문 밖으로 나간다고 했다.[14] 또한 『삼국사기』권32, 「잡지」'제사(祭祀)'에 사성문제(四城門祭)·사대도제(四大道祭)·압구제(壓丘祭)·벽기제(辟氣祭) 등의 벽사의례가 수록된 것으로 보아, 오기는 처용 및 십이지신무(十二支神舞)와 함께 궁궐 및 성문·큰길·언덕 등의 여러 공간을 이동하면서 연행한 구나무(驅儺舞)

12. 오횡묵, 『고성총쇄록』「경상도 고성부총쇄록」'12월 계사' ; 『한국지방사자료총서』 18, 여강출판사, 1987.
13. 전인평, 『새로운 한국음악사』, 현대음악출판사, 2003, pp.41-43.
14. 『고려사』권64, 「지」18, 「예」6, '계동대나의'.

였을 가능성이 있다. 머나먼 사막길을 건너온 사자의 춤, 또 탄도를 가지고 놀던 금환, 남빛 얼굴의 배우들이 난새 같은 도약무를 추었다는 속독, 술잔을 들고 어깨춤을 추었다는 월전 등은 빠른 템포의 음악을 연주하던 서역 및 중앙아시아의 유랑인들이 연행했을 것이며, 중국 북제(北齊)의 난릉왕(蘭陵王)이 처음 썼다는 대면 역시 불교의 전래와 함께 중국에 유입된 인도의 기악가면(伎樂假面)일 가능성이 있다. 즉 오기는 통일신라기에 당악(唐樂)과 함께 들어온 중앙아시아의 잡기로서 도성을 순회하는 벽사나례의 종목이었다고 사료된다.

3. 용봉상마차선(龍鳳象馬車船)과 산악백희(散樂百戲)

앞에서 고찰한 바와 같이 삼국시대의 가무백희는 수박희나 택견과 같은 무술, 군인들의 마희(馬戲), 사자춤 같은 동물놀이, 새 또는 소의 가면을 쓴 가면무, 도검(跳劍)과 농환, 장대타기 등의 곡예가 있었다. 또한 신라의 오기는 공던지기(금환)·골계희(월전)·사자춤·가면무(대면·속독) 같은 외래의 잡기였다. 이와 같은 가무백희는 고려대에 이르러서 산대잡희(山臺雜戲)라는 명칭을 얻게 되는데, 중국에서는 일찍이 산악(散樂) 또는 산악백희(散樂百戲)라고 불렀다. 『악부시집(樂府詩集)』에 나와 있는 중국 산악의 개념을 소개하자면 다음과 같다.

『당서(唐書)』「악지(樂志)」에 말하기를, 산악은 부오(部伍)의 음악이 아니라 연기(俳優)와 가무를 혼합한 것이다. 진·한 이래 잡기가 있었는데 그 변화는 똑같지 않아 백희라고도 불렀으며 그 모든 것들을 산악이라고 부르게 되었다.(唐書樂志曰 散樂者 非部伍之聲 俳優歌舞雜奏 秦漢以來 又有雜伎 其變非一 名爲百戲 亦摠謂之散樂)

---

15. 『동문선(東文選)』권31,「표·전」, 박호(朴浩)의 '하팔관표(賀八關表)' 중 "辨竺說以莊嚴 効漢酺而宴衎 魚龍百戲 邐進於廣場"과 곽동순(郭東珣)의 '팔관회선랑하표(八關會仙郎賀表)' 중 "一遇知鮮聖 忝芳名於金籙 襲高蹋於瑤池 匪堯之庭 得預百獸率舞之列" 참조.

16. '당무회(唐舞繪) 1권'이라고 첫장에 표기된 이 수첩의 원본은 법명이 신서(信西)였던 후지와라 미치노리(藤原通憲, 1106-1159)가 만들었다는 설이 있으며, 1755년에 토우 테이칸(藤貞幹, 1732-1797)이 모사했다고 한다. 가와타케 시게토시(河竹繁俊), 이응수 역, 『일본연극사』, 청우, 2001, pp.191-193 참조.

위의 기록에 의하면 산악은 잡기놀이에 가무가 종합
된 것이며 후에 산악백희로 통하게 되었다.

신라의 용봉상마차선(龍鳳象馬車船)은 오기와 함께
한국 문헌자료에 유일하게 나타난 총체예술의 명칭이
다. 그러나 실제 연행에 대한 기록이 없어 고구려와 중
국의 산악백희를 배경으로 용봉상마차선의 내용을 다루
고자 한다.

고려 태조는 즉위 원년(912)에 중동팔관회의(仲冬八
關會儀)를 열고, 신라 팔관 선랑(仙郎)의 가무와 함께 용
봉상마차선을 계승한다는 의지를 밝혔다. 그리고 이 행
사는 고려 중기의 시인들에 의해 어룡백희(魚龍百戱) 또
는 백수솔무(百獸率舞)라고 표현되었는데,[15] 전자는 물

58. 「신서고악도」 중 신라박.
헤이안 시대. 도쿄 국립박물관.

고기와 용을 위시한 동물가장놀이라는 뜻이고, 후자는 배우들이 줄을 서서 여러
동물 모습의 의상을 입고 춤을 춘다는 뜻이다. 즉 용봉상은 사람들이 거대한 동
물을 만들어 노는 것과 배우가 동물로 변신하는 두 가지 방법의 연희로 해석할
수 있다.

『삼국유사』에 나타난 신라의 가면무로는 상염무(霜髯舞) 같은 산신무, 위령탈
을 쓴 황창무(黃昌舞), 벽사나례의 처용무와 십이지신무가 있었다. 그 외에 동물
로 가장한 신수무(神獸舞)의 한 예는 일본 헤이안(平安) 시대에 제작된 것으로 추
정되는 『신서고악도(信西古樂圖)』에 그려진 신라박(新羅狛, 도판 58)[16]에서 볼
수 있는데, 그림에서 보듯 두 손과 두 발, 머리에 도합 다섯 개의 가면을 장착한
이 괴수는 신라 산신신앙의 대상이었던 호랑이의 모습이다.

신라는 건국 초기에 난생신화(卵生神話)를 배경으로 천마와 계룡(雞龍)을 토
템으로 삼고 박혁거세의 시조묘에 제사를 올렸다. 그후 소지마립간(炤知麻立干)
9년(487) 나을(奈乙)에 신궁을 설치해 시조와 천지신에게 제사를 지내게 되었는
데, 법흥왕(法興王) 3년(516) 봄 정월에 왕이 친히 신궁에 제사지내니 용이 양산
우물 가운데에서 나타났다고 했다.[17] 한편 『북사(北史)』와 『수서』의 「신라」전에

서는 "매 정월 아침에 왕이 연회를 열고 군신에게 반뢰(班賚)하고 일월신에게 배(拜)했다(每月旦相賀 王設宴會 班賚群臣 期日拜日月神主)"라고 기술하고 있다.

위의 사료를 종합하면 신라 고유의 천신은 천마이고 지신은 계룡이었는데, 천지신의 지신과 일월신의 월신은 수신인 용으로서 호국의 신이 되었다. 『삼국사기』 「신라본기」에서는 용의 모습을 다음과 같이 적고 있다.

15년(416) 봄 3월에 동해변에서 큰 물고기를 잡았는데, 뿔이 있고 그 크기가 수레에 가득 찼다. 여름 5월에 토함산이 무너지면서 샘물이 높이 서른 자나 솟았다.(十五年 春三月 東海邊獲大魚 有角 其大盈車 夏五月 吐含山崩 泉水湧 高三丈)[18]

이는 동해에서 잡은 물고기가 토함산의 우물에서 용이 되어 승천하는 장면을 묘사한 것으로, 토착신앙에서의 이무기가 우주창조의 뱀신으로 변모되는 것을 암시하는 중대한 사료라고 하겠다. 신라의 용이 창조신으로서 수신이 된 것은 토속신앙과 불교의 습합에서 이루어진 것이며, 6세기초에 제작된 백제금동대향로의 용봉은 백제 신궁의 천지신 제사에서 남방신화의 수신(水神)인 용과 북방신화의 일신(日神)인 봉이 합성된 것이다. 용봉은 6세기 이후 고구려 고분벽화에서 삼족오와 두꺼비의 일월도와 북두칠성의 성좌도와 함께 나타나는데, 비파·거문고·피리·장구 등을 연주하는 주악천인(奏樂天人)들을 등에 태운 음악의 신들로 나타나고 있다. 예를 들면 통구 다섯무덤의 4호 무덤에 긴 나각(螺角)을 부는 선인(仙人)이 용을 타고 있고,(도판 60) 또 다른 장면에서는 선인이 봉황을 타고 있다.(도판 59) 봉과 용은 도교에서 태양과 달, 불과 물의 신들인데, 위의 벽화에서는 음악의 신으로 나타나고 있다.

도교사상에 의하면 음악은 바람에서 산생되었는데, 바람의 신(風神)은 봉조

17. 『삼국사기』 권3, 「신라본기」 3, '소지마립간' 중 "九年 春二月 置神宮於奈乙 奈乙始祖初生之處也"와 『삼국사기』 권4, 「신라본기」 4, '법흥왕' 중 "三年 春正月 親祀神宮 龍見楊山井中" 참조.
18. 『삼국사기』 권3, 「신라본기」 3, '실성이사금(實聖尼師今)'.
19. 何新, 홍희 역, 『신의 기원』, 동문선, 1999, p.108.

(鳳鳥)로 간주된다. 한편 황조(凰鳥)는 봉조와 달리 사계절의 형성과 변화를 결정하는 태양의 신이다. 그런데 바람(鳳)은 태양(凰)의 사자로서 풍향의 변화를 일으키기 때문에 둘이 합쳐진 봉황새는 사계절을 관장하는 태양새가 되는 것이다.[19] 음악의 신인 봉이 애초에 생물체로 시작된 것이 아니라 우주의 현상을 의상화(意象化)한 동물에 지나지 않음과 같이, 용의 출생 역시 비늘이 있는 뱀에서 출발한 것은 아니었다. 도교에서 최초의

59. 일상(日像)과 봉황을 타고 음악을 연주하는 선인.
통구 다섯무덤 4호분 현실 천장받침. 고구려 6세기 후반. 길림성 집안현.(위)
60. 월상(月像)과 용을 타고 음악을 연주하는 선인.
통구 다섯무덤 4호분 현실 천장받침. 고구려 6세기 후반. 길림성 집안현.(아래)

용은 땅속이나 물속에 존재하는 티끌로서 하늘로 올라가 구름을 형성하는 기운이었다. 구름은 태양이 작용함으로써 비가 되었고 용은 물의 신이 되었다. 그후 불교가 들어오면서 힌두교의 수신 나가(Naga, 뱀)의 형상과 합쳐지면서 용은 불교의 호법신으로 변천한 것이었다. 따라서 고구려 벽화에서 비천(飛天)의 용은 음악을 연주하는 천인들을 등에 태운 구름의 신으로서 자태를 드러내고 있는 것이다.(도판 61)

고구려 벽화에서는 신수(神獸)들을 우주의 역정지관(歷正之官)으로 그리고 있어, 용봉의 신들이 실제 의례악에서 어떤 역할을 했는지 사실적으로 고찰하기는 어렵다. 그러나 통구 다섯무덤의 4호·5호 무덤에는 소의 가면을 쓴 농사의 신과 불의 여신이 도약무를 추는 장면(도판 33)이 상세히 그려져 있고, 5호 무덤에 청룡을 타고 있는 천제(天帝)와 해모수처럼 기린마(麒麟馬)를 타고 있는 선인의 모습(도판 62)으로 미루어 보아 용·봉·기린마의 그림은 당시 연행되었던 동맹제

61. 용을 타고 거문고를 연주하는 선인. 통구 다섯무덤 5호분 현실 천장받침. 고구려 6세기 후반. 길림성 집안현.(위)
62. 청룡과 기린을 탄 선인. 통구 다섯무덤 5호분 현실 천장받침. 고구려 6세기 후반. 길림성 집안현.(아래)

의와 무관해 보이지 않는다. 고구려 무덤벽화에서 신성동물을 연희화함에 있어 사람의 몸에 동물의 몸체를 장착해 인형처럼 움직이는 사실적인 예는 춤무덤 벽화의 학춤 추는 선인에서 발견된다.(도판 63) 새로 가장한 사람이 두 마리의 새에 고삐를 매어 수레처럼 앞으로 나아가게 하고 있는 이 장면은 학을 타고 비천하는 선인의 모습을 표현하는 당시 의례악의 실제를 보여주고 있다.

고구려 무덤벽화는 의례악 연출에 있어 가면과 의상에 의한 특별한 표현양식을 보여주고 있다. 예를 들어 통구 다섯무덤 4호 · 5호 무덤에 나오는 주악천인들과 팔과 다리에 타이즈를 입고 수레바퀴를 돌리는 선인은 옷 끝이 몇 갈래로 나뉜 특별한 의상을 입고 있으며, 신목의 오른쪽에 서 있는 선인은 새의 의상을 입고 있다.(도판 64) 특히 도판 62에서 높은 관을 쓰고 기린마를 타고 있는 선인은 서역풍의 깃을 여미지 않은 짧은 상의와 몸에 달라붙는 바지를 입고 있으며, 도판 65에서 천장을 받치고 있는 역사(力士)는 호피(虎皮) 문양이 그려진 서역풍의 의상을 입고 머리에 뿔이 돋친 신의 가면을 쓰고 있다. 이처럼 고구려의 의례악에서는 가면착용과 특수의상으로 소 · 학 · 호랑이의 모습을 연출했음을 알 수 있다.

그러나 용 · 봉 · 기린마 등 상상적인 동물가장은 환상적인 표현에 치중되어 있어, 고구려와 밀접한 교류가 있었던 한(漢)나라와 위(魏)나라의 백희를 통해 구체적인 고증을 하기로 한다.

고구려의 무덤벽화에 비해 한대 무덤의 화상석은 실제로 연행된 백희의 모습을 사실적으로 기록하고 있다. 중국 산동성 기남현(沂南縣)에서 출토된 한묘 백희도(도판 66)에는 북·종·편경이 진열된 가운데 십수 명의 악사들이 정연하게 자리잡고 있다. 특히 사선(四仙)이 타고 있는 녹선(鹿仙) 수레에는 난조(鸞鳥)로 분장한 동자(童子)가 신목의 꼭대기에 올라서 있다. 또한 탄도·농환·솟대놀이·줄타기 같은 환술곡예와 달리는 말 위에서 기예를 하는 마희가 보이는데, 여러 종목이 순서에 따라 연출되었을 것이다. 그 중에서도 가장놀이(蔓延之戲)로서 배우가 뒤집어쓴 동물의 형태로는 물고기〔魚〕와 봉황이 있으며, 기다란 청룡의 등 위에는 신선이 타고 있다. 깃발을 들은 괴수의 역할은 중국 서주(徐州) 동산현(銅山縣) 홍루촌(洪樓村)의 화상석도(畵像石圖)의 오른쪽 아랫부분(도판 67)과

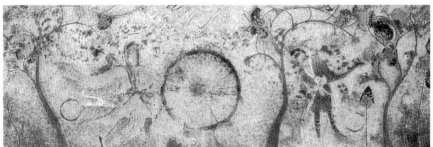

63. 학춤 추는 선인. 춤무덤 현실 천장받침. 고구려 5세기. 길림성 집안현.(위)
64. 특수의상을 착용한 선인. 집안 오괴분군(五塊墳群) 제5호분 현실 천장 서남쪽. 고구려 6세기 후반. 길림성 집안현.(아래)

왼쪽 윗부분(도판 68)에서 춤추며 불을 뿜는 괴수의 모습으로 보아 미루어 짐작할 수 있다. 주목할 장면은 몸체가 기다란 동물들이 이끄는 수레 위에서 북을 치고 있는 호랑이의 모습이다.

『산해경』「서차삼경(西次三經)」에서 곤륜산은 천제의 하도(下都)인데, 그곳을 관장하는 신 육오(陸吾)는 사람 얼굴에 호랑이의 몸을 하고 꼬리가 아홉 개였다고 한다.[20] 신 육오에 대해 한의 동기(銅器) 태산경명(太山鏡銘)에는 다음과 같이 기록되어 있다.

65. 호피문양 의상과 가면을 착용한 역사(力士). 삼실총 제3실 북벽 천장. 고구려 5-6세기. 길림성 집안현.

태산에 올라 신선을 만나서 옥영(玉英)을 먹고 풍천(灃泉)을 마셨으며, 교룡(蛟龍)이 수레를 끌고 부운(浮雲)에 오르니 백호의 인도로 곧장 하늘에 올랐다. 장수를 명 받아 목숨을 만 년이나 누린다.(上大山 見神人 食玉英 飮灃泉 駕交龍 乘浮雲 白虎引兮直上天 受長命 壽万年)[21]

위의 기사에 의하면 육오는 하늘로 통하는 천문(天門)의 신이며 수레를 이끄는 것은 백호이다. 따라서 도판 68에서 수레를 타고 있는 것은 육오이고, 그 앞의 세 마리 짐승은 백호라는 것을 알 수 있다.[22]

한대 장형(張衡, 78-139)은 평락관(平樂觀) 앞의 광장에서 연출된 백희에 대해

66. 산악백희 주악도. 한묘 백희 화상석. 한대. 산동성 기남현.

「서경부(西京賦)」라는 시를 남겼다.

화산(華山)이 높이 서고	華嶽峨峨
봉우리 들쑥날쑥한데	岡巒參差
신성한 나무와 신령스런 풀 자라고	神木靈草
붉은 과일 주렁주렁 매달려 있네	朱實離離
신선들의 놀이 다 모여 있으니	總會僊倡
표범이 희롱하고 큰 곰 춤추며	戲豹舞羆
흰 범이 북과 거문고를 타고	白虎鼓瑟
푸른 용이 퉁소를 부네	蒼龍吹箎[23]

　위의 시에서 소개하는 신목, 영초(靈草), 붉은 과일이 매달린 산이란 신목을 장치한 산거(山車)의 등장을 묘사하는 것이다. 또한 그 주위에 동물로 가장한 신선들이 춤추고 악기를 연주한다고 했는데, 그 신선들이란 배우들이 가장한 표범·큰곰·백호·청룡이었다. 우뚝 선 화산은 산거 위에 높이 세워진 신목을 지칭하는 것으로, 곤륜산을 상징한다. 중국 도교에서 곤륜산은 지상에서 가장 높은 산이며 그곳의 건목(建木)은 천지의 중앙에 위치해 하늘로 통하는 길이 된다. 따라서 산동성 기남현 한묘 백희도에 나오는 북[鼓] 위의 나무나 곡예사의 머리 위에 세워진 솟대는 다 같이 곤륜산의 건목으로서, 여러 봉우리의 산을 연출한

67. 사슴이 이끄는 산거와 동물가장놀이. 사당(祠堂) 천장석 화상. 한대. 강소성 서주시 동산현 홍루촌 출토.

것이라고 하겠다.

홍루촌 사당(祠堂)의 백희도에는 곤륜산에 있는 봉황·청룡·백호·건목·난조뿐만이 아니라 물고기·게·낙지 같은 바다의 동물들이 출연하는데, 가장놀이를 하는 사람들의 발과 다리가 노출되어 있다. 장형의 「서경부」에는 이같은 동물가장놀이(百獸蔓延之戲)의 내용이 상세하게 기록되어 있다.

팔 척이나 되는 수많은 짐승을 만들어	巨獸百尋
이를 만연이라고 하고	是爲曼延
높은 신산(神山)이	神山崔巍
갑자기 짐승들 뒤로 나타나니	欻從背見
곰과 호랑이가 등장해 부둥켜 잡고	熊虎升而拿攫
원숭이는 뛰어넘어 높이 매달리네	猿狄超而高援
괴상한 짐승들 껑충껑충 뛰고	怪獸陸梁
큰 공작은 어정어정거리네	大雀踆踆
흰 코끼리 임신하여 걸으며	白象行孕
늘어진 코를 위로 치켜 감으니	垂鼻轔囷
바다물고기가 변하여 거대한 용이 되어	海鱗變而成龍

68. 백호가 이끄는 산거와 동물가장놀이. 사당 칸막이석 화상. 한대. 강소성 서주시 동산현 홍루촌 출토.

꿈틀꿈틀 기어오르네   狀蜿蜿以蜿蟺[24]

위의 글에 나온 신산은 동물들이 높이 기어오르는 솟대나 사다리의 형태인 것 같고, '팔 척이나 되는 수많은 짐승'이란 분장한 여러 사람들이 동물의 형태를 뒤집어쓰고 길게 행렬하는 모습이라고 할 수 있다. 이 백희 중에서 가장 신기한 대목은 흰 코끼리가 새끼를 낳고 바닷물고기가 용으로 변한다는 것인데, 이는 여러 사람들이 그림을 그린 천을 뒤집어쓰고 동물의 동작을 묘사한 집단무용이었다.

한대의 백희는 이처럼 산거를 중심으로 한 신성동물들의 가장놀이였는데, 도판 66의 화상석에서 공식적인 의례악 연주단이 보이고, 도판 67에서 횡적(橫笛)과 소(簫)를 연주하는 장면을 볼 때, 신수가장놀이가 음악을 병행한 가무였음을 알 수 있다. 또한 같은 그림의 오른쪽 윗부분에 이야기를 하고 있는 선인들의 모

20. 何新, 앞의 책, 1999, p.132.
21. 리진옥(羅振玉), 『요거잡저(遼居雜箸)』「한양경이래경명집록(漢兩京以來鏡銘集錄)」 '대산경(大山鏡)'; 하신, 앞의 책, p.131 참조.
22. 기다란 몸체의 백호는 고구려 춤무덤과 약수리 무덤에서도 발견된다.
23. 장형, 『문선』「소통(蕭統)」 '서경부'.
24. 위의 책.

69. 반구대 암각화 왼쪽 하단 부분. 선사시대. 경북 울산.
(황수영·문명대 도해, 위)
70. 반구대 암각화 오른쪽 하단 부분. 선사시대. 경북 울산.
(황수영·문명대 도해, 아래)

습은 재담이 삽입된 연극의 장면을 시사하는 것이라고 하겠다.

중국의 산악백희는 한과 북위에서 가장 성행했다. 『위서』 권109, 「악지(樂志)」에 나오는 각저·기린·선인·장사(長蛇)·백호·외수(畏獸)·어룡(魚龍)·장교(長趫)·연장(緣樟) 같은 초현실적 존재들은 고구려 덕흥리 고분벽화(5세기)의 불공을 드리는 장면에 함께 나타나고 있는데, 이를 통해 당시 도교와 습합된 불교의식에서 행해진 백희의 모습을 추적해 볼 수 있다.[25]

신라시대에 연행된 용봉상마차선의 정확한 시기와 모습은 문헌상으로 밝혀져 있지 않다. 다만 한·위·당·고구려에서 공유되었던 실크로드의 백희들이 신라의 고유한 의례에 습합되었을 것으로 생각된다.

앞서 고찰한 신라박이나 화랑들이 연행한 가무의 성격으로 보아 신라의 용봉은 가면을 쓴 가장놀이로 보여지는데, 사선(四仙)이 타고 있는 산거의 행차에 코끼리 행렬과 마희가 광장에서 함께 연출되었다면 용봉은 커다란 동물의 만연지희였을 것이다.

배〔船〕는 바다와 강에서 풍요를 기원하는 물의 축제에 동원되었던 뱃놀이로 보인다. 경남 울산시 울주군 두동면 천전리(川前里) 반구대(盤龜臺)의 암각화에서는 진흥왕대 이전으로 추정되는 말을 탄 귀족들의 행렬 옆에 작은 용선(龍船)과 큰 돛단배가 발견된다.(도판 69) 또한 암벽의 하단 오른쪽 귀족들의 기마행렬도

---

25. 『위서』 권109, 「악지」 "天興 …六年冬 詔大樂 總章鼓吹 增修雜伎 造五兵角觝麒麟鳳凰仙人長蛇白象白虎及諸畏獸魚龍辟邪鹿馬仙車高絙百尺長趫緣橦跳丸五案 以備百戲."
26. 『삼국유사』 권2, 「기이」 2, '가락국기'.

에 노 젓는 배, 큰 새, 기다란 용의 몸체가 그려져 있는데,(도판 70) 용체 위에 '文王'이라고 새겨져 있어 용이 신라 왕실의 수호신임을 말하고 있고, 큰 선박과 용선이 국가의례에 동원되었음을 시사하고 있다. 한편 수신제의 성격을 띤 뱃놀이의 예는『삼국유사』의「가락국기(駕洛國記)」에서 극명하게 나타난다. 이 기사는 가야 수로왕의 배필 허왕후(許王后)가 별포(別浦)에 도착해 산신령에게 폐백을 드리고 산기슭의 장막에서 왕을 만나는 내용을 서술하고 있다. 붉은 빛의 돛단배에 금수능라(錦繡綾羅)와 금은주옥을 싣고, 건무(建武) 24년 무신년(戊申年, 48) 7월 27일에 사람들이 횃불을 켜 들고, 유천간(留天干)은 가벼운 배와 준마를 가지고 기다리고 신귀간(神鬼干)은 승산점(乘山占)이라는 언덕에서 배를 기다리게 했다는 것으로 보아, 이것이 7월의 칠성제에 바다로부터 온 수신모(水神母) 즉 아유타(阿踰陀) 공주를 왕후로 맞이하는 뱃놀이였음을 알 수 있다.[26]

결론적으로 용봉상마차선은 대륙에서 전해져 온 산악백희와 신라의 토속신앙제를 기조로 한 축제적 의례에 올려진 동물가장놀이(백수만연지희), 인도에서 온 코끼리와 산거·마희·선유락을 통칭한 것으로 보인다. 이 종목은 삼국시대의 천신제·산신제·수신제 등의 국가의례에 올려진 종합적인 가무백희로 정의할 수 있으며, 화랑이 출연한 사선악부(四仙樂部)와 함께 고려시대 팔관회로 계승되었다.

2. 신라 토속신앙의 제례공간

1. 신라의 제천의례

신궁의 제사

고구려와 백제에서는 일찍부터 시조묘 제사와 아울러 천지신 제사가 함께 이루어졌으나, 신라의 사료에는 천지신에 대한 제사가 기록되어 있지 않다. 이는『삼국사기』에 이른바 "천자는 천지신명과 천하의 명산대천에 제사하고, 제후는 사직과 그 땅의 명산대천에 제사한다(天子祭天地天下名山大川 諸侯祭社稷名山大川

之在其地者)"[27]고 한 중국식『예전(禮典)』에 얽매여「제사」지에 실제로 행했던 신라의 제사제도를 기술하지 않았기 때문이다. 그러나「신라본기」에 나타난 기사들을 종합해 보면, 신라 왕실은 제2대 남해왕(南解王) 3년(6)에 시조묘인 혁거세의 사당을 세웠고, 제21대 소지왕(炤知王) 9년(487) 나을에 신궁을 창립했다. 특히 중국 제사의 영향을 받아 오묘(五廟)를 택한 제36대 혜공왕(惠恭王)도 2년(766) 2월에 왕이 몸소 신궁에 제사를 지냈고, 그 이후의 역대 임금들이 친사신궁(親祀神宮)한 기록이 많은 점으로 보아 신궁의 천지신 제사는 처음부터 중국식 예전과 상관없이 거행되었음을 알 수 있다.

신라의 왕실이 신궁의 자리를 혁거세의 탄생지 나을로 삼은 것은 시조의 성격이 하늘에서 내려 보낸 천자라는 것을 강조하기 위한 것이었다.『삼국사기』에 나타난 '박혁거세'의 기사를 보면 다음과 같다.

시조의 성은 박씨, 이름은 혁거세이다. 전한(前漢) 효선제(孝宣帝) 오봉(五鳳) 원년 갑자 4월 병진에 왕위에 오르니, 왕호는 거서간(居西干)이었고, 그때 나이는 열세 살이었다. 나라 이름을 서라벌(徐那伐)이라 했고 …고허촌장 소벌공(蘇伐公)이 양산(楊山)[28] 기슭 나정(蘿井) 옆에 있는 숲 사이에 말이 무릎을 꿇고 울고 있어 가 보니, 갑자기 말은 볼 수 없고 다만 커다란 알 하나만 있었다. 그것을 깨어 보니 갓난아기가 나왔다. 데려다 길렀는데 여남은 살이 되자 기골이 장대하고 숙성했다. 육부(六部)[29] 사람들은 그 출생이 신기하고 이상했으므로 그를 높이 받들고 존경했는데, 이때 그를 세워서 임금으로 삼았다. …5년(기원전 53) 봄 정월에 알영(閼英)을 맞아들여 왕비로 삼았다. 이보다 앞서 용이 알영정(閼英井)에 나타나 오른편 갈빗대에서 계집아이를 낳으니, 한 노파가 보고 이를 이상히 여겨 데려다 길렀다. 그리고 그 우물의 이름으로 아이의 이름을 지었다. 자라나

27.『삼국사기』권32,「잡지」1, '제사'.
28. 경주의 남산.
29. 조선 유민(遺民)들의 여섯 마을.
30.『삼국사기』권1,「신라본기」1, '시조 혁거세 거서간(居西干)'.

용모가 덕스러우니 시
조가 들고 맞이해 왕비
로 삼았다.〔始祖姓朴氏
諱赫居世 前漢孝宣帝五
鳳元年甲子 四月丙辰
(一日正月 十五日) 卽位
號居西干 時年十三 國號
徐那伐 …高墟村長蘇伐
公 望楊山麓 蘿井傍林間

71. 천마총의 천마도. 신라 5-6세기. 경북 경주.

有馬跪而嘶 則往觀之 忽不見馬 只有大卵 剖之 有嬰兒出焉 則收而養之 及年十餘歲 岐
嶷然夙成 六部人以其生神異 推尊之 至是立爲君焉 …五年 春正月 龍見於閼英井 右脇
誕生女兒 老嫗見而異之 收養之 以井名名之 及長有德容 始祖聞之 納以爲妃〕[30]

　위의 기사는 신라 시조의 신성한 정통성을 주장하고 단순한 시조묘를 초월한
신궁을 세움으로써 천지신 제사를 행했던 명분을 밝히는 중요한 정치사의 한 대
목이다. 앞서도 밝힌 바와 같이 제12대 남해왕이 차차웅(次次雄)이란 무당으로
서 혁거세 사당의 제주가 되었으며, 제궁(祭宮)은 그의 누이동생 아로(阿老)가
맡도록 했다. 이는 또한 주몽과 유화가 일신·수신으로서 천지를 주관하는 제사
를 맡았던 것과도 동일하다.

　신라 왕실의 시조신화 역시 고구려 왕실과 마찬가지로 추상적인 천신의 개념
을 태양과 물이라는 천지신 개념으로 미분화하고 있으며, 시조는 천신의 대리자
인 신수에 의해 태어난 것으로 서술하고 있다. 날개 달린 천마(도판 71)는 일신
의 대리자이며, 이는 고구려의 동맹제에서 주몽이 기린마를 타고 통천굴로 들어
가 하늘로 승천해 태양이 되는 것과 깊은 연관성이 있다. 또한 나정(蘿井)과 알영
정 역시 물속 깊은 곳에 있는 죽음과 소생 공간으로서의 통천굴과 같은 것이며,
그곳에서 계룡이 나타난 것이다. 계룡은 새와 용, 즉 태양과 물의 합성신수이다.
특이한 것은 고구려 신화에서는 주몽이 유화의 왼쪽 겨드랑이에서 탄생하는 반

면, 왕후가 될 알영은 계룡의 왼쪽 갈비에서 태어난 후 지모신인 노파에 의해 길러지는 것이다. 이는 천마가 떨어뜨린 알에서 먼저 태어난 혁거세가 천신인 계룡이 되어 알영을 태어나게 함으로써 신의 족보를 만들고 왕실이 성골정치를 할 수 있었던 신화적 장치였을 것이다. 혁거세 신화가 시사하는 공간 개념의 특징은, 고구려의 천신이 산의 정상에 있는 신목에 강림하는 반면, 신라에서는 남산 기슭에 있는 신림(神林)으로 대치되는 것이다. 이는 곧 신라 신궁의 위치를 말한다. 신림은 우물(井)과 냇물(川)을 내포하고 있으므로 산천이 되며 천지신이 산천신으로 변화되는 근거가 된다.

중국의 사전(祀典)에 의하면 신라의 제천은 대사·중사·소사로서 땅에 대한 제사였지만, 신림의 산천신앙은 사실상 시조신화에서 시작된 신라 고유의 토속신앙이라고 말할 수 있다. 산천을 토속신앙의 대상이라고 정의할 때 고려해야 할 것은 신라 왕권정치의 배경이다. 신라는 혁거세로 대표되는 작은 씨족마을 집단에서 출발해 삼국을 통일하는 시점까지 칠백여 년 동안 이웃 나라들을 끊임없이 병합해 나갔다. 혁거세 세력집단은 처음에는 사로(斯盧) 육촌의 연맹세력 위에 군림하는 지배세력일 따름이었고 3세기 중엽에야 진한의 모든 소국을 병합했다.[31] 사로 육촌에는 지석묘를 중심으로 한 제사의식과 각 촌의 상징적인 노래를 가지고 있었다.[32] 신라는 이사금시대(尼師今時代)를 거쳐 마립간시대(麻立干時代)인 17대 내물왕(奈勿王, 356-402)대에 이르러 왕정이 강화되었고, 중앙집권화정책으로 육부의 왕경과 군·리의 행정기구를 설치했다.

신라의 시조신화에 나타나는 천지신신화는 진흥왕대 불교의 유입과 함께 약화되고, 삼국통일 후 신문왕대(681-691)에 들어와 영토의 확장과 함께 다시 사전을 개편함에 따라 삼산오악 및 명산대천의 신앙체계가 확고하게 되었다.[33] 이처럼 신라의 사전은 영토의 확장과 함께 정비되었으며, 국가제사를 통해 국토 전역

---

31. 이종욱, 『신라의 역사 1』, 김영사, 2002, p.44. 나정(蘿井)은 혁거세로 대표되는 부족 마을의 중심에 있었다고 한다.
32. 위의 책, 2002, p.78.
33. 박호원, 「한국 공동체 신앙의 역사적 연구」, 한국정신문화연구원 한국학 대학원 박사학위논문, 1997, pp.70-71.

을 성역화하려는 의지를 가졌던 것으로 보인다. 따라서 삼산오악(三山五岳)의 사전과 산천신앙은 수백 년에 걸친 신라의 통일사업에 따라 점차적으로 발전되어 온 것이다.

신라는 왕실의 성씨가 박·석(昔)·김으로 바뀜에 따라 시조제보다는 신궁의 천지신제사가 중앙집권화에 더욱 유리했으며, 여기에 용이 천신처럼 왕권을 수호하게 되고 삼산오악을 수호하는 산신 호랑이는 여성지모신으로 정착되었다.

산천의 순행제사

『삼국유사』 권1, 「천사옥대(天賜玉帶)」조를 보면 진평왕(眞平王)은 제천(祭天)과 밀접한 관련을 보이고 있다.

즉위 원년에 천사(天使)가 궁전 뜰에 내려와서 말하기를 "상제(上帝)께서 내게 명해 이 옥대를 전해 주라 하셨습니다" 했다. 왕이 꿇어앉아 친히 이것을 받으니 하늘로 올라갔다. 교묘(郊廟)의 큰제사를 모실 때에는 언제나 이것을 둘렀다.(卽位元年 有天使降於殿庭 謂王曰 上皇命我傳賜玉帶 王親奉跪受 然後其使上天 凡郊廟大祀皆服之)

교묘는 천지에 제사드리는 종묘로서 동지에 하늘에 제사지내는 것을 교(郊), 하지에 땅에 제사지내는 것을 사(社)라고 했다. 즉 교묘는 진평왕의 궁궐 안에 있었던 내제석궁 즉 신궁과 같은 기능을 하는 것이었다.

신궁제사에 대한 기록은 앞서 언급한 『북사』 「신라」전과 『수서』 「신라」전에 나타나는 바와 같이 "매 정월 아침에 왕이 연회를 열고 군신에게 반뢰(班賚)하고 일월신에게 배(拜)하고 8월 15일까지 악령관을 설치해 군신들을 모아 말과 옷감의 상을 내렸다(每正月旦相賀 王設宴會 班賚群臣 期日拜日月神主 至八月十五日 設樂令官人射賞以馬布)"라고 했다. 또한 『사기』 「오제본기(五帝本記)」에 보면 왕이 길일을 택해 산천순행을 하는데 2월에는 동쪽, 5월에는 남쪽, 8월에는 서쪽, 11월에는 북쪽을 순수(巡狩)하고, 순수할 때는 제사의례가 뒤따르며, 그 제의에는 소를 희생한다고 했다.[34] 이처럼 신라의 제천의례는 왕의 신궁참배와 일 년 동안 나라 곳곳에 지내는 순행제사와 재판 집행을 포함하는 것이었다.

신라 왕의 순행제사는 주로 삼산오악 및 동해 해안가에서 행해졌다. 신라의 제천지로 꼽히는 경북 영일지방에서 영일냉수리신라비(迎日冷水里新羅碑)가 발견되었는데, 사부지왕(斯夫智王, 實聖王)과 내지왕(乃智王, 奈勿王)이 절거리(節居利)에게 기증한 재산권을 그의 동생 아사노(兒斯奴)에게 세습한다는 내용을 지도로갈문왕(至都盧葛文王) 및 육부 주(主)들이 인정한다는 기사가 있고, 그 일곱 명이 소를 죽이고 제사의례를 지냈다는 기록이 새겨져 있다.[35] 위의 비가 발견된 영일지방은 연오랑과 세오녀가 짠 비단으로 제천했다는 영일현(迎日縣)이며, 천사옥대의 진평왕의 신묘와 그의 원찰인 법광사(法廣寺)가 칠 킬로미터 정도 떨어진 곳에 위치하고 있다. 무엇보다도 이 비가 발견된 뒷산의 이름이 어래산(御來山)으로 신라 삼산의 하나인 혈례산이라는 것이고,[36] 비문에서 밝히고 있는 바와 같이 제사권의 상속과 재산을 훼손하는 자는 엄벌에 처할 것이라는 내용으로 보아 냉수리신라비가 있는 영일군은 신라시대에 고정적인 제천의례의 장소였다는 것을 알 수 있다.

산신신앙은 사실상 통일신라 이전부터 나타난다. 예를 살펴보면 다음과 같다.

우리들은 내림(奈林)·혈례(穴禮)·골화(骨火) 등의 세 호국신으로 지금 적국 사람이 그대를 유인하는데 그대가 이를 모르고 나아가니 우리가 당신을 만류하고자 여기까지 온 것입니다.(我等奈林 穴禮 骨火等三所護國之神 今敵國之人誘郞引之 郞不知而進途 我欲留郞而至此矣)[37]

위의 인용문은 김유신이 고구려의 첩자 백석(白石)에게 유인되어 갈 때 세 명의 여자가 나타나 김유신에게 말한 내용이다. 세 명의 여자는 호국신이자 내림·혈례·골화의 여산신이었다. 이 삼산은 통일 후 대사(大祀)의 대상이 되었으며 경주를 중심으로 한 인근 지역에 있었다. 여산신은 도교의 영향으로 선도성모(仙桃聖母)라고도 불리는데, 진평왕 때에 지혜(智惠)라는 비구니의 꿈속에서 나타나 다음과 같이 말했다.

  내가 있는 자리 밑에서 금을 꺼내어 주존삼상(主尊三象)을 보수하고 벽 위에는
오십삼불·육류성중(六類聖衆) 및 모든 천신과 오악의 신군(神君)을 그려서 해
마다 봄·가을 두 계절의 10일에 남녀 신도들을 많이 모아 널리 모든 함령(含靈)
을 위해 점찰법회(占察法會)를 베풀어 일정한 규범을 삼으라.(宜取金於予座下 粧
點主尊三像 壁上繪五十三佛 六類聖衆 及諸天神 五岳神君 每春秋二季之十日 叢會善男
善女 廣爲一切含靈 設占察法會 以爲恒規)[38]

  위의 기사는 불교신앙과 산신신앙이 점차 융합되는 과정을 시사하고 있다. 진
평왕 원년에 궁궐 뜰에 옥대를 하사하러 내려온 천사(天使)는 신라 토속신앙에
서 숭배된 천신의 제관이다. 그런데 신라 고유의 천신은 불교 호법의 신인 제석
천과 합쳐져 제석궁에 모셔졌던 것이다.
  한편 이차돈(異次頓)은 법흥왕 15년에 토속신앙의 성소인 천경림(天鏡林)에
사찰을 지으려 하다가 군신들의 반발로 처형을 당했는데, 잘린 목이 금강산정에
날아가 떨어지고 그곳에 자추사(刺楸寺)가 세워졌다. 결국 천경림에는 진흥왕
즉위 5년(544)에 대흥륜사(大興輪寺)가 세워지고, 경덕왕 때의 대상(大相) 김대
성(金大城)이 토함산의 곰을 죽이고 그 노여움을 풀기 위해 장수사(長壽寺)를 세
웠고, 천보(天寶) 10년(751)에 신묘 자리에 불국사를 짓기 시작했다.[39]

34.『사기』1,「오제본기」1, "擇吉月日 見四嶽諸牧班瑞 歲二月東巡狩 至於岱宗 紫望秩於山川 遂見
東方君長 合時月正日 同律度量衡 脩五禮五玉 三帛二生 一死爲摯 如五器 卒乃復 五月 南巡狩 八
月 西巡狩 十一月 北巡狩 皆如初 歸至牛組彌廟 用特牛禮".
35. "別敎節居利若先 死後令其弟兒斯奴得此財 敎耳 …七人跟跽所白了 事煞牛秖詰故記". 최광식,
『고대한국의 국가와 제사』, 한국사회연구총서 5, 한길사, 1994, p.221.
36. 위의 책, p.238.
37.『삼국유사』권1,「기이」1 '김유신'.
38.『삼국유사』권5,「감통」7 '선도성모수희불사(仙桃聖母隨喜佛事)'.
39.『삼국유사』권3,「흥법」3 '원종흥법(原宗興法)·염촉멸신(猒髑滅神)';『삼국유사』권4,「신라본
기」법흥왕 15년·진흥왕 5년 ;『삼국유사』권5,「효선」9, '대성효이세부모 신문왕대'.

『삼국유사』에는 천경림 외에도 삼천기(三川岐)·용궁남(龍宮南)·용궁북(龍宮北)·사천미(沙川尾)·신족림(神鏃林)·서청유(婿請由) 등 숲〔林〕과 내〔川〕의 이름을 단 가람터가 나온다. 이처럼 불교의 사찰은 신라의 전통적인 성역 안에 지어졌지만, 박혁거세의 알정이나 김알지의 계림, 선도성모의 서악산, 경주의 남산과 북악산 등은 신라 왕실과 밀착된 산천신앙의 성지로 남아 있었으며, 토속신앙의 유습은 통일 후 불교의 다신론적인 밀교의 구조 안에서 융합되었다.

그러나 주지해야 할 사항은 불교문화가 신라인의 고유 신앙체계 안에 흡수되면서 제석천을 천신화한 것이지, 불신인 부처(Buddha, 佛陀)를 받아들인 것은 아니었다는 점이다. 제석천은 원래 고대 인도의 『리그베다(Regveda)』에서 힘이 가장 센 전쟁과 무용(武勇)의 신인데, 아수라(asura, 阿修羅)와의 싸움에서 승리해 불교의 최고신으로서 호법(護法)의 선신(善神)이 되었다.

『삼국유사』는 「단군신화」로 책을 열면서 천상을 다스리는 환인을 제석이라고 쓰고 있다.[40] 어째서 불신인 제석이 환인이 되었는지 일연은 설명하고 있지 않지만, 고조선의 유민인 신라가 통일의 의지를 갖고 스스로 선민화(先民化)하는 과정에서 왕권은 불교의 호법신을 국조신화의 최상에 군림하는 신으로 받들고 있는 것이다.[41] 따라서 신궁제사에서 천신은 천제인 제석신이 되고, 산천제의 신은 지모신인 산신과 수신인 용신이었으며, 이들은 지역에 따른 명산대천의 수호신령들과 마을 수호신인 서낭으로 세분화해 갔다.

신라 말기까지 거행된 산천제는 신궁제사의 연장으로 이루어진 순행제사의 제천의례와 동일한 것이었다. 또한 신라의 통일과 함께 완성된 산천제의 제도화는 삼한시대에 별읍마다 설치되었던 소도의 자리에 무불(巫佛)이 습합된 사찰의 건립을 촉진시켰다. 토속신앙으로서의 산신신앙의 내용적 근간은 천신이 강림하는 천산·천수(天樹)에 있고, 또한 조령(祖靈)의 주거지로서 숭배되는 것이 한국민족의 공동체신앙이었으며 조선시대까지도 이러한 전통은 이어져 갔다.

---

40. 『삼국유사』 권1, 「고조선(왕검조선)」 "魏書云 乃往二千載 有壇君王儉 立都阿斯達 開國 號朝鮮 與高同時 古記云 昔有桓因(謂帝釋也) 庶子桓雄 數意天下 貪求人世."
41. 편무영, 「제석신앙의 한일비교민속론」, 홍윤식 외 엮음, 『불교민속학의 세계』, 집문당, 1995, p.298.

2. 풍월도(風月道)의 주술적 가무공간

국선(國仙)의 의례굿 연출과 유오(遊娛)의 공간

김대문(金大門)의 『화랑세기(花郞世紀)』 서문에 "화랑은 선도(仙徒)이다. 우리 나라에서는 옛날부터 신궁을 받들어 하늘에 큰제사를 지냈다. …옛날에 선도들은 신을 받드는 일을 위주로 하여 나라의 사대부들도 차례로 이를 행했다(花郞者 仙徒也 我國奉神宮 行大祭于天 …古者仙徒 只以奉神爲主 國公列行之後)"라고 적혀 있다. 또한 이인로(李仁老)는 『파한집(破閑集)』 하권에서 "계림의 옛 풍속에 남자 가운데 아름다운 외모를 갖춘 자를 가려 구슬 장식과 푸른 옷으로 꾸미며 화랑이라고 불렀으며, 나라 사람들이 모두 이를 받들어 그 무리가 삼천 명에 이르렀다(鷄林舊俗 擇男子美風姿者 以珠翠飾之 名曰花郞 國人皆奉之 其徒至三千餘人)"라고 쓰고 있다.

신라의 화랑은 용화향도(龍華香徒)라고도 불렸으며, 신라의 화랑제도는 백성을 교화하고 호국을 위한 국가제의에 적극적으로 반영되었다. 화랑은 더 나아가 풍월도(風月徒)로서 선학(仙學)을 닦는 신인으로서 천신과 인간을 합일시키는 미륵하생(彌勒下生) 선랑이었으며, 향가를 짓고 가무로써 국가의례를 집행했다는 데에 공연사적 의미가 있다.

의례를 주관하는 화랑의 기원은 상고시대에서부터 발견된다. 『단군세기』의 기사를 보면 다음과 같다.

무술 20년, 소도(蘇塗)를 많이 설치하고 천지화(天指花)를 심었다. 미혼의 자제로 하여금 글 읽고 활 쏘는 것을 익히게 하며 이들을 국자랑(國子郞)이라 불렀다. 국자랑들은 돌아다닐 때 머리에 천지화를 꽂았으므로 사람들은 이들을 천지화랑이라고도 불렀다.(戊戌二十年 多設蘇塗植天指花 使未婚子弟 讀書習射號爲國子郞 國子郞出行頭揷天指花 故時人稱爲天指花郞)[42]

여기서 하늘이 내린 꽃을 꽂은 국자랑들이 어떤 방법으로 제천의례를 집전했는가는 같은 책 무술 28년(기원전 1583) 구환(九桓)의 여러 한(汗)들이 영고탑(寧古塔)에서 제천을 끝내고 군중이 마당밟기를 할 때 선인들이 꽃의 노래를 불렀다는 기록과,[43] 경인 원년(기원전 1891)에 신시(神市)의 소도에서 제사지내고 산에 올라 달맞이의 가무를 했다는 기록에 비추어 짐작할 수 있다.[44]

『단군세기』의 여러 기록을 종합해 볼 때 당시 소도제천의 의례악에는 상제(하늘)와 삼신에게 올려진 천악과, 백성들이 참여한 마당밟기, 달맞이, 꽃을 바치는 애환(愛桓) 등이 있었다. 이때 몸과 마음을 수련한 선랑들이 머리에 꽃을 꽂고 천악을 연주하거나 백성들의 가무를 인도했던 것으로 보인다. 이러한 전통을 이어받은 것이 신라의 국선제도였으며, 화랑들은 향가를 지어 왜적을 물리치거나 의례에서 국태민안을 기원했던 것이다.

향가는 글자 그대로 중국의 시가에 대해 신라 향토의 노래라는 뜻이다. 그런데 향가는 신라 초기부터 도솔가(兜率歌) 또는 사뇌가(詞腦歌)라고 불러 왔다. 도솔가는 유리왕 5년(28)에 왕이 나라 안을 순행하다가 늙은 할미가 굶주리고 추위에 얼어서 죽어 가는 것을 보고, 옷을 벗어 덮어 주며 밥을 먹인 후 불쌍한 백성들을 위문하고 부양하면서 지은 노래로서 이것이 가악의 시초라고 했다.[45] 또한『삼국유사』「노례왕(弩禮王, 일명 유리왕)」조에 왕위에 오른 원년(23)에 육부의 이름을 고치고 여섯 성을 하사하면서 지은 것이 도솔이라고 했으니, 도솔가는 흔히 알려져 있는 바와 같이 미륵신앙에서 나온 도솔천의 노래라기보다는 신라 초기부터 왕이 민생을 구하고 어진 정치를 베풀려는 범국가적인 시송(詩頌)이었음을 알

---

42. 이 책 제2장 주9와 임승국 번역 · 주해,『환단고기』, 정신세계사, 2003, p.89 참조.(역자에 의하면 무술 20년은 서기전 1763년이다)

43. 이 책 제2장 주23 참조.

44. 홍행촌노인 찬,『단군세기』「십일세단군위나」.

45.『삼국사기』권1,「신라본기」1, '유리이사금'. "五年 冬十一月 王巡行國內 見一老嫗飢凍將死 曰 子以 身居上 不能養民 使老幼至於此極 是予之罪也 解衣以覆之 推食以食之 仍命有司 在處存問 鰥寡孤獨老病不能自活者 給養之 於是 隣國百姓聞而來者衆矣 是年 民俗歡康 始製兜率歌 此歌樂之始也."

46. 전규태,『한국고전문학사』, 백문사, 1993, pp.98-99.

47.『삼국유사』권5,「감통」7, '월명사 도솔가'.

수 있다. 또한 향가 중에서 사뇌가라고 부르는 것은 향가 가운데에서도 낙구(落句)가 붙어 십구체를 형성하는 노래를 말함인데, 부족들의 의식 때 부르던 제가의 형식에서 나왔다고 하고, 사뇌가의 어원을 거슬러 올라가면 스노노래, 즉 '신라의 노래'라는 뜻이 된다고 한다.[46] 신라 초기부터 있었던 향가의 제의성은 후에 미륵을 상징하는 국선 월명사(月明師)의 「도솔가」에 가장 잘 나타나는데, 『삼국유사』에는 이에 관해 다음과 같이 기록되어 있다.

경덕왕 19년 경자(庚子, 760) 4월 초하루에 두 해가 나란히 나타나서 열흘 동안이나 사라지지 않았다. 일관(日官)이 아뢰었다. "인연있는 중을 청해 산화공덕(散花功德)을 지으면 재앙을 물리칠 수 있을 것입니다." 이에 조원전(朝元殿)에 정결히 단을 만들고 임금이 청양루(靑陽樓)에 행차해 인연있는 중이 오기를 기다렸다. 이때 월명사가 밭두둑을 타고 때마침 남쪽 길을 가고 있었다. 왕은 사람을 보내어 그를 불러서 단을 열고 기도하는 글을 짓게 하니 월명사가 아뢰었다. "신승(臣僧)은 그저 국선의 무리에 속해 있으므로 겨우 향가만 알 뿐이오며 성범(聲梵)에는 익숙치 못하옵니다." 왕은 말했다. "이미 인연이 닿은 중으로 점지되었으니 향가를 사용해도 괜찮소." 월명은 이에 도솔가를 지어 바쳤는데 그 가사는 이렇다.(景德王十九年庚子四月朔 二日並現 挾旬不滅 日官奏請緣僧作散花功德則可禳 於是潔壇於朝元殿 駕幸靑陽樓 望緣僧 時有月明師行于阡陌時之南路 王使召之 命開壇作啓 明奏云 臣僧但屬於國仙之徒 只解鄉歌 不閑聲梵 王曰 旣卜緣僧 雖用鄉歌可也 明乃作兜率歌賦之 其詞曰 直等隱心音矣命叱使以惡只 彌勒座主陪立羅良)

오늘 이에 산화가를 부르며 뿌린 꽃아　　今日此矣散花唱良巴寶白乎隱花良汝隱
너는 곧은 마음의 명령을 심부름해　　　　直等隱心音矣命叱使以惡只
미륵좌주(彌勒座主)를 모셔라　　　　　　彌勒座主陪立羅良[47]

이어서 『삼국유사』에는 「도솔가」에 대한 다음과 같은 풀이와 설명이 있다.

용루(龍樓)에서 오늘 산화가를 불러   龍樓此日散花歌

한 송이 꽃 청운(靑雲)에 뿌려 보내네   挑送靑雲一片花

은근하고 정중한 곧은 마음 쓰는 것은   殷重直心之所使

멀리 도솔대천(兜率大僊)을 맞이하리   遠邀兜率大僊家

지금 세간에서는 이를 산화가라고 하지만 잘못이다. 마땅히 도솔가라고 해야 할 것이다. 산화가는 달리 또 있는데 그 글은 많아서 싣지 않는다. 조금 후에 이내 해의 변괴가 곧장 사라졌다. 왕은 이것을 가상하게 여겨 품다(品茶) 한 벌과 수정 염주(水精念珠) 백팔 개를 하사했다. 그런데 이때 갑자기 동자 한 명이 나타났다. 곱고 깨끗한 모습의 동자가 공손히 차와 염주를 받들고 대궐 서쪽의 작은 문으로 나가 버렸다. 월명은 이 동자를 내궁의 사자로 알고 왕은 스님의 종자(從者)로 알 았다. 그러나 자세히 알고 보니 모두 잘못이었다. 그러자 왕은 심히 이상하게 여겨 사람을 시켜 그 뒤를 쫓게 했더니 동자는 내원(內院)의 탑 속으로 들어가 숨어 버렸다. 그리고 차와 염주는 남쪽의 벽화 미륵상 앞에 있었다. 월명의 지극한 덕과 지극한 정성이, 미륵보살을 감동시킨 것이 이와 같다는 것을 알았다.(今俗謂 此爲散花歌 誤矣 宜云兜率歌 別有散花歌 文多不載 旣而日怪卽滅 王嘉之 賜品茶一襲 水精念珠百八箇 忽有一童子 儀形鮮潔 跪奉茶珠 從殿西小門而出 明謂是內宮之使 王謂 師之從者 及玄徵而俱非 王甚異之 使人追之 童入內院塔中而隱 茶珠在南壁畫慈氏像前 知明之至德與至誠 能昭假于至聖也如此)[48]

위에 나타난 모든 기사를 기이(紀異)의 사건으로 보기보다는 국선 월명사에 의 해 실제 연출된 의례굿의 시각으로 보았을 때 다음과 같은 상황으로 해석해 볼 수 있다.

첫째, 이 의례는 경덕왕 때 4월초 두 개의 해(二日並現)가 나타나서 산화공덕의 례를 지낸 것이다. 그런데 『삼국사기』에 나타난 바에 의하면 복수태양의 예가, 경덕왕의 아들인 제36대 혜공왕 2년(766)에 "봄 정월(正月) 2일 병출대사(並出大 赦)"라는 기록이 있고, "문성왕(文聖王) 7년 12월 초하루(朔) 3일 병출"이라는 기록이 있다. 일 년 열두 달을 춘하추동 사계절로 나누어 볼 때 위의 복수태양의 기사는 가을을 제외한 봄·여름·겨울의 시작에 언급되어 있고, 이는 농경계절제가 국가적 차원으로 열릴 수 있는 시기이다.

무속신화학자 현용준은, 제주도 무속 의례굿의 초감제 때에 심방이 창하는 '천지왕본풀이'에서 천지왕의 큰아들 '대별왕'이 화살로 각각 해와 달을 쏘니 세상의 혼란이 바로잡혔다는 복수일월의 신화(본풀이)가 고대 무속제의에서 연행된 것으로 보고 이를 「도솔가」의 배경설화로 규정지었다.[49] 왕이 집전하는 국가의례에 천지개벽신화가 개입되었다는 것은 설득력있는 주장이라고 볼 수 있으며, '二日竝現'은 여름철의 순조로운 기후 조절을 기원하는 국가제의에서 복수태양을 없애는 의례를 지낸 것으로 해석된다.

두 개의 태양을 하나로 재생·환원시키는 의미는 하나의 태양인 왕권의 확립을 시사하기도 한다. 사양의례(射陽儀禮)의 형식은 꽃을 뿌리는 산화의례로 형상화되고 있는데, 일연은 「산화가」의 글이 너무 많아서 옮길 수 없다면서 「도솔가」의 내용만을 적고 있다. 즉 당시 의례굿의 사설은 방만했기에, 중요한 장면에 제주인 임금이 손수 참여하고 국선과 더불어 노래한 것만을 적은 것이 아닌가 한다. 「도솔가」는 넉 줄밖에 되지 않는 짧은 시송이다. 내용을 보면 「산화가」를 부르며 뿌린 꽃에게 미륵좌주를 모셔 오라는 명령문이며, 정중한 마음으로 도솔대천을 맞이하겠다는 기원을 표현하고 있다. 이는 경덕왕 당시 이미 미륵신앙이 정점에 달해 「도솔가」는 제의의 대상을 미륵으로 천명하는 청신가요(請神歌謠)임을 알 수 있다. 불교를 신봉하는 왕이 불경이나 범패를 택하지 않고 신라 언어의 향가를 짓는 월명사에게 청신가요 「도솔가」를 창작하게 한 것은 신라의 국가제의가 불교의식과는 구별되는 풍월도의 제의에 기반하고 있음을 시사한다.[50]

전통적 무속의례의 기본 형식은 청신(請神)·공연(供宴)·기원(祈願)·송신

---

48. 『삼국유사』 권5, 「감통」 7, '월명사 도솔가'.
49. 현용준은 중국·일본·대만·보르네오·타이·몽고·퉁구스 골드족의 복수태양신화를 열거하면서 사양(射陽) 설화는 곡물재배 민족문화의 공통설화라고 했다. 현용준, 『무속신화와 문헌신화』, 집문당, 1991, pp.440–441.

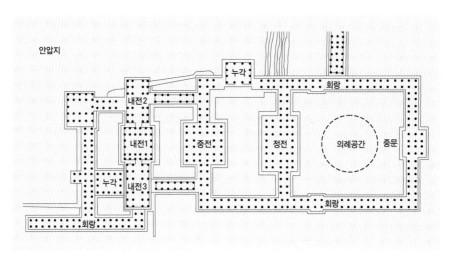

안압지

누각

회랑

내전2

중전 · 정전 · 의례공간 · 중문

내전1

누각 · 내전3

회랑

회랑

72. 안압지 임해전의 공간배치도.

(送神)의 과정으로 짜여지고, 그 사이에 신화 · 축사(逐邪) · 무용(舞踊) 그리고 연극적 의례 요소들이 삽입되어 있다.[51] 산화의례[52]로 집약 표현된 이 당시의 제의는 『삼국유사』의 기사에 나타나지 않은 긴 사설과 다양한 본풀이 순서에 의해 짜여진 형식이었을 것이다. 앞에서 언급한 대로 복수태양의 기사가 가을을 제외한 봄 · 여름 · 겨울에 나타나고 있는 것은 순조로운 기후와 국가의 태평을 기원하기 위해서 위기를 가정하는 의례굿의 극적 장치로 생각된다. 두 개의 태양이 열흘 동안 사라지지 않았다 함은 순조롭지 않은 기후나 국가의 위기를 암시하는 것일지도 모른다.

고려시대의 승려인 일연의 관심은 위의 기사의 마지막을 장식하는 신비로운 동자, 즉 미륵의 화신이 차와 염주를 갖고 나와 대궐의 남쪽에 있는 미륵상 벽화 앞에 바친 후 탑 속으로 사라져 버렸다는 기이한 에피소드를 적음으로써 미륵신앙을 강조하는 데 있었을 것이다. 의례의 관점에서 볼 때 위의 사건은 제의의 마지막에 연출된 하나의 장면으로 해석해 볼 수 있다.

위의 사양의례가 열린 곳은 조원전이라고 했다. 조원전은 왕이 백관으로부터 신년하례를 받던 정전(正殿)이었는데,[53] 연중행사인 계절제를 정전에서 열었고 신라 고유의 제의형식으로 연행했다는 사실을 알 수가 있다. '용루(龍樓)에서 산화가를 불렀다'는 「도솔가」의 가사는 왕이 살고 있는 궁궐을 뜻할 수도 있지만, 노래를 부르는 누대의 공간일 가능성이 높다. 조원전이 있었던 정궁의 형태는 알 수 없으나 임금의 이궁(離宮)이었던 임해전(臨海殿)의 궁궐도(도판 72)를 참조하면, 궁궐은 정전·중전·내전으로 나뉜다. 정전 앞은 사원건축과 마찬가지로 회랑으로 둘러싸인 정방형이며, 뜰은 비어 있어 미륵상을 내걸고 국가 의례굿을 치른 것으로 보인다.

한편 국가의 위기를 방비하는 화랑의 주술적 가곡으로는 진평왕대 융천사(融天師)가 지었다는 「혜성가(彗星歌)」가 있다. 『삼국유사』가 전하는 내용을 보면 다음과 같다.

제5 거열랑(居烈郎), 제6 실처랑(實處郎 혹 突處郎이라고도 함), 제7 보동랑(寶同郎) 등 화랑의 무리 세 사람이 풍악(楓岳)에 놀러 가려는데, 혜성이 심대성(心大星)을 범했다. 낭도들은 이것을 이상스럽게 생각해 그 여행을 중지하려 했다. 이때 융천사가 노래를 지어서 부르니 별의 변괴는 곧장 사라지고 일본 군사가 저희 나라로 돌아가니 도리어 경사가 되었다. 임금이 기뻐해 낭도들을 풍악에 보내서 놀게 했다. 노래는 이렇다.

옛날 동해 바닷가의 건달바(乾達婆)가 놀던 성을 바라보고

---

50. 홍기삼은 '도솔가'를 월명사가 집전한 무불습합의 계절제에서 미륵보살을 도솔천으로부터 불러들이는 청신가라고 했다. 그는 현용준의 복수태양신화 연구를 들어, 이 신화가 한반도 전역에 유포된 천지개벽신화라고 했다. 또한 그는 임기 중의 왕권이 도전을 받는 데 대한 정치적 장치로서의 주술의 례론을 들고 '도솔가'가 창작무속의례임을 밝혔다. 홍기삼·홍윤식 외 엮음, 「월명사 도솔가의 불교 설화적 관점」 『불교민속학의 세계』, 집문당, 1995, pp.161–167.
51. 현용준, 위의 책, p.445.
52. 미시나 아카히데는 '산화' 행사가 고지마에서 3월 3일과 4일에 열리는 일본 젊은이들의 '꽃 흩뜨림(도우브리)' 행사로 이어짐을 암시하고, 대마도의 무당이 신령이 몸에 내린 것을 떨쳐 버릴 때 '오우브리'를 행한다고 하면서, 꽃을 뿌리는 것이 요기를 떨쳐 버리는 주술적 신사(神事)라고 했다. 미시나 아카히데, 이원호 역, 『신라화랑의 연구』, 집문당, 1992, pp.85–86.
53. 『삼국사기』 권5, 「신라본기」 5, '진덕왕'. "五年 春正月朔 王御朝元殿 受百官正賀 賀正之禮 始於此."

"왜군이 왔다"고 횃불을 든 변방(邊方)이 있어라.

세 화랑의 산 구경 오심 듣고 달도 부지런히 빛을 내는데,

길을 쓸며 가는 별을 바라보며 "혜성이여!" 하며 알린 이가 있구나.

뒤에 덧붙였다.

아아, 달은 저 아래로 지누나. 이봐 무슨 혜성이 있을까.[54]

이 기사에 의하면 세 화랑들의 유오(遊娛)가 금강산 지역이었으며 왜적의 침입이 잦은 동해 연안이었음을 알 수 있다. 건달바가 놀던 성에 왜군이 나타났는데, 세 화랑이 산에 구경가려고 하다가 밝은 달 아래 혜성이 지나가는 것을 보고 봉화를 올려 왜군을 쫓아냈다는 이야기인데, 화랑들이 혜성에게 주술을 걸었다는 암시가 깔려 있다. 그런데 융천사가 이 사건을 향가로 쓴 이유는 여러 백성이 부르게 함으로써 두려움을 극복하고 왜적의 침입을 막으려고 하는 주술적 목적에 있을 것이다. 융천사가 승려로서 세 화랑과 한 무리였는지는 확실치 않다. 그러나 만일 세 화랑이 혜성을 보고 주가(呪歌)를 불렀다면 이는 화랑을 따르는 무리들의 집단적인 기원가였을 것이다.

미륵의 화신으로 알려진 화랑들의 유오는 백성들에게 호국불교와 선사상을 동

---

54. 『삼국유사』 권5, 「감통」 7, '융천사, 혜성가, 진평왕대'.

55. 『삼국사기』 권44, 「열전」 4, '사다함'. "時人請奉爲花郞 不得已爲之 其徒無慮一千人 盡得其歡心."

56. 『삼국사기』 권48, 「열전」 8, '효녀지은'. "久償買主以從良 郞徒幾千人各出粟一石爲贈."

57. 미시나 아카히데, 앞의 책, p.49.

58. 사선(四仙)은 술랑(述郞) · 남랑(南郞) · 영랑(永郞) · 안상(安祥)을 말하는데, 이곡의 동해안 유람기에 의하면, 이들의 유오지(遊娛地)는 총석정의 사선봉, 금란굴, 삼일포의 석감과 사선정 · 영낭호 · 경포대 · 한송정 · 월송정이다.

59. 미시나 아카히데, 앞의 책, pp.112–120.

60. 『삼국유사』 권2, 「기이」 2, '경덕왕 · 충담사 · 표훈대덕'. "僧每重三重九之日 烹茶饗南山三花嶺彌勒世尊."

61. 울산 반구대 부근에 있는 천전리의 선사 암벽조각에 대한 조사는 1971년 두 차례에 걸쳐 황수영 · 안계현 · 문명대 · 신영훈에 의해 조사되었고, 1983년에 조사보고서 작성이 완성되었다.

62. 황수영 · 문명대, 『반구대암벽조각』, 동국대학교박물관, 1983.

시에 신봉하게 했으며, 이러한 화랑을 따르는 자들이 많았던 것으로 보인다. 화랑의 규모는 시대에 따라, 또는 화랑의 명성에 따라 그 성원수에 적잖은 차이가 있었다. 최초의 원화(源花)였던 남모(南毛)·준정(俊貞)에 관해서는 무리 삼백여 명이라고 했으며, 진흥왕대의 화랑 사다함(斯多含)의 무리에 관해서는 그 무리가 무려 천 명이나 되었고 모두 그 환심을 얻

73. 남산 칠불암사지 마애불. 통일신라시대. 경북 경주.

게 되었다[55]고 했다. 또 진성왕(887-896) 때의 화랑 효종랑(孝宗郎)에 관해서는 '낭도 몇 천 명'이라고도 했다[56] 따라서 화랑이 부른 향가는 집단이 함께 불렀던 종교적 송가(頌歌)이며 민중가요였다고 할 수 있다.

화랑집회의 융성기는 진흥왕(540-576)에서 문무왕(661-681)에 이르는 한 세기간이었으나, 그후에도 이 습속은 얼마간 변질되면서 신라말까지 지속되었다. 『해동고승전』에는 원랑(原郎)에서 신라말까지 이름을 남긴 화랑은 이백여 명이며, 그 가운데 사선(四仙)이 가장 현명했고 그것을『화랑세기』중에 제시해 놓았다고 했다.[57]

고려 충숙왕대의 이곡(李穀)은 화랑 유오의 전설지를 유람한『동유기(東遊記)』를 썼다. 그가 유람한 곳은 해금강에서 경북의 북부 해안지대를 포함하고 있는데, 사선 화랑들이 남긴 비를 답사했다.[58] 그 중에서도 총석총 앞바다 금란굴(金蘭窟) 내에 있는 보살을 보려고 갔다가 굴이 좁아서 들어가는 데 실패한 후, 동봉(東峰)에 있는 비를 발견하고 신라 때에 영랑(永郎)·술랑(述郎) 등 네 선동(仙童)이 삼천의 무리와 더불어 해상에서 놀았다고 사람들이 전하는 말을 소개

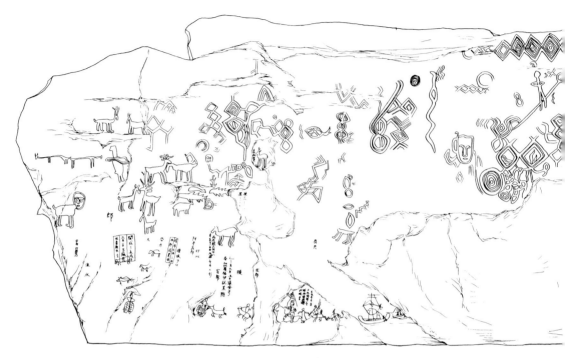

74. 반구대 암각화. 선사시대. 경북 울산. (황수영·문명대 도해)

하고 있다. 그는 경포대와 한송정(寒松亭)에서 사선비를 찾으려고 했으나, 호종단(胡宗旦)이 바다에 던져 버린 것을 알게 되고 대신 돌풍로·돌연못·돌우물과 다구(茶具)를 발견하게 되었다.[59]

선덕왕대(632-647)에 승려 사포(蛇包)가 원효에게 차를 달여 올렸다는 전설에서 시작된 다도(茶道)는 애초에 화랑과 관계가 깊은 종교적 의례였다. 경덕왕대의 충담(忠湛)은 3월 3일과 9월 9일에 차를 달여서 남산 삼화령(三花嶺)의 미륵세존에게 바쳤다는 기록이 있는데,[60] 삼화령 또는 삼화산이란 신선사상에서 나온 말로서 화랑집회가 열리는 영산(靈山)이었다. 남산의 봉우리 이름은 삼화술(三花述)이었으며, 이곳에 있는 미륵불을 위시해 곳곳의 암석에 마애불이 새겨져, 남산은 한민족 고유의 암석신앙과 불교가 습합된 신라의 제일가는 제장이었다.(도판 73)

화랑의 유오는 주로 동해안의 절경지 중에서도 암석과 암반이 있는 곳에서 그

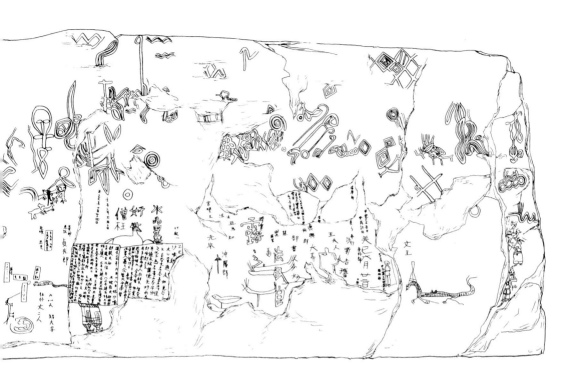

흔적이 발견된다. 화랑들이 바위에 그림과 이름을 새겨 넣은 선석(善石)의 유적지 중에서 가장 최근에 발견된 것은 울산시 울주군 두동면 천전리 반구대이다.[61] 동남형으로 길게 가로놓인 높이 2.7미터, 너비 9.5미터의 직사각형의 거암(巨岩)으로, 상단에는 선사시대 암벽조각으로 된 화문(畵紋)이 있고 하단에는 명문(銘文)과 함께 선각화(線刻畵)가 새겨져 있다. 도판 74[62]에서 보듯 상단의 문양은 선사시대의 점각화(點刻畵)로서 원·동심원·마름모꼴로 된 와권(渦卷)과 동물·식물·인물의 문양이다. 물결 문양 위의 원은 태양을 상징하는 듯하며, 생성을 기원하는 물고기, 뱀, 암수의 사슴들과 함께 가면을 쓴 호랑이는 산신의 모습을 한 것 같고, 타원형의 인물과 뿔 달린 짐승은 사람과 사슴의 정령을 표현하고 있는 것으로 추정된다. 또한 중앙 상부에 마름모꼴 문양과 식물의 줄기 같은 문양들이 얽혀 있고, 우측에 팔을 벌린 타원형 얼굴의 인물상이 보인다. 그 아래쪽에는 산짐승들·꽃문양과 함께 새겨진 인물상이 보이는데, 위의 인물은 다리가 없

75. 반구대 암벽 앞 U자형 넓은 공터. 경북 울산.

어 정령(精靈)의 모습이 아닌가 생각되고, 아래의 춤추는 인물은 무당의 모습으로 여겨진다. 특히 주목되는 것은 좌측에 보이는 사각형의 가면 모습인데, 끈이 달려 있는 사실적인 묘사로 보아 실제 제의에서 사용된 가면으로 보인다. 선화(線畵)가 새겨진 좌측 하단에는 남녀 인물상, 용과 새의 동물상을 비롯해서 기마행렬과 대소 선박의 그림 등 방문객의 명문이 있는데, 시대적으로는 6세기초 을사년(乙巳年)인 법흥왕 12년(525)과 26년(539)에 왕과 누이가 이곳을 방문했을 때 서석(書石)한 것이라 하고, 그 외에도 통일신라까지 왕실의 방문이 있었던 것으로 밝혀졌다.[63] 특히 새겨진 이름 중에는 안랑(安郞)·어사랑(於史郞)·성의랑(成義郞)·선랑(仙郞)·충양랑(沖陽郞) 등 화랑의 이름이 스무 명의 남자 이름 속에서 발견된 것으로 보아[64] 반구대가 선사시대부터 고정적인 제천의례의 장소임과 동시에 화랑의 유오지였음을 증명하고 있다.

반구대는 경주와 울산을 잇는 태화강(太和江)가에 있으며 신라 때는 울산의 농산물이나 철 또는 외국의 무역물자 등이 들어온 뱃길로 알려져 있다. 강 주위의 신라 사원들은 반구대 암벽 앞의 U자형 넓은 공터를 제단·수도장 등의 명소로 사용했을 것이다.(도판 75) 이와 같이 화랑의 유오는 산천의 제장에서 발견되는데, 미시나 아카히데(三品彰英)는 화랑의 유오를 성년식 이전의 고행집회로 보고 화랑들은 영적인 수행을 통해서 조령이나 망령과 교감하는 것이라고 했다.[65] 화랑들이 산수명승지를 순례하며 도덕과 의리로 연마함[66]을 풍월도 또는 풍류(風

流)라고 부르는 신라의 선사상은 고유신앙인 무(巫)를 기조에 깔고 신선사상과 미륵사상이 윤색된 것이며, 화랑은 국선으로서 무관이나 승려와는 별도로 나랏일을 받들어 수행했다.

이처럼 화랑은 때로는 무사로서, 때로는 나라의 의례굿에 가곡과 무용을 짓고, 미륵의 화신인 동자로서 출연하기도 했다. 통일 후 화랑의 지위는 한층 신선과 같은 존재로 확대되면서 팔관회의 사선악부 및 가면무를 주관하게 되었다. 『화랑세기』에는 화랑 부례랑(夫禮郎)과 안상(安詳)이 잃어버린 신적(神笛)을 타고 동해를 건너 돌아오는 만파식적의 이야기[67]가 있는데, 나라에서 보물로 여기는 악기(현금과 피리)와 화랑의 관계가 밀접하게 연관되어 있는 것은 국선이 나라의 음악을 관장했음을 입증하는 것이라고 하겠다. 한편 아름다운 남자를 뽑아 치장해 화랑이라 부르고 의례의 가무를 하도록 한 것은 북방의 남자 샤먼이 여장을 하고 제의를 집전한 것과도 관련이 있어 보인다. 화랑의 시초가 여성인 원화제도로 시작된 것과 신궁제사를 맡은 왕의 누이 아로(阿老)의 예는, 신라 초기에 무속 의례굿의 제주는 남성이었고 제관은 여성이었다는 사실을 시사하고 있다. 그러나 신라의 의례는 점차 국선과 세습무관에 의해 거행되었으며, 이들에 의한 신악 가면무가 성행했던 것으로 사료된다.

팔관회(八關會)의 연출공간

신라의 풍월도는 자연공간을 소요하며 가무를 즐긴 풍류에 불과한 것이 아니라, 유교·불교·도교와 상통하면서 무속의례에 뿌리를 둔 독특한 종교사상을 운영했다. 무속적인 고대 제천의례가 불교와 본격적으로 습합된 것은 팔관회였으며, 화랑들은 사선·팔관·선랑 등으로 가무를 연행했다. 국가의례로서 신라의 팔

63. 황수영·문명대, 『반구대암벽조각』, 동국대학교박물관, 1983. p.191.
64. 위의 책, pp.191-196.
65. 미시나 아카히데, 앞의 책, p.77.
66. 『삼국사기』권4, 「신라본기」4, '진흥왕 37년'. "其後 更取美貌男子 粧飾之 名花郎以奉之 徒衆雲 集 或相磨以道義 或相悅以歌樂 遊娛山水 無遠不至 因此 知其人邪正 擇基善者 薦之於朝."
67. 김대문, 『화랑세기』「화랑외사」'부례부'.

관회는 호국제의 기능, 위령제의 기능, 죄인사면의 기능을 겸했다.

팔관회의 창설은 『삼국사기』 권44, 「열전」 4의 '거칠부(居柒夫)' 조에 나타난다. 진흥왕 12년(551) 거칠부와 여덟 장군들이 백제와 더불어 고구려를 쳐들어 갔는데, 이때 고구려의 혜량법사(惠亮法師)가 신라에 귀화하니, 왕이 그를 승통(僧統)으로 삼고 백좌강회(百座講會)와 팔관법을 설치했다고 한다. 진흥왕은 불교를 신봉해 치제(治制) 5년(544)에 홍륜사를 이룩하고 10년(549)에는 양나라에 유학간 각덕(覺德)을 시켜 부처의 사리를 보내와 홍륜사의 앞길에서 받들어 맞이했다.[68] 이러한 사실로 미루어 볼 때 팔관법회는 진흥왕이 세운 홍륜사에서 거행되었다는 것을 짐작할 수 있다. 또한 진흥왕 33년(572)에 왕태자 동륜이 죽고 난 후, 겨울 10월 20일에 죽은 병졸들을 위해 외사(外寺)에서 팔관연회를 베풀어 이레 만에 마쳤다는 기록이 있다.[69]

사시(四時) 중 10월말경이라는 것은 전통적으로 고구려의 동맹제, 마한의 소도제, 예의 무천제와 같은 제천의례의 시기와 일치한다. 또한 고려 태조가 즉위 원년(918)에 신라의 팔관회를 계승코자 개최한 중동팔관회 역시 11월에 개최되었다. 신라의 국가의례는 정월에 치러지는 제천제인 신궁 및 시조묘 제사와 궁궐에서 집전한 도솔가 의례에서와 같은 하계절의 농경기원제가 있었음을 감안할 때, 10월말 초겨울의 제천이 농경의 수확물을 바치면서 조상 및 순국선열들에게 위령제를 지내는 팔관연회로 이어졌다고 할 수 있다.

---

68. 『삼국사기』 권4, 「신라본기」 4, '진흥왕'. "五年 春二月 興輪寺成 三月 許人出家爲僧尼 奉佛 十年 春 梁遣使與入學僧覺德 送佛舍利 王使百官 奉迎興輪寺前路."

69. 『삼국사기』 권4, 「신라본기」 4, '진흥왕'. "三十三年… 三月 王太子銅輪卒 遣使北齊朝貢 冬十月二十日 爲戰死士卒 設八關筵會於外寺 七日罷."

70. 『삼국유사』 권3, 「탑상」 4, '가섭불연좌석'. "眞興王卽位十四 開國三年癸酉二月 築新宮於月城東 有皇龍現其地 王疑之 改爲皇龍寺."

71. 『삼국사기』 권4, 「신라본기」 4, '진흥왕'. "三十六年 春夏 旱 皇龍寺丈六像 出淚至踵."

72. 『문헌비고』 권107, 「속악부」 2, "眞興王施設八關會 又結兩綵棚呈 百戲歌舞以祈福."

73. 『삼국사기』 권34, 「잡지」 제3, '지리 1', '신라' 조와 주남철, 『한국건축사』, 고려대학교출판부, 2000, p.110 참조

74. 이 사리함은 발굴 당시 뚜껑이 파손되어 있었기 때문에 보개(寶蓋)의 존재 여부를 확인할 수는 없다. 진홍섭 편저, 『국보-공예 Ⅱ』, 예경산업사, 1986, p.11, p.209.

76. 황룡사 복원 모형. 경주국립박물관.

황룡사(皇龍寺)는 왕이 거주했던 월성(月城)의 대궁(大宮)과 가까운 곳에 위치했다. 즉 황룡사는 역대 왕들이 순방했던 왕도의 중심에 있는 국찰이었다. 『삼국유사』에 의하면 진흥왕대의 용궁은 대궁과 같은 의미의 성골왕의 신궁이며, 그 남쪽에 신궁을 뜻하는 자궁(紫宮)을 지으려다 황룡이 나타나자 왕이 의아하게 여겨 황룡사를 짓게 되었다고 한다.[70] 여기에서 국가의례가 신궁이 아닌 사찰로 옮겨지고 있는 것을 알 수 있다. 외사(外史)라는 표현은 당시 진흥왕이 호국불교 사상을 일으키기 위해 황룡사의 건립에 심혈을 기울이고 있었는데, 위의 팔관연회를 개최했을 때는 황룡사의 건축이 일부만 완성되어 있어 부득이 사찰 밖에서 행사를 열어야 했던 정황을 설명한 것이 아닌가 한다.

진흥왕은 팔관연회를 지낸 이 년 후 황룡사에 높이가 일 장 육 척이나 되는 장륙상(丈六像)을 설치했는데, 그 이듬해 춘하기에 가뭄이 들자 장륙상의 눈물이 발꿈치에까지 흘렀다는 기록이 있다.[71] 이는 사찰 내의 의례가 불상을 모신 본전에서 이루어졌음을 말해 준다. 한편 진흥왕의 팔관연회는 '채붕을 치고 가무백희를 벌인 외사의 팔관회'[72]라고도 했는데, 이레 동안 행사가 열렸던 것을 감안하면 팔관연회는 사찰 밖 도성으로 확대되었음을 시사하고 있다. 도판 76을 보면

77. 악붕 누대 위의 주악도. 청동제사리기. 감은사지 서삼층석탑 내 유물.
통일신라시대. 국립중앙박물관.

황룡사 내에는 넓은 행사공간이 마련되지 않았다는 것을 알 수 있다. 황룡사를 비롯한 당시 신라의 주요 사찰은 백제의 장공(匠工)들에 의해 금당 앞 목탑과 동서의 탑이 대칭을 이루는 가람배치도로 지어졌다. 따라서 사찰의 중정(中庭)에 거대한 목조탑이 세워진 경우 사문(寺門) 밖 넓은 뜰에 당간지주를 설치하고 각종 의례와 연희를 거행했던 것으로 추정된다. 『삼국사기』에 의하면 혁거세왕 때 왕도(王道)였던 계림의 금성(金城)에서 정남으로 월성까지 뚫린 남북 대로의 폭이 백이십 미터라고 하니,[73] 궁궐과 사찰 밖에서 백성들과 함께하는 이레 동안의 행사는 이러한 대로에서 행해졌을 가능성이 있다.

그렇다면 넓은 광장형 공간에서 많은 사람들이 가무를 볼 수 있도록 하는 무대의 장치는 없었는지, 특히 제의적 내용의 가무를 연행함에 있어 공간의 신성성을 위한 장엄물은 없었는지 고찰해 보자.

신라는 많은 신들을 숭상하고 곳곳에서 제례를 행한, 제사의 나라였다. 또한 당과 서역·인도와의 빈번한 문화교류를 통해 찬란한 불교문화를 이루었는데도 그 역사의 기술은 고려 때 이루어졌기에 사료의 빈약함은 극심하다고 하겠다. 그러나 다행히 사찰과 고분의 유적지에서 나온 유물은 실제의 사료가 될 수 있어 이를 유추의 방편으로 택하기로 한다.

신라의 의례굿은 궁궐과 자연공간의 제장에서 사찰공간으로 이동되면서 불교의식의 장엄물을 사용하게 되었다. 그 하나의 예로, 통일신라기로 추정되는 감은

사지(感恩寺址) 서삼층석탑 내에서 발견된 청동제사리기(青銅製舍利器)에서 동
발(銅鈸)·요고(腰鼓)·횡적(橫笛)·곡경비파(曲頸琵琶)를 누대에서 연주하는
악사들의 모습을 볼 수 있다.(도판 77) 상부의 주악상과 더불어 하부에는 세 개
의 미륵동자상과 네 개의 춤추는 사천왕상이 배치되어 있는데, 치밀한 사실주
의적 묘사는 실제 상황을 옮겨 놓았다는 확신을 갖게 한다. 이 시대 사리탑의 구조
는 상하 이층탑 위에 연꽃잎과 난간을 두르고 지붕이 덮여 있었는데, 중앙부에
사리병을 넣은 연꽃이 정점을 이루고 있다.[74] 이러한 누대형식의 악붕(樂棚)은
종교적인 장엄물로서 신성공간의 축이 되어 제의공간을 만들고 그 구조 안에서
등퇴장하는 동자들의 가무 출연은 신비감을 주었을 것이다. 화랑들로 보이는 이
동자들을 자세히 살펴보면 악붕 위에서 음악을 연주하는 모습, 갑옷을 입고 무술
의 동작을 하는 모습, 두 손을 모으고 있는 미륵동자상들이 있는데,(도판 78, 79)
이는 용화세계(龍華世界)의 천악으로
마군(魔軍)을 무찌르는 용화향도(龍華
香徒)와 도솔천에서 하생(下生)한 미
륵선화(彌勒仙花)들의 모습이 연출되
고 있는 것으로 볼 수 있다. 고려대장
경에는 미륵이 하생할 때 양거(蠰佉)
라는 전륜성왕(轉輪聖王)이 용화향도
를 거느리고 세계를 통일하는 이야기
가 다음과 같이 묘사되어 있다.

그 시대에는 양거라는 전륜성왕이
있을 것이다. 그는 네 종류의 군사를
거느리고 있지만 무력으로 세상을 다
스리지는 않을 것이다. 그는 서른두 명
의 대인상(大人相)을 지녔고, 또 혼자
서 천 명을 이기는 용맹하고 단정한 아

78. 동자들의 가무 출연. 도판 77의 세부.(위)
79. 춤추는 신장상과 동자상. 도판 77의 세부.(아래)

들 천 명이 있어, 모든 원수들과 적은 그들 앞에 스스로 무릎을 꿇으리라. 양거왕에게는 일곱 가지 진기한 보배가 있으니 금수레, 흰 코끼리, 감색 말, 신기한 보배구슬, 미인보배, 곳간을 맡은 신, 병사를 맡은 신들이다. …그때 천 명의 왕자가 각각 진기한 보배로 궁전 앞에 칠보대를 세울 것이다. 깃대의 높이는 십삼 유순(由旬)이고 서른 겹의 벽이 있으며, 천 개의 머리와 천 개의 바퀴를 달아 허공이건 어디건 마음대로 다니게 하느니라. 또 네 개의 큰 곳간이 있는데 각각 사억 개의 작은 보배곳간으로 사방이 둘러싸여 있을 것이다. …이 네 개의 큰 곳간은 스스로 문이 열려 큰 광명을 나타낼 것인데, 길이와 폭이 천 유순이고 보배가 가득하게 차 있을 것이다. 큰 보고의 둘레에는 작은 보고들이 사 억 개가 둘러싸고 있고, 네 마리의 큰 용이 지키고 있으며, 큰 곳간과 작은 곳간은 저절로 솟아올라 연꽃처럼 보일 것이다.[75]

위의 기사에 의하면 양거왕(梁居王)은 무력을 쓰지 않는 네 종류의 군사를 쓴다 했고, 네 개의 큰 보고(寶庫)를 네 마리의 용이 지키고 있으며, 이 보고는 큰 광명을 드러내며 저절로 솟아올라 연꽃의 모습이 된다 했다. 여기서 묘사하고 있는 연화보고는 연꽃 위에 여의주를 얹은 감은사 사리탑의 모습과 비슷하다. 양거왕의 네 종류 군사는 신라와 고려의 팔관회를 주관했던 사선악부로 연결될 수 있다. 최자는 『보한집』에서 "신라의 도읍 동도에는 사선이 있었는데 각각 천여 명의 무리를 거느리고 노래를 부르는 제도가 성행했다.(東都本新羅 古有四仙 各領徒千餘人 歌法盛行)"라고 적고 있다. 이는 비록 고려대의 기록이지만 신라의 통일을 위해 화랑국선을 설치하는 한편 가야의 악사 우륵으로 하여금 음악을 정비케 했던 진흥왕의 정치이념이 양거왕의 정법치국(正法治國)에 있었음을 확인케 하는 대목이다.

---

75. 경전연구모임 편, 『미륵상생경 · 미륵하생경 · 미륵대성불경』, 불교시대사, 1991, pp.76-78.
76. 『삼국유사』 권2, 「기이」 2, '경덕왕 · 충담사 · 표훈대덕'.
77. 『삼국사기』 권11, 「신라본기」 11, '헌강왕'. "六年 九月九日 王與左右登月上樓 四望 京都民屋相屬 歌吹連聲 …上卽位以來 陰陽和風雨順 歲有年民足食 邊境謐靜 市井歡娛 此聖德之所致也."

따라서 통일전쟁에서 전사한 군사들의 위령제였던 진흥왕의 팔관연회는 화랑 국선의 미륵하생을 연출한 해원의례(解怨儀禮)였으며, 감은사의 연화악붕(蓮花 樂棚)은 사선악부의 일부로서 화랑들의 의례를 주관하는 공연 장치였다고 사료 된다.

가면무의 유형과 연출공간

신라의 사찰과 왕궁에는 용궁으로 불리는 우물과 연못이 있었다. 신라의 왕들은 또한 왕도의 주변에 많은 묘분을 설치하고 능원(陵園)이라 불렀다. 거대한 인공 산이라고 할 수 있는 능원은 시조묘가 되었으며 왕궁에 있는 신궁과 함께 천손 (天孫)의 정체성을 유지해 나갔다. 신궁의 주신이 천지신이 된 것은 국토를 지키 는 지신을 포함하는 것이었고, 지신은 다시 산신과 수신으로 나뉘었는데, 이 수 신은 용신이 되었고 농경의 신이자 국토를 수호하는 시조왕들이었다. 또한 산신 은 탄생과 죽음을 관장하는 여성 지모신으로 경내 산천의 수호신이 되었다. 그러 나 그 중에서도 삼산오악의 신들은 국토의 신으로서 왕실을 수호했고, 왕의 제사 권을 뒷받침하기 위해 종종 왕 앞에 나타나곤 했다.

경덕왕은 나라를 이십사 년간 다스렸는데, 오악과 삼산의 신들이 때때로 대궐 의 뜰에 나타나 왕을 모시었다.(王御國二十四年 五岳三山神等 時或現侍於殿庭)[76]

궁궐의 전정은 공식적인 국가의 행사와 접견장소로서 위의 산신으로 임명된 제관들이 궁궐을 드나들며 왕의 정사(政事)를 도왔던 것으로 보인다.

『삼국유사』는 신라말 헌강왕대(憲康王代, 875-886)에 산신과 지신들이 연회에 서 왕에게 나라의 멸망을 예언하는 춤을 춘 것으로 전하고 있다. 신인(神人)들이 현신하는 무(巫)의 가무는 의례굿임을 의미하는데, 헌강왕의 기사는 풍악과 노 래 소리가 길에서 끊이지 않고, 바람과 비가 순조로운 태평성대였다[77]는 것을 전 제로 왕이 남산·금강산 등을 순행할 때 가무가 있는 연회를 열고 있었음을 암시 하고 있다. 그 일화로는 왕이 포석정(鮑石亭)에 갔을 때 상심(祥審)이라는 이름의 신이 남산의 신으로 왕 앞에 나와 춤을 추니 왕이 그 형상을 따라서 춤추고 공인(工人)에게 이를 새기게 해 후세 사람들이 상염무(霜髥舞)라고 했다[78] 한다. 여기서 산신의 가면은 흰 수염을 늘어뜨린 노인의 모습이었다는 것을 알 수 있다.

육십여 곳의 마애불을 담고 있는 경주의 남산은 화랑들이 유오하던 삼화령에서 충담이 미륵불에게 차(茶) 공양을 드리던 곳이다. 이러한 남산의 기슭에 포석정이 자리하고 있는데, 이곳은 왕실의 이궁으로서 남산 순행시 왕이 머무르던 곳이 아닌가 한다. 흰 수염의 산신이 다른 사람의 눈에는 보이지 않고 왕에게만 현신했다는 것은 이 춤이 신악무였음을 시사한다. 탈은 신령을 표현하는 것이고 신령은 접신된 자에게만 보이는 것이다. 왕에게 직접 공수를 내리는 남산의 산신령은 노옹(老翁)의 가면을 쓴 조령이었다.

산신무에 대한 또 하나의 예는 헌강왕이 "금강령에 행차했을 때 북악의 신이 나타나 춤을 추었는데, 이 춤을 옥도령이라 했다(又幸於金剛嶺時 北岳神呈舞 名玉刀鈴)"[79]는 것이다. 북악은 오악의 하나이며 금강산을 지칭한다. 옥도령을 풀이하면 옥·검·방울을 뜻하므로 금강산의 신관이 전통적인 소도의 무무(巫舞)를 전승하고 있음을 알 수 있다. 또한 헌강왕 동례전(同禮殿)에서 잔치를 할 때 지신이 나와서 춤을 추고 노래부르기를 '지리다도파(智理多都波)'라 하여 나라의 멸망을 경고했으나 사람들이 이를 깨닫지 못했다고 했다.

가면을 쓴 신악무의 일화는 『삼국사기』에서는 거의 전하지 않고 있는데,[80] 단 하나의 예외가 헌강왕 5년(879)에 나타난다.

---

78. 『삼국유사』 권2, 「기이」 2, '처용랑·망해사'. "又幸鮑石亭 南山神現舞於御前 左右不見 王獨見之 有人現舞於前 王自作舞 以像示之 神之名或曰祥審 故至今國人傳此舞 曰御舞祥審 或曰御舞山神 或云 旣神出舞 審象其貌 命工摹刻 以示後代 故云象審 或云霜髥舞 此乃以其形稱之."
79. 위의 책.
80. 『삼국사기』(1145)는 왕명(고려 인종 23년에 편찬)에 의해 고려 중기의 대표적인 유신 김부식 이하 십여 명의 편찬위원들이 사궁(史宮)의 위치에서 삼국사를 편찬한 정사이고, 『삼국유사』는 고려 희종 2년(1206)에 태어난 일연이 대단사(大禪師)로서 일흔 후반부터 여든넷으로 죽을 때까지 쓴 자유로운 형식으로 편찬된 불교 관계의 정사이다. 따라서 『삼국유사』의 기이(紀異)한 설화성은 당시 유교의 합리주의적인 논리와 대결하면서 신앙의 세계를 나타내려 한 의도와 함께, 신라대에 수시로 연행되었던 의례굿의 내용이 고려대까지 구전된 것을 기록한 것으로 보인다.
81. 『삼국사기』 권11, 「신라본기」 11, '헌강왕'.

봄 2월에 왕은 국학에 행차해 박사 이하의 사람들에게 경서를 강의하게 하고 3월에 동부지방의 주·군을 순행했다. 이때 어디에서 왔는지 알 수 없는 네 사람이 왕이 탄 수레 앞에 와서 노래를 부르고 춤을 추었는데, 생긴 모양이 해괴하고 의관이 이상야릇하므로 그때 사람들은 '산과 바다의 정령'이라 했다.〔五年 春二月 幸國學 命博士已下講論 三月 巡幸國東州郡 有不知所從來四人 詣駕前歌舞 形容可駭 衣巾詭異 時人謂之山海精靈(古記謂王卽位元年事)〕81

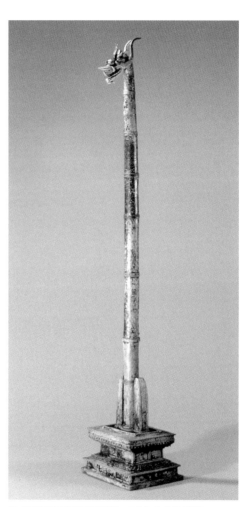

매년 봄 치러지는 신라왕의 지방 순행은 산천의 제천의례를 겸하는 것이었고, 이때 산해정령들이 왕 앞에 나타난 것이다. 이 일화가 『삼국유사』에서는 더욱 상세한 정황으로 적혀 있다. 처용랑(處容郞)과 망해사(望海寺)의 기사는 앞의 산신과 지신의 기사 바로 앞부분에 나오는데, 나라의 멸망을 암시하는 측면에서 함께 편찬된 것으로 보인다. 처용랑의 기사를 요약하자면 다음과 같다.

헌강왕이 개운포(울주)에서 놀다가 돌아가려고 할 때 구름과 안개가 자욱해서 길을 잃었다. 일궁(日宮)이 아뢰기를 "동해 용의 조화이니 좋은 일로 풀어 주어야 할 것입니다" 하니, 왕이 근처에 절(망해사)을 지을 것을 명하자 구름과 안개가 걷히고 동해의 용왕이 일곱 아들을 거느리고 나타나 춤을 추고 음악을 연주했다. 그 중에서 일곱번째 아들이 왕을 따라 서울에 들어와서 왕의 정사를 도우니, 그가 후에 처용랑이라고 불렸

80. 청동용두보당(靑銅龍頭寶幢). 고려 초기. 호암미술관.

다.〔於是大王遊開雲浦(今蔚州) 王將還駕 晝
歇於汀邊 忽雲霧冥曀 迷失道路 怪問左右 日官
奏云 此東海龍所變也 宜行勝事以解之 於是勅
有司 爲龍刱佛寺近境 施令已出 雲開霧散 因名
開雲浦 東海龍喜 乃率七子現於駕前 讚德獻舞
奏樂 其一子隨駕入京 輔佐王政 名曰處容〕[82]

81. 안압지 출토 금동 귀면 문고리. 통일신라시대.
국립경주박물관.(위)
82. 안압지 출토 금동 용머리(의자 장식용). 통일신라시대.
국립경주박물관.(아래)

헌강왕대의 망해사는 영취산(靈鷲山) 동쪽 기슭에 세워졌다. 영취산 주변에는 신라 초기에 굴아화현(屈阿火縣)이 있었고, 그 이후에도 영취산 골짜기에는 소도별읍(蘇塗別邑)의 당목과 우물, 아니신모(阿尼神母)의 당집이 있었다. 통일 직전에 굴아화현 소도별읍을 주재하던 천군의 처소는 율령제(律令制) 도입과 함께 제도화된 굴정현

(屈井縣) 관청이 들어서고, 그후 불교의 교세 확대에 따라 영취사라는 절이 들어서면서 금령(金嶺)이라는 골짜기 이름이 영취산으로 바뀌고 말았다. 이때 울주(蔚州) 개운포(開雲浦, 지금의 외항강 하구)로 밀려난 굴아화현 사람들은 토속신앙 집단을 형성하고 살았는데, 헌강왕에게 용신을 모시는 망해사의 건립을 협상했고 왕의 결정에 대한 답례로 용신의 헌무주악(獻舞奏樂)을 올렸던 것이다.[83] 이러한 설화는 신라 말기에 불교의 성행에도 불구하고 용신사상이 재래의 산신신앙과 함께 민간에 더욱 깊이 뿌리를 내리고 있었음을 시사한다.

위의 처용에 대한 기사는 용신신앙의 본질을 보여주고 있다. 용신은 바다의 정령에서 왕의 정사에 관여하는 국토의 수호신이 되었던 것이다. 통일까지 신라는

82. 『삼국유사』 권2, 「기이」 2, '처용랑 · 망해사'.
83. 윤철중, 『한국 고전문학의 이해』, 보고사, 2001, pp.786–797.
84. 현용준, 『무속신화와 문헌신화』, 집문당, 1992, pp.401–402.

국토를 수호하는 동해 바다의 용에게 제천의례를 지냄으로써 용을 천신의 대리자이자 국가의 수호신(도판 80)으로 여겼다. 따라서 용의 모습은 때때로 봉황을 닮은 계룡의 모습이기도 했으며, 선왕(先王)의 상징이기도 했다.

그러나 용신은 아내를 빼앗기면서 구역신(驅疫神)으로서 문신화(門神化)되었다. 그의 얼굴은 그림이나 조각으로 문에 부착되었으며(도판 81) 간통의 이야기와 함께 대중화되었다. 이는 현존하는 제주도 무속의례의 '영감본풀이'와도 연관성이 있다.[84] 역신(疫神)은 영감·참봉·야차라고 불리는데 도깨비를 존칭한 것이며, 비와 안개를 좋아하고 해녀와 과부 등 미녀를 흠모해 질병을 준다는 것이다. 제주도의 무격(巫覡)은 구축(驅逐)의 장면에서 신칼을 들고 위협하며 내쫓는 데 반해 처용은 용서로써 역신을 물리친다. 이것은 아마도 바다의 용신인 처용을 인간으로 만들고 그 인격의 아름다움을 추앙하고자 하는 대중적 교화의 수단이었을 것이다. 처용의 가면은 벽사가면으로서 괴수와 같은 용의 모습이었을 것이며, 사악한 귀신을 물리치는 목적으로 귀면와나 문장식·가구장식에 새겨졌던 것이다.(도판 82, 83)

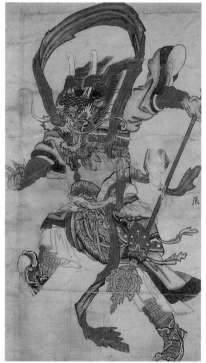

신라의 의례굿에서는 향가와 함께 산신·지신·문신(門神)들의 가면무가 연행되었다. 또한 벽사가면무로서는 십이지신무가 있었는데, 열두 달을 운행하는 십이지신상은 왕릉을 지키거나 토우로서 무덤에서 출토되고 있다. 도상화한 십이지

83. 안압지 출토 귀면와. 통일신라시대. 국립경주박물관.(위)
84. 십이지신상 중 용신도. 화계사 성보전.
17세기. 서울 강북. (윤열수 사진, 아래)

신상들을 보면 화려한 의상을 입고 사실적인 가면을 쓰고 있는데(도판 84), 통일신라 이후 고려·조선조의 궁중나례로 이어졌고, 현대 농악의 경사굿에서도 연행되고 있다.

　신라의 가면무 중에서 국선화랑이 춤을 추었으리라 가정되는 것은 황창랑(黃昌郎)의 검무(劍舞)이다. 이 검기무(劍器舞)는 고려조로 이어져 몇 개의 연희시(演戲詩)로 남아 있는데, 그 중 김종직(金宗直)이 쓴 『동도악부(東都樂府)』의 「황창무」 시는 다음과 같다.

겨우 이를 간 연소한 나이	若有人号纔離齠
삼 척도 안 되는 몸이 어찌 그리 날쌘지	身未三尺何雄驍
왕기(汪錡)처럼 평생 우리의 본이 되었고	平生汪錡我所師
나라 위해 수치심과 슬픈 한을 씻었네	爲國雪耻心無憀
칼날이 목에 닿아도 움직이지 않고	釖鐔擬頸股不戰
칼끝이 심장을 겨누어도 눈 하나 깜짝 않네	釖鍔指心目不搖
공을 이룬 초연한 모습으로 춤을 멈추고 돌아가니	功成脫然罷舞去
협산 북해를 가히 뛰어넘을 수 있어라	挾山北海猶可超

　위에 인용된 것을 보면 황창무는 씩씩한 무무(武舞)의 형태였던 것 같고, 검투의 장면을 실제 연출하는 이인무였을 가능성이 있다. 그러나 신라대의 황창무는 백제의 왕을 찔러 죽인 나이 어린 화랑이 현신하는 해원굿의 혼령무였다고 생각된다. 이 검무는 10월의 중동팔관연회에서 연행되었을 것이다. 겨울의 농경수확제는 곡령의 죽음과 재생에 관한 의례로서 호국 군사들의 위령제에서도 죽음과 부활을 주제로 한 의식이 중요한 의미를 갖기 때문이다.

　신라대에 형성된 가면은 무굿의 소산이다. 이들은 산신과 지신으로 나타난 신령탈·처용무와 십이지신무에서와 같이 귀신을 물리치는 벽사탈, 군사들의 위령제를 위한 해원탈로 분류된다. 대화극보다는 창이 동반된 가무악극에서 더 깊은 의미를 발휘할 수 있었다고 생각된다. 또한 가면을 쓰고 왕 앞에 나타난 산신과 지신들은 삼산오악의 제사장들로서 무굿을 집전한 무당들이었으며, 고대의 풍월도와 불교가 습합된 국가 의례굿에서는 국선의 향가와 가면무가 연출된 것으로 사료된다.

3. 악붕누대(樂棚樓臺)와 무악루(舞樂樓)의 형성

삼국시대의 가무백희는 예술사의 관점으로 볼 때 주로 궁중의 조의(朝儀)·가례(嘉禮)·향연(饗宴)을 위한 귀족들의 악가무였다. 따라서 이 시대의 악가무는 신궁·사찰·궁궐에서 왕이 자리한 본전의 아래 뜰에서 연행된 전정악(殿庭樂)이었다.

앞서 언급한 『삼국유사』의 「천사옥대(天賜玉帶)」조에서 신라 진평왕의 즉위식(579)에 천사(天使)가 궁전 뜰에 내려와 상제의 명이라면서 옥대를 전하자 왕이 꿇어앉아 이를 받으니 천사가 승천했다는 기사가 있었다. 천사의 승천을 어떻게 연출했는지의 설명이 따르지는 않으나, 『삼국유사』에 나타난 기이한 사건들을 악가무의 의례굿으로 보았을 때 전정에 세워진 탑이나 누대의 계단으로 올라갔을 것이다.

또한 경덕왕 19년(760)에 연행된 산화공덕의례에서 산화가를 부르는 곳을 용루라고 표현했고, 동자가 나타나 벽화 미륵상 앞에 차와 염주를 바친 후 내원의 탑 속으로 사라졌다고 적혀 있다. 의례의 실제상황으로 보아서 탑과 같은 누대에 계단을 통해 오르거나 하부구조로 등퇴장할 수 있었던 기능은 감은사 청동사리탑에서 고찰한 악붕노대의 기능과 일치된다.

85. 악붕누대의 유추도. 신라 의례굿의 노래와 악기 연주는 높은 누대 위에서 연행되었고, 누대 밑에서는 춤을 추는 동자들이 등장했다.

중국의 노대인 한무제의 통천대(通天臺)는 천단으로서 악사나 동녀(童女)들만이 오를 수 있었다. 또한 당·송대에는 가무를 위한 노대를 산붕(山棚)이라 했고 무대(舞臺)라고도 했다. 반면 신라는 당시 성행하던 탑 신앙을 중심으로 국선동자만이 오르는 악붕노대를 사찰이나 궁궐의 뜰에 설치한 것으로 보인다.(도판 85)

신라 사찰의 내원은 고구려·백제와 마찬가지로 동서에 장엄한 목탑 및 석탑을 축조하는 가람배치로 되어 있어서 본전 앞 중앙에 악붕노대를 설치하고 이를 중심으로 한 원무(圓舞)를 추었을 가능성이 있다. 한편 며칠씩 계속되는 가무백희를 위해 사문 밖에 딸린 행사장에 여러 개의 악붕노대를 설치했을 것이며, 고정적으로 악기를 설치한 노대는 지붕을 씌운 건축적인 누대로 발전된 것으로 보인다. 예를 들어 통일신라 때 호국의 사찰이며 범패의 요람이었다는 쌍계사(雙溪寺) 팔영루(八泳樓)[85]는 대웅전을 향한 누대의 건축으로 되어 있으며, 그 좌측에 있는 사법악기의 범종루(梵鐘樓) 또한 사방이 노출된 누대로 지어져 있다.

4세기에서 8세기경 사이에 축조된 대부분의 고찰(古刹)에는 대웅전을 마주 바라보는 강당이 누대로 지어졌고, 그 좌우에 사법악기를 존치한 누각이 발견된다. 이러한 누대는 중국 신묘에 지어졌던 적석노대와는 달리 허공에 대를 높이 들어 올린 것으로, 동북아 지역에서 신상을 보관하던 고상건축(高床建築)과 관련이 있어 보인다.[86]

고상식 건물은 흔히 수상건축(水上建築)에서 발견되는데, 전남 송광사(松廣寺)에서와 같이 사문 앞 냇물 위로 돌출된 누대를 볼 수 있다. 누대는 통일신라대에 축조

86. 감은사 유적지. 신라시대. 경북 경주.(위)
87. 감은사 금당지. 신라시대. 경북 경주.(아래)

88. 바닷물이 들어오는 연못 위 이견대의 유추도(감은사 사문 앞).
화랑들이 집전하는 만파식적의 의례에 피리를 부는 용신이 배를 타고 등장하고 있다.

된 선암사(仙岩寺)와 같이 사문 밖 냇물을 건너는 다리 위에 지어진 경우도 있다. 사문 밖 수상누대는 중원으로 들어가기 위한 통과의례의 장치이며, 고대 제천의례 공간에서 산 정상의 천단과 함께 물 위에 설치되었던 제단의 일종이라고 볼 수 있다.

『태백일사(太白逸史)』「신시본기」3에 있는 "진역유기(震域留記)에 …땅이 양(陽)을 좋아하니 땅에 제사지낼 때 반드시 연못 가운데의 네모진 언덕에서 제사하는 것은 곧 하늘의 참성단에서 제사하는 것과 같은 습속이다.(震域留記曰 …地貴陽 故祭之必於澤中方丘 亦卽祭天塹城之壇之餘俗也)"라는 기사에서 보듯, 물의

85. 쌍계사는 신라 성덕왕 22년(723)에 삼법(三法)과 대비(大悲), 두 스님에 의해 건립되었으며, 팔영루는 서기 830년 진감비소(眞鑑悲昭, 774-850)에 의해 지어져 선(禪)과 범패(梵唄)의 요람이 되었다.
86. 사학자 서정록은 백제 금동대향로가 발견된 능산리 사적지의 연구에서 백제의 신궁이 동북아 지역의 고상식 건축임을 밝혔다. 서정록, 『백제금동대향로』, 학고재, 2001, pp.336-339 참조.
87. 『삼국유사』 권2, 「기이」 2, '만파식적'. "…王泛海入其山 有龍奉黑玉帶來獻 …此竹之爲物 合之然後有聲 聖王 以聲理天下之瑞也 王取此竹 作笛吹之 天下和平."
88. 경주시 감포읍 대본리의 해안가 언덕에는 1979년에 복구된 이견대가 있다. 그러나 나는 바닷물과 함께 동해의 용이 드나들었던 감은사를 만파식적 의례의 장소로 추정했으며, 일본 시텐노지와 이쓰쿠시마 신사 앞의 석무대가 용신을 위해 각각 연못과 바닷물 위에 축조된 사실을 감안할 때, 이견대는 바닷물이 들어오는 물의 제장이었다고 생각한다.

89. 용의 가면을 쓴 무관(巫官).
『대방광불화엄경(大方廣佛華嚴經)』제8권,
변상신장상(變相神將像). 통일신라시대. 호암미술관.

제단은 하늘을 향해 높이 솟은 언덕 즉 산이나 바위 기둥 위의 신당이었으며, 이것이 불교사찰의 건축적인 누대로 발전된 것으로 사료된다.

물의 제단으로서 축조된 신라의 사찰은 감은사이다. 감은사는 문무왕(661-680)이 삼국을 통일하고 왜병을 진압하고자 창건한 원찰(原刹)이다. 이는 또한 왕의 유골을 모셔 놓은 대왕암으로부터 바닷물이 금당 밑에까지 드나들도록 설계한 특별한 사찰로서 유명하다.(도판 86, 87) 『삼국유사』에 의하면 문무왕의 맏아들 신문왕은 원년(681)에 감은사를 완성하고 그 이듬해 동해에 있는 작은 산 하나가 물에 떠서 감은사를 향해 오는 것을 목격하게 되었다. 그 산의 형태는 거북의 머리같이 생겼고 산 위에 한 개의 대나무가 있어 낮에는 둘이 되었다가 밤에는 합해져서 하나가 되었다. 왕이 배를 타고 그 산에 들어가니 용 한 마리가 검은 옥대를 만들어 바치면서, 대왕의 아버님은 바다의 용이 되셨고 성왕은 이 대나무로 피리를 만들어 불면 천하를 화평하게 다스릴 것이라고 하니, 이것이 만파식적이라고 했다.[87] 왕이 감은사에 머물면서 바다로 나아가 산을 바라본 곳이 이견대(利見臺)라고 했는데, 도판 86에서 보듯 감은사는 당시 바닷물이 들어오는 위치에 있었을 것이고, 이견대는 만파식적을 신악으로 내려준 용신인 문무왕에게 제사를 드리던 높은 대였을 것이다.(도판 88)

한편 검은 옥대인 신기(神器)를 신문대왕에게 바치는 장면은 용의 가면을 쓴 국선에 의해 연출되었을 것이다.(도판 89) 앞에서 밝힌 바와 같이 화랑 부례랑과 안상이 잃어버린 만파식적을 찾아서 파도를 타고 돌아왔다 했는데, 이 또한 실제 연출된 의례의 장면일 수 있기 때문이다. 도판 86의 사문 앞에 자리한 사각형 누대의 흔적은 옛 이견대의 자리가 아니었을까 하는 추론[88]과 함께, 바다에서 석산이 떠 왔다는 이견대는 밀물 때에 바닷물에 잠기게 되는 신악무의 누대였다고 사료된다.

4장 고려시대 국가의례의 축제공간

1. 연등회(燃燈會)의 축제공간

1. 예회(禮會)와 전정(殿庭) 속의 채산(彩山)

송악산 기슭에 자리잡은 고려의 궁궐은 궁예왕·태조왕·광종왕 때에 대규모로 창건된 이후 현종 2년(1011) 거란의 침입으로 모조리 소진되고, 인종 4년(1126) 이자겸(李資謙)·척준경(拓俊京)의 난과 명종 1년(1171)의 화재로 큰 피해를 입었다. 고종 13년(1232) 몽골의 침입으로 궁궐은 다시 초토화되었으나 원종 11년(1270) 강화에서 개경으로 돌아와 궁궐이 다시 중건되었다. 그러나 고려 궁궐은 공민왕 11년(1362) 홍건적의 난으로 잿더미가 되어 버리는 비운을 맞았다. 12세기까지 고려의 궁궐은 수리 복구가 가능했으나 강화 천도에서 돌아온 이후 13세기 고려의 왕들은 사실상 사판궁(沙坂宮)·남산궁(南山宮)·제상궁(堤上宮)·정경궁(廷慶宮)·수창궁(壽昌宮) 등의 이궁에서 거주했다.[1] 왕들의 이궁 거주 이전인 11-12세기 본궐의 제1정전은 회경전(會慶殿)이었는데, 이곳은 백고좌도량(百高座道場)을 열고, 기우제(祈雨祭)를 지냈으며, 송의 조칙(詔勅)을 받는 곳이었다. 제2정전인 건덕전(乾德殿, 大觀殿)은 조회, 백관(百官)의 진하(進賀)를 열던 곳이고, 시사(視事)·단형(斷刑)·사연(賜宴)을 열던 편전(便殿)은 선정전(宣政殿)이었다. 인종 16년(1138) 이후에 강안전(康安殿)으로 개명된 중광전(重

光殿)은 내전에 속하는 왕의 침전이었다. 그 밖에도 고려 궁궐에는 선왕의 진전을 모시는 선덕전(宣德殿), 왕의 진전을 모시는 경령전(景靈殿), 초제(醮祭)를 지내는 성수전(星宿殿)과 불전(佛殿), 강학과 연회를 여는 건물과 강서(講書)와 서적을 편찬하는 장령전(長齡殿)이 있었다.[2]

송나라의 서긍(徐兢, 1091-1153)이 쓴 『고려도경』의 기록에 왕부(王府)의 의례공간으로 구정(毬庭), 신봉문(神鳳門), 창합문(閶闔門) 안의 회경전, 왕궁 북쪽의 복원관(福源觀)을 들고 있으나, 『고려사』 「예지(禮志)」의 '가례잡의(嘉禮雜儀)'에는 제1정전이었던 회경전이나 제2정전이었던 건덕전이 언급되지 않는 대신 왕의 침전이었던 강안전을 연등회의 예회장소로 하고, 팔관회의 예회는 신봉문 앞 구정에서 개최한 것으로 기록되어 있다.

앞의 사료에 나타난 궁궐의 피해 상태로 보아 12세기 이후 제1정전 · 제2정전이 회복되지 못해 내전인 강안전에서 예회를 치를 수밖에 없었던 것 같고, 외국 사신들과 지방관원을 위시한 백성들에게 개방된 팔관회를 회경전 신봉문 앞의 구정에서 개최한 것은 국가 의례공간의 선택으로 필연적인 것이었다.(도판 90, 91) 고려 후기의 왕들은 모두 이궁에서 거주하고 본궐은 즉위식이나 왕실의 불교 행사장으로 이용되었던 점을 감안하면, 본궐은 각종 의례의 공간으로서 신성시되었던 것 같다.[3]

'가례잡의'에 나타나는 연등회 예회 장소인 강안전(중광전)은 회랑이나 담을 두르지 않은 간소한 침전으로서

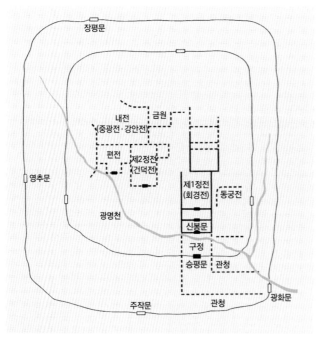

90. 고려 궁궐의 배치 유추도.

후원을 배경에 둔 자연경관 속의 건물이었다. 『고려사』「예지」의 '가례잡의 상원연등회(上元燃燈會)' 의식의 본문을 소개하면 다음과 같다.

91. 고려 궁궐의 신봉루와 회경전의 배치 유추 모형. 개성 역사박물관.

소회일(小會日)에 임금이 전으로 나와 앉기 이전에 도교서(都校暑)에서 강안전 층계 전면에 부계(浮階)를 설치한다. 상사국(尙舍局)에서는 그 부원들을 인솔하고 강안전 위에 왕의 장막을 설치하며 그 동편에 임시 휴게소를 설치하고 두 개의 사자화로를 전면 기둥 밖에 설치한다. 상의국(尙醫局)에서는 꽃탁자를 왕이 앉는 좌우편 기둥 앞에 설치한다. 전중성(殿中省)에서는 등롱(燈籠)을 부계의 아래위, 좌우에 진열하고 전정에 채산을 만든다. 내고사(內庫使)는 준뢰(樽罍)를 전정의 좌우측에 진열한다. 그날 왕이 치황포(梔黃袍)를 입고 임시 휴게소에 나와 앉으면 견룡관(牽龍官)·중금(中禁)·도지(都知)와 전문 내외의 경위원(警衛院)과 의장대가 만세를 부르고 재배한다. 이것이 끝난 다음 승제원과 근시관(近侍官)들이 모두 평상시에 입는 옷차림을 하고 차례로 층계 위 절하는 자리로 올라서면, 선두에 선 사람이 '재배'라 하면 재배하고 물러나와 섬돌 위 서편 가에서 북쪽을 위로 하고 동쪽을 향해 선다. 다음으로 합문원(閤門院)들이 전정으로 들어와 횡렬로 가면서 동쪽을 위로 하고 북쪽으로 향하다가, 선두에 선 사람이 '재배'라 하면 재배한 다음 모두 전정의 동편으로 가서 북쪽을 위로 하고 서쪽을 향해 선다. 다음으로 상장군(上將軍) 이하 경위원들이 전정으로 들어가 횡렬로 가면서 동쪽을 위로 해 북쪽으로 향하고 수석 관리가 '재배'라 하면 재배한 후 동서쪽으로 나누어 선다. 다음에는 전중성(殿中省)의 육상국(六尙局)과 여러 후전관(後殿官)들이 전정으로 들어와 지정된 자리에 가서 재배하고 나서, 전정의 서편으로 가서 북쪽을 위로 하고 동쪽을 향해 선다. 다음에는 여러 가지 놀이(百戲雜技)하는 사람들이 전정으로 들어와 연이어 연기한 후 물러나고, 다음에는 교방의 악대가 주악하고 무용가들이 나가고 들어오는 동작은 보통의식과 같다.(小會日坐殿 前期 都校署 設浮階於康安殿階前 尙舍局 率其屬 設王幄於殿上 設便次於王幄東 設二獸爐於前楹外 尙衣局 設花案於王座左右楹前 殿中省 列燈籠於浮階之上下左右 設彩山於殿庭 內庫使 列尊罍於殿庭左右 其日 王 服梔黃衣 出御便次 牽龍官中禁都知殿門內外衛仗 奏山呼 再拜訖 承制員近侍官 俱服便服 以次 升詣陛上拜位 行頭自喝 再拜訖 退立於階上西邊 東向北上 次閤門員 入殿庭 橫行 北向東上 行頭自喝 再拜訖 俱就庭東西向 北上立 次上將軍以下宿衛 入殿庭 橫行 北向東上 行頭自喝 再拜訖 分立於東西 次殿中省六尙局諸後殿官 入殿庭就位 再拜訖 就庭西東向 北上立 次百戲雜伎 以次入殿庭 連作訖 出退 次敎坊奏樂 及舞隊進退 具如常儀)[4]

소회일의 예회는 왕의 봉은사 친행에 앞선 의식으로서 국가의 길례(吉禮)를 군신들과 함께 축하하는 조의(朝儀)라고 할 수 있다. 그런데 왕은 예복인 자황포 대신 평상시에 입는 치황포를 입고 예회에 참석했다. 강안전 내에는 왕이 앉는 자리에 머리 위를 덮는 장막(王幄)이 쳐지고 그 동편에 휴게실인 편거(便車)가 설치되었다. 강안전 앞의 공간적 장치는 강안전을 뜰로 연결하는 마루의 구조인 부계와 전정의 채산이다. 강안전 좌우 기둥 밖에는 꽃탁자를 설치해 왕의 신성공간에 경계선을 쳤으며, 부계의 좌우 가장자리에 등롱을 설치해 왕에게 재배를 올리고 교방악(敎坊樂)을 바치는 특별한 무대공간을 만들고 있다. 승제원과 근시관들이 재배를 올리는 곳을 '계단 위 서편'과 '섬돌 위 서편'으로 표현하고 있는데, 이들은 의례를 진행하는 무대감독으로서 부계 위에 올라설 수 있었다. 한편 견룡

---

1. 이강근, 『한국의 궁궐』, 대원사, 1991, pp.79-93.
2. 한국역사연구회, 『고려의 황도 개경』, 창작과 비평사, 2002, p.52.
3. 위의 책, p.57.
4. 『고려사』 권69, 「지」23, 「예」11, '가례잡의' '상원연등회의'.

관·중금·도지와 위장대(衛仗隊)를 비롯해 상장군 이하 경위원들, 또 전중성의 육상국과 후전관들은 모두 전정의 서편에 마련된 자리에서 절하고 전정 안에 위치한 것으로 보인다. 소회일의 예회는 교방의 악대와 교방여기들이 부계 위에서 정재를 올린 후, 전정에서 백희잡기를 올리는 것으로 종결된다.(도판 92)

왕악(王幄)에서 내다보는 시점으로 보았을 때, 부계는 정재를 바치는 일종의 제단이며 예회의 참여자들은 채산이 좌우에 서 있는 전정 안에 열을 지어 서 있는 장면을 상상할 수 있다. 기능적으로 살펴보면 좌우에 의장대와 군신

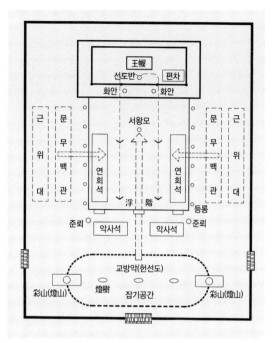

92. 연등회의 예회 및 연회의 공간 배치 유추도.

들이 위치했으며 왕이 내다보는 맞은편 전정 좌우에 채산이 서 있는데, 그 앞의 공간에서 잡기가 연행된 것이다. 교방악대들의 등퇴장 역시 채산 뒤로부터 시작한 것으로 볼 때, 채산과 왕악은 예회공간의 양 축을 이루고 있는 것을 알 수 있다. 전정 좌우측에 술을 채운 준뢰가 설치되었는데, 술은 왕과 군신들이 상호 주고받는 예의 상징물이다. 주(酒)·화(花)·향(香)·약(藥)·시(詩)·악(樂)·가(歌)·무(舞)는 예악의 의식에 바쳐지는 봉헌물이다. 소회일의 예회는 왕이 시조에게 진조배알하고 세속공간에 연등의 불을 켜는 신성한 임무를 수행케 하는 예비의식이다. 이 조의에 바쳐진 교방악에서 왕의 편전은 채산이 상징하는 산의 세계, 즉 하늘과 맞닿은 우주의 중심으로 전이되는 의식의 세계를 상징한다. 이 채산은 밤에 열리는 등석연(燈夕宴)에서 등불이 켜진 화산(火山, 燈山)으로 대치된다. 고려의 문인 임종비(林宗庇)가 등석연의 광경을 읊은 시를 소개하면 다음과 같다.

93. 등수(燈樹). 〈관경변상도(觀經變相圖)〉 부분. 고려시대.
사이후쿠지(西福寺).

94. 오산(鰲山). 〈명대남도번회도(明代南都繁會圖)〉 부분.
명대. 중국역사박물관.

봄이 하늘과 땅에 돌아와 날씨는 점점 화창하고	春入乾坤日漸融
옥황상제가 음악을 연주해 인궁이 선궁으로 화하옵나이다	玉皇張樂化人宮
피리와 노래소리가 보름달에 드높고	笙歌迢遞中宵月
화려한 비단 옷깃들이 궁궐 바람에 휘날립니다	羅綺繽紛寶殿風
금향로가 향을 토하니 오르는 연기가 푸르고	金鴨吐香煙縷碧
촛농이 그림자를 가르니 화산이 붉으옵니다	燭龍分影火山紅
도성 사람들은 금오(金吾)의 물음을 두려워하지 않사오니	都人不怕金吾問
하늘이 대중과 같이 유관하기를 허락하셨기 때문입니다	天許遊觀與衆同[5]

연등회에서는 보름 전날인 14일에 왕이 봉은사에 행차해 진의조알 후 연등도

량을 베풀고 저녁에 환궁했다. 그날 밤의 등석축제는 궁궐과 도성 전체에서 열렸다. 임종비가 표현한 붉은 화산은 나례연희에서 하던 폭죽이나 불꽃놀이와는 다른 것으로, 여러 개의 등불을 높이 매단 등산(燈山)·등수(燈樹)의 장경으로 보인다.(도판 93) 문종 27년(1073) 2월의 특설 연등회 기사에는 거리에 점등한 것이 이틀 밤 동안에 각각 삼만 잔이며, 중광전과 백사(百司)에는 각기 채루(綵樓)와 등산을 장치하고 풍악을 울렸다고 적고 있다.6 임금의 편전과 궁궐 곳곳에 설치되었던 채루와 등산은 과연 어떤 것이었을까. 채루는 색색의 비단천으로 장식된 누각이나 누대를 말하는 것이고, 등산은 일몰 후 진흙을 채색한 채산에 등불 장식을 했던 것으로7 명나라의 오산(鰲山)과 같은 모습이라고 할 수 있다.(도판 94) 이처럼 전정에 설치된 등산은 예회와 연회의 내용에 관련된 신성공간을 상징하며, 부계에서 연행된 교방악의 공간적 배경이 되면서 신수(神獸)들의 묘기로 연출되는 잡기의 공간이기도 했다. 소회일의 아침 예회는 수하의식(受賀儀式)이고 밤의 연회가 연등회를 축하하는 등석연이었다면, 이튿날 대회일의 연회는 군신들이 왕에 대한 헌수(獻壽)를 바치고 왕은 군신들에게 포상을 내리는 행사였다. 이러한 예회와 연회의 목적은 교방악이 바치는 음악·무용·치어에 의해 구체화되었기 때문에 교방악은 목적에 따라 고정된 레퍼토리와 새로운 창작물로 구성되었다. 여기서 전정의 채산과 부계의 장치요소는 단순한 장식이라기보다 교방악의 배경을 이루는 장경이 되고 있다. 먼저 등석연에서 어떠한 교방악이 연출되었는지를 살펴보면 다음과 같다.

삼오야에 등불놀이를 구경하니 신주(神州)의 붉은 꽃을 만 섬이나 뿌린 것 같고 천 년에 한 번 맺는 열매는 왕모(王母)가 드리는 푸른 복숭아 일곱 알이로

---

5. 『동문선』 권104, 「치어」 중 임종비의 '등석치어'.

6. 『고려사』 권9, 「세가」 9, '문종 27년(1073) 봄 2월'. "王 如奉恩寺 特設燃燈會 慶讚新造佛像 街衢點燈 兩夜各三萬盞 重光殿及百司 各置綵樓燈山 作樂"

7. 흙산에 그림을 그려 산봉을 꾸몄다는 자료로는 송나라 범성대(范成大, 1126-1193)가 쓴 『오중기물(吳中紀物)』 중 「배해체(俳諧體)」조의 "鉗赭裝牢戶 嘲嘲繪樂棚"과 「자주(自注)」조의 "山棚多畵 一時可嘲笑之人" 참조.

8. 『동문선』 권104, 「치어」 중 최자의 '등석헌선도교방치어'.

다.(三五夜觀燈 神州撒紅蓮萬斛 一千年結實 仙母獻碧桃七枚)[8]

　　마침 정월 대보름날 저녁이라 성대한 풍악의 의식을 베푸시니, 팔정육함(八政
六合)의 생황은 그 소리가 천상의 음악처럼 떠오르고 구광사조(九光四照)의 등불
과 그림자는 별빛처럼 찬란하도다. 백희를 교대로 올려 백성들과 함께 즐기시도
다. 귀신과 사람이 서로 경하하고 미개인이나 문화인이나 모두 손님처럼 모여들
도다. …쟁반 위에 아롱진 영험한 복숭아는 열매 맺는 새해에 다시 오라 청하는
듯.(適屬上元之夕 宏張廣樂之儀 八政六合之笙聲 浮乎天樂 九光四照之燈影 爛若星文
任百戲之交呈 與萬姓而同樂 神人胥慶 夷夏率賓 …露盤新獻靈桃顆 更請重廻結子年)[9]

　　위의 등석 시부(詩賦)에 나타난 대로 연등회의 가장 중요한 교방악은 헌선도
(獻仙桃)였음을 알 수 있다. 헌선도는 서왕모가 한무제에게 불사약으로 주었다는
선도의 설화를 교방악으로 꾸민 당악정재(唐樂呈才)이다. 왕모는 좌우에 협무(挾
舞) 두 사람과 그 위에 개(蓋)·인인장(引人仗)·봉선(鳳扇)·용선(龍扇)·작선
(雀扇)·미선(尾扇)·정절(旌節)을 든 여기들을 거느리고 쟁반의 복숭아를 왕에
게 바치는 장면을 연기한다. 악관이 헌천수만(獻天壽慢)과 금잔자만(金盞子慢)
을 연주한 후 왕모는 여일서장사(麗日舒長詞)를 창하는데, 그 내용에서 교방악의
배경을 이루는 공간의 개념과 실제로 꾸며진 전정의 모습을 알아볼 수 있다.

넓은 뜰에 비단옷 어지럽게 가득 움직이고	廣庭羅綺紛盈動
일부 생가(笙歌)는 모두 새로운 가락이고	一部笙歌盡新聲
봉래(蓬萊)의 궁전은 신선의 경치인데	蓬萊宮殿神仙景
호탕한 봄빛 왕성에 감도는도다	浩蕩春光遶池王城
연기 걷히고 비 그치니	烟收雨歇
하늘빛 밤에 더욱 깨끗한데	天色夜更澄清
또 천길 화수와 등산이	又千尋火樹燈山
들쑥날쑥 달빛 띠어 선명하도다	參差帶月鮮明[10]

헌선도는 예회의 마지막과 연회의 서두에 연행된 듯하다. 위의 창사는 궁전을 봉래의 궁전이자 신선의 경치라고 하며 군신들이 태평을 즐기는 곳이라고 묘사하고 있다. 주목할 부분은 긴 길에 화수(火樹)와 등산이 들쑥날쑥 늘어서 있다는 대목인데, 편전의 연회장소뿐 아니라 궁궐 전반에 설치되었다는 뜻으로 보인다.

한편 헌선도에서 왕모의 창사 이후에 두 협무의 창이 나오는데, 오산에 대한 노래를 하고 있다.

동풍이 도처에 따뜻함을 알려 와	東風報暖到頭
아름다운 기운이 점점 풀리네	嘉氣漸融怡
높고 높은 봉궐이 오산에 우뚝 섰으니	巍峩鳳闕起鰲山
만길토록 드높아 구름 끝에 치솟았네	萬仞爭聳雲涯[11]

앞의 왕모의 창사에 나오는 화산은 봉래산(蓬萊山)이라 했는데, 협무의 창사에 나오는 산은 오산이라 했다. 서왕모 설화의 배경이 되는 곤륜산(崑崙山)은 중국 신화에 나오는 신선의 산이고, 오산은 발해 동쪽에 바다의 거북이 받치고 있는 천제의 다섯 산이다. 한편 봉래산은 우주 창조의 시작이자 세계의 중심에 서 있는 산으로서, 바다에서 솟아난 첫번째 대륙인 힌두교의 수미산(須彌山)과도 동일한 개념이다. 현장(玄奘)의 『대당서역기(大唐西域記)』에서 말하기를, 태양이 숨어 버리면 밤의 등불이 빛을 잇는 것처럼 기나긴 어둠을 달이 밝게 비추는데, 성현이 유법(遺法)을 이어 사람들을 이끌고 사물을 다스리는 법은 달이 천하를 비추는 것과 같아서, 이러한 의미에서 달의 명칭을 천축(天竺) 또는 인도(Indus)라 부른다고 했다.[12] 이처럼 등불을 밝히는 연등의 유래가 사물을 다스리는 달빛

---

9. 이규보, 『동국이상국집』 권19, 「잡저(雜著)」 '구호' 중 '정사년 상원등석교방치어구호'.
10. 『악학궤범』 권3, 「고려사 악지 당악정재」 '헌선도'.
11. 위의 책.
12. 현장, 『대당서역기』. "印度者唐言月 月有多名斯其一稱 言諸 羣生輪廻不息 無明長夜莫有司晨 其猶白日旣隱宵燭斯繼 雖有星光之照 豈如朗月之明 苟緣斯致因而譬月 良以其土聖賢繼軌 導凡御物如月照臨 由是義故謂之印度."

95. 화상석에 있는 우주목 형태의 구화등. 후한대. 강소성 서주 저녕구녀돈(睢寧九女墩) 출토.

(Indus)에서 시작되었듯이, 왕모의 노래에 나오는 봉래산과 협무의 오산은 모두 다 같이 연등의 화산으로 장엄화하고 있다.

서왕모는 자신이 내려와 있는 곳을 신선의 산이라 해 전정의 공간을 선경(仙景)으로 묘사하고 있지만, 오산은 어둠을 밝히는 법등(法燈)을 상징하고 있는 것이다. 중국에서는 한대부터 장생불사의 주관자인 서왕모에 대한 신앙이 있었고, 상원날인 정월 15일과 7월 7일 무제가 아홉 개의 등불을 켜고 서왕모를 맞이하는 데서 전통적인 연등풍속이 시작되었다. 이 우주나무 가지에 아홉 개의 등잔불을 밝힌 도교의 구화등(九華燈, 도판 95)은 화수(火樹)의 기원이 되었고, 고려 불화에 나타난 보수(寶樹, 도판 93)는 고려 상원연등회의 화수(등수)의 모습이다. 우주목의 등불은 우주산의 등불로 확대되어 도판 94에서 보듯 불교의 육여래불(六如來佛)을 모신 연등회의 오산으로 발전되었다. 그리고 고려의 상원연등회 가례 잡의에 표현된 채산은 비단천을 늘어뜨린 높은 누대 위에 올려진 흙산을 지칭한 것이라고 본다. 전정의 채산은 세속의 공간을 거룩한 곳으로 바꾸어 의례에 신화적 의미를 부여했고, 음악·무용·잡기 등의 요소가 비현실의 세계를 연출하는 공간적 배경이 되었다.

헌선도는 창조된 신화의 세계이다. 영생의 선도가 왕에게 바쳐짐으로써 변화하는 역사의 공간이 영원한 생명의 공간으로 대치되는 제의의 본풀이었다고 할 수 있다. 엘리아데(M. Eliade)는 베다(Veda)의 제식에 대해 다음과 같이 말했다.

아그니(Agni) 신을 위한 불의 제단을 세우는 것은 천지창조를 소우주적인 규모로 재현하는 것이다. 진흙을 반죽하는 물은 원초적인 물과 동일시되며, 제단의 기초를 형성하는 진흙은 대지를 상징하고, 옆면의 벽은 대기층을 나타낸다. 그리고 제단의 건축에는 우주의 일부가 창조되었음을 선언하는 노래가 수반된다.[13]

서왕모의 현신과 함께 밝혀진 화산은 불의 장치였으며, 원초적인 물의 상징인 선도가 왕에게 전달되는 순간에 일어나는 대지(흙)의 신성화는 채산의 점등으로 이루어졌다. 또한 화산은 첫 보름달이 상징하는 자연세계의 순환축을 작동시키는 불의 제단이며 성화대였다고 할 수 있다. 전정의 공간은 예회에서 연회(소회일·대회일)로 바뀔 때 조하를 올리는 의식공간에서 축제적 제의공간으로 전이되었다.

아침의 예회 때는 왕악과 채산을 양 축으로 해 부계는 중성적으로 비어 있었다. 부계에는 조하의 치어와 교방악만을 올렸으며 군신들은 부계의 좌우에 위치했다. 그러나 저녁의 등석연회 때는 군신들의 위치가 전정에서 부계 위로 옮겨지고 술상을 받게 되었다. 이튿날 대회일에 왕은 군신들이 바치는 하표(賀表)와 정재를 받은 후, 주(酒)·다(茶)·과(果)·화(花)·악(樂)을 선물로 하사했다. 어둠이 깔린 전정에 화산·화수만이 빛나고 헌선도·수연장(壽延長)·연화대(蓮花臺) 같은 교방악이 부계의 중심을 차지했다. 신분과 계급의 경계가 허물어지는 부계는 먹고 마심으로써 마음과 몸의 일체를 이루는 교합의 장소였다. 또한 왕악이 상징하는 질서의 세계는 채산의 세계에서 보내오는 신화적 메시지에 의해 새롭게 재생되고, 왕이 하사하는 꽃·술·약 등은 새로운 질서의 순환을 약속하는 화(和)의 상징물이었다.

2. 연등행향(燃燈行香)과 등석(燈夕)놀이

이상일은 『축제의 정신』에서 "축제는 세속사회의 정신적 중압을 이겨내고 태초의 어둠이라는 창조적 난장판으로 되돌아가서 근원으로부터 카오스의 활력과 생명감을 되찾는 문화적 장치"[14]라고 하고, 이 문화적 장치는 하나의 원형을 필요로 하는데, 천지창조·문화영웅·건국시조 등의 생애를 재연함에 있어 "극적인 구성, 상징적 지표, 선명한 전시, 행렬, 의상, 음식 등으로 과거의 인물과 현재의 우리를 연결시킨다"[15]라고 했다.

한편 신화학자 엘리아데는 거룩함의 실재에서 인식되는 창조와 파괴를 거듭하는 우주적 리듬, 즉 영원한 시간 속에서 종교적인 감각은 사라진다고 했다. 시간은 우주적 환상(maya)과 동일시되었으며 생존으로의 영원한 복귀는 고통과 소멸이었다. 그것은 코스모스로부터의 초월을 내포하는 궁극적인 해방(moksha)인 동시에 다시 한번 탈신성화하는 카오스(chaos)의 세계라는 것이다.[16]

연등은 성과 속의 경계가 허물어지는 카오스의 시간 속에 꿈틀대는 삶의 이미지들을 용해시키는 불의 제단이며, 또 하나의 코스모스를 상징하는 빛의 제단이었다. 중국에서는 한대 이전부터 태일(太一)이라는 별을 숭배해 정월 보름에 연등하고 저녁부터 새벽까지 제사했다 한다. 태일성을 중심으로 한 다섯 개의 성좌군(聖座群)은 농경을 조절하는 하늘의 현상으로서, 태일성제는 중국의 상원연등제의 유래가 된 것이다.(도판 96) 당나라의 장경(張鷟)이 찬한 『조야첨재(朝野僉載)』를 보면 다음과 같은 기사가 있다.

96. 연등장식. 〈명헌종원소행악도(明憲宗元宵行樂圖)〉 부분. 명대. 중국역사박물관.

예종 선천 2년 정월 15일·16일 밤에 수도 장안 안복문(安福門) 밖에서 높이가 스무 장이 되는 등륜을 만들어 아름다운 비단을 입히고 금옥으로 장식했는데, 오만 개의 등잔이 타올라 한 아름이 마치 꽃나무와 같았다. 궁녀 천여 명은 얇은 그물 모양의 비단옷을 입고 수놓은 비단 자락을 끌며, 비취보석을 빛내면서 분 향기를 퍼뜨렸다. 화관 하나, 숄 하나가 모두 만 전(錢)이나 되고, 기녀 한 사람의 장식이 모두 삼백 관(貫)에 이르렀다. 장안과 만년의 젊은 여자와 부녀 천여 명의 옷과 꽃비녀 장식 역시 미자(媚子)의 것과 같았다. 등륜 아래에서 답가를 삼 일 밤 즐기면서 환락이 극에 달해, 여태까지 이런 적이 없었다.(睿宗先天二年正月十五日 十六夜 於京師安福門外作燈輪高二十丈 衣以錦綺 飾以金玉 燃五萬盞燈 簇之如花樹 宮女千數 衣羅綺 曳錦綺 耀珠翠 施香粉 一花冠 一巾帔皆萬錢 裝束一 妓女皆至三百貫 妙簡長安 萬年少女婦千餘人衣服花釵媚子亦稱是 於燈輪下踏歌三日夜 歡樂之極 未始有之)[17]

고려의 연등 역시 정월과 2월의 첫 달맞이 축제로서, 고려속요 「동동」가운데 다음과 같은 노래가 있다.

二月ㅅ 보로매
아으 노피현 燈ㅅ블 다호라
萬人 비취실 즈이샷다
아으 動動다리[18]

『단군세기』의 기록에 신시(神市)에서 소도제를 드리고 산 위에서 달맞이 가무

---

13. M. 엘리아데, 이동하 역, 『성과 속—종교의 본질』, 한민사, 2001, p.28.
14. 이상일, 『축제의 정신』, 성균관대학교출판부, 1998, p.67.
15. 위의 책, p.68.
16. M. 엘리아데, 앞의 책, pp.95-101.
17. 張警 撰, 『朝野僉載』卷三, 中華書局, 1979.
18. 『악학궤범』권5, 「시용향악정재 도표와 의식」 '아박춤'.

97. 등롱을 든 선인. 덕흥리 고분벽화. 고구려 5세기 전반. 평남 대안.

를 했는데, 등불을 밝히고 환무를 추면서 애환(愛桓)의 노래를 불렀다는 사실에서 연등회는 이미 한국의 전통적인 제천의례에서 시작된 것으로 보인다. 또한 고구려 덕흥리 무덤(408)의 월상(月象)이 있는 서쪽 천장에 '仙人持幢'이라는 명문(銘文)과 함께 등롱을 들고 하늘을 나는 선인(도판 97)이 있는데, 그 우측에 선도반을 든 옥녀가 뒤따르고 길이지상(吉利之象)·만세지상(萬歲之象) 같은 서수(瑞獸)와 외수(畏獸)가 주변에 배치된 것으로 보아 5세기초 고구려에 도교의 사상이 깃든 연등행사가 존재했음을 추정할 수 있다.

한편 『삼국유사』에서 신라 풍속은 2월 초파일부터 보름까지 탑돌이를 했다 하고, 『삼국사기』 '경문왕 6년(866)'의 기사에는 정월 보름에 황룡사에서 연등을 했다는 기사가 보이는데,[19] 이는 신라 초기의 정월 세시의례가 사원 내의 불교의례로 자리잡았음을 시사하는 것이라고 하겠다.

고려 왕실의 연등회는 예회 후 왕이 봉은사(奉恩寺)에 모셔져 있는 태조의 진전(眞殿)으로 행차하는데, 그 형식은 유교식 궁중의례의 방법을 취하고 있다.

편전 예식 후, 노부와 의장대가 구정(毬庭)에 정렬하고 일산·부채·위장(衛仗)들을 강안전 전정으로부터 태정문 사이에 진열하면 상사국에서 전정의 중심 북동쪽에 초요련(軺輬輦)을 배치하고 …왕이 자황포를 입고 전으로 나와 앉을 때 채찍을 울리고 경위원들이 만세를 부르고 재배한다. …추밀관과 좌우 시신이 앞길을 인도해 전문에 나갈 때 교방악대가 북을 울리며 나팔을 불어 정신을 가다듬게 한다.(便殿禮畢 禮司 奏初嚴 鹵薄儀仗 陳列於毬庭 繖扇衛仗 自康安殿庭 左右陳列 至泰定門 尙舍局 設輦褥於殿庭中心 近北東向 …王 服赭黃袍 出坐殿 鳴鞭 禁衛 奏山呼再拜 …樞密左右侍臣 前導出殿門 敎坊樂 鼓吹振作 禮司 奏三嚴)[20]

또 왕이 타고 나가는 초련(軺輦)의 모습은 다음과 같았다.

의종 때 상정에 교묘(郊廟)에서 육사(六祀)를 드릴 때는 상로(象輅)에 붉은 칠과 도금을 하고 은으로 장식하며 각 부분의 끝은 상아로 장식한다. 초요련은 종려나무로 뚜껑을 만들고 붉은 칠을 했으며 도금한 구리로 용봉모양을 만들어 장식했다. 금은실로 누런 반룡을 짜 넣은 모직으로 만든 요 하나, 책상 하나, 장대하나를 비치한다. 이것들 역시 붉은 칠을 하며 책상에는 붉은 비단을 깔고 장대는 은빛 용두로 장식한다. 이것은 상원연등과 팔관회, 누(樓)에 나가 대사(大赦)를 내릴 때 탄다. 대궐로 돌아올 때는 평련을 타는데 초요와 같으나 뚜껑이 없다.(毅宗朝 詳定 象輅 朱漆金塗銀裝 以象飾諸末 駕赭白馬 六祀郊廟乘之 軺輦輦以椶栟爲屋 朱漆金塗銅龍鳳裝金銀線織成黃盤龍䶩褥一 案一 長竿一 並朱漆 案鋪 以紅繡長竿 飾以銀龍頭 上元燃燈八關會御樓大赦 乘之 其還闕 乘平輦 其制 如軺輦而無屋)[21]

『고려사』권72, 「지(志)」 26, '여복(輿服)'에 의하면 봉은사로 가는 행향(行香) 행렬의 총 인원수는 이천 명에 달했는데, 왕의 수레 앞뒤의 법가위행장(法駕偉行丈)에서 고취악대는 취각군사(吹角軍士) 스무 명과 취라군사(吹螺軍士) 스물네 명이었고, 교방악관 백 명, 안국기(安國伎) 마흔 명, 잡기(雜伎) 마흔 명, 고창기(高昌伎) 열여섯 명, 천축기(天竺伎) 열여덟 명, 연악기(宴樂伎) 마흔 명 등이 행렬의 후미를 따랐다. 왕의 수레 뒤에는 태자·공·후·백작과 재상들, 문무군신들이 모두 말을 타고 따랐으며, 군사들의 각종 번기(幡旗)와 무기가 도열했다. 봉은사 도착 후 왕은 수레에서 내려 편차에서 개복화포(改服靴袍)하고,[22] 진전 대문

19. 『삼국유사』권5, 「감통」 7, '김현감호' 중 "新羅俗 每當仲春 初八至十五日 都人士女 競澆興輪寺之殿塔爲福會"와, 『삼국사기』권11, 「신라본기」 제11, '경문왕' 중 "六年 春正月 …十五日 幸皇龍寺看燈 仍賜燕百寮" 참조.
20. 『고려사』권69, 「지」 23, '가례잡의' '상원연등회의, 알조진의'.
21. 『고려사』권72, 「지」 26, '여복(輿服)' '여로(輿輅), 왕여로(王輿輅)'.
22. 『고려사』에는 왕의 진조배알시 법복에 대한 언급은 없으나, 원구·사직·태묘의 제사 때와 마찬가지로 곤룡포와 구류면을 입었을 것이다.

으로 들어와 태자 이하 백관들과 함께 재배했다.[23]

『고려사』에는 왕의 진전의식 후 어떠한 연등도량과 연등기악이 있었는지 구체적으로 밝혀져 있지 않다. 또 법가위장(法駕衛仗) 행렬에 동반된 고취악·관현악 및 외국 음악의 연주에 대한 일체의 언급이 없다. 그러나 『고려사』 「세가」에 국상이나 화재, 왜적의 침입시 기악과 삽화(揷花)가 정지되었다는 기록이 흔히 나타나는 것으로 보아 연등기악이 정례적으로 열렸음을 알 수 있다. 고려 왕실은 토속신앙제인 산신제를 개인적인 기복신앙으로 삼는 한편, 화엄신중사상과 호국의 목적을 위해 사찰에서 수많은 도량(道場)과 법회를 열었다.

이규보의 「봉은사연등도량문(奉恩寺燃燈道場文)」을 소개하면 다음과 같다.

부처님께서 이 세상에 오시어 널리 만물을 이롭게 하는 법문을 열었고 천축에서 성을 돌며 연등하는 청정한 법석이 시작되었습니다. 이 의식은 선대로부터 숭상해 오던 제도로서 후손에 미칠수록 더욱 빛을 내나이다. 생각하건대 왕께서 법도에 따라 봄철의 좋은 밤에 법석(法席)을 절에서 엄숙히 베푸니, 천만 개의 아름다운 등불은 찬란하기가 광명의 바다와 같고, 백 가지 진귀한 음식은 풍성한 공양의 구름을 일으킨 듯하나이다. 이렇게 맺어진 수승한 인연으로 곧 감통하게 하소서. 엎드려 바라옵건대, 상서로운 조짐이 가득 차고 수명과 복이 더욱 길어져서 나라의 기초가 항상 평안해 솥의 발이 서듯 안정되고, 온 백성이 같이 경사를 누려 빛나기가 마치 춘대에 오른 듯해지이다.(梵雄出世 廣開利物之妙門 竺域繞城 始唱燃燈之淨範 自先格而崇典 泊後葉以流光 言念沖人 式遵成訓 卜良宵於春宵 嚴覺席 於金園 蕙炷千釭 爛若光明之海 珍羞百味 靄然供養之雲 所締勝因 卽通他鑒 伏願禎祥 滋至 曆服彌長 措國步於永寧 固如定鼎 亘民區而同慶 凞若登臺)[24]

위의 글을 보면 왕은 사찰에서 법회를 열고 진귀한 음식으로 풍성한 공양을 바쳤는데 천만 개의 아름다운 등불이 광명의 바다를 이루었다고 했다. 왕의 분향은 두 번 치러졌다고 볼 수 있다. 하나는 태조에 대한 진조배알이고, 또 하나는 불단 앞에서 호국안민을 기원하는 도량의 개설이다. 도량은 원래 불교를 교설하거나 불도를 수행하는 장소를 일컫는 것이나 국가적 행사에서 여는 기원회(祈願會)를 통칭하는 것이다. 연등도량에서 어떠한 의례를 지냈는지는 확실치 않지만 기회 (伎會)가 열렸음을 알려 주는 기사는 다음과 같다.

원종 14년(1273) 2월에 왕이 봉은사에서 연등회를 열었다. 국가에 사고가 많으므로 기회를 열지 않고, 단 사문 밖에 등을 설치하라 했다.(丁酉 燃燈王如奉恩寺 以國家多故 除伎會 但於寺門外 設燈)25

기회라 함은 불공양으로 올리던 기악(伎樂)을 말하는 것이다. 또한 법회에 붙는 회(會)의 용어로 보아 불교의례의 형식으로 구성된 기악을 지칭하는 것이다. 또한 왕의 환궁시 길에서 연주되던 음악은 고취악과 궁궐문 안의 교방악이었던 점을 감안하면, 동반했던 외국의 산대악인(山臺樂人)들의 음악과 잡기는 축제적 기악의 내용으로 연행되었을 가능성이 있다. 최자는 『보한집』 상권25에서 등석의 화려함을 다음과 같이 쓰고 있다.

매년 2월 보름날을 등석이라고 했는데 하루 전에 임금이 봉은사에 가서 조성 (祖聖)의 진영(眞影)에 예를 올리는 것을 봉은행향(奉恩行香)이라 했다. 옛 도읍 개성에는 넓고 평탄한 아홉 개의 거리에 흰 모래가 평평하게 깔려 있고, 양편의 집과 집 사이를 큰 내가 넘치듯 흘러나왔다. 이날 저녁에는 높고 낮은 모든 신료들이 각각 비단으로 아름답게 만든 언덕 모양의 장식대를 이곳저곳에 설치하고, 군부(軍府)들도 거리를 따라 화려한 비단을 길게 연결해 놓았다. 그리고 그림이

---

23. 『고려사』 권6, 「지」 23, '가례잡의' '상원연등회, 알조진의'.
24. 이규보, 『동국이상국집』 권39, 「불도소(佛道疏)」 '봉은사연등도량문'.
25. 『고려사』 권27, 「세가」 27, '원종 14년(1273) 춘 2월'.
26. 『고려사』 권8, 「세가」 8, '문종 21년(1067) 춘 5월'.
27. 『낙양가람기』 권1, 「성내 장추사」. "作六牙白象負繹迦在處空中 庄嚴佛事 悉用金玉 作工之異 難可其陳 四月四日 此像常出 僻邪獅子 導引其前 呑刀吐火 騰驤一面 綠幢上索 詭譎不常 奇伎異服 冠于都市 像停之處 觀者如堵 選相踐躍 常有死人."

98. 행상기악도. 돈황 159호굴 서벽 감실 북측 문수변(文殊變).
당대 781~848. 감숙성.

그려져 있는 휘장과 글씨가 쓰여 있는 병풍을 좌우에 펼치고, 다투어 기악을 연주하고, 만 개의 등불이 하늘에 이어져 대낮같이 밝았다. 왕이 환궁할 때 양부의 기녀들이 무지개빛 치마를 입고 머리에 화관을 쓰고, 음악을 연주하며 승평문 밖에서 임금의 수레를 맞이했다. 이때 환궁악이 연주되었다. 왕의 수레가 홍례문과 이빈문(利賓門)을 들어서면 밤이 깊어 별이 높이 떠서 총총하고, 풍악소리가 하늘에서 울리듯 웅장했다.(每歲二月望爲燈夕 前一日駕幸奉恩寺 禮祖聖眞 號爲奉恩行香 在舊都九街廣坦 白沙平鋪 大川溶溶 流出兩廊間 至此夕百寮 隨大小各結綵山 諸軍府亦以繪綵結絡 聯亘街陌 以畫幛書屛張左右 競作伎樂 萬枝燈火連天如白晝 上行幸還 兩部伎女 着霓裳戴花冠 執樂迎踔于昇平門外 奏還宮樂 入興禮利賓門問 宮殿沉沉 高揆星斗 樂聲轟轟如在半天)

위의 기사에 의하면 왕이 봉은사로부터 환궁하는 도성의 길은 이미 연등이 밝혀져서 관등(觀燈)하는 사람들이 쏟아져 나와 왕의 환궁 행렬을 구경했으며 궁중에도 연회 준비가 되어 있었음을 알 수 있다. 즉 왕이 봉은사에서 하루 종일 연등법회 및 기악에 참여했음을 시사하고 있다.

한편 문종 21년(1067)과 27년(1073)의 특설 자료를 보면 연등회가 전국적으로 왕권을 강화하는 국가행사의 의미를 가지고 있었음을 알 수 있다.

무진일에 흥왕사에서 다섯 밤낮에 걸친 연등대회를 특별히 열고, 정부의 모든 관리들과 안서(해주)도호부 · 개성부 · 광주 · 수주(水州, 수원) · 양주 · 동주(東州, 철원) · 수주(樹州, 부평) 등 다섯 개 주와 강화 · 장단 두 현에 명령해 대궐 뜰에서부터 흥왕사 문간에 이르기까지의 길에 오색비단으로 장식한 채붕(綵棚)을 즐비하게 세워 비늘처럼 겹겹이 잇대게 하고, 큰길 좌우에 등산과 화수를 세워 대낮과 같이 밝게 했다. 이날 왕은 호위병을 앞뒤에 세우고 백관들과 함께 향불을 피운 다음, 재물과 의복을 시주했다. 이와 같이 성대한 불교행사는 일찍이 예로부터 없었던 것이다.(戊辰 特設燃燈大會於興王寺 五晝夜 勅令百司及安西都護開城府廣水楊東樹五州 江華長湍二縣 自闕庭至寺門 結綵棚 櫛比鱗次 連亘相屬 輦路左右 又作燈山火樹 光照如晝 是日 王備鹵簿 率百官行香 施納財襯 佛事之盛 曠古未有)[26]

위의 기사에 나타난 바와 같이, 도성을 연등으로 밝히는 등석놀이는 왕이 향등(香燈)·음악으로 온 백성의 복을 빌어 주고 재물과 의복을 시주하는 대목에서 볼 때, 연등회에 불상과 경전을 실은 행상의식(行像儀式)은 외국의 불교의식과는 다른 측면을 시사하고 있다. 예를 들어 인도와 중국의 행상의식은 불상을 수레에 태우고 시가지를 행렬할 때 음악연주와 잡기의 공연이 병행되어 구경하는 사람들은 행렬과 함께 이동했다. 『낙양가람기(洛陽伽藍記)』에 나타난 장추사(長秋寺)의 행상의식에는 범악(梵樂)과 백희(百戱)가 베풀어졌고, 금과 옥으로 장식된 석가모니의 형상이 멈추는 곳마다 구경꾼들이 담벼락처럼 에워쌌다[27]고 했다.(도판 98) 또한 동진(東晉)의 승려 법현(法顯, 339-414)이 쓴 인도 기행문 『법현전』에 마갈제국(摩竭提國) 파련불성(巴連弗城)에서 행해진 초파일 석가탄신일 행상공양의 기록을 보면 다음과 같다.

사륜차 위에 대나무를 엮고

99. 네팔 파탄의 신목 행상도. 19세기말. 기메 미술관, 파리.

100. 데니스 반 알스루트(Denis van Alsloot) 〈이사벨라 여왕의 대관식〉 1615. 빅토리아 앤드 앨버트 미술관, 런던.

나무로 오층을 떠받쳐 만들었는데 높이가 이 장(丈)이었고 그 모양은 탑과 같았
다. 이것을 흰 모직물로 둘러싸고 그 천 위에 채색으로 모든 신들의 형상을 아름
답게 그리고, 그것을 금은박과 유리옥으로 장식한 후 주위에 화려하게 채색한 번
을 빙 둘러 설치하고, 사방에 불함을 만들어 불보살을 안치한다. 이러한 수레는
스무 대까지 만들 수 있으며, 수레마다 그 꾸민 모양새가 다양하다. 이날 불교사
원으로 도속(道俗)들이 모두 모여드는데, 이때 예능인들은 재주와 기악을 올리
고 꽃과 향이 공양되었다. 파나문자(婆羅門子)가 와서 불상을 청하면, 불상은 차
례대로 입성했다. 성내로 들어와서는 두 밤을 묵었는데, 밤새도록 연등을 하고
기악으로 공양했다. 나라마다 모두 그렇게 했다.(四輪車縛竹 作五層 有承攊楎戟
高二丈許 其狀如塔 以白氎纏上 然後彩畫作諸天形像 以金銀琉璃壯挍其上 懸繒幡盖 四
邊作龕 皆有坐佛菩薩 立侍可有二十車 車車壯嚴各異 當此日 境內道俗皆集 作倡伎樂
花香供養 婆羅門子來請佛 佛次第入城 入城內再宿 通夜然燈 伎樂供養 國國皆尒其)

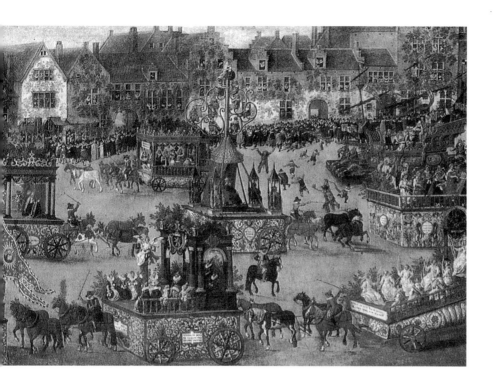

　도판 99에서 보이는 네팔의 행상수레[28]와 같이, 법현이 묘사한 인도의 행상은 수레 중앙에 탑 모양의 신목을 설치하고 사방에 불보살을 모신 여러 개의 수레가 열을 짓고, 잡기·음악·꽃·향을 공양한다고 했다. 이러한 행상수레는 기악공양의 무대로서, 도성의 군중들이 사원까지 수레를 따라 순행하면서 축제를 벌이는 야외극장의 형태로 볼 수 있다. 이동식 야외극장은 중세와 르네상스시대 유럽 전반에서 유행했다. 도판 100에 보이는 것처럼 벨기에의 이사벨라(Isabella) 여왕의 대관식 행렬에서는 여러 개의 수레 무대 위에 그리스 신화와 성경의 이야기가 따로따로 재현되고 있으며, 관람자들의 이동을 적극적으로 유도하고 있다.

　이에 반해 고려 연등회의 등석놀이에는 불상이나 신들의 거리 행렬이 없었으며, 신성세계를 재현하는 가무백희가 사문 밖이나 궁궐 앞의 고정적인 연희장에서 연행되었다. 의종 24년(1170)에 설치된 궁궐 앞 연희장에 대한 예를 들면 다음과 같다.

신사일에 왕이 환궁해 광화문 좌우편 행랑에 채단 장막을 치게 했다. 관현방 (管絃房)·대악서(大樂署)에서는 채붕을 세우고 각종 백희를 베풀어 놓고 왕을 영접했는데, 여기에는 금은·주옥·금수(錦繡)·나기(羅綺)·산호(珊瑚)·대 모(玳瑁) 등으로 꾸며 기묘하고 사치스럽기가 전고에 비할 바 없었다. 국자학관 (國子學官)은 학생들을 인솔하고 나와서 노래를 불렀다. 왕이 수레를 멈추고 연 회를 구경하다가 밤 세시경이 되어서야 대궐로 들어왔다.(辛巳 還宮 命諸王 結綵 幕於廣化門左右廊 管絃房大樂署 結綵棚 陳百戱 迎駕 皆飾以金銀珠玉錦繡羅綺珊瑚玳 瑁奇巧奢麗 前古無比 國子學官 率學生 獻歌謠 王駐輦觀樂 至三更 乃入闕)[29]

광화문은 왕부(王府)의 앞문으로서 도성과 왕성 간의 경계지점이라고 할 수 있 다. 이 광화문 좌우편 행랑에 채막을 치고 진기한 보석으로 장식한 채붕 앞에서 가무백희를 하는 야외극장이 설치되었다는 것이다.

연등기악은 궁궐 뜰이나 귀족의 사가(私家)에서 올려진 예도 있었다.

32년 4월 8일에 최이가 연등회를 하면서 채붕을 가설하고 기악과 온갖 잡희를 연출시켜 밤새도록 즐겁게 놀게 하니, 도읍 안의 남녀노소 구경꾼이 담을 이루었 다. 또 5월에는 종실(宗室)의 사공(司空) 이상과 재추(宰樞)들을 위해 연회를 베 풀었다. 이때 산처럼 높게 채붕을 가설하고 수를 놓은 기다란 막과 비단 휘장을 둘러치고, 그 안에 비단과 채색 비단꽃으로 장식한 그네를 매었으며 은과 자개로 장식한 큰 분(盆) 네 개를 놓고 거기다가 얼음산을 만들었고, 또 큰 통 네 개에다 십여 종의 이름난 생화들을 꽂아 놓아서 보는 사람의 눈을 황홀케 했다. 그리고 기악과 온갖 잡희를 연출시켰는데 팔방상공인(八坊廂工人) 천삼백오십여 명이 모두 성대히 옷차림하고 뜰로 들어와서 주악(奏樂)해 각종 악기소리가 천지에

28. 네팔 파탄의 붉은 마텐덴드라나타(Red Matsyendendranatha) 축제에서의 한 장면으로, 이에 대한 자 세한 설명은 Brecht Heinz and Richard Gombrich ed., *The World of Buddhism*, London: Thames and Hudson, 1984, p.112 참조.
29.『고려사』권19,「세가」19, '의종 24년(1170) 춘 정월'.
30.『고려사』권42,「열전」'최충헌·최이'.

101. 등석놀이의 유추도. 수천 개의 연등이 길을 대낮같이 밝혔고 서왕모와 신선들이 장식된 등산 앞에서 잡희가 연행되었다.

진동했다.(三十二年 四月八日 怡 燃燈 結彩棚 陳伎樂百戲 徹夜爲樂 都人士女 觀者如
堵 五月 宴宗室司空以上及宰樞 結綵棚爲山 張繡幕羅幃 中結鞦韆 飾以文繡綵花 設大
盆四 盛冰峯 盆皆銀鈿貝鈿 大尊四 揷名花十餘品 眩奪人目 陳伎樂百戲 八坊廂工人 一
千三百五十餘 人皆盛飾 入庭奏樂 絃歌鼓吹 轟震天地)[30]

위의 기사에 의하면 기악과 잡희가 따로 연출되었고, 산처럼 높은 채붕을 세우
고 화려한 휘장 안에 꽃그네를 매었다고 했다. 또한 음악을 연주한 천삼백오십
명의 팔방상공인이란 외국상인들을 말하는 것으로, 각국의 음악연주단이 참여
했다고 추정된다. 기악과 잡희 역시 다수가 외국의 산대악인들이었을 것이며, 강
화 천도 기간에 열린(고종 32년, 1245) 위의 연등회는 국력을 과시하고자 하는
특설 축제공연으로서, 실권자였던 최이의 저택이나 민가를 허물고 새로 지었던
강안전에서 연행된 것으로 보인다. 4월 초파일로 옮겨진 연등회는 불탄일을 경

축하는 불교행사가 되었지만, 왕이 태조를 배알하고 군신들과 화합의 예식을 올린 것은 유교식 의례였다. 그러나 정월 보름날의 상원가례(上元嘉禮)는 고대로부터 깊이 뿌리를 내렸던 '세시기(歲時記)'[31]에 의한, 정월 초하루와 보름날에 천지·종묘·사직에 제사하는 것이었으며, 이는 왕실을 비롯한 민간인들에게도 통용된 세시의례였다.

『동국세시기』에 의하면 정월 보름 저녁에 횃불을 켜고 높은 곳에 오르는 것을 달맞이(迎月)라고 했는데 이는 달의 크기, 윤곽, 높고 낮음을 보고 일 년 농사를 점치는 풍속과 관련이 있다고 했다. 이는 곧 밤 사이에 등불을 켜는 등석의 풍속이 되었고, 민가에서는 꿩의 꼬리털 장식을 한 높은 등간(燈竿)을 세우고 여러 채색 비단으로 깃발을 매달았는데, 이를 평기(呼旗)라고 했다. 이러한 평기장간(呼旗長竿)들 사이에 여러 겹의 줄을 연결하고 거기에 수많은 등불을 매단 것이 연등 장식의 방법이었다.[32](도판 101)

상원의 세시풍속놀이에 대해 『동국세시기』와 『경도잡지』에서는 처용제웅놀이[33]·연날리기·다리밟기놀이 등을 소개하고 있는데, 이는 정월초에 귀신을 쫓고 지신을 밟는 액풀이 행사로서, 삼국시대 이래로 전승되어 온 세시풍속이었다.

이처럼 상원등석제는 불탄일의 경축행사로 발전하기 이전에는 고대 태음력의 세시기를 기준으로 형성된 정월의 명절행사였으며, 철 따라 자연현상을 인간사에 적용시키고자 하는 농경제의의 하나였다.

---

31. '세시기'란 세·일·월·성신·역수 등 다섯 가지의 기강을 다스리는 방법 및 그에 대한 학문을 말하는 것이다. 강무학, 『한국세시풍속기』, 집문당, 1995, p.15.
32. 『동국세시기』에 나오는 4월 초파일의 등불 형태는 용·봉·학·사슴·잉어·해·달을 위시해 선궁·선녀들이 말을 탄 모습도 있었다.(『동국세시기』 '4월' 참조.)
33. 처용제웅놀이는 다음과 같다. 14일 밤에 짚을 묶어서 인형을 만드는데 그 허수아비 머릿속에 동전을 넣는다. 아이들이 이날 밤 밤을 새워 문을 두드리며 처용을 내놓으라고 고함을 치면 주인이 처용을 문 밖으로 던진다. 아이들은 처용 인형의 머리 부분을 파헤치고 다투어 돈을 꺼내어 간다.
34. 기악중지의 예로 『고려사』 '인종 24년(1146)' '명종 14년(1184)' '명종 15년(1185)' '원종 원년(1260)' '원종 12년(1271)' '원종 14년(1273)' '충렬왕 4년(1278)' '충렬왕 8년(1282)' '충렬왕 11년(1285)' 기사 참조.
35. 대한불교조계종 역경위원회, 『한글대장경』 64, 동국대학교부설 동국역경원, 1973, p.420.
36. 홍윤식, 『불교와 민속』, 동국대학교부실 동국역경원, 1980, p.54.
37. 문화재관리국 문화재연구소, 『불교의식』, 계문사, 1989, p.56.

3. 연등기악(燃燈伎樂)의 공간

사료에는 국상이나 국가 위기 때 연등기악을 중지했다는 기록[34]이 많이 나오지만 기악의 형태에 대한 정확한 언급은 찾아볼 수 없다. 그러나 불교사상에 입각해 기악의 개념을 정의하고, 탱화 · 불교의식 및 민속자료를 종합해 기악의 형태에 대해 연구하기로 한다.

고려대장경에서는 기악의 유래에 대해 다음과 같이 적고 있다.

범천왕(梵天王)은 형상세계(色界)의 하늘들을 데리고서 백천 가지 기악을 베풀어 부처님 공덕을 노래하고, 한편 하늘의 모든 꽃과 전단(栴檀) 가루 향을 뿌려 부처님께 공양하고, 거리와 길 언덕엔 모든 번기(幡旗) · 일산(日傘)을 세우고서 뭇 이름난 향을 사르매 그 연기가 구름 같은지라, …그때 하늘 · 사람 · 나찰들이 큰 힘의 마군(魔軍)이 미륵불에게 항복하는 것을 보고 천만억 한량없는 중생들이 다 크게 기뻐해 합장했다. …이때 하늘 · 사람들은 갖가지 잡색 연꽃과 만다라(Mandala, 曼陀羅) 꽃으로서 부처님 앞 땅에 뿌려 그 쌓임이 무릎에 이르고 여러 하늘들은 공중에서 백천 가지 기악을 베풀어 부처님 공덕을 노래로 찬탄하며, 그때 마왕은 이른 밤과 늦은 밤에 모든 인민들을 깨워 이렇게 말하리라.[35]

기악의 본질에 대해 위의 글은, 범천왕이 부처님의 공덕을 노래함으로써 마왕을 제압하는 수단이며, 하늘과 땅의 중생들이 음악 · 꽃 · 향으로 부처님께 공양을 드리는 것임을 밝히고 있다. 즉 기악은 예불을 위한 독경찬탄 · 악기연주 · 의

---

38. 사물악기는 법고 · 운판 · 목어 · 범종 등으로 법구이며 불전사물(佛前四物)이라 한다. 사천왕문을 지나 법당 앞 종고루(鐘鼓樓)에 안치되며, 이를 울림으로써 네 발 달린 짐승 내지 하늘의 조류, 물속 짐승과 지옥 중생의 구제라는 의미를 갖는다. 정각, 『한국의 불교의례』, 운주사, 2001, p.101.

39. 서긍, 『고려도경』 권18, 「석씨(釋氏)」. "至其梵唄 則又歃舌 不復可辨矣 其鐃鈸形制小而聲悲 至其螺聲則洪大如號焉."

40. 목단찬작법(牧丹讚作法). 일부 대중도 밖에서 원을 그리며 취구(吹口)와 쇠를 치고 왼쪽으로 돌아간다. 또 일부는 내부에서 원을 그리며 오른쪽으로 도는 가운데 세 겹으로 순회하면서 양팔을 벌리고 동서로 왕래해 반신으로 운신(運神)하는 춤이다. 문화재관리국 문화재연구소, 앞의 책, p.563.

41. 스다 야스오(須田敦夫), 『日本劇場史の硏究』, 東京: 相模書房, 1966, p.21.

表1. 불교의식의 장엄도. 한국문화재관리국 문화재연구소 간행 『불교의식(佛教儀式)』.

식무를 내용으로 하는 것이다.

　고려의 불교의례는 기복신앙적 성격을 띤 각종 소재도량(消災道場)과 법회로 개최되었다. 신라 때부터 토속신앙을 바탕으로 발전한 다신적인 밀교신앙은 사찰 안에 칠성각·웅진전·영산전·진전·산신각 등이 자유롭게 배치되었고, 사찰은 모든 신들이 상응하는 승경(勝景)의 땅이었다. 삼국시대와 고려의 사찰을 가람건축이라 하는데, 가람의 본래 의미는 중원(衆園, Saṅghārāma)에서 나온 것이다. 많은 승려들이 불도를 수행하는 곳이라는 뜻의 가람 건축공간은 동서 탑을 양 축으로 사각형의 만다라 형태를 이루면서 왕생정토의 땅이라는 사상을 가지고 있었다.[36] 따라서 한국불교의 재의식(齋儀式)은 사원의 중심인 중정에서 이루어지는 전통을 갖고 있었다.

　표 1에서 보듯 중정에 자리잡은 의식공간의 중앙에는 마당공간이 있는데, 이는 북쪽의 괘불과 불단을 향해 공양의식을 올리는 공간이다.[37] 기악은 수행의 세 업인 신(身)·구(口)·의(意)의 행위를 의식화하는 것이며 여기에 범패와 화청(和

請)·사물악기[38]·의식무가 동원된다.『고려도
경』에서 서긍은 "고려의 독경·범패는 이방 언어
의 특징 때문에 잘 분별할 수가 없으나, 징과 바라
는 생김새가 작고 소리는 구슬프고, 소라나팔 소리
는 호령처럼 매우 크다"[39]라고 했다. 중정에서 연
행된 고려시대와 조선시대의 예불기악은 범패·
법고·나비무·바라무로서 현존하는 의식무와 동
일하다.(도판 103, 104) 또한 신업공양(身業供養)
인 의식무는 장엄공간을 둘러싼 대중의 화창(和
唱)과 민속악기의 반주에 맞추는 것이 특징이며,
대중들 또한 함께 원무를 추었다.[40]

102. 비천주악도. 송광사 대웅전 천장.
신라 말기. 전북 완주.

　고려의 불사(佛事)는 삼국시대부터 토속신앙과 결부되었기 때문에 기악의 내
용에 있어서 민속놀이, 민요조의 염불, 무녀(巫女)들의 가무가 융합되어 있었다.
도판 102에 보이는 기악도는 그 제작연대를 알 수 없으나 송광사 대웅전 천장에
그려진 무녀들의 비천무의 하나로서 그 단서를 제공하고 있으며, 도판 104의 내
용과도 상응한다.

　백제의 미마지(味摩之)가 일본 아스카 시대 스이코(推古) 천황 20년(612)에 전
달한 것으로 알려진 기악은 음악 연주를 겸비한 가면무용극이었다. 1233년 고마
노지카마(狛近眞)가 찬록(撰錄)한『교훈초(敎訓抄)』에 의하면 '법당 뜰을 도는

103. 예불기악도. 통도사 안양암 북극전. 고려시대. 경남 양산.

104. 기악도. 봉은사(奉恩寺) 감로탱 부분. 1892. 서울 강남.

행도(行道)에 치도(治道)와 사자가 앞서고, 기악의 연기자들과 피리〔笛吹〕, 모관(帽冠, 승려와 유아), 삼고(三鼓)와 동발자(銅鈸子)를 든 악사들이 따른다'[41]라고 했다.

스다 야스오(須田敦夫)는 덴표호지(天平宝字) 5년(761) 10월 1일자의 호류지(法隆寺) 기록 『자재장(資材帳)』과, 『속일본기(續日本記)』32의 덴표호지 5년(761) 8월의 「순인천황악사사행행(淳仁天皇樂師寺行幸)」조를 대조해 기악공연의 공간에 대한 논고를 제시했다. 그의 연구에 의하면 기악은 일반적으로 금당의 앞뜰에서 연주되었는데 곤륜(崑崙)의 장면을 상연한 위치가 금당의 정면 중앙부인 등롱 부근이었다고 했다. 그러나 곤륜의 후반에 등장하는 금강역사(金剛力士)

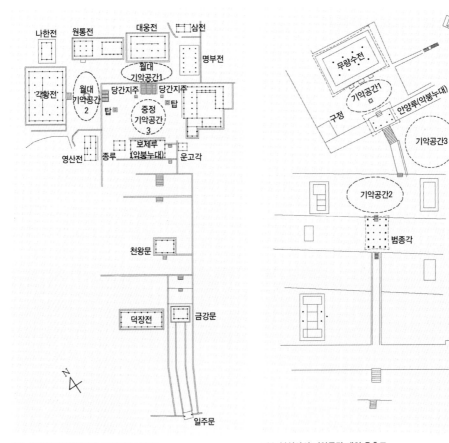

105. 화엄사의 가람배치와 기악공간 유추도.

106. 부석사의 기악공간 배치 유추도.

152

107. 기악의 음악을 연주했던 부석사의 안양루. 고려시대. 경북 영주. (박정태 사진)

가 금당문을 열고 오녀(五女)의 뒤로 나타나 희롱하는 장면이 연출된 것으로 보아, 등롱은 중정 뜰이 아닌 금당의 월대에 설치되었음을 알 수 있다.[42] 일본의 기악이 연공양(練供養)으로 중정의 탑 사이를 지나 법당 주위를 일주한 후 금당 정면 뜰에서 상연되었다는 위의 기록은 고려의 사원악(寺院樂)에도 어느 정도 적용될 수 있다고 본다. 따라서 예불기악은 문을 연 대웅전과, 독경의 공간인 보제루(普濟樓)와 사법악기의 종고루(鐘鼓樓)를 양 축으로 월대와 중정에 장엄 공간을 만들고 관중을 삼면에 배치하는 방식이었고, 종교적인 내용인 만석중놀이나 탑돌이·가면묵극은 중정에서 연행된 것으로 보인다.

대중 참여의 차원에서 볼 때 고려의 사찰공간은 개방적이면서도 청정 도량의 공간에 도달할 때까지 엄격한 통과의례의 공간을 구축하고 있다. 사찰 정문에서부터 중정에 이르자면 사천왕문·금강문·인왕문을 지나 극락전·대적광전·화엄전·미륵전·약사전의 전각에 둘러싸인 대웅전에 도착하게 된다.

진흥왕 5년(554)에 창건되었고 선덕왕 11년(642)에 증축된 화엄사의 배치도

---

42. 『續日本記』 32, 「崑崙」 중 "先五女燈籠前立 二人 扇持二人袋頂 其後舞人二人出テ舞 終扇ヲ使ヒ 麻羅形ヲ拍テ五女之內二人ヲ懸想スルヨシス"와 같은 책 「力士」 중 "謂之麻羅振舞 手叩キテ出 金剛 開レ門 (中略) 彼五女縣想スル所 外道崑崙ノ降伏スル眞似也 摩羅型ニ ヲ附テ引テ件ノ羅ヲ打折ヤ ウくニスル休ニ舞也" 참조.

(도판 105)를 보면, 대웅전 앞에 넓은 월대가 있고 중정에 동서 석탑이 있다. 월대는 법회의 공간이며, 중정은 대중들이 직접 참여하는 예배공간 내지 탑돌이 공간이다. 대웅전 맞은편에 범패의 공간인 보제루와 좌우에 각각 종루와 운고각이 있는데, 이러한 악붕(樂棚) 공간은 개방적인 누대건축으로 되어 있으며 동시에 성(聖)의 공간으로 진입하기 위한 가파른 계단의 길을 형성하고 있다.

고려 사원건축의 위용을 자랑하는 부석사(浮石寺)를 보면 이 또한 누하진입(樓下進入) 형식을 취해 좁은 공간을 지나 넓은 공간으로 진입하는 산지가람 공간으로 구성되어 있다.(도판 107) 통일신라 때 창건된 이 사찰은 아홉 개의 석단이 있었고, 일주문·조계문(曹溪門)·흥복료(興福寮)·회전문·범종각(梵鐘閣)·안양문·무량수전·취원루(聚遠樓) 등이 있었다 한다.[43] 긴 진입로에 있는 여러 개의 문·계단·다리 등은 하나의 의식적 공간 띠를 형성하고 있는데, 마지막 단계에 위치한 안양루는 본전의 정면을 가리고 있는 장엄 장치이면서 누대 위에서 강독을 하고 기악을 연주하는 악붕이었다. 실제로 본전의 정면에 마주보고 있는 누각은 법구인 불전사물(佛前四物)의 안치공간이며 조석으로 기악이 연주되는 일상 의례의 공간이다. 그런데 안양루는 북쪽의 무량수전으로 열려 있는 것과 똑같이 남쪽으로도 향하고 있어서, 안양루의 남쪽 계단 밑에 또 하나의 기악공간이 있었을 가능성을 시사하고 있다.(도판 106)

미륵사(彌勒寺)는 백제 무왕이 창건하여 통일신라를 거쳐 고려시대까지 존립하던 대사찰이다. 이는 삼국시대 특유의 가람배치로서 중앙의 거대한 목탑과 금당, 동서의 탑이 정토를 상징하는 사각형을 이루고 있다. 사문 앞에는 중문과 남문 사이의 넓은 공터(180.8×59.4미터)가 회랑에 둘러싸여 있고, 그 공간 안에 동서로 약 구십 미터 간격을 두고 당간지주 두 기(基)가 서 있다. 보통 당간은 금당 앞뜰에 위치하는 것에 비해 중문 바깥에 거대한 입석의 형태로 조성된 이 두 개의

43. 주남철, 『한국건축사』, 고려대학교출판부, 2000, p.169.
44. 번(幡)은 고대 인도에서 종교의식·축제·전쟁 때에 사용한 면직물의 기치(旗幟)인데, 불교의 장엄구로 유입되었다. 한편 당은 불·보살을 장엄하는 깃발대로서 가장자리에 여러 개의 사백(絲帛)을 늘어뜨려 파사현정(破邪顯正)의 의미를 지니고 있으며 사찰의 문전에 세워진다. 전창기, 『미륵사지 당간지주』, 현대옵셋, 1999.

당간은 당번(幢幡)을 설치하기 위한
장엄물로 간주된다.[44] 또한 시각적으
로 보았을 때 이 넓은 공간은 바깥쪽에
서 거대한 목탑을 우러러 숭배하는 예
배지로서, 대중을 위한 의례와 연희 공
간으로 추정된다.

　이처럼 중정에서 이루어질 수 있는
대중들과의 행사는 종교적인 탑돌이
와 만석중놀이였을 것이며, 가면극 및
백희잡기는 사문 밖의 넓은 공간에서
행해졌을 것이다. 고려의 사찰은 경제
적 교역의 장소로서 행사 때마다 사람
들이 모여 들었고 자연히 연등도감에

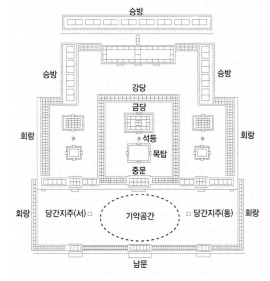

108. 미륵사 가람 모형. 미륵사지 유물전시관, 전북 익산.(위)
109. 미륵사지 가람배치도.(아래)

속해 있던 산대잡기인들의 활동 중심지가 되었는데, 이들을 위한 연희공간이 사
문 앞에 고정적으로 설치되었고 이는 삼면이 회랑으로 둘러싸인 건축적인 공간
이었다.

　연등은 이미 고대 제천의례에서 횃불을 켜고 답가를 부르며 춤추던 달맞이 축
제에서 출발되었듯이, 삶의 공간 안에 새로운 자연의 순환을 인식하는 제의적 행

110. 솟대잡기와 가무. 봉서암(鳳瑞庵) 감로탱 부분. 1759.

위로서, 등불산을 설치하고 놀이공간 내에 신간을 세웠다. 도판 110에 있는 조선시대 감로탱화의 솟대잡기와 가무는 사문 앞에서 열린 잡기기악의 일면을 보여주는 자료이다. 솟대의 재주는 땅과 하늘을 잇는 신목을 타고 올라가 인간의 초월지향 본능을 실현하고자 하는 공간적 예술이다. 무당들의 가무와 죽방울던지기, 땅재주넘기, 줄타기, 수건춤, 꼭두각시인형극, 검은 가면을 쓴 매호씨의 재담 등은 민간에서 연행된 산대잡극의 종목이었다. 돈황 156 동굴 송국부인출행도(宋國夫人出行圖)에는 솟대놀이·그릇돌리기·음악연주의 장면이 나오는데, 특히 긴소매춤은 장족(藏族)의 현자무(弦子舞)라는 설이 있어[45] 당대(唐代)의 사원기악에 민속예술이 유입되었음을 알 수 있다.(도판 111)

연등은 점등을 하는 발원과 관등으로 광명천지의 창조를 실현하는 축제성에 그 의미가 있다. 『동국세시기』 '4월 8일' 조에는 다음과 같은 기록이 있다.

영등놀이를 하는데, 등 안에 갈이틀〔鏇機〕을 만들어 넣고 종이를 잘라 말 타고 사냥하는 모습이나, 매·개·호랑이·이리·사슴·노루·꿩·토끼의 형상을 그려서 그것을 갈이틀에 붙이고, 바람에 따라서 빙빙 돌 때 비쳐 나오는 그림자를 구경한다.(又有影燈 裏設旋機 剪紙作獵騎鷹犬虎狼鹿獐雉兎狀 傳於機 爲風炎所轉 外看其影)

45. 왕극분, 차순자 역, 『중국무용사 수·당·오대』, 동남기획, 2002, p.307.
46. 제4장 주30 참조.
47. 『고려사』 권85, 「지」 39, '형법' '금령'. "忠宣王二年 傳旨 迎駕山臺 已有禁令 毋復爲之 公私宴 油蜜果·絲花 並皆禁之 違者痛治."

또한『용재총화(慵齋叢話)』권2에는 다음과 같은 내용이 보인다.

봄에는 아이들이 종이를 오려서 기(旗)를 만들고 물고기 껍질을 벗겨 북을 만들어 떼를 지어서 길거리를 돌아다니며 등불 켜는 기구를 구걸하는데, 이를 호기(呼旗)라 한다. 이날이 되면 집집마다 장대를 세워 등불을 걸었으며 부호들은 크고 높은 채붕을 세웠다.(春時兒童 煎紙爲旗 剝魚皮爲鼓 爭聚爲群 巡閭巷乞燃燈之具 名曰呼旗 至是日 家家樹竿懸燈 豪富者大張彩棚)"

고려시대 연등회의 장엄물은 이같은 등간·등수 외에 등불을 매단 채붕인 등산과 오색비단으로 꾸민 채붕이 있었다. 최이가 베푼 4월 초파일의 연등회에 산처럼 높은 채붕을 가설했다[46]고 한 것으로 보아 채붕은 높은 누각의 형태였다고 사료된다. 한편 충선왕 2년에, 악인들은 산대 위에서 왕의 수레를 맞이할 수 없다는 금령(禁令)[47]에 대한 기록이 있어, 산대는 장식적인 산이라기보다 배우들이

111. 솟대놀이와 가무. 돈황 156굴 〈송국부인출행도〉 부분. 당대 848-907. 김숙성.

올라서는 기능적인 대(臺)의 형태로 지어졌음을 알 수 있다.

중국『송사(宋史)』에 나오는 연등회의 모습을 소개하자면 다음과 같다.

대보름 관등 때면 누 앞에 노대를 설치했다. 대 위에서는 교방악이 연주되고 소
아대가 춤을 추었다. 대 남쪽에는 등산을 설치했고 등산 앞에서는 백희가 벌어졌
다. 산붕 위에서는 산악과 여제자의 춤이 벌어졌다.(每上元觀燈 樓前設露臺 臺上
奏教坊樂 舞小兒隊 臺南設燈山 燈山前陳百戲 山棚上用散樂女弟子舞)[48]

위의 글을 다시 한번 풀어 보면 송나라의 궁궐에서는 옥좌가 있는 누 앞에 교방
악 연주를 위한 노대를 가설했고, 남쪽에 등산을 설치해 그 앞에서는 백희를 했
고, 별도의 산붕 위에 산악과 여제자의 춤을 올렸다는 것인데, 주목할 사실은 교
방무를 올린 무대를 산붕으로 지칭하고 있는 것이다. 중국의 노대는 한대부터 신
묘제사의 악무를 위해 설치되었고, 당대(唐代)에 사원악을 궁중에 흡수해 교방
여악의 무대를 정착시켰다. 한편 등불이 켜진 명대(明代)의 오산(도판 94) 위에
여섯 여래불로 분장한 배우들이 앉아 있는 것을 볼 때 등산은 신성한 존재들을 존
치한 종교적 장엄물이었다고 할 수 있으며, 산붕은 교방여악과 산악의 신비한 장
면을 연출한 무대였다고 생각된다. 따라서『고려사』에 혼재되어 있는 채붕·채
루는 등산과는 별도로 설치된 무대로서의 산 즉 산대였으며, 이는 사문 앞 광장
과 궁궐 앞 광장에서 많은 사람들이 올려다볼 수 있는 고무대(高舞臺)로서 개방
공간에 설치된 특수 무대였다.

결론적으로 불사의 기악과 민간예술이 집합되었던 사원은 연등 점화의 시발점
이 되었고, 왕의 행렬이 환궁함에 따라 광화문 앞 광장은 백성들이 중심이 되는
기악백희의 종착지가 되었다. 최자의『보한집』에서 "개경에는 흰 모래가 깔린 아
홉 개의 큰 길이 있었는데 비단으로 꾸민 언덕 모양의 장식대가 크거나 작게 설치
되었다"[49]고 한 것과 같이 길가에 많은 산대가 설치되어 도성 안에 야외 공연이
성행했음을 알 수 있다.

2. 팔관회의 축제공간

1. 팔관회의 의의

고려의 팔관회는 연등회와 함께 삼국시대의 제천의례를 계승하는 종교적 국가의
례였다. 태조가 팔관회를 개최하면서 선포한 「훈요십조(訓要十條)」를 보면 다음
과 같다.

　나의 지극한 관심은 연등과 팔관에 있다. 연등이란 부처를 섬기는 것이요, 팔
관은 천령(天靈)과 오악(五嶽)·명산대천·용신을 섬기는 것이다. 그러니 함부
로 증감하려는 후세 간신들의 건의를 절대 금지할 것이다. 나 또한 처음부터 연
등과 팔관이 국가 기일을 범하지 않으며 군신과 함께 즐기기로 맹세했으니 마땅
히 삼가 이대로 행할 것이다.[50]

　태조 당시의 연등·팔관은 정월과 중동(仲冬, 11월), 즉 삼국시대의 정월 천신
제와 10월의 동맹제를 사실상 계승한 것이라고 볼 수 있다. 태조가 말하는 천
령·오악·명산·대천·용신이란 삼국시대 토속신앙의 천지·산천의 신들로
서, 11월에 유교식 동지 원구사(圓丘祀)를 지내는 대신 팔관회를 설행했다. 그러
나 개경과는 달리 서경에서는 10월 보름에 수신(禭神)을 맞이해 제사를 드리고
축제를 벌였는데,[51] 이는 고구려의 동맹제를 직접적으로 계승했음을 뜻한다.

　사실상 고려의 팔관회를 개설한 것은 궁예왕이었다. 신라의 미륵신앙을 계승
한 궁예는 광화(光化) 원년 무오년(戊午年, 898) 겨울 11월에 처음으로 팔관회를
개최했다.[52] 주량(朱梁) 건화(乾化) 원년 신미년(911)에 국호를 태봉(泰封)이라

48.『송사』142,「악」17, '교방'.
49. 이 책 pp.141-142 참조.
50.『고려사』권2,「세가」2, '태조 26년(943) 4월'. "朕所至願 在於燃燈八關 燃燈 所以事佛 八關所以
事天靈 及五嶽名山大川龍神也 後世姦臣 建白加減者 切宜禁止 吾亦當初誓心 會日 所不犯國忌 君
臣同樂 宜當敬依行之."
51. 서긍,『고려도경』권17,「사우」. "十月祭天大會名曰東盟 其國東有穴號禭神."

고치고 스스로를 미륵으로 자처한 궁예의 행렬 모습은 다음과 같았다.

선종은 스스로 미륵불이라 일컫고 머리에는 금책(金幘)을 쓰고 몸에는 가사를 입었다. 맏아들을 청광보살이라 하고 막내를 신광보살이라고 했다. 밖으로 나갈 때는 항상 흰 말을 탔는데, 비단으로 말머리와 꼬리를 장식했으며, 사내아이와 계집아이에게 깃발과 천개(天蓋)·향·꽃을 들려 앞에서 인도하게 하고, 또 비구승 이백여 명에게 명령해 범패를 외면서 뒤에 따르게 했다.(善宗自稱彌勒佛 頭戴金幘 身被方袍 以長子爲靑光菩薩 季子爲神光菩薩 出則常騎白馬 以綵飾其鬃尾 使童男童女 奉幡蓋香花前導 又命比丘二百餘人 梵唄隨後)[53]

위의 행렬 모습은 불교의 행상 행렬과 비슷한 의장을 갖춘 것으로, 고려초의 팔관회는 불교의 팔관재에서 영향을 받고 명칭 또한 팔관회라고 정한 것이다.[54] 태조 왕건은 궁예가 설행한 팔관회의 제도를 따랐으며 불교의 불·보살뿐 아니라 천령과 산천신을 포함함으로써 팔관회를 공불악신지회(供佛樂神之會)라 칭하고 불교와 토속신앙을 접합시켰다.

진흥왕의 팔관연회(572)는 10월에 열렸으며 전사한 군인들을 위해 올린 위령제였다. 이를 계승해 고려대에 해마다 국도 개경이 아닌 서경에서 10월 맹동팔관회(盟冬八關會)를 연 것은 태조의 묘가 그곳에 있기 때문이었다. 또한 『고려사』 예종 경자(庚子) 15년(1120)에 서경에서 "팔관회를 열었는데 잡희 가운데 개국공신 김락·신숭겸의 우상이 있어 왕이 감개해 시를 지었다(辛巳 設八關會 王觀雜戱 有國初功臣金樂申崇謙偶像 王 感歎賦詩)"[55]라는 기록으로 보아 10월의 맹동팔관은 농경수확 후 제천 및 조상숭배에 관련된 위령제였음을 확인할 수 있다.

그러나 개경에서의 11월 중동팔관회는 앞에서 언급한 바와 같이 신라의 미륵신앙을 토대로 한 호국불교의례로 시작했지만, 불교의 팔관재와는 거리가 멀어지고 정사(政事)·외교·행정을 마감하는 동계(冬季) 축제행사로 정착되었다. 『고려사』 전반에 공통적으로 나타나는 팔관회의 세시성 행사는 다음과 같다.

11월 신해일에 팔관회를 열고 왕이 신봉루에 나가서 풍악을 구경했다. 이튿날 연등대회에서는 송·흑수·탐라·일본 등 여러 나라 사람들이 제각기 예물과 명마를 바쳤다.[56]

갑인일에 사신들을 요나라에 보내 최용규는 신년을 축하하게 하고 동팽재는 천안절(天安節)을 축하하게 했다. …왕이 그 다음해 신축일에 팔관회를 열고 법왕사에 갔다.[57]

정해일에 왕이 임패역에 머물러 분부를 내려 금번에 지나온 명산대천 신들의 덕호(德號)를 더 붙이고 연로 추현의 관리들의 경한 죄를 용서하는 동시에 벼슬 한 급씩을 올려 주고 모든 사(司)의 장고(掌固)와 모든 위(衛)의 기두(旗頭)들에게 첫 벼슬을 주었다.[58]

신축일에 팔관회를 열고 왕이 법왕사와 신중원(神衆院)에 갔다가 돌아와서 대궐 뜰에서 백신(百神)에 배례했다.[59]

병자일에 대궐 뜰에서 왕이 친히 팔십 세 이상의 남녀와 의부(義夫)·절부(節婦) 및 중환자·폐질자들에게 음식을 대접하고 물품을 차등있게 주었다.[60]

기축일에 금나라에서 야율 나송을 파견해 왕의 생일을 축하했다. 을미일에 대

52.『삼국사기』권50,「열전」제10, '궁예'. "光化元年戊午 …冬十一月 始作八關會."
53.『삼국사기』권50,「열전」제10, '궁예'.
54. 인도의 팔계제(八戒齊)는 육제일이라는 특정한 날에 금욕의 팔계를 지키는 것이고, 중국의 팔관제는 도교식 액막이 풍습에서 시작해 불교의 금욕수행의례가 된 것이다.
55.『고려사』권14,「세가」14, '예종 15년(1120) 10월'.
56.『고려사』권9,「세가」9, '문종 27년(1073) 11월'. "辛亥 設八關會 御神鳳樓觀樂 翼日大會 大宋黑水耽羅日本等諸國人 各獻禮物名馬."
57.『고려사』권11,「세가」11, '숙종 즉위년(1095) 11월'. "甲寅 遺崔用圭 賀正 董彭載 賀天安節 …辛丑 設八關會 幸法王寺."
58.『고려사』권11,「세가」11, '숙종 7년(1102) 11월'. "丁亥 次臨浿驛 下德音 加所歷名山大川神祇德號 宥沿途州縣官吏輕罪 加職一級 賜諸司掌固諸衛旗頭初職."
59.『고려사』권12,「세가」12, '예종 1년(1106) 11월'. "辛丑 設八關會 幸法王寺神衆院 還拜百神于闕庭."
60.『고려사』권15,「세가」15, '인종 즉위년(1122) 11월'. "丙子 親饗年八十以上男女 及義夫節婦篤廢疾于闕庭 賜物有差."
61.『고려사』권17,「세가」17, '의종 4년(1150) 11월'. "乙丑 金 遺耶律羅松 來賀生辰 乙未 宴金使於大觀殿 遺林景猷 賀龍興節."
62.『고려사』권12,「세가」12, '숙종 9년(1104) 11월'. "癸酉 祈雪于宗廟社稷."

관전에서 금나라 사신을 위해 연회를 배설했다. 임경유를 금나라에 보내 용흥절 (龍興節)을 축하했다.[61]

　　11월 계유일에 종묘와 사직에서 눈을 빌었다.[62]

　　위의 기사들에서 나타난 바와 같이 팔관회는 한 해를 마감하고 신년을 맞이하는 중요한 계절 행사로서 왕과 백성 간에 복을 빌고 외국 사신의 접견과 신년 축하가 이루어졌다. 연등회의 행사가 하루 이틀 걸린 데 비해 팔관회의 개설이 며칠씩 계속된 이유는 국내외의 많은 사람들이 왕을 알현하고, 왕은 지방을 순행해 죄의 사면과 노약자들을 돌보는 일을 했기 때문이다. 연등회가 농경이 시작되는 보름날에 등불을 밝혀 대지의 소생을 축원하는 세시의례였다면, 팔관회는 묵은 것을 보내고 대지의 휴식기에 눈을 빌면서 새해의 풍작을 기원하는 겨울의 세시의례로서 조상숭배의 사상을 기조로 했다.

2. 구정(毬庭)의 야외극장

1) 의례의 공간

고려의 왕부(王府)는 황성(皇城)으로 둘러싸인 궁성 내의 궁궐을 말한다. 황성에는 광화문과 궁성 사이에 있는 행정기관과 세자의 거처인 우춘궁(右春宮), 그리고 선왕들의 영정을 모신 법왕사·인경사(印經寺)·법설사(法雪寺)의 사찰들이 있었고, 왕부 북쪽 태문 안쪽에 사우(祠宇)인 복원궁(福源宮)이 있었다. 즉 황성은 국사에 관련된 기관들을 포함하고 있었던 것이다. 궁성 내의 궁궐 중에서 제1정전인 회경전(會慶殿)은 중국의 사신 영접과 조서를 받을 때와 거란·여진·일본 등 주변국의 칙사를 맞이할 때 사용되었고, 제2정전인 건덕전은 왕이 정사를 집전하던 곳이었다. 중광전(후에 강안전)은 왕의 침소가 있는 편전으로서 대관전이라고도 불렸다. 회경전과 건덕전에서는 주로 사신들을 위한 연회를 개최했으며, 중광전에서는 국가행사 때 왕의 행차가 시작되는 곳으로서 이를 위한 예회와 군신들을 위한 연회를 베풀었다.

신년조하(新年朝賀)와 같은 공식적 예회는 건덕전에서 열렸으나, 연등회의 예회와 연회는 중광전에서 열렸다. 그러나 팔관회의 소회일·대회일의 연회는 의봉루 앞에 왕옥과 부계를 설치해 모든 군신과 백성들이 지켜보는 앞에서 거행되었다. 왕의 선조에 대한 진조배알 이후 교방악의 연주와 함께 진행된 이 연회는 왕과 군신 간에 충성의 마음을 바치는 의식으로서 군신들은 하표를 바치고 왕은 풍악과 음식을 하사했다.

『고려사』 '가례잡의'에 있는 중동팔관회 소회일의 예식 절차는 다음과 같다.

소회를 앞두고 도교서(都校署)에서 의봉문(儀鳳門) 동편전의 섬돌 아래 세 계단의 부계를 설치하고, 왕의 좌석 앞 기둥 어간에 화안(花案)과 황룡대기(黃龍大旗)를 전정 앞뜰 좌우에 설치한다. 의식을 하루 앞두고 좌우 추밀관·시신·의장대와 경위·악대들은 대관전에서 정렬해 의봉문으로 나오고, 재상 이하 문무백관들은 모두 뜰로 가서 의식을 예습한다.

이튿날 왕이 자황포를 입고 대관전에서 수레를 타고 의봉문의 누 위에 오른다. 왕은 누 위의 편차에서 곤룡포와 신을 갈아 신고 선조의 진전 앞으로 가서 북쪽으로 향해 재배하고 잔을 올린다.

왕은 복도로부터 악전(幄殿) 앞의 휴게실에 들어 자황포로 옷을 갈아 입는다. 왕이 자리에 오르면 발이 올라가고 협률랑이 채찍을 울리며 휘를 들고 일어날 때, 교방악대가 풍악을 시작한다.

합문원이 "태자·공·후·백작·재상·추밀관들과 문무양반들이 축하를 드리려고 합니다"라고 아뢴 후, 태자와 상공이 전 위에 올라 왕의 좌석의 동남쪽에 꿇어앉아 팔관회를 경축한다.

태자와 상공은 손을 씻고 왕의 좌석 왼쪽으로 가서 근시관이 전하는 차와 술을 받든다. 상공은 태자에게 술을 따른다.

공·후·백작과 추밀관들이 윗층계에 오르고 삼경유수(三京留守)와 동서병마사(東西兵馬使)·팔목(八牧)·사도호부(四都護府)의 봉표원(奉表員)들이 표문(表文)을 올린 후 풍악과 음식 하사의 분부를 받는다. 문무 삼품관 이하 백관들과 정사품 지합문관(知閤文官) 이상은 윗층계에 오르고 소경(少卿)인 지합문관 이하 부사(副使) 이상은 중간층계에, 통사사인(通事舍人) 이하는 뜰에 좌우로 갈라 선다. 양부악관(兩部樂官)과 호위·의장대·장병들도 다 같이 만세를 부르고 재배한 후 차례대로 각각 층계에 오른다.

태악령(太樂令)이 백희잡기의 등장을 아뢰고 모두 연기하다가 협률랑이 휘를 누이면 물러간다.

근시관들이 왕에게 다식(茶食)을 드리고 태자·공·후·백작 및 추밀관들과 두 층계의 시신들에게도 다식을 차린다. 식사와 술을 받을 때마다 재배하고 왕이 다음 잔을 들 때마다 주악을 멈춘다. 시신들을 대표하며 태자가 잔을 받을 때는 왕의 왼쪽에서 받고 마실 때는 동남쪽 자리로 돌아간다.

세번째 음식과 술 세 순배가 지났을 때 무대(舞隊)가 물러간다. 왕이 특별잔을 하사할 때는 주악을 울린다. 왕이 관원들과 장령들, 양부악관들, 시위하는 군인들에 술과 과실을 하사하고 좌우승제(左右承制)와 천우상대장군(天牛上大將軍)·내시(內侍)·다방(茶房)·참상원(叅上員)과 전상의 좌우집례관(左右執禮官)들도 동쪽으로 향해 재배하고 술을 받아 마신다.

위의 기사에 나타난 바와 같이 소회일의 예식의 핵심은 왕이 의봉문 이층에서 선조를 배알하는 것이었으며, 그후 법왕사로 행차해 설경 법회를 열고 나라의 태평을 빌었다. 대회일에는 공·후·백작·재신·추밀·시신·문무백관들의 왕에 대한 헌수가 있었고, 외국인들의 조하의식 및 연회가 열렸다.

대회일의 의식 절차는 다음과 같다.

왕이 소회일과 마찬가지로 대관전에 나와 시신들의 문안을 받고, 의봉루 누상에서 향을 피우고 잔을 드린 후 전에 나와 앉는다. 소회와 다른 것은 반수(班首)가 문안을 드리고 재배한 후 앞으로 나가서 절할 때 춤추면서 절하지 않으며, 표문을 가진 사람들이 백관을 따라 나갔다 들어갔다 한다.

굽고 곧은 화개는 윗층계에 동서편으로 갈라 세우고 여(輿)·연(輦)·부

(符)·보(寶) 등은 일체 의봉문 안에 진열한다.

합문관이 송나라 강수(綱首)와 동서 번자(蕃子)와 탐라 사람을 인도해 축하드릴 때, 사방의 공물이 동편 인덕문으로 들어와 급히 뜰을 지나 서편 의창문으로 나간다.

왕이 편차에 들어갔다 나와 앉으면 채찍이 울리고 화로에서 연기가 피어오른다. 승제원이 꽃 한 가지를 집어 태자에게 주면 태자는 왕에게 꽃을 바친다. 헌수원들도 서너 가지를 드린다. 왕이 꽃을 꽂고(揷花) 공·후·백작·추밀관이 꽃을 바칠 때 주악이 울린다.

태자가 왕이 하사하는 꽃을 꽂은 후 술을 마신다. 태자가 읍하고 전에서 내려와 절하는 자리로 돌아가 무도재배(舞蹈再拜)한다.

승제와 좌우시신이 의봉문 좌우 동락정에 있는 재상의 막(幕)과 문무 삼품관의 막으로 가서 꽃과 술을 하사한다. 승제가 재상의 막으로 향하려 할 때 다방의 관속들이 약·술·과실 및 꽃을 가지고 임금이 보낸 악대·악관들과 같이 뒤를 따른다. 승제가 꽃을 집어서 차례로 재상들에게 줄 때 주악이 시작되고 재상들이 꿇어앉아 꽃을 꽂을 때 주악이 멎는다.

좌우시신·관원·장령·양부악관에게 꽃과 술을 하사하고 시위군인들에게 술·과실을 하사한다.

왕은 차를 마시고 수레를 타고 태정문에서 대관전으로 돌아간다.

이상에서 본 바와 같이 팔관회는 이틀에 걸친, 왕과 군신들의 합일을 위한 의식이었다. 또한 팔관회 때 왕은 반승(飯僧)을 베풀어 승들과 백성들에게 음식을 먹인 사례도 있다.[63] 의식의 진행은 양부악관의 음악이 배경을 이루고 진행의 전환점에서 잡기와 무대(舞隊)가 등퇴장했는데, 이러한 공연의 요소는 의식 자체에 환상성과 작위성을 부여해 참여자들로 하여금 상호 관조하게 하는 극장성을 지닌다. '삽화(揷花)와 주작(酒酌)'으로 상징화하는 합일의 행위는 가무악의 요소에 의해 다시 한번 미학적 행동으로 상징화하고 있는 것이다. 예종 1년 무신일에 왕은 팔관회를 열고 구정에서 풍류를 구경했다고 하고, 원년 신축일에 팔관회를 열고 법왕사와 신중원에 갔다 돌아와서 대궐 뜰에서 백신에게 배례했다고 했다. 이 두 가지 사건은 역대 고려 왕들의 팔관회 행사에서 항상 행해진 것으로, 구정은 국가를 위해 신들에게 배례하고 음악을 연주한 의례공간이었음을 알 수 있다. 또한 연등회의 기악과 마찬가지로 팔관회의 가무악은 국가의례에 축제성을 부여하면서 천지신명께 드리는 봉헌기악이었다.

2) 총체 가무악의 공간

교방악의 연출공간

축제행사로서 연등회의 주제가 간등(看燈)이었다면 팔관회의 주제는 간악(看樂)이라고 할 수 있다. 『고려사』에서 팔관회의 개최시 반드시 '음악감상'을 했다는 기사가 따르고 있기 때문이다. 팔관회의 가장 큰 의의는 한 해를 마감하면서 왕이 의봉루 이층에 선조를 모시고 군신들간의 예를 백성 앞에서 베풀고 함께 음악을 즐겼다는 데 있다. 왕성이 백성들에게 개방되고 왕과 백성이 서로 마주 대하는 장소가 구정이었으며, 그 중심에는 가무악의 무대가 설치되었다. 고려 태조 원년에 열린 팔관회의 사료를 살펴보면 다음과 같다.

구정에 윤등 한 대를 설치하고 사방에 향등을 줄지어 세우고 두 개의 채붕을 각오 장 이상의 높이로 만들어 그 앞에서 백희와 가무를 올렸는데, 사선악부와 용봉상마차선은 모두 신라 때의 옛 행사였다. 백관들은 도포를 입고 홀을 들고 예식을 거행했고 구경꾼들이 도성으로 몰려들었다. 왕은 위봉루로 나와 이를 관람했으며 이는 매년 여는 행사가 되었다.(遂於毬庭 置輪燈一座 列香燈於四旁 又結二綵棚 各高五丈餘 呈百戲歌舞於前 其四仙樂部 龍鳳象馬車船 皆新羅故事 百官袍笏 行禮觀者傾都 王御威鳳樓 觀之 歲以爲常)[64]

구정 한 곳에 윤등을 설치하고 향등을 벌여 놓으니 밤새도록 광명이 가득했다. 또 채붕을 두 곳에 설치했는데, 각각 높이가 오 장 이상이고 모양은 연대와 같아 바라보면 아른아른했다. 그 앞에서 백희와 가무가 벌어졌는데, 사선악부와 용봉상마차선은 모두 신라 때의 옛 행사였다. 백관들은 도포를 입고 홀을 들고 예식을 거행했으며, 구경꾼들이 도성으로 몰려와 밤낮으로 즐겼다.(遂於毬庭 置輪燈一所 香燈旁列 滿地光明徹夜 又結綵棚兩所 各高五丈餘 狀若蓮臺 望之縹緲 呈百戱歌舞於前 其四仙樂部 龍鳳象馬車船 皆新羅故事 白官 袍笏行禮 觀者傾都 晝夜樂焉)[65]

앞의 기사에 의하면 백성들이 예식과 가무백희를 구경하려고 모여들었고, 왕은 의봉루 안에서 이들을 관람했는데, 중앙에 있는 무대 양편에서 서로를 바라보는 관람형식을 설명하고 있다. 전반부의 예식은 왕이 주인공이었지만 후반부 가무백희의 주인공은 교방 소속인 여기(女妓)들과 잡기인들이었다고 할 수 있다.

고려 조정에는 오길례(五吉禮)를 관장하는 왕립음악기관이 있었는데, 목종(997-1009) 때 설치된 대악서(大樂署)와 문종 때 설치(1076)된 관현방(管絃房)이었다. 대악사(大樂司)와 관현방은 악공·악사·교방여기를 거느렸다는 점에서 서로 공통적이었으나, 대악사는 연주 외에 행정의 임무를 갖고 왕이 전용했던 교방여기와 악공들을 거느렸다는 데서 차이점이 있었다.[66]

『고려도경』권40, 「악률(樂律)」에서는 대악사는 이백육십 명으로 왕이 전용하는 것이고, 관현방은 백칠십 명이며, 경시사(京市司)는 삼백 명이라고 했다. 대악사와 관현방 소속의 여기들은 '교방여제자' 혹은 '이원제자(梨園弟子)'라고 불리는 궁실 소속으로 교습을 받은 가무인들이었다. 경시사는 시전(市廛)을 구검(句檢)하는 기구로서 음악기구는 아니었지만 내외의 상인들과 평민들을 상대로 여기들을 차출했다.[67] 『고려도경』에서 서긍은 고려음악의 두 부를 논하면서 "좌부(동쪽)에는 중국의 음악인 당악(唐樂)이 있으며, 우부(서쪽)에는 향악이니 곧

---

63. 『고려사』권34, 「세가」34, '충숙왕 1년 10월'. "丙子 上王 飯僧二千 燃燈二千于延慶宮五日 …期以畢願 謂之萬僧會."
64. 『고려사』권69, 「지」23, 「예」11, '가례잡의' '중동팔관회'.
65. 『고려사절요』권1, '태조 원년 11월'.
66. 송방송, 『고려음악사 연구』, 일지사, 1992, p.73.
67. 전통예술원 편저, 김창현, 「고려시대 음악기관에 관한 제노사적 연구」『한국 중세사회의 음악문화-고려시대편』, 민속원, 2002. p.82.

동이의 음악이다(其樂有兩部 左曰唐樂 中國之音 右曰鄕樂 蓋夷音也)"68라고 했다.

예식에서 왕의 하사물을 받은 양부악관이란 대악사와 관현방의 기구를 대표하는 악관으로 추정할 수 있는데, 이는 양부에 교방악의 여기나 왕의 행차를 관장하는 고취악이 똑같이 소속되어 있기 때문이다. 고취악(鼓吹樂)은 당악이었고 왕이 꽃과 술을 하사할 때 주악된 것을 감안하면 대악서에 고취악이 포함되지 않았나 한다. 그러나 악률의 통일성을 위해 당악과 향악이 좌우로 나누어져 배치된 것을 서긍은 양부라고 기술했고, 의례용 부계 앞에 좌부 당악과 우부 향악이 자리했던 것으로 보인다.

궁중가례의 가무는 『고려사』「악지」에서 당악정재와 향악정재로 구분하고 있는데, 당악정재는 헌선도 · 수연장 · 오양선(五羊仙) · 포구락(抛毬樂) · 연화대의 다섯 가지였고, 향악정재는 무고(舞鼓) · 동동(動動) · 무애(舞㝢)의 세 가지였다. 당악정재는 향악정재와 달리 죽간자(竹竿子) 두 사람이 앞으로 나와 구호를 하면서 춤의 내용을 간단히 소개한다. 이어서 춤추는 사람의 치어와 창사가 음악의 반주 없이 아뢰어지고, 춤출 때 음악이 연주되며, 죽간자의 퇴구호(退口號)로 순서를 끝낸다.

당악정재의 여기들은 모두 왕에게 헌수를 바치는 선녀 혹은 천녀로서 등장하고 있다. 헌선도는 죽간자의 치어에서,

멀리 귀대(龜臺)에 있다가	邈在龜臺
봉궐에 내조해	來朝鳳闕
천년의 아름다운 열매(靈桃) 받들고	奉千年之美實
만복의 좋은 상서 바치고자 합니다	呈萬福之休祥69

라고 해 자신들이 오산에서 살고 있는 선녀들임을 밝히고 있다. 한편 수연장의 미전사(尾前詞)에서는,

태평 시절 좋은 풍광에	太平時節好風光

옥전은 깊고 깊은데 해는 길도다.　　　　　　玉殿深深日正長

꽃 내음 수향에 섞여 비단 자리에 풍기는데　　　花雜壽香薰綺席

하늘이 좋은 복록(福祿, 술)을 금잔에 부어 주도다　天將美祿泛金觴[70]

라고 해 그 다음 미전사가 시작되기 전에 왕의 주작이 이루어지는 동안 춤과 음악이 연행되도록 유도하고 있다. 교방악의 창사와 춤, 또는 놀이가 무대(부계) 위의 예식에 맞추어 진행되는 예는 포구락에서도 찾아볼 수 있다. 포구락은 포구문을 무대 위에 올려 놓고 용알을 문 안에 던져 넣는 놀이인데, 놀이를 시작하기 전에 절화령(折花令)의 음악에 맞추어 화병 앞에서 꽃을 꺾는 형상의 춤을 춘다. 그후 포구희가 진행될 때 기녀들이 차례로 창을 하는데,

맑은 노래와 계속 치는 북 연달아 재촉하니　　　清歌疊鼓連催促

이런 속에서 세번째 잔을 사양하지 않는도다　　　這裏不讓第三籌

소고(簫鼓) 소리마다 재촉 말아다오　　　　　　簫鼓聲聲且莫催

채색공 높낮은 것 결단하기 어려워라　　　　　　彩毬高下意難裁[71]

라고 하는 부분이 있어 교방악무가 의식을 진행하는 요소로서 구성된 것을 알 수 있다.

　교방무대(敎坊舞隊)는 대열을 지어 남쪽의 악대 뒤에 준비했다가 그대로 무대 위에 등장해 도식적인 대열의 변화를 만들면서 춤을 추었던 것으로 보인다. 『고려사』「악지」에는 여기들이 보계에 오르기 전의 대열에 대한 주석을 쓰고 있다.

　무대는 악관과 여기를 거느리고 남쪽에 선다. 악관은 두 줄로 앉고, 기(妓) 한

---

68. 『고려도경』 권40, '악률'.
69. 『악학궤범』 권3, 「고려사 악지 당악정재」 '헌선도'.
70. 『악학궤범』 권3, 「고려사 악지 당악정재」 '수연장'.
71. 『악학궤범』 권3, 「고려사 악지 당악정재」 '포구락'.

사람은 왕모가 되고, 좌우의 각 두 사람은 네 협(挾)이 되어 가지런히 가로 열을 짓는다. 그리고 개(蓋)를 든 다섯 사람은 그 뒤에 서고, 인인장(引人丈)을 든 두 사람, 봉선(鳳扇)을 든 두 사람, 용선(龍扇)을 든 두 사람, 작선(雀扇)을 든 두 사람, 미선(尾扇)을 든 두 사람은 좌우로 나누어 서고, 정절(旌節)을 든 여덟 사람은 각 대(隊) 사이에 선다. 제자리에 서고 나면 무대가 박을 치고, 악관이 오운개서조인자(五雲開瑞朝引子)를 연주하면, 죽간자를 든 두 사람은 먼저 들어와 좌우로 갈라선다. 악이 그치면 치어를 구호한다.(舞隊率樂官及妓立于南 樂官重行而坐 妓一人爲王母 左右各二人爲四挾 齊頭橫列奉 蓋五人立其後 引人丈二人 鳳扇二人 龍扇二人 雀扇二人 尾扇二人 左右分立奉 旌節八人每一隊間立 立定舞隊攤拍 樂官奏五雲開瑞朝引子奉 竹竿子二人先入左右分立 樂止口號致語)[72]

한편 위의 기사와 일치되는 조선 성종대의 『악학궤범』에 기록된 오양선의 배열도를 보면 표 2와 같다.[73]

표에 나타난 대로 왕모를 중심으로 좌우에 배열된 용선 · 봉선 · 작선은 곤륜산의 신수(神獸)를 상징하고 있으며 정절은 천제의 권위를 상징하고 있다. 한편 『고려사』「악지」'오양선'의 공간 배열은 위의 표에 나타난 작대도(作隊圖)와 일치하고 있다. 즉 다섯 명의 여기들이 대무를 출 때 동서를 향해 마주 바라보고, 왕모가 중앙에 있을 때 네 명이 사우무(四隅舞)를 춘 다음 선무(旋舞)로서 끝을 맺는다[74]는 것이다. 이는 음양과 오행의 공간 개념을 표현하는 도가의 사상이 교방무의 안무법에 반영된 것이라고 하겠다.

향악정재에서는 여러 명의 합창대가 있었다. 무고(舞鼓)에서는 두 명의 여기

72. 『악학궤범』권3, 「고려사 악지 당악정재」'오양선'.
73. 『악학궤범』권4, 「시용 당악정재 도의」'오양선'.
74. 『악학궤범』권3, 「고려사 악지 당악정재」'오양선'.
75. 『악학궤범』권3, 「고려사 악지 속악정재」'무애'.
76. 『續日本書記』22, '덴표호지 3년(759) 정월 을유'. "帝臨軒 授高麗大使楊承慶正三位 …饗五位己上及 蕃客竝主典己上於朝堂 作女樂於舞臺 奏內敎坊踏歌於庭"
77. 왕극분. 차순자 역. 앞의 책. p.244 참조.
78. 『고려사』권71, 「지」25, 「악」2, '용속악절도'.

```
引人仗                          引人仗
施節        竹竿子    竹竿子      施節
尾扇                          尾扇
施節                          施節
雀扇   挾右二  挾右一  王母  挾一左  挾二左   雀扇
施節                          施節
鳳扇                          鳳扇
施節                          施節
龍扇    盖    盖    盖    盖    盖    龍扇
```

```
        挾右一      挾一左

            王母

        挾右二      挾二左

竹竿子                      竹竿子
```

표 2. 오양선 초입배열도(왼쪽) 및 작대도(오른쪽).

가 빙빙 돌며 북을 치며 장고와 맞추었고, 뒤에서 여러 여기들이 정읍사(井邑詞)를 불렀다. 향악정재는 신라 때와 마찬가지로 가·무·악이 각각 독립되었기 때문에 무자(舞者)가 노래를 부르는 일이 없었다. 동동에서는 십이월상사(十二月相思)를 노래하는 합창에 맞추어 두 명의 여기가 허리띠 사이에 아박(牙拍)을 차고 악관의 박(拍) 소리와 함께 무릎과 팔에 아박을 치며 춤추었다. 무애(無㝵)는 두 여기가 무애를 희롱하면서 춤춘다 했는데, 창사가 불가의 언어이기 때문에 편록하기 어렵다[75]라는 것으로 보아 범패기악에서 나온 것이 아닌가 한다.

이상에서와 같이 향악정재에서는 북을 치고 합창을 했으며, 당악정재인 포구락과 연화대에서는 놀이의 기능을 하는 무대소품을 동원했기 때문에, 정재 무대의 전면(前面)에 연결된 구정의 무대는 악대의 화려한 위장을 보여줌과 동시에 의식의 내용 속으로 진퇴가 가능한 코러스의 무대라고 하겠다.

『고려사』 '가례잡의'에서는 연등회와 팔관회의 의식을 위해 강안전에는 단층의 부계를, 의봉문에는 삼급(三級)의 부계를 설치한다고 적고 있다. 고려의 교방악은 계단을 통해 올라가는 대 위에서 의식과 함께 연행되었는데, 이러한 대는 당나라에서 들어온 기악무대의 영향으로 추정된다. 무대라는 용어가 사용된 것은

"나라 시대 고구려의 대사(大使) 양승경(楊承慶)의 방문시 조당(朝堂)의 향연에서 구축된 무대에서 여악(女樂)이 추어졌고 또한 그 뜰 위에서 내교방의 답가가 연주되었다"[76]고 하는『속일본서기』의 기록에서 출발했다.

중국은 북위시대 때부터 낙양의 불사에 여악이 설치되어 있었으며, 당대(唐代) 사원에는 희장(戱場)이 설치되어 귀족과 서민들이 공연을 함께 관람했다. 또한 반대로 궁중에서는 채붕을 맺고 비단으로 사원처럼 꾸며서 수백 명이 '보살만무'를 추었다고 한다.[77]

이러한 기악도는 당 태종 15년(641)에 축조된 돈황 220굴에서 찾아볼 수 있는데, 서방아미타정토변의 각각 이십사인조의 대규모 악대가 좌우에 보인다.(도판 112-114) 악기의 종목을 살펴보면, 좌측에 박판(拍板)·수적(豎笛)·필률(篳篥)·동발·공후(箜篌)·생(笙)·법라(法螺)·답랍고(答臘鼓)·요고(腰鼓)·횡적(橫笛)·갈고(羯鼓)의 순서이고, 우측에 위로부터 쟁(箏)·수적·방향(方響)·필률·오현곡항비파·횡적·도담고(都曇鼓)·요고가 줄지어 있다. 이 기악도는 당대의 궁중음악도에 다름 아니며 후에 송나라를 통해 고려에 들어온 악기는 비파·오현·쟁·공후·생·소(簫)·필률·적·방향·장고(杖鼓)·갈고·대고(大鼓)·박판 등으로, 돈황 벽화도의 기악 악기와 고려 교방악의 악기가 동일한 것임을 알 수 있다. 또한 돈황 220굴의 동방약사정토변(東方藥師淨土變)의 그림에서 눈에 띄는 것은 난간을 두른 무대와 배경에 찬란하게 빛나는 등루와 등수이다. 고려 궁중에서 교방악 외에 여기들의 연등기악의 예는 문종 27년 2월 을해, "교방의 여제자 진향(眞鄕) 등 열세 명이 답사행가무(踏沙行歌舞)를 했고…"라는 기록과, 또한 문종 31년 중광전 연등회에서 여제자 초영(楚英)이 "왕모대가무(王母隊歌舞)의 인원이 오십오 명인바 춤을 추면서 네 글자를 형성하는데 '군왕만세'나 '천하태평'이란 글자를 나타냅니다"라고 왕께 아뢴 사실[78]이 있는데, 여기들이 차례로 등장해 글자를 완성했을 것이다. 위의 가무는 등불 아래서 손을 잡고 춤추는 답가였기 때문에 무대가 아닌 뜰에서 연행되었을 가능성도 배제할 수는 없으나, 당시 궁중 교방악의 여제자들은 헌선도·수연장·오양선·연화대의 당악뿐만 아니라 동동·무애·포구락 같은 향악에서도 헌수를 바

112. 호선무(胡旋舞). 돈황 220굴 남벽 서방아미타정토변 부분. 당대. 감숙성.(위)
113-114. 기악장면의 왼쪽과 오른쪽. 돈황 220굴 북벽 동방아미타정토변 부분. 당대. 감숙성.(아래)

치는 선녀들로 출연했기 때문에 이에 신성한 대 위에서 가무악을 연행했던 것이
다.

궁중예식인 소회일과 대회일의 진조배알과 술·차·꽃·향의 진작과 하사와
함께 치사와 헌수가 핵심을 이루는 교방악은 오전 중에 치러졌으며, 사원에서의
왕의 행향과 법회는 오후에 이루어졌다. 해가 진 후에는 환궁해 중광전에서 연회
를 베풀었고 구정에서 음악을 관람했다.

팔관회의 공연이 의봉루의 진조배알 의식과 함께 일관되게 지속된 것을 볼 때,

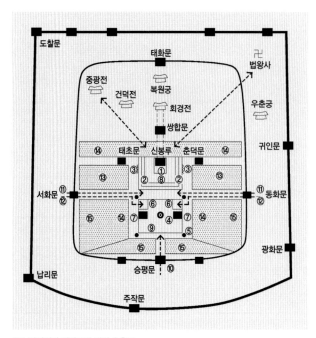

115. 팔관회의 의례공간 배치 유추도.
① 왕악과 좌우황룡 대기. ② 좌우층계. ③ 다방. ④ 윤등. ⑤ 향등. ⑥ 악대.
⑦ 채붕. ⑧ 신봉루의 의례공간. ⑨ 구정의 가무백희공간. ⑩ 잡기인 및 용봉상마차선
진입로. ⑪ 공물과 진상물 진입로. ⑫ 교방악대 진입로. ⑬ 문무백관 및 시위대.
⑭ 위장대 및 군사. ⑮ 백성들의 관람석.

구정에 설치되었던 야외극장은 육백 년 고려의 역사와 함께 연희문화를 담았던 공간이었다. 의봉루에 연결된 부계무대는 의식과 교방악의 공간이고, 후면은 잡기공간이며, 좌우에 높은 연대와도 같은 채붕산이 세워졌다. 구정의 중심에는 우주만물의 생성과 변화를 상징하는 바퀴모양의 윤등이 돌아가고, 곳곳에 붉은 향등이 밝혀져 '밤이 새도록 광명이 가득했다'고 했다. 즉 팔관회는 세시기의 팔절기(八節期)[79] 중 태음과 소양이 만나는 동짓달(季冬)의 행사였던 것이다.(도판 115)

구정의 극장은 새해를 위한 외국 사신들의 접견과 진상물의 교류가 이루어진 곳이기 때문에 국제적인 가무백희의 교류가 있었을 것으로 추정되며, 종묘·사직의 제사와는 다른 개방적인 야외공연장이었다. 또한 고려의 팔관회는 중국의 팔관재와는 차별되는 세시의례의 계동절[80]로서 연초의 영월제인 연등회와 상응하는 것이었다.

채붕산(綵棚山)과 산대잡극의 공간

『고려사』 '가례잡의'에서 팔관회의 음악이라 함은 가무와 백희, 그리고 태조가 「훈요십조」에서 강조한 사선악부와 용봉상마차선이다. '가례잡의' 본문에서는 가무는 교방악무로, 백희는 백희잡기로 서술되고 있는데, 그 중 잡기에 대한 기사는 연등회 소회일 예식의 마지막 부분과 팔관회 예식의 초반부에 한 번씩 나타

난다. 그러나『고려사』「세가」편에는 곳곳에 채붕의 설치와 백희의 기록이 나타나고 있으며, 고려말 이색의 시「산대잡극」에 나타난 것을 보면, 이 백희의 종목들이 신라와 고려의 전통적인 가면희와 인형극과 함께 연행되었음을 알 수 있다.

팔관회의 백희잡기는 당시의 사료만으로 봤을 때 가무백희로 불리는 것이 마땅하나, 고려 중엽의 기록에 나타나는 우인의 놀이와 잡회를 포함해서 산대잡극으로 명명하기로 한다. 연등회에서는 백희잡기를 공연했던 배우들을 산대색인(山臺色人)이라 했고, 이들은 충렬왕 5년(1279)에 연등도감으로 통합되어 국가행사에 동원되었다.[81]

산대잡극의 공간 연구에 앞서 우선 신선사상이 풍미했던 고려조에 사선악부와 용봉상마차선의 실제 연행 여부와 사상적 연원을 살피고, 신라의 유풍(遺風)인 가무백희와의 관계가 무엇인지 고찰하기로 한다.

고려 태조는 즉위 원년(918)에 팔관회를 개최하면서 천신과 오악·명산대천·용신을 섬기는 토착신앙의 사상을 강조하면서 선풍인 사선악부와 용봉상마차선의 설행을 당부하고 있다. 그러나 성종 즉위년(981)에 "잡기들이 떳떳하지 못하고 번쇄하다"[82]고 해, 팔관회가 폐지되고 법왕사에서 분향하고 구정에서 신하들의 축하만을 받았다. 그후 성종 6년(987)에는 양경(兩京, 개경과 서경)의 팔관회가 전부 폐지되었다가 현종 원년(1010)에 왕이 팔관회를 다시 열고 의봉루에 나가서 음악을 구경했다.[83] 팔관회가 정식으로 부활된 것은 정종 즉위년(1034)으로 왕은 큰 주연과 음악을 설치하고 각 지방으로부터 표문을 받고 외국 상인들을 의식에 참여시켰다.[84] 그러나 팔관회에 신라의 유풍이 다시 언급된 것

<hr />

79. 고조선의 홍범문화(洪範文化)에서는 천체의 일월성신을 계산하는 역법에 따라 일 년을 이십사 절기로 나누고 이를 축소한 팔 절기인 동지·입춘·춘분·입하·하지·입추·추분·입동을 중심으로 세시행사를 거행했다. 강우학,『한국세시풍속기』, 집문당, 1995, pp.29-34.
80.『동국세시기』'11월, 월내(月內)'조를 보면 "『예기』「월령」에 이르기를 계동의 달에 천자는 청어(靑魚)를 맛보고 태묘(太廟)에 올리는데, 겨울과 이른 봄에 진상하는 것이 상례"라고 했다.
81. 문종 때에 정해진 팔관보는 사(使) 한 명, 부사 두 명, 판관 네 명, 기사 두 명, 기관 한 명, 산사 한 명으로 구성된 행정기구로 보아야 한다.
82.『고려사』권3,「세가」3, '성종 즉위년 11월'. "丁酉 王以八關會 雜技不經 且煩擾 悉罷之."
83.『고려사』권4,「세가」4, '현종 원년 11월 경인'. "復八關會 王 御威鳳樓 觀樂."

은 인종대(1123-1146)에 곽동순(郭東珣)이 올린 「팔관회선랑하표(八關會仙郎賀表)」에서이다.

막고산에 신선이 있다는데 월성(月城)의 사자(四子)임이 분명합니다. 역대로 전해 오던 풍류가 본조에 새롭게 되어 조상들이 즐긴 것을 상하가 회복할 것입니다. …이제 중동의 가절(佳節)에 나라의 옛 제도를 보이시니, 좌정하신 보좌 아래로 천관(千官)들이 늘어섰고, 솟아오른 오산에는 만세 소리 우렁찬데, 장동(長洞)의 뜰같이 넓은 들에 음양이 조화된 음악이 연주되니, 신선궁에서 놀 듯 구름과 비 위를 날아오르는 듯하며, 산천이 비상한 상서로움을 보이고 다투어 옥백(玉帛)으로 조공을 드리옵나이다.(彼藐姑射之有神人 宛是月城之四子 風流橫被於歷代 制作更新於本朝 祖考樂之 上下和矣 …履仲冬之佳節 講有國之舊章 黼座天臨而擁千官 鼇山地湧而薦萬歲 張洞庭之野 奏以陰陽之和 遊化人之宮 出乎雲雨之上 山川見非常之瑞 玉帛無後至之誅)[85]

한편 곽동순보다 후대의 문인이었던 이인로(李仁老, 1152-1220)는 『파한집』에서 옛 나라(신라)의 유풍과 곽동순이 남긴 시부(詩賦)에 관련해 다음과 같이 쓰고 있다.

계림의 옛 풍속에 용모가 아름다운 남자를 선택해 비취로 꾸미고 이름을 화랑이라 하니, 나라 사람들이 이를 떠받들어 그 무리가 삼천여 명이 되었다. … 우리 태조께서 등극하시어 말씀하시길 "옛 나라의 풍습이 지금까지 쇠미하지 아니했다" 하시고, 겨울에 팔관성회를 베풀어 양가(良家) 자제 네 사람을 뽑아 무지개

---

84. 『고려사』 권6, 「세가」 6, '정종 즉위년 11월 경자'. "御神鳳樓 大赦 受中外群臣賀 宋商客 東西蕃 耽羅國 各獻方物."
85. 『동문선』 권31, 「표·전」, 곽동순의 '팔관회선랑하표'.
86. 이인로, 『파한집』 권하.
87. 『고려사』 권18, 「세가」 18, '의종 22년 3월'.

빛 옷을 입혀 뜰에서 춤추게 하고 이르길, "복희(伏羲) 씨가 천하의 왕일 때부터 우리 태조의 삼한 통합만큼 높을 수가 없고, 먼 고야산에 신선이 있으니 월성의 사자가 이와 같도다"고 했으며, 또 이르길 "복숭아꽃 흐르는 물 아득히 내려가니 비록 자취는 찾기 어려우나 옛 풍습이 아직도 남아 있으니 진실로 황천이 전통을 상하지 않게 했다"고 했고, 또 이르길 "요(堯)의 뜰이 아니로되 이처럼 백수솔무가 열을 지어 나아가고, 무릇 주(周)의 선비라면 모두 소자(小子)도 성취함이 있다는 시를 노래하네"라고 했다.(鷄林舊俗 擇男子美風姿者 以珠翠飾之 名曰花郎 國人皆奉之 其徒至三千餘人 … 我太祖龍興 以爲古國遺風尙不替矣 冬月設八關盛會 選良家子四人 被霓衣列舞于庭 郭待制東珣 代作賀表云 自伏羲氏之王天下 莫高太祖之三韓 藐姑射山之有神人 宛是月城之四子 又云 桃花流水杳然去 雖眞跡之難尋 古家遺俗猶有存信皇天之未喪 又云 匪高之庭 得詣百獸率舞之列 凡周之士 皆歌小子有造之章)[86]

곽동순과 이인로는 선랑을 월성사자라고 하고 도가의 신선들로 윤색하면서 전통의 풍습이 살아 있다고 쓰고 있다. 그러나 의종 22년(1168) 3월에 서경을 순행하고 돌아온 후 왕이 내린 교서를 보면 선풍(仙風)의 쇠퇴에 대한 심각한 우려와 함께 현실적인 대책을 강구하고 있다.

선풍을 높여야 한다. 옛 신라 때는 선풍이 성행해 용신과 하늘이 기뻐하고 백성이 편안했다. 조종(祖宗) 이래 그 풍을 숭상한 지 오래되었는데, 근래에 양경의 팔관회에는 옛 격식이 줄어들고 유풍이 점차 쇠퇴하고 있다. 이제부터 팔관회에는 가산이 풍족한 양반집을 미리 택해 선가로 정하고 옛 풍속을 그대로 행함으로써 사람들과 하늘이 모두 기뻐하게 할 것이다.(戊子 遵尙仙風 昔 新羅 仙風大行 由是 龍天歡悅 民物安寧 故祖宗以來 崇尙其風 久矣 近來 兩京八關之會 日減舊格 遺風漸衰 自今 八關會 預擇兩班家産饒足者 定爲仙家 依行古風 致使人天咸悅)[87]

고유의 무속신앙과 미륵신앙을 바탕에 깔고 있었던 화랑의 제의적 역할은 국선이라는 호칭으로 표현되었지만, 사실상 『삼국유사』의 저자 일연은 고려 희종 2

년(1206)에 태어난 사람으로 그의 저술은 도교의 신선사상이 가장 풍미하던 때에 이루어졌다. 따라서 선풍의 부활의지는 신라의 문화를 계승하면서 고려의 불교문화를 도교의 선풍에 접합시키려는 의도로 볼 수 있다.[88]

곽동순이 인종에게 올린 「팔관회선랑하표」는 구정의 뜰에 높은 오산이 세워졌다는 것과 네 명의 양반집 자제가 무지개빛 옷을 입고 사선(四仙)으로 출연해 뜰에서 춤을 추었다는 것과, 여러 짐승들이 춤을 추어(백수솔무) 요 임금의 뜰과 같았다는 세 가지 사실을 알려 주고 있다. 같은 시기의 박호(朴浩)의 「하팔관표(賀八關表)」에서는,

선왕의 유훈(遺訓)을 받들어서 천축의 도량을 장엄하게 차리고 한대의 연회를 본받아 큰 잔치를 벌이시니, 어룡백희(魚龍百戱)가 다투어 광장에서 연출되고, 높은 자리의 사람들이 난로천행(鸞鷺千行)의 즐거움을 함께하고 관민들도 즐겁고 흐뭇하니, 온 누리에 인자하심이 흐릅니다.(紹奉貽謀 辨竺說以莊嚴 効漢酺而宴衎 魚龍百戱 遞進於廣場 鸞鷺千行 交歡於著位 洎官隣而浹樂 及衆海以流慈)[89]

라고 해 곽동순이 묘사한 백수솔무가 한대부터 전해 내려온 어룡백희임을 말해 주고 있다. 이는 용봉상마차선의 신수가면무 및 가면백희를 뜻한다.

곽동순은 백수솔무와 음악, 그리고 높은 오산이 있어 팔관회 구정을 신선궁으로 만들고 있다고 했다. 그렇다면 곽동순이 묘사한 오산은 양쪽에 세워졌다는 채

---

88. 고려 조정은 국자감 · 향학 등의 교육제도에서 선랑의 부활을 시도했다. 또한 승려 사회는 별도로 젊은이들을 육성했다. 『고려사』 권108, 「열전」 제21, '諸臣, 閔宗儒, 閔頔'. "國俗 幼必從僧習句讀 有面首者 僧俗皆奉之 號曰仙郞 聚徒或至千百 其風起自新羅 …忠烈聞之 召見宮中 目爲國仙."
89. 『동문선』 권31, 「표 · 전」.
90. 제4장 주29 참조.
91. 제4장 주30 참조.
92. 『고려사』 권19, 「세가」 19, '의종 정해 21년 (1167) 4월'. "戊寅 以河淸節 幸萬春亭 宴宰樞侍臣於延興殿 大樂署管絃坊 爭備綵棚樽花獻仙桃抛毬樂等 聲伎之戱 又泛舟亭南浦 沿流上下 相與唱和 至夜乃罷."
93. 『고려사』 권18, 「세가」 18, '의종 19년(1165) 4월'. "甲申 內侍左右番 爭獻珍玩 …又結綵棚載以雜伎 作異國人貢獻之狀."

붕과 어떤 관계가 있는가에 대해 살펴보자.『고려사』「세가」편에는 몇 개의 채붕에 대한 기사가 있어 이 문제를 풀 수 있는 단서가 된다.

첫째, 의종 24년(1170)에 왕은 여러 종친에게 명해 광화문 좌우편 행랑에 채막을 치게 하고, 금은·주옥·금수·나기·산호·대모 등으로 꾸민 채붕을 세우고 백희를 구경했다.[90]

둘째, 고종 32년(1245) 4월 8일에 최이가 산처럼 높게 채붕을 가설해 수단 장막과 능라 휘장을 둘러치고 그 안에 비단과 채색 비단꽃으로 장식한 그네를 맸다.[91]

셋째, 의종 21년 4월 무인일에 왕이 하청절(河淸節)과 관련해 만춘정에 갔다. 이날 재추 시신들을 위해 연흥전에서 연회를 배설하는데, 대악사와 관현방에서 제각기 채붕·준화·헌선도·포구락 등 가무놀이를 갖추었으며, 또 만춘정 남녘 포구에 배를 띄우고 물을 따라 오르내리면서 서로 시를 화답하다가 밤이 되어서야 파했다.[92]

넷째, 의종 19년 4월 갑신일에 좌우변 내시들이 저마다 다투어 왕에게 진기한 물품을 바쳤다. …채붕을 만들어서 거기에 온갖 잡기를 태우고 외국인이 공납을 바치는 형상을 꾸몄다.[93]

다섯째, 위장들이 오색 비단으로 만든 산 앞에 늘어섰고 주옥으로 꾸민 전각들은 삼천(三天)을 개벽했다.[94]

여섯째, 또 채붕을 두 곳에 설치했는데, 각각 높이가 오 장 이상이었고 모양은

---

94. 이규보,『동국이상국집』권19,「정사년 상원등석교방치어구호」."法仗衫排綵嶺前 瓊樓珠殿闢三天."
95. 제4장 주65 참조.
96. 예종 15년(1120)에 "팔관회를 열었는데 잡회 가운데 개국공신 김락·신숭겸의 우상이 있어 왕이 감개해 시를 지었다"라는 기사가 있는데, 채붕은 성인과 충신을 올려 놓는 신성한 산의 개념을 가진 것으로 보인다.
97.『고려도경』권22,「잡속」1, '병촉(秉燭)'."會慶乾德之燕 庭中設紅紗燭籠 用綠衣人搢笏執之間之 云是新入仕之人 舊記謂初登第者."
98.『고려사』권64,「지」18,「예」6, '계동대나의'."睿宗十一年十二月己丑 大儺 先是 宦者分儺 爲左右 以求勝 王 又命親王 分主之 凡倡優雜伎 以至外官遊妓 無不被徵 遠近坌至 旌旗亘路 充斥禁中 是日 諫官 叩閤切諫 乃命黜其尤怪者 至晩復集 王將觀樂 左右紛然 爭先呈伎 無復條理 更黜四百餘人."

연대와 같아서 바라보면 아른아른 했다.[95]

위의 기사를 종합해 보면 첫째, 백희 공연을 위해 행랑에 채막을 쳤다고 했고 둘째, 수놓은 긴 막과 비단휘장(張繡幕羅幛)의 채붕 밑에서 비단꽃으로 장식된 그네를 타고 놀이를 했으며 셋째, 연흥정 연회에서 교방악을 베풀기 위한 것이라 했는데 여기서 말하는 채붕은 일단 공중에 띄운 차일 형태의 막이라고 볼 수 있다.

그러나 첫째 기사에서는 채막 외에 진기한 보물로 채붕을 꾸몄다고 했고, 넷째 기사에서 채붕에 '잡기를 태우고 외국 사람이 공납을 바치는 형상을 꾸몄다'라고 적고 있는데, 여기서 말하는 채붕은 사람이나 인형을 올려 놓을 수 있는 구조물인 것을 알 수 있다. 또한 다섯째 기사에 나타나는 주옥으로 꾸민 전각과 여섯째 기사에 묘사된 '오 장 높이의 연대' 모습을 종합하면, 도판 116에 보이는 바와 같이 높은 오산에 인물의 잡상이나 사찰·정자 등을 설치했던 것으로 보인다.

한편 15세기 명나라의 예겸(倪謙)이 쓴 『조선기사(朝鮮記事)』에는 "각각 오산과 채붕산을 세웠다(各樹鼇山綵棚山)"하고, 주국정(朱國楨)이 쓴 『용당소품(涌幢小品)』에는 "각각 오산과 채붕산을 세우고, 산의 위아래에서는 영기(伶伎)들의 여러 놀이가 벌어졌다(各樹鼇山綵棚 山上下列伶伎諸戲)"라고 했다. 즉 오산과 채붕산은 별개의 것인데, 오산이나 채붕산의 위아래에서는 영기들이 놀이를 했다고 말하고 있다.

결론을 짓자면 산의 형태는 연등회의 채산처럼 흙으로 만들고 등불을 장식한

116. 수미산 해룡삼궁도(海龍三宮圖).
옥충주자(玉蟲廚子) 부분. 야마토 시대.
호류지.(위)
117. 서역(西域)의 등수도. 투루판(吐魯蕃)
무르툭(木頭溝) 제3동 벽화. 당대.(아래)

180

오산(도판 94)과, 대 위에 비단으로 연꽃 같은 산의 모습을 만든 채붕산의 두 유형이 있었다. 채붕산은 비단으로 만들었기 때문에 높이 지을 수 있었고, 인형극 같은 잡기를 올려 놓거나 때로는 실제 인물을 올려 놓을 수 있었던 것이다.[96] 또한 오산과 채붕산은 다 같이 대를 받치는 누각의 형태로서 하부에 비단 장막을 치고 잡기들의 놀이가 드나들 수 있었다.

교방악의 공간에서 언급한 바와 같이 헌선도와 오양선 같은 신선계를 재현하는 가무의 배경에는 반드시 오산을 상징하는 산이 필요했으며, 잡기나 음악의 설치공간에도 이러한 채붕산·채산이 장엄의 주축이 되었다. 그렇다면 우주의 중심이 되고 있는 오산은 어찌해서 동서 좌우에 설치되고 중앙에는 윤등이 설치되었던 것일까. 도판 117에서와 같이 윤등은 원형의 등수이다. 또한 사방의 향등은 붉은 망사 초롱불이다.[97]

팔관회는 한 해를 마감하는 중동세시제이다. 팔관회의 간등(看燈)은 춥고 어두운 겨울에 지내는 태양제로서 의미가 있다고 하겠으며, 연등회의 등불이 달의 빛이었다면 팔관회의 등불은 태양의 빛을 상징한 것이라고 말할 수 있다. 따라서 좌우의 채붕은 음악과 함께 음양의 기를 화하게 하고 중심에는 우주의 운행을 그리는 윤등이 설치되었던 것이다.

구정의 극장은 11월의 팔관회뿐 아니라 12월의 계동대나례(季冬大儺禮) 때에도 백성들에게 개방되었다. 예종 11년 12월 기축일, 왕이 나례에 악을 관람하고자 할 때 창우잡기(倡優雜伎)와 외관(外官)의 유기(遊妓)까지 모여들어 서로 재기를 보이려고 다투게 되자, 그들 사백여 명을 궐 바깥으로 내쫓았다는 기록이 있다.[98] 나희(儺戲)의 종목은 벽사의 목적을 가졌기 때문에 팔관회의 백희잡기와 반드시 일치된다고 볼 수는 없지만, 향악무와 잡기의 기본적인 종목은 나례행사에서도 사용되었을 것이다.

이색이 지은 「구나행(驅儺行)」의 연희 내용을 발췌해 보면 다음과 같다.

사악함을 물리치는 것은 옛부터 있었던 의례　　　辟除邪惡古有禮

십이지신은 항상 혁혁한 신령이었다　　　十又二神恒赫靈

118. 만석승 그림자 연극. (한대수 사진)

나라에선 크게 나례청을 두고	國家大置屛障房
해마다 내정 밝히는 것을 맡으니	歲歲掌行淸內庭
황문의 창에 동자가 맞춰 불러	黃門倡子聲相連
앙화를 물리침이 번개와 같네(5-10행)	掃去不祥如迅霆

| 오방귀신의 춤과 짐승들의 놀이를 하며 | 舞五方鬼踊白澤 |
| 불을 뿜기도 하고 칼을 삼키네(15-16행) | 吐出回祿吞靑萍 |

신라의 처용은 칠보를 두르고	新羅處容帶七寶
꽃 가지 머리에 꽂고 향기도 풍기네	花枝壓頭香露零
긴 소매 낮게 휘두르며 태평무를 추니	低回長袖舞太平
취한 뺨 더욱 빨개져 술이 덜 깬 듯(23-26행)	醉臉爛赤猶未醒

99.『목은고』권21,「시고(詩藁)」'구나행'. 번역은 윤광봉,『한국연희시연구』, 박이정, 1997, pp.60-65 참조.
100. 고려 말기부터 연행된 축귀용 용백택은 주지탈춤 · 까마귀탈춤 · 비비새탈춤이 있었다.
101.『목은고』권33,「시고」'산대잡극'. 번역은 윤광봉, 위의 책, p.57 참조.
102.『고려사』권126,「열전」제39, '간신, 염흥방'. "興邦家奴 李琳女壻判密直崔濂家奴 居富平 恃勢恐橫 …興邦嘗與異父兄李成林 上家而還 騶騎滿路 有人爲優戲 極勢家奴隷 剝削民收租之狀 成林 興邦樂觀 不知覺也."

누런 개 디딜방아 딛고 용은 구슬을 다투는데	黃犬踏碓龍爭珠
온갖 짐승 너울너울 요 임금 뜰 같구나(27-28행)	蹌蹌百獸如堯庭[99]

위에 나타난 나례행사는 나례청에서 주관한 궁궐의 연말 대나(大儺)였으며, 잡기의 종목으로는 토화·탄도·오방귀무·용백택(踊白澤, 도판 119)[100]·처용무·그림자연극(도판 118)이 등장하고 있다. 특히 십이지신 가면무(도판 120)와 함께 황문(黃門)과 진자(侲子)들이 주고받는 노래가 있었음을 알 수 있다.

한편 『목은고(牧隱藁)』 권33, 「시고(詩藁)」에 나오는 '산대잡극'의 내용을 보면 다음과 같다.

산대를 꾸민 것이 봉래산 같고	山臺結綵似蓬萊
과일 바치는 선인이 바다에서 와	獻果仙人海上來
놀이꾼 징 소리 지축을 흔들고	雜客鼓鉦轟地動
처용의 소매는 바람따라 휘돈다	處容衫袖逐風迴
긴 장대에 매달린 사람 평지를 가듯	長竿倚漢如平地
폭죽은 번개처럼 하늘에 솟네	爆火衝天似疾雷
태평스런 참모습 그리려 하나	欲寫大平眞氣像
늙은 신하 글솜씨 없어 부끄러워라	老臣簪筆愧非才[101]

위의 시에서 주목할 부분은 산대가 설치된 곳에서 솟대놀이와 폭죽놀이(도판 121) 같은 잡희와 헌선도와 처용무 같은 가무가 함께 공연되었다는 사실이다. 그러나 바다에서 왔다는 '과일을 바치는 선인'이 봉래산인 산대에 도착하는 장면은 여기들이 왕께 헌수를 올렸던 교방가무와는 다른 새로운 창작물로 여겨지며,

119. 사찰에서 사용한 주지(사자탈-하회탈). 고려말-조선초. 하회병산동민(국립중앙박물관).

120. 십이지신 가면무. 공주민속극박물관.(심이석 그림)

121. 폭죽놀이(藥法傀儡). 『금병매(金瓶梅)』
사화(詞話) 제42회 삽화. 명대.

처용무가 극적으로 확대되었을 가능성도 있다. 솟대놀이와 폭죽놀이는 분명 개방된 광장이나 마당에서 연희된 벽사나례의 종목으로 볼 수 있는데, 산을 배경으로 선인과 처용이 등장하는 것은 산대에 수평무대가 지어졌음을 시사하고 있다.

고려조의 등산·채산·오산·채붕은 조성기법에 차별성이 있다 하더라도 높은 산의 축조였고, 산대악인들의 기묘한 잡희는 땅에 대한 벽사진경(壁邪進慶)의 기능을 하는 것으로 지면 위에서 이루어졌다. 그러나 성현과 충신의 우상을 산 위에 올리는 팔관회의 전통에서부터 인형·잡상·영기의 놀이가 출현했고, 헌선도와 처용의 춤이 올려지는 산대로 발전되었다. 또한 고려말의 산대잡극에는 교방악에서 유입된 가무와 마당에서 노는 잡기 외에도 세도가들의 부당한 탈취를 비판하는 영인(伶人, 優人)들의 소학지희(笑謔之戲)[102]가 있었다.

결국 한국 궁중의례 극장공간에서 우주산은 고대 소도의 신간으로부터 삼국시대 산신앙의 상징인 악붕노대로, 고려조 연등회·팔관회의 채붕산으로 장엄화되었고, 인형극과 가면춤이 올려지는 산붕·산대 등 기능적인 무대로 변천했음을 알 수 있다.

5장 조선시대 궁중의례의 공간

1. 예악(禮樂)의 공간

1. 예악사상과 의례공간

조선 궁중의례의 근본이 되는 예악사상은 악(樂, 예술)을 통해 인간의 마음을 우주의 질서와 화합하게 하려는 철학적 사상이었으며, 이는 극장예술이 추구하는 목적과 일맥상통하는 것이다. 『예기』「악기(樂記)」편에서는 예(禮)를 외면적 질서, 악(樂)을 내면적 질서로 하여, 양자가 서로 지나침이 없이 중용을 꾀할 때 생육의 기운으로 예악의 효용이 드러난다고 했다. 성종 24년(1493)에 성현이 쓴 『악학궤범』의 서설에서는 예악의 원리와 효용을 다음과 같이 적고 있다.

악이란 하늘에서 나와서 사람에게 붙인 것이요, 허(虛)에서 발해 자연에서 이루어지는 것이니, 사람의 마음으로 하여금 느끼게 해 혈맥을 뛰게 하고 정신을 유통케 하는 것이다. 느낀 바가 같지 않음에 따라 소리도 같지 않아서, 기쁜 마음을 느끼면 그 소리가 날려 흩어지고, 노한 마음을 느끼면 그 소리가 거세고, 슬픈 마음을 느끼면 그 소리가 애처롭고, 즐거운 마음을 느끼면 그 소리가 느긋하게 되는 것이니, 그 같지 않은 소리를 합해서 하나로 만드는 것은 임금의 인도(引導) 여하에 달렸다. 인도함에는 정(正)과 사(邪)의 다름이 있으니, 풍속의 성쇠 또한 여기에 달렸다. 이것이 악의 도가 백성을 다스리는 데 크게 관계되는 이유이다. (樂也者 出於天而寓於人 發於虛而成於自然 所以使人心感而動蕩 血脈流通精神也 因所感之不同而聲亦不同 其喜心感者 發以散 怒心感者 粗而厲 哀心感者 噍以殺 樂心感者 嘽以緩 能合其聲之不同而一之者 在君上導之如何耳 所導有正邪之殊 而俗之隆替係焉 此樂之道所以大關於治化者也)

위의 인용문에 나타난 바와 같이 법과 형벌로써 백성을 다스리기보다는 예악으로 자율성과 선(善)의 정치를 이루겠다는 조선왕조의 이념은 국조오례를 치르는 데서 형식화했다. 오례(五禮)는 제사에 관한 길례, 사상(死喪)에 관한 흉례(凶禮), 비어(備禦)에 관한 군례(軍禮), 인국과의 교제에 관한 빈례(賓禮), 관혼(冠婚)에 관한 가례(嘉禮)로서, 왕실의 주요 행사이자 백성들에 대한 도덕적 규범이 되었다.

음악은 의례를 시종일관 이끄는 절차의 요소였으며, 악기는 여덟 가지 자연 재질인 석(石)·금(金)·사(絲)·죽(竹)·포(匏)·토(土)·혁(革)·목(木)으로 만들어졌다. 『악학궤범』에 나타난 악곡의 원리는 우주만물의 오행법칙에 맞는 오성(五聲)과 십이율(十二律)에 따른 조합법이며, 여덟 가지 악기의 상하 손익법에 따라 길고 짧은 것, 맑고 탁한 소리를 조화시키는 것이었다. 악기는 아부(雅部)·당부(唐部)·향부(鄕部)를 통틀어 육십여 종으로, 관악기·현악기·타악기의 합주로 연주되었다. 헌가악(軒架樂)은 길례·군례·빈례·가례 등의 대례와 정기적인 조회에 동원되었고, 정재가 있는 연향에는 등가악(登歌樂)을, 궁궐 밖 행렬식에는 고취악을 연주했다.

『예기』「악기」편에서는 성인이 악으로 하늘을 따르고 예로 땅을 따르는 것이 음양화합사상이며, 또한 악의 본질은 '화(和, 조화)'이고, 예의 본질은 '별(別,

---

1.『예기』「악기」. "樂者敦和 率神而從天 禮者別宜 居鬼而從地 故聖人作樂以應天 制禮以配地 禮樂明備 天地官矣."
2.『예기』「악기」. "樂者 心之動也 聲者 樂之象也 文采節奏 聲之飾也 君子動其本 樂其象 然後治其飾 是故先鼓以警戒 三步以見方 再始以著往 復亂以飭歸 奮疾而不拔極幽而不隱 獨樂其志 不厭其道 備擧其道 不私其欲 是故情見而義立 樂終而德尊 君子以好善 小人以聽過 故曰生民之道 樂爲大焉."

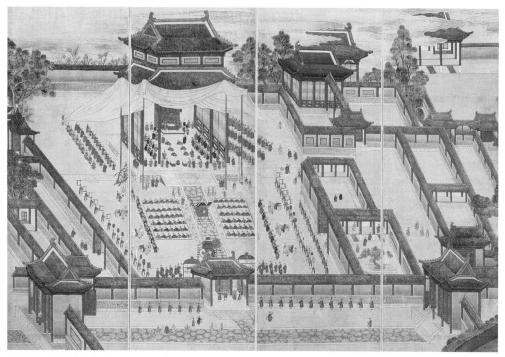

122. 왕세자탄강진하계병(王世子誕降陳賀契屛) 제3폭-제6폭. 1874. 국립중앙박물관.

구별)' 이라고 정의했다.[1] 또한 "악은 마음의 움직임이며 그 소리는 악의 형상인데, 북소리를 듣고 경계하는 마음으로 걸음을 옮기는 것이 예이고, 그 안에 있는 도를 깨닫는 것이 백성을 살리는 길이 될 때 악은 위대해진다"라고 했다. 결국 예악은 백성을 위한 도가 되고 행동의 규범이 된다는 것이다.[2] 이러한 예악사상에 준거한 의례악은 다만 왕에게 바쳐지기 위한 정재로서의 표현예술이라기보다, 도와 덕의 실천을 표방하는 행동예술로서의 의례악이라고 말할 수 있다. 따라서 의례공간인 궁궐의 건축에도 이러한 예악사상이 깃들어 있었고, 의례의 공간연출에도 예악사상이 그대로 반영되어 있었다.

조선의 궁궐은 작게 보면 왕실의 살림집이라고 할 수 있겠지만 크게 보면 국가의 대례를 치르는 공간이었다. 모든 행사는 백성에게 규범이 되도록 치르는 의식이었기 때문에 궁궐은 의례공간으로서 합당하게 건축되었다. 임금은 사랑방과 같은 편전(便殿)에서 신하들과 함께 정사를 돌보았고 정전(正殿)에 나와 공식적인 행사를 열었다. 고종 11년(1874)에 그려진 왕세자탄강진하계병(王世子誕降陳賀契屛, 도판 122)에서 보듯 정전은 회랑으로 둘러싸여 성역화되었으며, 전면(前面)에 화강암으로 깔린 넓은 뜰이 주행사장이 되었다.[3] 월대와 기단 위에 자리한 임금의 전(殿)은 커다란 제단이라고 할 수 있는데, 의례를 행할 때는 기둥 사이의 문을 열어 개방하고 채붕을 쳐서 내부공간과 외부공간을 연결했다. 얕은 담장과 회랑은 성역의 변두리에 경계선을 그으면서 기능적으로 모든 구역을 연계시키는 유통의 길이었다. 또한 궁궐 내의 야산과 수목은 자연과 조화되어 담장 대신에 각 건축물을 따로따로 경계 짓는 역할을 한다. 이러한 궁궐건축의 조화와 분별성은 예악의 미학을 반영하고 있다. 미학적으로 궁궐건축은 수평으로는 각 구역을 분리시키고 있지만, 수직으로는 하늘을 향해 열려 있는 제기(祭器)의 형상을 하고 있다. 즉 의례공간으로서의 궁궐건축은 수직적으로는 하늘을 향해 개방되어 있고, 수평적으로는 공간을 분할해 인간 관계의 구별성을 시사하는 측면에서 예악사상을 그대로 반영하고 있다고 하겠다.

2. 궁중의례의 공간연출

순조기축명정전외진찬(純祖己丑明政殿外進饌)의 구성과 공간연출

진연(進宴)은 조선조 궁정에서 행한 연향(宴饗) 전반을 칭하는데, 국왕의 망오(望五) · 오순(五旬) 그리고 대왕대비의 주갑(周甲)을 위한 잔치나, 매해 정례적인 회례연(會禮宴) · 양로연(養老宴) · 단오 · 추석 · 행행(行幸) · 강무(講武) 또는 비정기적인 진풍정(進豊呈) · 사신연(使臣宴) · 곡연(曲宴) · 사연(賜宴) 등을 모두 포함한다. 크기에 따라 진연 · 진찬(進饌) · 진작(進爵)으로 나뉘기도 하는

---

3. 우리나라 궁궐의 대표적인 정전은 경복궁의 근정전으로서 북악산을 배경으로 하고 정면에 남산을 향하고 있다. 이에 비해 도판 122에 그려진 인정전은 별궁인 창경궁의 정전으로, 야산을 배경으로 하고 있다. 정재가 상연되는 예연을 위해서는 뜰에 보계를 깔아 무대공간을 만들었으나 이 그림에는 보계가 그려져 있지 않다.

4. 이에 대해서는 「명정전진찬의」『순조기축진찬의궤』 상, 서울대학교 규장각, 1996, pp.189-200과 한국음악사료연구회(정덕윤 외 역), '명정전진찬의 의식 절차」「국역 순조기축년진찬의궤」 Ⅱ, 『한국음악사학보』 17, 1996, pp.241-247 참조.

데, 연향성이 강한 예연에는 작헌례(爵獻禮) · 진탕(進湯) · 진화(進花) · 진대선(進大膳) · 진소선(進小膳)의 의식 절차와 함께 정재가 상연되어 조회 · 책례(冊禮) 등의 의례와 차이가 있다.

순조 29년(1829) 2월 순조의 보령(寶齡) 사순과 등극 삼십 년을 맞이해 대리청정(代理聽政)을 하던 왕세자 익종(翼宗)에 의해 설행된 명정전외진찬은 복잡한 의식 절차가 의궤에 기록되어 있어[4] 그 상세한 내용을 검토해 볼 수가 있다. 진찬 의궤는 차질 없이 행사를 치르는 대본이었다고 할 수 있다.

의식 절차를 보기 쉽게 정리해 보면 표 3과 같다.

이 표에서의 진찬식은 왕과 신하가 함께 먹고 마시는 행동을 예에 맞추어 의식화한 것이다. 왕과 신하들의 예는 배(拜) · 치사(致詞) · 화(花) · 수주(壽酒)의 진상 등을 통해 표현되었으며, 이를 중간에서 연결하는 전의(典儀) · 인의(引儀) · 제조(提調) · 찬의(贊儀) 등의 역할을 볼 수 있다. 전의는 모든 사람들의 위치를 결정하고 배(拜)와 음악의 진행을 맡아 창한다. 협률랑은 휘(麾)를 들어 시작과 멈춤을 지휘한다. 인의는 사람들이 들어오고 나가는 것을 인도하고, 제조는 치사함(致詞函) 찬안(饌案), 수주 등 모든 진찬을 어좌(御座)에 올린다. 찬의는 진찬의 순서를 관장한다. 이들은 의식 절차의 표면에 나서서 직접적 행동을 하는 여러 명의 연출자 내지 무대감독이라고도 볼 수 있다.

의례공간은 전정 · 보계 · 궁전의 셋으로 나뉘는데, 도판 123-125에 보이듯 어좌가 있는 전 안과 신하들이 좌정하고 있는 전 밖의 공간은 중간에 꽃 · 향로 및 의물이 위치하고 있다. 중앙과 동서로 난 각 계단은 움직이는 인물의 퇴장로가 되며 도식적인 행동선을 만들고 있다. 동쪽 계단은 왕세자와 반수(班首)가, 서쪽 계단은 그 외의 인물들이 보계 위에 오르는 통로이며, 중앙의 계단은 왕세자와 반수만이 사용할 수 있다. 이들이 궁전 내에서 나올 때는 좌우에 있는 동서 편문을 이용한다. 왕의 제1작이 시작되기 전의 선창과 제9작이 끝나고 사배 후의 후창은 의식의 내용과 목적을 밝히는 선언문으로서, 왕세자가 짓고 전악이 창하도록 되어 있다. 존숭악장유천지곡(尊崇樂章惟天之曲)에 맞추어 부르는 시가의 형태이다. 또한 왕세자가 제1작을 올릴 때 손수 낭송하는 치사는 효심의 성정을 표

표 3. 명정전외진찬의 의식 절차

의식 절차	왕	신하	음악 및 정재
初嚴		장내 준비. 병조, 殿庭에 배열.	
二嚴	왕의 수레, 궁궐 문에 도착.	文武百官, 합문 앞 배열.	鼓吹樂
三嚴	왕의 수레, 정전으로 입장.	왕세자 및 文武百官 殿庭에 배열. 향로를 피움.	與民樂令(軒架)
	왕, 어좌에 착석.	왕세자 이하 모두 四拜.	落陽春(軒架)
		提調, 揮巾函·饌案· 別行果 花盤을 올림.	與民樂令(與民樂慢, 軒架)
		모두 俯伏, 典樂의 唱.[5]	維天之曲
第一爵		왕세자, 중앙에 拜位하여 致詞[6]와 壽酒를 올림.	
	왕, 壽酒를 마심.		步虛子令(登歌)/初舞
	왕, 꽃을 내림 (散花).	왕세자와 百官, 꽃과 술을 받음.	
	왕, 湯과 饅頭를 받음.	提調가 진상하고, 贊儀가 俯伏, 興, 平身을 唱하고 모두 俯伏.	與民樂慢(登歌)
第二爵		引儀가 班首를 인도하고, 提調가 班首에게 壽酒를 주면 좌전에 나아가 꿇어앉음. 提調, 班首에게서 壽酒를 받들어 무릎을 꿇고 나아감. 내시가 받들어 어좌 앞에 놓음. 代致詞官, 어좌 앞에서 俯伏하고 致詞를 올림.	
	왕, 공경히 경들의 잔을 들겠다고 선언.(承旨가 전함)		井邑樂(登歌)/牙拍 (牙拍 네 명, 挾舞唱詞 네 명)
	왕의 第二爵이 끝남.		
		왕세자 이하 모두 세 번 머리를 조아리고 千歲를 외침.	
		贊儀가 俯伏, 興, 四拜, 興, 平身을 唱하고 모두 四拜.	洛陽春(軒架)

		引義, 宗親 文武百官을 자리에 인도. 典樂, 唱者와 琴瑟을 인도해 입장. 부제조, 왕세자에게 揮巾·饌案·別行果를 올림. 報德, 꽃을 올림. 執事者, 宗親 文武應參官의 饌卓 설치. 散花(百官에게 꽃을 나눠 줌). 부제조, 왕세자에게 湯과 饅頭를 올림. 執事者, 百官에게 宣醞酒를 돌림. 모두 끝나면 俯伏하고 일어나서 자리로 돌아감.	
第三爵		引義가 進爵宰臣을 인도하고, 提調가 進爵宰臣이 좌전에 꿇어앉아 바친 壽酒를 올림.	
	왕이 爵을 드심.		五雲開瑞朝(登歌)/ 響鈸(舞童 두 명)
		宰臣, 서문으로 나와서 자리로 돌아감. 음악이 그침.	
第四爵		提調, 進爵宰臣의 壽酒를 올리고 반찬 몇 가지를 올림.	
	왕이 爵을 드심.		鄕唐交奏(登歌)/舞鼓 (북잡이 네 명, 舞童 여덟 명의 挾舞, 唱詞)
第五爵		引義, 進爵宰臣을 인도해 정문으로 들어가서 壽酒亭에 이르면 동북쪽을 향해 섬. 宰臣, 爵을 받아 좌전에 꿇어앉아 提調에게 줌. 提調, 爵을 받아 남쪽 계단으로 올라가 무릎을 꿇고 나아감. 내시, 전해 받들고 꿇어앉아서 좌전에 놓음.	
	왕이 잔을 잡음.	宰臣, 俯伏.	
	왕이 爵을 드심.		鄕唐交奏(登歌)/ 廣袖舞(舞童 두 명, 挾舞 스무 명)

		提調, 나아가 빈 잔을 받아서 宰臣에게 서서 줌. 宰臣, 받아서 주정에 돌려주고 자리로 돌아감. 음악이 그침.	
第六爵	위와 같음.	위와 같음.	鄕唐交奏(登歌)/ 尖袖舞
第七爵	위와 같음.	위와 같음.	井邑樂(登歌)/牙拍
第八爵	위와 같음.	위와 같음.	鄕唐交奏(登歌)/ 響鈸(舞童 두 명, 挾舞 여덟 명)
第八爵	위와 같음.	위와 같음.	
	왕이 爵을 드심.		五雲開瑞朝(登歌)/ 舞鼓
		提調, 상을 거둠. 부제조, 왕세자의 상을 거둠. 執事者, 宗親 文武百官의 식탁을 치움. 음악이 그침.	與民樂慢
		相禮, 왕세자를 인도. 引義, 宗親 文武應參官 및 百官을 나누어 다시 拜位로 돌아옴.	
		贊儀, 鞠躬, 四拜, 興, 平身을 唱. 왕세자 이하 모두가 鞠躬, 四拜 후 몸을 바로 세움. 음악이 그침.	洛陽春(軒架)
		左通禮, 좌전으로 나아가 예를 마쳤다고 아룀.	協律郎, 꿇어 俯伏한 뒤 麾를 들고 일어남. 악공, 柷을 치고 與民樂令(軒架)을 연주함.
	왕이 수레에 오름.(入大次)		왕, 전문을 나감. 鼓吹가 연주됨. 協律郎, 꿇어앉아 麾를 누이고 俯伏하고 일어남. 악공, 敔를 긁으면 음악이 그침.

	왕세자가 수레에 오름.		고취 연주. 세자, 전 안으로 돌아감. 鼓吹가 그침.
		引義, 宗親 文武 應參官 및 百官을 인도해서 나감. 左通禮, 解嚴 선언 후 병조에서 선교를 받들어 의장 해제.	

현하는 장면이다.7 제2작에서는 백관들의 치사가 따르는데 대치사관(代致詞官)이 낭송한다. 당시의 악장·치사·전문(箋文)·연구(聯句)의 창작은 마음의 정성을 노래 또는 낭송으로 교환하는 예악의 중요한 요소로서, 의식의 목적을 밝히고 있다.

궁궐의 정전은 조하(朝賀) 및 예회를 위해 석 단의 월대로 둘러싸여 있다. 그러나 명정전외진찬은 향악정재와 군신들과의 진찬이 있기 때문에 넓은 보계를 깔았다.(도판 123) 삼엄이 울리고 임금이 수레에서 내려 어좌로 향할 때 향로에서 연기가 피어오르는데, 이때 시위(侍衛) 및 금군(禁軍)을 제외하고는 아무도 보계에 오르지 못한다. 왕세자 및 문무백관은 보계 밑 뜰에서 왕에게 사배한 후 기다리고 서 있다.

왕세자는 제1작을 올리기 위해 비로소 보계에 오르는데, 동편 계단으로 올라 전의 중앙문으로 들어가 수주를 올린 후 다시 배위로 돌아온다. 동시에 서편 뜰에

---

5. "高高惟天穹冒下土載厥生生 孰聞而覩 穆穆我王 儼思則之篤恭久道裳衣其垂 帝眷克肖錫無疆慶 文子文孫承承駿命 萬稼攸同 百工是式 於千億祀不顯一德." 「연설·악장, 외진찬선창악장」 『순조기축진찬의궤』, 서울대학교 규장각, 1996.

6. "世子臣 恭遇道光九年二月初九日 淵德顯道景仁純禧主上殿下 化隆冊載籌添四旬 自今以衍萬八千春斗 觴斝霞極耀凝旈 一堂騰歡八域同休 臣不勝慶忭之至 謹上千千歲壽." '예제명정전진찬치사'. 「치사」 『순조기축진찬의궤』, 서울대학교 규장각, 1996.

7. 효명세자(익종, 1809-1830)는 순조의 대리청정을 하는 동안(1827-1830) 집사악관 김창하와 함께 새로운 정재와 악을 창안하고 정비했다. 의궤에 의하면 왕세자는 진찬의 계획을 임금께 아뢰고, 윤허를 받은 후 진찬소 당상관을 임명하고, 동원되는 관원 및 악곡의 시상과 좌통례·우통례의 품계를 올려 주었다. 또한 그는 사옹제조를 불러 진찬의 설치와 음식 준비에 대해서도 손수 결정하고 명령했다. 왕세자의 윤허 상소 및 진찬 준비는 이미 넉 달 전인 무자년 11월에 시작된 것으로 나타난다. 효명세자는 명정전외진찬과 자경전내진찬의 총연출자였다.

앉아 있던 대치사관은 서편의 회랑을 통해 전정을 한 바퀴 돌아서 보계의 서편 계단으로 오르고, 전의 서쪽 문을 통해 어좌 앞에서 치사함을 바친다.

제2작은 반수가 동쪽 계단을 통해 전 내에 올라 수주를 바치면, 대치사관이 서쪽 계단으로 전 내에 오른다. 임금이 작(爵)을 들 때 정읍악과 아박무가 연행되고, 정재와 함께 전하의 작이 끝나면, 백관들이 동서 계단으로 올라와 배하고 꽃과 술을 받는다. 이들이 좌우로 물러나 보계 위에 좌정하면 다시 무동들이 중앙에 진입한다.

제3작부터는 진작재신이 전의 서쪽 문으로 들어가 수주정에서 제조가 따른 술을 어좌 앞에 바칠 때, 왕세자와 백관들은 각자의 자리에서 절을 올린다. 군신들이 올린 술은 제조와 내시가 직접 전하에게 올리고 왕이 하사하는 술이나 빈 잔을 옮길 때도 마찬가지이다.

이처럼 신하들이 임금에게 헌수(獻壽)를 올릴 때는 전정 뜰에서 출발해 동서 계단을 통해 보계 위에 오르고, 전의 동서 입구를 통해 어좌가 있는 전 내로 들어가 수주정에서 동쪽을 향해 섰다가, 비로소 중앙의 진작위(進爵位)에서 북쪽을 향해 작을 바친다. 남쪽의 배위(拜位)에서 출발해 북쪽의 어전에 이르기까지 좌우로 방향을 잡아 나아가는 우회(迂回)의 공간구도이다. 우회로 올라갈 수 있는 대의 공간은 신성한 공간이며 하늘의 공간이다. 전 내의 어좌 뒤에는 오악의 산수와 하늘에 일월이 그려져 있다. 이는 산을 중심으로 한 동양의 천하관(天下觀)과 고대로부터 내려온 한국 산신앙의 전통을 증거하는 것이며, 산은 의례공간의 중심축이 되고 있다.

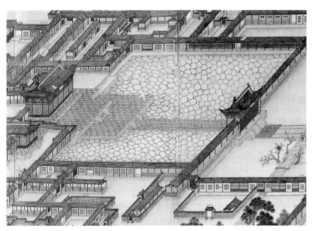

123. 명정전. 〈동궐도〉 부분. 1828년경. 고려대학교박물관.

보계의 대는 뜰(마당)에 둘러싸여 있으면서, 제단처럼 축조된 세 단계의 월대를 무시하

124. 〈명정전진찬도〉. 『기축진찬의궤』. 1829. 서울대학교 규장각.

고 하나의 수평적인 공간을 형성하고 있는데,(도판 124, 125) 그 이유는 모든 사람이 각각의 위치에서 하나의 의식에 몰입되어 동시에 다 같이 행동해야 하는 밀접성과 현장성을 유발하기 위한 것이다. 또 하나는 음악·춤·노래·치사의 요소가 의식의 공간 내에 비현실적인 장경(裝景)과 환상을 지어냄으로써 의례의 대는 신성세계의 무대를 연출할 수 있기 때문이다.

모든 움직임은 수평의 공간 위에 동서남북으로 구분되어 오행의 방위를 정하고, 인간의 관계를 상생으로 연결하는 동작선을 채택하고 있다. 어좌의 동쪽에 위치한 세자의 잔은 동남쪽의 수주정에서부터 서쪽으로 돌아 북쪽의 배위로 옮겨지고, 재신들이 진작을 올릴 때는 동쪽 회랑으로 돌아서 동 계단을 거쳐 어좌 앞 배위에서 올라 작을 바치고, 서쪽 계단으로 내려와 서쪽 회랑을 통해 뜰의 동남쪽으로 돌아오는 동선으로 정전을 크게 한 바퀴 도는 형식인데, 이는 매 진작

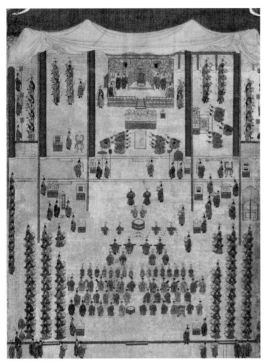

125. 〈명정전진찬도〉 부분. 기축진찬도병(己丑進饌圖屛) 제1장면.
1829. 국립중앙박물관.

마다 반복되었다.

정재와 의식은 하나의 연속적인 절차로 진행되었다. 군신들이 진작과 치사를 올린 후 임금이 작을 들 때 음악이 연주되고, 작이 끝나면 정재무를 춘 후에 다음 순서를 진행했다.

기축년 외진찬에서는 초무(初舞) · 무고(舞鼓) · 향발(響鈸) · 아박(牙拍) · 광수무(廣袖舞) · 첨수무(尖袖舞) 등의 향악정재무가 공연되었는데, 순조대에는 합창이 없어지고 향당교주의 연주와 무반주로 칠언 또는 오언의 한시 구호를 불렀다.[8] 무고는 처용무와 같이 회무를 추었으나, 향발과 아박의 이인무와 팔인협무는 평행한 일직선으로 서거나 좌우로 갈라서는 동작선을 취했다. 외진찬의 정재는 음악 연주에 중심을 두고 정중동(靜中動)의 춤을 추는 것이 내진찬과 대조적이다.

앞에서 본 바와 같이 의례의 배우들은 북쪽을 향하되, 중앙에서 출발해 좌우로 상극(相剋)의 방향으로 나아갔고 원을 그리며 회선하는 동작선을 취했다. 오행의 요소인 화 · 수 · 목 · 금 · 토(남 · 북 · 동 · 서 · 중앙)는 서로가 서로를 지배하는 상극의 관계에 있다. 의례의 동작선과 정재무에 적용된 좌우 대칭으로 나뉜 음양의 구별성과 원형의 합일 구도는 결론적으로 궁중의례가 상생을 추구하는 '화(和)'의 공간철학으로 운영되었음을 시사한다.

---

8. 고려 이래로 조선 초기까지 아박에는 동동사를, 무고에는 정읍사를, 학 · 연화대 · 처용무 합설에는 처용가 · 정과정 · 미타찬과 관음찬 등을 합창했다. 그러나 조선 말기에는 고려가요가 없어지고 한시를 창하게 되었으며, 새로운 창작 향악정재에서는 관동별곡 · 어부사 등의 조선시대 가곡을 불렀다.

또한 왕이 신하들로부터 헌수를 받을 때 백성의 가요였던 정읍사·동동·정과
정(鄭瓜亭) 등의 합창과 함께 북을 치거나 아박 장단을 치는 장면 연출은 상당히
깊은 의미를 가지고 있다. 즉 군신들의 진작은 백성들의 노래 및 북소리와 일치
하고, 왕은 그 뜻을 받아들인 후 화답으로 신하들에게 꽃과 술을 내리는 것이다.
이와 같은 내용의 정재는 단순한 연향 종목이 아닌 임금과 백성, 하늘과 땅의 화
합을 추구하는 예악의 행동으로서 의례의 핵심을 이룬다고 할 수 있다.

자경전내진찬(慈慶殿內進饌)의 구성과 정재의 연출

명정전외진찬의 사흘 후(기축년 2월 12일)에 거행된 자경전내진찬은 왕세자(익
종)가 순조의 중궁 순원왕후를 위해 베푼 진찬이다.

대청의 중앙에는 순원왕후의 옥좌가 있는데 그 뒤로 일월오봉병(日月五峯屏)
이 둘러쳐 있고, 서쪽 주렴이 쳐진 방에는 왕세자빈이 자리하고, 오른쪽 주렴이
올려진 방은 왕후의 편차(便次)로 쓰였다. 왕세자의 시연위(侍宴位)는 동쪽에,
배위는 내전의 중앙 진찬탁 앞에 놓여 있다. 일월산수를 배경으로 작은 무대를
연상케 하는(도판 126) 뜰 전체에는 보계를 깔아 정재를 위한 또 하나의 무대공
간을 형성하고 있는데,(도판 127) 대 위에 무구(舞具)와 의물들이 미리 배치되어

126. 〈자경전진찬도(慈慶殿進饌圖)〉 자경전 대청 부분.
기축진찬도병 제2장면. 1829. 국립중앙박물관.

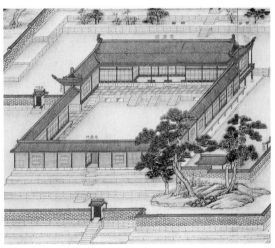

127. 자경전. 〈동궐도〉 부분. 1828년경. 고려대학교박물관.

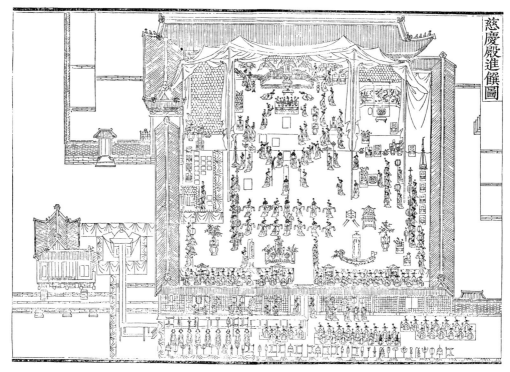

128. 〈자경전진찬도〉. 「기축진찬의궤」. 1829. 서울대학교 규장각.

인물의 유동적인 동선에 의해 공간 전환이 가능하도록 되어 있다. 자경전의 내전은 흘러내린 장막과 발로 나눠져 또 하나의 무대공간을 이루고, 그 안에 의례를 집전하는 집사와 상궁들이 배치되어 있다.

임금과 왕세자 외에 남성의 출입이 금지된 내전인지라, 외진찬의 협률랑과 전의 대신 여집사(女執事)가 정재와 의식을 지휘했다. 또한 등가악대만이 보계 밑에 자리하고, 헌가악대는 종친·의빈·척신들과 함께 자경문 밖에 북향해 앉았다. 서쪽 휘장 안에는 내빈의 시연위와 좌우명부(左右命婦)의 배위 및 치사안(致詞案)이 자리잡았다.(도판 128)

자경전내진찬의 의식 절차9를 정리해 보면 표 4와 같다.

이 표에서 보듯 내진찬은 외진찬과 달리 왕후가 왕세자·왕세자빈과 꽃과 잔을 바로 주고받음으로써 가족적인 분위기를 보여주는 것이 특징이다. 또한 공간

표 4. 자경전내진찬의 의식 절차.

의식 절차	등가악곡	정재
왕세자와 왕세자빈 등장.	重明之曲(井邑慢機)	
왕후의 등장 및 승좌.	風雲慶會之樂(原舞曲)	夢金尺之舞(태조 이성계가 하늘의 뜻을 받들어 조선을 건국한 내용)
배례(鞠躬, 四拜, 興, 平身).	萬壽永無彊引(與民樂慢 4회)	
爵을 壽酒亭에 내어옴.	太平年之曲(鄕唐交奏)	
揮巾函(수건).	致和平之曲(鄕唐交奏)	
揮御饌(식사).	慶豊樂之曲(鄕唐交奏)	
進花(꽃).	瑞雲曜日之曲(鄕唐交奏)	
進花(왕세자에게 꽃).	慶春光之曲(鄕唐交奏)	
進花(왕세자빈에게 꽃).	艶陽春之曲(鄕唐交奏)	
頒花(典飾이 左右命婦에게, 女執事가 宗親・儀賓・戚臣에게 꽃).		
先唱樂章(司唱 두 명).		
尙食이 爵을 들고 전하의 앞으로 나아감(왕세자가 바침).	長生寶宴之樂(菩薩慢)	長生寶宴之舞(장생불로를 송축하는 잔치를 열고 잔을 올리는 내용)
第一爵(왕후가 받음).	壽齊天之曲(鄕唐交奏)	
進鹽水(왕세자에게 爵을 권하고 염수를 받음).	殿前歡之曲(鄕唐交奏)	
進小膳.	萬波停息之曲(鄕唐交奏)	
進湯.	壽曜南極之曲(鄕唐交奏)	
進大膳.	景籙無彊之曲(鄕唐交奏)	
進饅頭.	綏安之曲(鄕唐交奏)	
第二爵.	日昇月恒之曲(鄕唐交奏)	
상식이 爵을 들고 전하의 앞으로 나아감(왕세자빈이 바침).	帝壽昌之曲(原舞曲)	獻仙桃(군왕을 송축하기 위해 왕모가 선계에서 내려와 千歲靈桃를 헌상한다는 내용)

擧爵.	應天長之曲(鄕唐交奏)	
進茶(왕세자빈이 차를 받음).	金殿樂之曲(鄕唐交奏)	
捧揮巾(왕세자빈이 수건을 받음).	樂昇平之曲(鄕唐交奏)	
饌案(왕세자빈이 찬과상을 받음).	瑞安之曲(鄕唐交奏)	
第三爵.	乾淸坤寧之曲(鄕唐交奏)	
尙食이 左命婦班首의 爵을 바침.	壽寧之曲(原舞曲)	響鈸舞(작은 놋쇠 바라를 치면서 봄바람이 향기로운 먼지를 끌고 와 장수를 빈다고 노래함)
第四爵.	祝華之曲(鄕唐交奏)	
尙食이 右命婦班首의 爵을 바침.	賀聖朝之曲(原舞曲)	牙拍舞(동동 악곡에 맞추어 牙拍을 치면서 춤을 춤)
致詞(右命婦班首가 바침, 女執事가 낭독).	樂千春之曲(鄕唐交奏)	
第五爵.	獻天壽之曲(鄕唐交奏)	
尙食이 宗親班首의 爵을 바침.	千年萬歲之曲(原舞曲)	抛毬樂(포구문 구멍에 채색된 공을 던지는 무용)
致詞(宗親班首가 바침, 女執事가 낭독).		
擧爵.	天籙永昌之曲(鄕唐交奏)	
第六爵.	長春不老之曲(鄕唐交奏)	
尙食이 儀賓班首의 爵을 바침.	演百福之曲(原舞曲)	壽延長之舞(하늘이 좋은 술을 금잔에 부어 준다는 獻壽의 내용)
致詞(儀賓班首가 바침).		
擧爵.	萬斯年之曲(鄕唐交奏)	
第七爵.	禎祥之曲(鄕唐交奏)	
尙食이 戚臣班首의 爵을 바침.	萬壽長樂之曲(原舞曲)	荷皇恩(태종이 명나라 황제로부터 은사를 받았다는 내용)
致詞(戚臣班首가 바침).	堯階樂之曲(鄕唐交奏)	
千歲(四拜).	昌運頌之曲(洛陽春)	

饌卓 설치(左右命婦 앞).	嘉樂之曲(鄕唐交奏)	
饌卓 설치(宗親·儀賓· 戚臣 앞).	慶太平之曲(原舞曲)	舞鼓(여기 네 명이 북을 치고 바깥에서 여덟 명이 挾舞를 춤)
왕세자의 擧爵.	喜新春之曲(原舞曲)	蓮花臺(두 명의 舞童이 연꽃에서 나오고 두 명의 竹竿子, 두 명의 女妓가 대무를 춤)
왕세자빈의 擧爵.	慶芳春之曲(鄕唐交奏)	
왕세자빈이 湯을 받음.	樂萬歲之曲(鄕唐交奏)	
왕세자빈이 饅頭를 받음.	淸平樂之曲(鄕唐交奏)	
왕세자빈이 茶를 받음.	天保之樂(鄕唐交奏)	
왕세자빈이 別行果를 받음.	天仙子之曲(鄕唐交奏)	
왕세자가 別行果를 받음.	武寧之曲(鄕唐交奏)	劍器隊(여기 네 명이 전립을 쓰고 전복을 입고서 칼춤을 춤)
左右命婦·宗親·儀賓·戚臣 擧爵 후, 사창의 후창 악장.		
찬과상 정리.	萬方寧之曲(鄕唐交奏)	船遊樂(채색한 배의 밧줄을 당기며 배를 움직이고 漁父詞를 노래함. 동기 두 명, 執事 두 명, 내무 열 명, 외부 서른두 명)
찬과상 정리. (왕세자와 왕세자빈)	長生樂之曲(鄕唐交奏)	
四拜.	慶成之曲(與民樂慢)	
解嚴 선언.	飛龍引(原舞曲)	五羊仙(다섯 선인이 다섯 양을 타고 내려와 임금에게 송덕을 바치고 昇平의 교화를 축하함)
왕후, 大次로 퇴장.		
致詞函과 箋文을 모시는 예. (왕세자와 왕세자빈)		
왕세자, 小次로 퇴장.	五雲仙鶴引子(步虛子令)	
왕세자빈, 내전으로 퇴장.		
左右命婦·宗親·儀賓·戚臣 퇴장.		

적으로 격리된 좌우명부반수 · 종친반수 · 의빈 · 척신 · 반수들의 치사를 일일이 경청함으로써 상당히 여유있고 인간적인 예를 교환하고 있다.

그러나 공식적인 의례에서와 마찬가지로 서로 직접 잔을 바치거나 대화를 건네지 않고, 상식(尙食), 상기(尙妓), 상궁(尙宮), 전찬(典贊), 여집사 등이 직접적인 행동을 하면서 왕실의 주인공들은 그들의 연출에 따라 움직인다. 전악이 창하는 해엄선언 장면을 읽어 보면 다음과 같다.

사찬이 '사배'라고 하면 전찬이 '국궁' '사배' '흥' '평신'이라고 창한다. 왕세자가 국궁하고 사배를 하고 일어나서 몸을 바로 한다. 왕세자빈 및 좌우명부 · 종친 · 의빈 · 척신이 국궁하고 사배를 하고 일어나서 몸을 바로 한다. 음악이 그친다. 상궁이 꿇어앉아 예가 끝났다고 여쭙는다. 전찬이 '예필'이라고 창한다. 상궁이 꿇어앉아 해엄하시라고 여쭙는다. 여집사가 선교를 받들어서 의장을 해산한다. 여집사가 부복하고 휘를 들면 비룡인(飛龍引)을 연주하고 오양선을 춘다. 좌우 찬례와 상궁이 전하를 인도해 대차(大次)로 들어간다.(司贊曰 四拜 典贊 唱鞠躬四拜興平身 王世子鞠躬四拜興平身 王世子嬪及左右命婦宗親儀賓戚臣鞠躬四拜興平身 樂止 尙宮跪啓禮畢 典贊唱禮畢 尙宮跪啓請解嚴 女執事承敎坊仗 女執事俯伏擧 麾 奏飛龍引 五羊仙 左右贊禮尙宮導 殿下入大次)[10]

더 자세히 말하면 여집사는 외진찬의 전의와 마찬가지로 내진찬의 총연출자이며, 나머지 사람들은 자기의 역할을 정확히 수행하는 무대감독들이라고 할 수 있다. 이들은 어찌 보면 의식을 엄숙하게 이끄는 사제들과도 같은 행동선상에 있다.

의식의 행위는 기이하게도 초청객들을 성역의 경계선 바깥으로 내보내는 상황을 연출하고 있다. 예를 들면 좌우명부는 서쪽 계단 옆 보계에 휘장을 친 뒤에서 배(拜)하며 치사함만이 바깥으로 나올 수 있다. 종친 · 의빈 · 척신들은 자경문

9. 「자경전진찬의」 『순조기축진찬의궤』 상, 서울대학교 규장각, 1996, pp.201-255.
10. 위의 책.
11. '몽금척' 「악장」 『순조기축진찬의궤』 상, 서울대학교 규장각, 1996.

밖 헌가악대 앞자리에서 진작·거작(擧爵)하고 찬과상을 받도록 되어 있다. 그들은 또한 휘장이나 담 밖에서 배를 할 때 주악에 맞추어서 행해야 하기 때문에 긴장을 늦출 수가 없고, 반드시 여집사의 지휘에 따라야 실수를 면할 수가 있다. 죽간자를 드는 여집사만 해도 두 명이 필요했던 것으로 보아 무대감독 역할의 여집사는 수 명 이상의 복수로 운영되었을 것이다.

외진찬이 임금이 군신과 함께 하는 국가의례였다면 내진찬은 왕후를 중심으로 한 왕실의 의례였다. 내진찬에서 왕실이 술과 음식을 화합의 의식으로 함께 나눌 때, 악의 의식으로서 동시에 병행되었던 정재의 중심행동은 무엇이었을까 생각해 보기로 한다.

몽금척(夢金尺)은 왕후가 승좌하면 배를 바친 후, 왕후의 1작부터 왕세자빈과 종친들에게 꽃을 하사할 때까지 진행되는 첫번째 순서로서, 선모(仙母)가 순원왕후에게 만수를 기원하는 당악정재이다.

서장(프롤로그): 몽금척 공연의 목적

제일 중앙에 '天賜金尺受命之祥(하늘이 내린 금척은 명을 받드시는 상서로움)'이라는 글씨를 홍색 비단에 쓴 족자를 든 사람이 한 명 서 있고, 양쪽에 죽간자— 긴 장대 끝에 세죽(細竹) 백 개를 매달아 그 끝을 각각 구슬로 장식한 것—를 든 사람 두 명이 서서 구호를 말한다. 음악은 풍운경회지악(風雲慶會之樂)이 연주된다.

정(貞)한 부적의 영이함을 받들어서	奉貞符之靈異
성덕의 형용을 미화하도다	美盛德之形容
바라건대 너그러이 받아들이사	冀借優容
연예(宴譽)를 미덥게 하소서	式孚宴譽[11]

제1단계: 몽금척의 배경

향당교주에 맞추어 작대도의 배열(표 5)을 만들며 춤춘다. 십칠 박에서 멈추고 금척을 든 사람과 황개를 든 사람이 앞으로 나가 다음과 같은 치어를 한다.

引人仗		竹竿子	簇子	竹竿子		引人仗
施節						施節
龍扇	舞右一				舞左一	尾扇
施節	舞右二		金尺		舞左二	施節
鳳扇	舞右三				舞左三	雀扇
施節	舞右四		黃蓋		舞左四	施節
雀扇	舞右五				舞左五	鳳扇
施節	舞右六				舞左六	施節
尾扇	盖	盖		盖	盖	龍扇

			簇子			
舞右五	舞右三	舞右一	金尺	舞左一	舞左三	舞左五
舞右六	舞右四	舞右二	黃蓋	舞左二	舞左四	舞左六
竹竿子						竹竿子

표 5. 몽금척 초입배열도(왼쪽) 및 작대도(오른쪽). 『악학궤범』 권4.

금척을 꿈꾼 것은 천명을 받으려는 상서로운 조짐으로	夢金尺受命之祥也
태조께서 잠저(潛邸)에 계실 때에	太祖潛邸
꿈에 신인이 나타나 금척을 받들고	夢見神人
하늘에서 내려왔다	奉金尺自天而來
…	…
태조는 문무를 겸비하는 덕망과 지식이 있어	太祖資兼文武有德有識
백성들이 귀속하리라 하고 금척을 내렸다	民望屬焉乃以金尺授之[12]

이는 태조가 건국의 천명을 받는 장면을 상기하는 장면으로서 이때 모든 좌중이 일어나 순원왕후에게 배를 올렸다.

제2단계: 금척의 상징과 태조의 덕망을 노래

다시 음악이 연주되고, 금척과 황개가 뒤로 물러서면 좌우 열두 명의 춤추는 여기들이 다음과 같은 창사를 합창한다. 기록에 선모와 무대가 병창한다고 했는데, 이때 선모는 금척을 든 주인공이다.

하늘의 살피심이 크게 밝아	惟皇鑑之孔明兮
상서로운 꿈이 금척에 맞았도다	吉夢協于金尺
청백한 이는 늙어 혼미하고	清者耄矣
정직한 이는 어리석음이요	直其戇兮
덕망있는 이가 이에 적합하도다	有德焉是適[13]

의장으로 쓴 금척은 만물의 이치를 헤아리는 태조의 지혜를 상징하는 자(尺)로서, 임금이 늙어도 혼미하거나 어리석지 않은 덕망을 갖춘다는 내용이다.

제3단계: 태조가 받은 천명이 대대로 이어짐
다음의 노래는 세 번 불려졌고 앞뒤로 진퇴하는 춤을 추었다.

하늘이 우리 마음을 헤아려	帝用度吾心兮
국가를 잘 다스리게 했도다	俾均齊于家國
정고한 저 부록이여	貞哉厥符兮
천명을 받을 상서로다	受命之祥
그 아들에게 전하고 손자에게 미침이여	傳子及孫兮
그 천억 대를 이어 가리다	彌于千億[14]

제4단계: 회무하며 순조왕의 만수를 기원함
이십일 박에 오른쪽 죽간자가 인도하면 족자, 금척, 황개, 왼쪽 죽간자, 왼쪽 대열의 여섯 사람, 오른쪽 대열의 여섯 사람이 원을 만들고 세 바퀴 돌며 다음의 창사를 한다.

---

12. '몽금척' 「악장」 『순조기축진찬의궤』 상, 서울대학교 규장각, 1996.
13. 위의 책.
14. 위의 책.
15. 위의 책.
16. 위의 책.

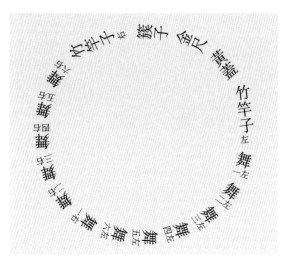

표 6. 몽금척의 회무도, 『악학궤범』 권4.

성인이 일어나시니	聖人有作
만물이 다 보게 되고	萬物皆覩
영이한 상서 하도 많으사	靈瑞繽紛
모든 복이 다 이르옵니다	諸福畢至
긴 말이 오히려 부족해	長言不足
노래하고 또 춤추옵니다	式歌且舞
즐겁고도 차례가 있음이여	於樂於倫
우리 임금님 만수를 누리소서	君王萬壽[15]

제5단계: 앞으로 계속될 정재에 너무 빠지지 말고 편안히 쉬시면서 받으시라는 하직의 내용

족자·금척·황개는 가운데 서고 춤 열두 사람은 여섯 대열로 처음과 같은 배열을 하는데, 죽간자가 앞으로 나아가 다음과 같은 구호를 한다.

이미 구성(九成)의 악을 연주했고	樂旣奏於九成
곧 만세의 장수를 드리도다	壽庸獻於萬歲

즐거움의 극치에 미처 이르기 전에	未及懽娛之極
빨리 경계하는 마음을 품으소서	遽回敬戒之心
절하며 하직하고 돌아가니	拜辭而歸
편히 쉬소서	式燕以處[16]

제6단계: 음악에 맞추어 퇴장

죽간자 두 사람, 족자·금척·황개를 받든 사람이 족도(足蹈)하며 물러나면, 열두 사람이 협수무로 춤추며 앞으로 나아갔다가, 이십칠 박을 치면 손을 여미며 족도하다가 이십팔 박을 치면 퇴수무로 춤추며 물러나고 음악이 그친다.

마지막 6단계의 퇴장 장면은 배를 올리지 않고 구호로서 하직 인사를 올리는데, 손을 앞으로 여미고 걸어 나가 제자리걸음을 하다가 손을 뒤로 여미고 물러난다.

위에서 본 몽금척은 금척을 하늘로부터 하사 받은 태조의 꿈을 노래하는 것으로 시작해 선모가 금척을 들고 나와 왕실이 태조의 천명을 이어 가도록 축원하는 정재로서, 내진찬 의례의 서막이라고 할 수 있다. 그 세부적인 구조는 정재 목적을 밝히는 구호, 작품의 개요를 담은 치어, 그리고 본격적인 내용으로서의 창사, 공연의 마지막을 알리는 구호, 퇴장 절차로 이루어져 있다.

몽금척 정재에 이어 곧 의식이 이어지는데, 왕실 전체가 왕후에게 배를 올리면 음악에 맞추어 왕후의 휘건함·어찬·꽃이 올려진다. 왕후가 왕세자와 왕세자빈을 비롯해 좌우명부 및 종친·의빈·척신들에게 꽃을 내리면 모두가 머리에 꽃을 꽂게 된다. 그후 사창(司唱) 두 명이 동서로 나누어 왕세자가 지은 선창악장을 창한 후 장생보연지무(長生寶宴之舞)가 올려지고, 왕후는 비로소 왕세자가 바치는 제1작을 들게 된다. 제2작은 헌선도(獻仙桃)의 정재를 기점으로 해 이루어지는데, 왕후는 왕세자빈에게 차와 찬과상을 내린다. 제3작은 좌명부반수가 바치는 작으로서 향발무를 수반하고, 우명부반수가 바치는 제4작은 아박무를 수반한다. 계속해서 종친반수가 바치는 제5작에는 포구락을, 의빈반수의 제6작에는 수연장지무(壽延長之舞)를 추고, 척신반수의 제7작에는 하황은(荷皇恩)을 춘다.

진작을 하는 인물이 바뀔 때마다 무대에는 새로운 정재가 바쳐지지만 축원의 춤과 노래를 하는 주인공들은 모두 신선계의 선녀들이다. 그러나 정재가 끝난 후 반드시 진작을 하는 사람이 직접 쓴 치사가 올려진 후, 왕후는 음악이 연주되는 동안 거작을 하도록 되어 있다. 제7작이 끝나면 왕세자를 비롯해 왕세자빈 및 좌우명부·종친·의빈·척신이 부복하고 일어나서 절을 네 번 한 후 제자리로 돌아오면 모두 찬상을 받고, 거작을 할 때 무고·연화대·검기대(劍旗隊)·선유락(船遊樂) 등의 향악이 공연된다. 마지막으로 해엄이 선언될 때는 당악인 오양선이 공연되고 왕후는 대차로 퇴장을 한다. 이처럼 내진찬은 신선계의 정재와 왕실의 화합을 다지는 거작과 치사로서의 의식이 횡적으로 연결되어 있다. 의식이 '예'를 행하고 있다면, 정재는 '악'으로서 초월된 환상성으로 의례의 행동을 동시에 연출하고 있다.

129. 〈내진찬정재도〉 중 헌선도. 『순조기축진찬의궤』 上. 1829. 서울대학교 규장각.

의식과 정재의 병렬식 연출은 어디까지나 암시적으로 보여지고 있는 것이 또한 주목할 점이다. 고려로부터 전승되어 온 헌선도(도판 129)는 가장 선호된 것인데, 왕모가 남쪽 무대에서 선도반을 받들고 나올 때 왕세자빈은 북쪽 전 내의 진작 위에서 왕후께 제2작을 바치게 된다. 앞에서 작을 올리고 있는 왕세자빈의 뒤에 왕모가 선도반을 들고 서 있고, 전 내의 상식이 왕후께 작을 바치면 선도반은 작은 탁자 위에 놓여져 행동의 일치를 이루게 된다. 이처럼 의식과 정재의 행동이 서로 겹쳐질 때, 왕세자빈은 선계에서 내려온 서왕모가 되고 왕후로부터 차를 받게 되

130. 선유락 · 연화대 · 등가악대 장면. 기축진찬도병 제2장면 〈자경전진찬도〉 부분. 1829. 국립중앙박물관.

는 것이다. '헌선도'의 왕모는 치어로 천수를 원하고, 음악 연주가 끝나면 봉래 산으로 돌아간다는 하직인사(退口號)를 한다.

당악정재의 요소는 창사(詩) · 음악(樂) · 춤[舞]의 세 가지이다. 창사는 음악 반주가 없는 음송형식의 오언 또는 칠언 한시로서, 정재의 구체적 내용을 시로써 전달한다. 작을 올리는 사람들이 배를 하거나 왕후가 작을 드실 때는 음악 연주 만 있고, 무자는 족도하며 나가 있다. 음악 연주는 왕후의 작이 끝나면 멈추는 데, 이때 왕모가 오른쪽 소매를 들고 반주 없이 그 다음 창사를 부른다. 초반부 당 악정재는 이처럼 시를 바치러 나오는 무대라고 하겠는데, 정재의 본론을 노래하 는 최자사(嗺子詞)를 부르기 직전에 회무 · 선무(旋舞) · 사우무(四隅舞) 등의 본 격적인 춤이 연행된다. 후반부의 향발 · 아박 · 무고 · 연화대 · 검기대 · 선유락 등의 향악정재는 민요와 회무의 특성이 더욱 강조되었다.

연화대는 조선 초기의 학연화대처용무합설(鶴蓮花臺處容舞合設)로서, 노래로 는 처용가 · 정과정 등의 고려가요와 미타찬(彌陀贊) · 본사찬(本師讚) · 관음찬

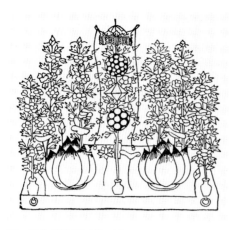

131. 지당판. 『악학궤범』 권8. 1493.

(觀音贊)과 같은 불가를 차용했다. 그러나 순조기축진찬에서는 위의 세 가지의 춤이 각각 독립되고 노래는 없어졌다. 보계 남쪽 끝단에 배치된 연화지당판(蓮花池塘板)에는 물에 떠 있는 듯한 연꽃송이와 커다란 연잎에 작은 연등들이 매달려 있어(도판 131) 불교적인 장치를 보여주고 있으나, 창사는 신선사상이 짙다. 연꽃에 숨어 있다가 나오는 동녀(童女)의 노래와 죽간자의 구호는 다음과 같다.

봉래에 머물러 있다가 내려와 연꽃에 태어났도다	住在蓬萊下生蓮蘂
임금님의 덕화에 감동해	有感君王之德化
와서 가무의 즐거움을 드리도다〔미신사(微臣詞)〕	來呈歌舞之歡娛

〔보허자령(步虛子令)에 맞추어 동녀들의 협무와 도약무가 추어진다〕

우아한 악이 끝나려 하매	雅樂將終
절하고 화려한 자리 하직하도다	拜辭華席
신선의 수레 돌아가고자	仙軺欲返
멀리 구름 길을 지향하도다〔구호(口號)〕	遙指雲程[17]

연화대의 동녀들은 헌선도나 몽금척에 나오는 존재들과 마찬가지로 신선의 수레를 타고 돌아가는 선녀들이다.

선유락은 채색된 배 위의 동녀·호령집사·내무·외무를 합쳐 가장 인원이 많이 동원되었고, 음악도 징·북·호적·자바라·나발 등의 대취타가 연주되는 등 스펙터클이 가장 크고 화려한 정재였다. 선유락의 그림을 보면(도판 130) 돛대 위에 두 동녀가 앉아 있고, 바깥쪽에 털로 된 붉은 전립을 쓰고 깃을 꽂고 왼손에 궁미(弓弭)를 잡고 오른손에 편초를 잡고 있는 호령집사가 서 있는데, 여기들이 어부사(漁父詞)를 부르며 채선(彩船)의 줄을 잡아 이별의 장면을 연출하고 있다. 왕후의 퇴장 직전에 등장하는 오양선은 왕모와 네 명의 협무가 다섯 마리의 양을 타고 오산에서 내려와 임금의 덕을 송축하고 다시 돌아간다는 고별의 장면을 연출한다.

죽간자의 구호 :

노래는 의봉조보다 맑고	歌淸儀鳳
춤은 회란무보다 묘하도다	舞妙回鸞
환패를 정제하고 돌아가노라 말하고	整環珮以言歸
봉영을 가리키며 뒷걸음질치도다	指蓬瀛而却步
무대는 석양빛에 어른거리는 연기이고	百花沈烟紅日晚
음악은 백운 속에서 들려 오는 학의 울음소리로다	一聲遼鶴白雲深
뜰 앞에서 재배하고	再拜階前
서로 이끌고 떠나리로다	相將好去

선모의 치어 :

온 나라 먼지 깨끗이 가라앉으니	寰海塵淸
승평의 교화를 함께 느끼도다	共感昇平之化
요대의 길 멀리 떨어져 있어	瑤臺路隔
급히 부질없는 놀이 거두려 하니	遽回汗漫之遊
감히 마음대로 못 하와	未敢自專
엎드려 분부를 기다리도다	伏候進止[18]

---

17. '연화대' 「악장」 『순조기축진찬의궤』 상, 서울대학교 규장각, 1996.
18. '오양선' 「악장」 『순조기축진찬의궤』 상, 서울대학교 규장각, 1996.

선왕모를 중심으로 한 노래는 영겁의 시간과 임금과 왕후의 장수를 동일시하는 작품으로서의 시였다. 그러나 죽간자의 구호는 아쉬움 속에 공연을 끝내야 하는 무대감독의 공고이며, 선모의 치어는 진찬의식 전체를 승평교화(昇平敎化)로 매듭 짓는 배우의 마지막 대사라고 할 수 있다.

지금까지 훑어본 바에 의하면 정재의 구성요소는 음악 · 춤 · 창사의 세 가지 요소인데, 음악은 정서로서 배경을 깔고 창사는 시어로서 음악의 세계관(철학)을 표현하며 춤은 음악을 율동으로 형상화하고 있다. 또한 구호와 치어는 창사와 달리 구체적인 메시지로서 공연을 맺고 끊는 해설의 기능을 하고 있다. 이처럼 정재는 사(詞)의 요소로서 경청하고 음미하는 서사적인 미학을 가지고 있어 휘장 뒤의 초청객들과도 깊은 교감을 나눌 수 있으리라 생각된다.

말할 것도 없이 정재의 시각적인 스펙터클은 모든 사람들에게 진찬식에서 가장 좋은 관심 거리가 되었을 것이다. 격식화된 복식에다 내용적인 상징성과 외형적인 장식성을 가미하기 위해 꽃 · 화관 · 방울 · 칼 · 한삼 등의 장신구 외에 인인장(引人仗) · 운검(雲劍, 寶劍) · 봉개(鳳蓋) · 정절(旌節) · 작선(雀扇) · 미선(尾扇)을 든 사람들이 좌우에 배열해 신성공간의 배경을 이루었다. 춤의 공간적 배열은 치밀한 계획에 의해 짜였다. 구호와 치어를 부를 때는 보통 왕모나 금척 등의 주인공이 중앙에 서고 좌우에 죽간자가 서게 되는데, 협무들은 좌우에 두 줄로 서 있다가 합창이 끝나면 앞뒤로 진퇴했다. 절정에서는 회무가 이루어졌고, 다시 사방에 협무가 배열하면 중앙에 주인공이 서서 치어를 하고 좌우의 죽간자는 구호를 마치고 퇴장했다. 이처럼 춤의 공간 구성은 시의 내용과 의례의 절차에 따른 공간 연출이었다.

정재에서 발견되는 원형적 공간 운영은 일자형의 초입 배열에서 사우무 · 오방무 · 회선무로, 다시 초입의 일자 배열로 끝나는 것이었다. 또한 상징적인 내용을 중심축에 두고, 원무로 공간을 닫았을 때는 춤을 추고, 대열을 지어 공간을 열었을 때는 노래를 부르는 형식이었다. 정재는 먹고 마시는 현실의 세계를 의식화하는 의례악이었다. 의식의 작위성과 환상성도 극적인 것이지만, 의식이 요구하는 규약에 따라 모든 참여자들이 동시에 하나의 신성한 대 위에 속한 배우로서 행동했다. 따라서 정재의 무대는 배우와 관객을 분리할 수 없는 몰입의 공간이었으며, 진찬의 대는 예의 행동을 의식화하고 극화하는 제의적인 무대였다고 할 수 있다.

3. 궁중의례공간의 환경극장적 특성

궁궐공간의 적용과 변용

조선시대 궁중의례는 16세기부터 화첩(畵帖)과 화병(畵屛)으로 제작되었다. 그 중에서도 1828년경 제작된 〈동궐도(東闕圖)〉에는 창덕궁과 창경궁의 수많은 전 각·재실(齋室)·누정(樓亭)·낭방(廊房)·당청(堂廳)과 지당(池塘)·정원 등 을 자세하게 묘사하고 있다. 창덕궁의 정전인 인정전(仁政殿)과 창경궁의 정전 인 명정전은 군신들의 조하예식과 외국사신의 접견장소로서, 전을 중심으로 넓 은 월대가 삼단으로 지어져 있고 뜰 전체를 화강암으로 깔았다. 무신진찬도병(戊 申進饌圖屛)은 헌종 14년(1848)에 대왕대비(순원왕후 김씨)의 육순(六旬)과 왕 대비(신정왕후 조씨)가 사십일 세가 되는 망오(望五)를 기념해 제작한 것이다. 헌종은 대왕대비전과 왕대비전에 대한 친상존호(親上尊號)를 3월 16일에 통명전 (通明殿)에서 올렸고, 같은 날 인정전에서 진하례(陳賀禮)를 받았다. 그리고 3월 17일에 통명전에서 대왕대비전 내진찬과 야진찬(夜進饌)이, 이틀 후에는 헌종의 익일회작(翌日會酌)이 베풀어졌다.[19]

무신진찬도병의 제1장면에 나타난 '인정전 진하'(도판 132)를 보면, 바닥에 보계를 깔지 않은 채 문무백관들이 뜰 위에 좌정하고 있다. 전은 정면의 문을 완 전히 열어서 뜰과 전은 하나의 공간으로 연결되고 있다. 전 앞의 채붕은 세번째 월대의 위치까지 뻗어 있어서 의식을 집례하는 공간의 천개로서 상징을 부여하 고, 치어와 노래에 대한 음향판 기능을 하고 있다. 또한 의례를 위해 준비된 정전 의 공간은 각종 의물과 도식적인 인물배치로 장엄화되고 있다. 한편 내진찬을 개 최하는 내전은 작은 공간을 보계로 채우고, 수평의 대 위에서 정재 중심의 진찬

---

19. 박정혜, 『조선시대 궁중기록화 연구』, 일지사, 2000, p.417.
20. 『무신진찬의궤』(한국음악학자료총서 6), 국립국악원, 1981.

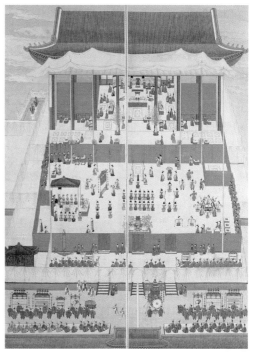

132. 〈인정전진하도(仁政殿陳賀圖)〉.
무신진찬도병(戊申進饌圖屛) 제1장면. 1848. 국립전주박물관.

133. 〈통명전진찬도(通明殿進饌圖)〉.
무신진찬도병 제2장면. 1848. 국립전주박물관.

식을 거행하고 있다.

도판 133에 나타난 통명전내진찬의 공간을 보면 염(簾)과 장막에 의해 여러 개의 구획으로 나뉘어 있음을 알 수 있다. 전 내의 공간은 대왕대비(순원왕후)·왕비〔효정왕후(孝定王后) 홍씨(洪氏)〕·경빈(慶嬪, 순화궁)이 진찬을 받는 곳이고, 전의 앞은 내외명부들이 치사와 꽃을 바치는 곳이다. 그 앞에 사방이 발로 둘러싸인 정재의 공간에는 왼쪽에 헌종왕의 어좌와 반대편에 편거·치사함 등이 있다. 또한 곳곳에 헌선도의 선도탁자와 포구락·무고·연화대의 장치가 펼쳐져 있다. 발의 바깥에는 등가악현이 단상 위에 있고, 장막 바깥의 뜰에 헌가악대가 설치되고 그 뒤로 종친·의빈·척신들이 단 위에 앉아 있다.[20] 대형의 채붕은 통명전 전체를 뒤덮고 있으며, 좌우편의 공간은 흰 장막에 의해 여러 구획으로 나누어져 있는데 진찬을 진행시키는 준비공간으로 보인다.

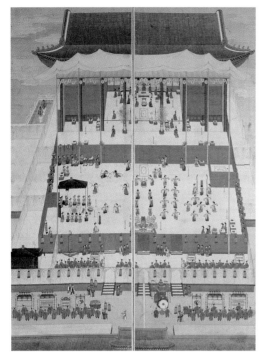

134. 〈통명전야진찬도(通明殿夜進饌圖)〉. 무신진찬도병의 제3장면. 1848. 국립전주박물관.

135. 〈통명전헌종회작도(通明殿獻宗會酌圖)〉. 무신진찬도병의 제4장면. 1848. 국립전주박물관.

진찬의 공간은 엄격한 좌우 대칭의 공간이다. 찬안상(饌安床) 앞에 진찬을 올리는 배위가 설치되고, 좌우에 화안(花安)·향안(香安)·야진찬을 위한 촛대〔燭〕가 서 있고 오른쪽 기둥 옆에 수주상이 놓여 있다. 좌우의 내외명부석 앞에는 화상과 치사함이, 전 바로 앞 기둥 사이에는 치사위가 있다. 내진찬은 내전의 중앙에 있는 대왕대비께 가장 먼저 진찬을 바친다. 대왕대비의 보좌 뒤에는 십장생 병풍이 보이고 동쪽에는 왕비(효정왕후 홍씨)의 시연위(侍宴位)가 있고, 서쪽에는 경빈(순화궁)의 시연위가 마련되어 있다. 그런데 헌종의 시연위는 정재공간의 서쪽에 위치하고 있고, 배위는 죽간자가 구호와 치어를 바치는 지점 앞에 북쪽을 향하고 있다. 이는 정재의 창사 내용이 내진찬의 대왕대비에게 바쳐지는 것이기 때문에 공간적으로도 왕은 서쪽에 자리했고, 주빈인 내외명부들이 정재의 공간으로부터 차단되어 있는 것이다. 또한 정재를 주관하는 등가악대는 보계의 남쪽 끝에 좌정하고 발을 통해 의식과 정재를 보면서 음악을 연주하도록 되어 있다. 보계 밑 남쪽 뜰에는 헌가악대가 배치되고 그 뒤에 종친·의빈·척신들을 위한 단이 따로 마련되어 있다. 이와 같이 남녀부동석의 유교관념은 발과 장막이라는 반투명의 벽을 만들어냄으로써 상호 공간의 간접적인 관계와 독립적 기능을 확보하고 있다.

도판 134, 135에 나타난 대로 통명전의 공간은 내진찬·야진찬·익일회작에 따라 연속적으로 변화하고 있는 것을 볼 수 있다. 내진찬 이후의 야진찬에서는 곳곳에 등촉을 켜고 처마 밑에 등을 내걸어서 빈객들이 떠난 후의 통명전을 화사하게 꾸미고 왕실의 가족적인 진찬식을 열고 있다. 헌종과 세자의 주최로 열린 익일회작은 내외명부석을 주렴 밖 서쪽에 마련해 발을 통해 정재를 감상하도록 한 것을 볼 수 있다. 이처럼 동일한 공간에서 잇달아 여러 개의 의례를 개최할 때, 연행의 조건에 따라 공간을 변화시키는 사례는 19세기 궁중의례에서 통례가 되었다.

원래 의례공간은 환경의 조건에 적응해 고정적인 장엄공간 배치를 하는 것이 그 본질이다. 그러나 의례와 정재의 대상에 따라 의례의 공간은 변화를 갖게 되고, 참여자들은 독자적인 의례의 의미에 대해서 새로운 공간인식을 갖게 된다. 의례가 극화되는 것은 의식의 목적에 대한 새로운 체험을 할 때 일어나는 환상성이라고 할 수 있으며, 이는 변화하는 공간의 인식에서 가능한 것이다.

기사진표리진찬(己巳進表裏進饌)의 환경극장적 특성

의례에 있어서 겹겹이 둘러싼 다층적 공간은 예연에서 더욱 기능적으로 분할되어 나타난다. 순조 9년(1809)에 순조 임금의 생모 수빈 박씨의 회갑연을 기록한 『기사진표리진찬의궤』의 〈기사진표리도〉와 〈진찬도〉를 보기로 하자.

이 회갑연은 두 번의 절차로 나뉘어 거행되었다. 1월 22일의 진표리에서는 치사·전문·옷감진상이 헌례되었고,(도판 136) 2월 27일에 정식 진찬을 행했다.(도판 137) 〈동궐도〉에 나타난 경춘전(景春殿, 도판 138)은 남북으로 길게 지어진 전각이며 서편에 넓은 뜰이 있다. 이른 봄의 경춘전 문은 모두 들어 올려지고, 전 밖으로 동쪽과 서쪽 좌우에 보계를 설치해 커다란 누(樓)와도 같은 공간을

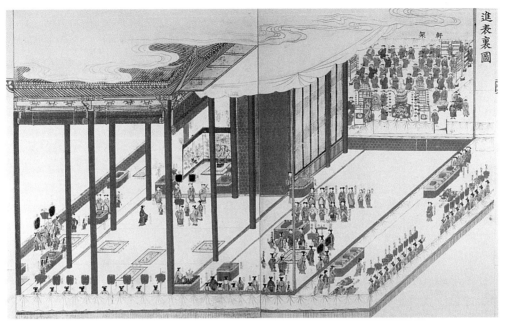

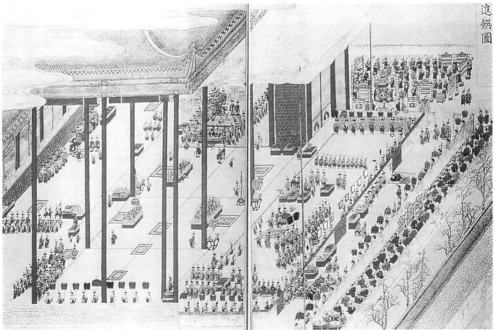

136. 〈진표리도(進表裏圖)〉, 『기사진표리진찬의궤』, 1809, 영국 국립도서관.(위)

137. 〈진찬도〉, 『기사진표리진찬의궤』, 1809, 영국 국립도서관.(아래)

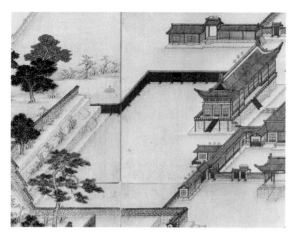

형성하고 있다. 차일이 서편 보계 쪽으로 설치된 것으로 보아 경춘전의 정면 입구는 서쪽으로 향하고 있고, 수빈 박씨의 자리가 북향으로 남쪽에 위치하고 있다.

〈진표리도〉와 〈진찬도〉를 보면, 서쪽 보계 밑의 뜰에 등가가 설치되고 내전 밖 북쪽 마당에 헌가가 설치되었다. 수빈 박씨의 겸양으로 진찬에서 정재가 생략되었으나 순조왕

138. 경춘전. 〈동궐도〉 부분. 1828년경. 고려대학교 박물관.

은 보통 외연(外宴)에만 설치하는 헌가악을 내진찬에 동원했다. 전 바깥의 양 보계 끝은 장막과 염으로 둘러쳐져 있고 경계선을 따라 여령(女伶)들이 백색과 황색의 기(旗)와 봉선ㆍ작선ㆍ용선ㆍ홍양산(紅陽繖)ㆍ은횡과(銀橫瓜)ㆍ은입과(銀立瓜)ㆍ은등자(銀鐙子)ㆍ운검을 들고 배열해 의례의 공간을 상징적으로 시각화하고 있다. 이러한 의물들은 왕권을 상징하는 자연 이미지와 금과 은(또는 황과 백)의 영원불변의 색채를 담고 있다. 특히 서쪽 보계 두 개의 산선(繖扇), 불꽃 모양의 수정견(水晶杖), 반달 형태의 금술부(金鉞斧)를 궁녀들이 들고 있는데 그 앞의 화문석이 대전(大殿) 배위(拜位)이다. 장면 전체에 열다섯 개의 치사함이 진열되었는데, 왕실과 외빈척신의 치사가 올려질 때,[21] 순서의 중간에 여민지락(與民之樂)과 천년만세지곡(千年萬歲之曲)이 연주되었다. 장막 뒤에는 남녀유별의 법도 때문에 내전에 입장할 수 없는 외빈들이 동쪽 휘장 밖에서 치사를 올리고 있는 광경이 보인다. 동보계 중앙에는 왕비의 배위와 치사안이 있고, 남쪽으로는 우명부배위가, 북쪽으로는 좌명부배위가 설치되었다.

〈진표리도〉에서는 내전의 중앙에 치사를 바치는 치사위와 좌전위가 있고, 좌우에는 각각 왕과 왕비의 자리가 있다. 전 내외에 여러 개의 위(位, 화문석 자리)가 있지만 모두 중앙을 향해 있고, 치사를 바치는 사람만이 정면으로 남쪽의 좌를 향할 수 있도록 되어 있다. 수빈 박씨는 대비가 아니었음에도 인안(印案)과 향

안(香案)을 앞에 두고, 옥좌를 중심으로 선(扇)·보검·향차비(香差備)·양직(陽織)을 든 동녀들이 시위했다.

한 달 후에 거행된 진찬식의 그림을 보면(도판 137) 옥좌의 높이는 더욱 높아지고 시위하는 여령들이 많아져서 전각의 발을 올려서 공간을 넓힌 것이 보인다. 왼쪽에는 왕대비·왕비의 찬안이 설치되고, 오른쪽(서쪽)에는 헌수위와 대전(大殿, 王)의 찬안이 자리했다. 왕의 주위에는 화준(花樽)이라는 꽃탁자가 놓이고, 수주안이 여기저기에 배치되었다. 여러 곳에 치사위·헌수작위·명부헌수작위 등이 놓여 있어 모든 사람이 자기의 자리에서 치사 및 헌수를 올리도록 되어 있다. 의빈척신들은 서편 보계 끝에서 치사를 올린 후 꽃과 술을 하사 받았다.

위의 〈진찬도〉에서 읽은 공간 운영을 정리하자면, 사방을 장막과 의물로 경계 짓고 참여자들이 둘러서서 하나의 의식화한 공간을 형성하는 것은 정전의 의례와도 같다. 그러나 진찬위와 치사 및 배를 올리는 화문석, 진상품의 탁자, 여기들의 배치 방향은 주인공인 왕대비를 향하고 있는 것이 아니라, 사방으로부터 전체 공간의 중앙을 향하고 있다. 각 위치는 고정되어 있으나 절차에 따라 차례차례

---

21. "치사는 왕대비, 혹은 대비가 올리는 치사, 순조가 몸소 올리는 치사, 그리고 중궁전·좌명부·우명부·의빈·척신이 진표리에서 올리는 치사 여덟 편과 임금·왕대비·중궁전·좌명부·우명부·의빈·척신이 진찬시 올리는 일곱 편의 치사가 있었다." 임미선, 「기사진표리진찬의궤에 나타난 궁중 연향의 면모와 성격」, 『국악원 논문집』 제7집, 국립국악원, 1995, p.166.

22. 환경극장(Environmental Theatre)이란 용어는 누가 먼저 주창한 것인지는 확실치 않다. 1950년대에 미국의 앨런 카프로(Allan Kaprow), 밥 라우셴버그(Bob Rauschenberg), 알 한센(Al Hansen) 등의 화가들과 존 케이지(John Cage), 머스 커닝햄(Merce Cunningham) 등이 참여해 '인생과 예술의 경계가 유동적이어야 한다'고 선언하면서 음악·무용·미술·영상 등을 혼합한 해프닝(Happening)을 도시의 길거리·창고·바닷가 등지에서 상연했다. 예술은 관념이 아니며 살아 있는 행동이라는 의도를 보이기 위해 이들은 텍스트가 없는 충격적인 행위의 무대를 만들어냈는데, 그 무대를 '환경(Environment)' 또는 '사건(Event)'이라고 명명했다. 그 이후 극장예술에서도 고대의 제의공간을 부활시켜야 한다는 신념으로 사실주의의 액자틀 무대를 거부하고 일상의 공간이나 자연공간 속에서 연극을 올리는 탈극장운동이 일어났다. 줄리앙 벡(Julian Beck)과 주디스 말리나(Judith Malina)의 리빙 시어터(Living Theatre), 리차드 쉐크너(Richard Schechner)의 오픈 시어터(Open Theatre), 피터 브룩(Peter Brook)의 텅 빈 극장(Empty Theatre), 피터 슈만(Peter Schumann)의 빵과 인형 극장(Bread and Puppet Theatre), 그로토프스키(Growtowski)의 실험극장(The Laboratory Theatre), 아리안느 므누슈킨(Ariane Mnouchkine)의 태양극장(Théâtre du Soleil) 등은 모두 유사한 이념을 가지고 극장예술 공간을 기존의 재현주의 무대공간으로부터 탈피시키는 작업을 했다. 즉 환경극장은 극행동이 관념적 무대공간에서 삶을 재현하는 것이 아니라, 일상의 열린 공간에서 생생한 사건으로 재생되는 것을 추구했던 것이다. Denis Bablet, *Revolutions in Stage Design of the XXth Century*, New York: Leon Amiel, 1997, pp.344-370 참조.

중심 행동의 축이 움직이고, 나머지 위치에 있는 행동은 중심 행동에 반응하며 움직일 것이다. 길고 긴 진찬의식이 하나의 줄거리를 가지고 다원적 공간에서 축을 옮기며 진행될 때, 축이 되는 양성적 행동과 반응하는 음성적 행동들이 동시에 병행하며 상대적인 총체성을 이루게 되는 것이다.

이는 곧 모든 사람이 참여하는 병렬식 행위 공간에서 행위자와 감상자가 수시로 전환되며 진행되는 개방적 무대라고 말할 수 있다. 또한 높은 기둥 사이에 설치된 주렴은 공간의 개폐를 신속히 조정하는 장치로서 진찬의 전후에 경춘전을 다시 닫을 수 있도록 한 것을 볼 수 있다. 주렴을 내렸을 때 경춘전은 손쉽게 닫혀진 공간으로 고립되어 막간의 휴식을 취할 수도 있었을 것이다. 이와 같이 내전의 공간은 임금의 정전처럼 의례를 목적으로 해 지어지지 않은 대신, 생활공간과 의식공간이 상호 자연스럽게 전환될 수 있는 환경극장[22]의 특성을 보여주고 있다.

20세기 중반에 미국과 유럽 등지의 서양극장에서는 일상공간을 극장공간으로 전환하는 방법을 시도했으며, 최근에는 길거리의 빈터, 공원의 숲과 호수, 역사적 유적지, 폐쇄된 공장, 교회 등을 극장공간으로 전환하는 사례가 많다. 이는 예술과 인생 사이의 벽, 무대와 객석의 경계를 없애고자 하는 반예술운동으로서 시작되었는데, 극장공간을 모든 사람들이 직접적으로 체험하는 현장성의 공간으로 전환시켰다.

실제 사건을 함께 만들어 가는 의례의 특성은 참여자들의 적극적인 몰입과 긴밀한 상호반응을 통해 제의적인 환상성이 현시적으로 살아나는 극장공간을 창출하고 있다.

2. 산대(山臺)의 유동성

1. 궁중나(宮中儺)와 산대의 설치

나례는 나신을 받들어 잡귀와 역병을 쫓는 구나의식(驅儺儀式)이며 종교적 주술의식이다. 한국의 나례는 고대의 매구굿으로부터 신라의 오기(五伎)·처용가·

십이지신무의 벽사제를 거쳐 고려의 계동대나례에서 조선의 궁중나로 이어지게 되었다. 특히 고려의 나례는 민간의 가무백희를 종합한 산대잡극을 성행시킨 요인이 되었으며 이 전통은 그대로 조선조로 이어지게 되었다.

나례행사의 주관은 관상감(觀象監)에서 했고 나의식의 내용은 창사(倡師)와 방상씨(方相氏)·진자(振子)·십이지신·판궁(判宮)·조왕신(竈王神)·소매(小梅)들이 구축(驅逐)을 했는데, 진자의 역할은 구축의 대상이었다. 축역신들은 모두 붉은색과 초록색의 옷을 입고 가면을 썼으며 악공들은 복숭아 나뭇가지를 들고 축역신들의 뒤를 따랐다.[23]

나식(儺式) 후에는 재인들의 가무희극이 뒤따랐는데 이것이 나희 또는 나례잡희이고, 이때 통례적으로 산대가 설치되었기 때문에 그곳에서 공연된 모든 연희를 산대나례라고 부르게 되었다. 성종조 이전의 조선 초기에는 산대나례라는 말보다 채붕나례·산붕나례의 용어가 더 많이 나타나고 있다.[24]

산대나례는 벽사진경(辟邪進慶) 의례로서 궁중의 나례뿐 아니라 사신의 영접, 부묘(祔廟)의 길례, 태실(胎室)의 이안(移安), 궁전의 낙성, 왕의 환궁, 감사의 부임, 전건(戰捷)의 축하 때에 연행되었다.[25] 국가 행사로서 집행되었던 나례의 종목은 문종 즉위년의 실록에 상세하게 나타나고 있다.

의정부에서 말하기를 "채붕을 지으면 반드시 희학(戲謔)을 해야 하는데, 이것을 할 수 없으니 희학을 하지 않는다면 채붕도 만들 필요가 없다"고 했다. …"지금 재주를 바치는 자들은 모두 미천한 자들이니 비록 희학을 한다 해도 무방하

---

23. 성현, 『용재총화』 권1. "驅儺之事 觀象監主之 除夕前夜 入昌德昌慶闕庭 其爲制也 樂工一人爲唱師 朱衣着假面 方相氏四人 黃金四目 蒙熊皮 執戈擊柝 指軍五人 朱衣假面着畵笠 判官五人 綠衣假面着畵笠 竈王神四人 靑袍幞頭木笏着假面 小梅數人着女衫假面 上衣下裳皆紅綠 執長竿幢 十二神各着其神假面 如子神着鼠形 丑神着牛形也 又樂工十餘人 執桃苅從之 揀兒童數十 朱衣朱巾着假面爲侲子."
24. 성종조 전에는 산붕이라는 용어가 자주 사용되었으며, 그 이후에 산대라는 말이 나오는데 그 예를 들면 다음과 같다. "山棚結綵儺禮"(태종 원년 2월), "山棚儺禮結綵"(세종 13년 5월), "結綵結棚儺禮"(세종 25년 5월), "山棚儺禮歌謠"(세조 원년 윤6월), "山臺儺戲歌謠"(성종 원년 8월), "軒架山臺雜戲沈香山女妓獻軸"(광해군 12년 3월), "山臺結綵歌謠儺禮"(명종 원년 6월).
25. 아키바 다카시(秋葉隆), 『朝鮮民俗誌』, 東京: 三六書院, 1954, p.171.

다. 백성들이 고비(考妣)를 잃은 것과 같이 해 함부로 떠들고 희학할 수 없다면, 광대(廣大)·서인(西人)·주질(注叱)·농령(弄鈴)·근두(斤頭)와 같은 규식지희(規式之戲)를 전에 했던 대로 하게 하고, 수척(水尺)·승광대(僧廣大) 등과 같은 소학지희(笑謔之戲)는 늘여 세워서 수만 채우도록 하라. 음악은 마땅히 예전대로 하고 금지하는 것은 불가하다"라고 했다.(政府又曰 構綵棚則必用戲謔 不可爲也 若不用戲謔則不構綵棚 …今呈才者 皆是小民 雖使戲謔 亦不妨也 顧以百姓 如喪考妣 不可恣爲謔謔 則如廣大西人 注叱弄鈴斤頭等 有規式之戲 則依舊爲之 如水尺僧廣大等 笑謔之戲 則列立備數而已可也 音樂則當依舊爲之 不可禁也)[26]

위의 기사는 중국 사신의 방문이 문종 즉위(1450)에 대한 고명(誥命)과 세종 승하에 대한 조위(弔慰)를 겸하고 있어, 의정부와 예조에서 채붕 설치를 반대한 데 대해 문종이 채붕의 설치 의지를 밝히는 대목이다. 여기에 나타난 산대나례의 종목은 광대와 재인들의 잡기인 규식지희와 재담으로 연극을 하는 소학지희이다. 한편 이로부터 삼백 년이 지난 영조대의 유득공(柳得恭)은 그 당시의 산대희를 산희와 야희(野戲)로 나누어 말하면서 연극이라는 용어를 사용하고 있다.

연극에는 산희(山戲)와 야희(野戲)의 양 부(部)가 있는데 나례도감에 속한다. 산희는 결채(結綵)를 하고 장막을 치고서 사자·호랑이·만석승(曼碩僧)을 만들어 춤을 추었다. 만석은 고려 중의 이름이다. 당녀는 중국의 창녀로서 고려 때 예성강가에 살았다. 소매 역시 옛날 미인의 이름이다.(演劇有山戲野戲兩部 屬於儺禮

26.『문종실록』권2, '문종 즉위년 6월 10일, 임오'.
27. 유득공,『경도잡지』권1,「풍속성기(風俗聲伎)」.
28. 강이천,『중암고』「남성관희자(南城觀戲子)」. "人像如纖指 五彩木以塑 換面以迭出 炫煌不可數 …老釋自何來 拄杖衣袂裕 龍鍾不能立 鬚眉皓如鷺 …又出一少妹 驚喜此相遇 老興不自禁 破戒要婚娶 …婆老尙盛氣 碎首恣猜妬 鬪鬪未移時 氣窒永不寤."
29.『인조실록』권1, '1년 3월 13일, 계묘'조 중 "罷營建儺禮火器等十二都監"과 '1년 3월 25일, 을묘'조 "命焚沈香山于通衢 從禮曹之請也" 참조.
30.『영조실록』권94, '35년 12월 26일, 임인'. "上下敎曰 古有儺禮 此孔聖所以鄕人儺朝服 而立於階者也 此禮自周有之 而昔於甲戌命除之 亦春旛艾俑之屬 而其來久矣 昔年亦除之."

都監 山戲結棚下帳 作獅虎曼碩僧舞
野戲扮唐女小梅舞 曼碩高麗僧名 唐女
高麗時禮成江上有中國倡女來居者 小
梅亦古之美女名)[27]

위 기사의 내용을 분석해 볼 때 18
세기 당시의 산대는 고려 산대잡극
의 잡상, 영인(伶人) 세우기로부터
출발한 산희 즉 인형극의 무대(도판
139)가 되었으며, 마당공간은 소학

139. 사문 앞 잡기기악 중 인형극 무대. 조선시대 감로탱 부분. 18세기말.
호암미술관.

지희가 근간이 된 대화체 연극과 탈춤·노래가 혼합된 야희, 즉 산대극이 정착되
었음을 알 수 있다.

강이천(姜彝天, 1769-1801)이 1779년에 쓴『중암고(重菴稿)』「남성관희자(南
成觀戲子)」에는 사람의 형상을 손가락만하게 나무로 새겨 채색했다는 꼭두각시
인형극과 마당의 산대놀이가 나온다. 산대놀이에는 상좌·노장·소매·취발
이·샌님·포도부장·거사·사당·할미 등이 가면을 쓰고 춤을 추고 연기하는
장면이 묘사되었다.[28]

조선의 산대나례는 인조 즉위년(1636)에 나례도감을 폐지할 때 사신영접을 위
한 나례로만 축소되었으며,[29] 영조 30년(1754)에 부묘나례마저 없앨 때 조정에서
완전히 정파(停罷)했다.[30] 사신영접을 위한 나례는 정조 때까지 계속 이어졌으나,
정조 8년(1784)이후 나례도감의 기록은 보이지 않고 있다. 영조 1년(1725)에 방
문한 청나라 사신 아극돈(阿克敦)에 의해 그려진〈봉사도(奉使圖)〉의 예산대(曳
山臺)는 나례도감 폐지 삼십 년 전의 것인데, 산 위에서 잡상들이 춤을 추는 산희
의 모습을 보여주고 있다. 나례정파에 반해 영·정조에는 궁중행사를 기록한 수
많은 도첩(圖帖)과 도병(圖屛)을 제작했는데, 특히 정조 19년(1795)에 출간한
『원행을묘정리의궤(園幸乙卯整理儀軌)』는 조선 후기 궁중의례의 규범이 되어 19
세기의 궁중정재 발전의 기초가 된 것은 역설적인 사실이라고 하겠다.

2. 산대의 유형과 기능

채붕과 산대의 설치

조선시대의 나례는 고려의 나례와는 달리 국가의 주요 행사로서 개최되었는데, 채붕과 산대는 산을 상징하는 장엄물로서 궁궐 밖의 의례 및 축제공간을 형성하는 중심축이 되었다. 또한 나례는 많은 인력과 재력을 동원해 왕과 백성들이 함께 즐겼던 축제로서, 궁궐 앞 광장이 그 주무대가 되었다.

국조오례의 일원으로 부묘나례를 정비했던 세종 때의 사료를 살펴보면 다음과 같다.

예조에서 태조의 신주를 부묘하는 의식에 대해 계(啓)를 올렸다. "…환궁할 때에 의금부와 군기감에서는 나례와 잡희를 종묘의 동구에서 벌이고 성균관 생도들은 종루의 서쪽 거리에서 가요를 아뢰며, 교방에서는 혜정교 옆에서 가요를 아뢰고, 이어 정재하며 또 경복궁 문밖 좌우에 산대를 맺는다. 전하가 환궁한 뒤에 하례를 의식대로 받고 나서, 이어 교서와 유지를 내리고, 향관과 여러 집사에게 잔치를 하사한다"라고 했다.(禮曹啓 太宗祔廟儀 …還宮時 義禁府軍器監進儺禮雜戱 於宗廟洞口 成均館生徒等 進歌謠於鍾樓西街 敎坊進歌謠於惠政橋邊 仍呈才 又於景福 宮門外左右 結山臺 殿下旣還宮 受賀禮如儀畢 仍頒敎書及宥旨 賜享宮諸執事宴)[31]

위의 사료는 세종의 환궁길인 종묘에서부터 경복궁까지 연결되는 연로(沿路)에 나례와 가요(歌謠)가 베풀어졌고, 경복궁 앞에 산대를 세워 왕이 태종의 부묘 의식을 축하하는 백성들과 함께 나례와 잡희를 즐겼다는 사실을 말해 주고 있다. 또한 조선 초기의 실록에 나례의 설치와 함께 산붕결채 · 결채붕으로만 일관되게 나타나다가 처음으로 산대라는 용어가 쓰인 사료이기도 하다.[32]

그 다음에 나오는 산대의 용어는 세조 5년 3월 22일의 실록에서이다.

평안 황해도 관찰사에게 유시하기를, "지금 명나라 사신을 맞이할 때에 산대나례는 옛날 그대로 하게 하되, 만약 날짜가 임박해 갑자기 준비하기가 어려운 형편이거든 다만 채붕과 나례만을 베풀도록 하라"고 했다.(諭平安黃海道觀察使 曰 今迎明使時 山臺儺禮 依舊爲之 若日迫勢難卒辦 則只設綵棚儺禮)[33]

명나라 사신 영접을 준비할 때 시간이 없으면 산대를 설치하지 말고 채붕만을 설치하라는 이 내용을 보면 산대와 채붕은 서로 동일하지 않다는 것을 시사한다. 또한 산대나례와 채붕나례의 잡희·인형극·가면춤의 종목이 동일하다고 해서 산대와 채붕이 같은 것일 수는 없다.

고려대에는 산대잡희를 위해 곳곳에 산을 설치했는데, 등불을 켜는 화산과 누각 위에 잡상을 설치하는 비단천의 채붕산이 있었다. 그러나 조선시대 채붕의 개념은 실록의 사료를 통해 볼 때 새로운 시각으로 보아야 할 필요가 있다. 세종과 문종대에 걸쳐 채붕의 모습과 기능이 무엇이었는지를 알게 하는 기록을 발췌하면 다음과 같다.

사신내관 유경과 예부낭중 양선이 서울에 들어오게 되었는데, 사전에 안으로는 태평관문으로부터 밖으로는 성문에 이르기까지 모두 채붕을 만들고, 향탁(香卓)도 설치해 놓고 나례를 행했다.(使臣內官劉景 禮部郎中楊善入京 前期 內自大平館門 外至城門 皆結彩設香卓除儺禮)[34]

예조(禮曹)에서 중국 사신을 영접하는 예절을 계관했다. …"중국 사신이 서울에 들어오는 날에는 산대나례는 없애고, 다만 결채만 하고 향탁을 설치하며, 외방에서도 또한 이 예에 의거하게 할 것이다."(禮曹啓使臣迎接禮 …使臣入京日 除山臺儺禮 只結綵設香卓 外方亦依此例)[35]

---

31. 『세종실록』권24, '6년 6월 6일, 정사'.
32. 제5장 주24 참조.
33. 『세조실록』권15, '5년 3월 22일, 갑진'.
34. 『세종실록』권2, '5년 4월 6일 병진'.
35. 『문종실록』권1, '원년 5월 24일, 정묘'.

집현전에서 중국 황제의 명을 맞이하는 복식의 옛 제도를 상고해 아뢰기를, …
"채붕의 제도는 비록 우리나라 풍속이기는 하나, 그 유래가 이미 오래여서 비록
크게 길한 경사가 아니라도 모두 설치하는 것은 중국에서 본래 알고 있으니, 다
시금 이 큰 경사에는 마땅히 채붕을 설치해야 합니다. …선왕의 고사에 의해 예
복을 갖추고 채붕을 맺어서 맞는 것이 심히 사리에 합당합니다."(集賢殿 考迎命服
色古制 擬議啓曰 …綵棚之制雖是鄕風 其來己久 雖非大吉慶之事 皆設之 朝廷素所知也
今此大慶 宣用綵棚 議者云 …先王故事 備禮服結綵棚以迎之 甚合事理)[36]

큰 채붕은 길이가 칠십오 척에 너비가 육십 척이며, 중간 채붕은 길이가 육십
척이고 너비는 사십 척이었다.(大棚長 則七十五尺 廣六十尺 中棚 則長六十尺 廣四
十尺)[37]

첫째와 둘째의 기사를 보면, 왕이 사신을 영접하는 태평관으로부터 성문에 이
르기까지 채붕을 길가의 여러 곳에 설치한다 했고, 채붕 밑에는 향탁을 설치한다
고 했다. 또 셋째의 기사에는 문종의 즉위를 승인하는 고명(誥命)과 세종의 승하
를 위로하기 위한 사신 방
문을 어떠한 예로 영접해
야 하는지 고민하는 가운
데, 채붕의 제도는 조선
의 풍속이고 마땅히 예복
을 갖추고 설치해야 한다
는 내용이 있다. 또한 넷
째 기사의 내용을 보면,
채붕의 규모를 산대와 같
이 높이로 측정하지 않고
길이와 너비로 측정하는
것은 채붕이 공중에 크게

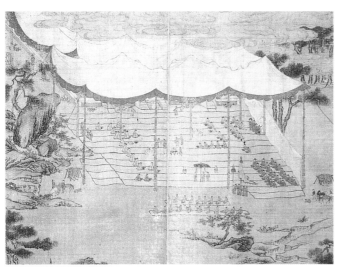

140. 채붕의 공간. 윤두서(尹斗緖) 〈서총대친림연회도(瑞葱臺親臨宴會圖)〉 부분.
18세기. 해남 윤씨 종손가(宗孫家) 소장.

펼쳐지는 채막이라는 사
실을 입증하고 있다. 향
탁과 예복을 갖춘 채붕은
국빈에게 예를 행하는 장
소였고, 악으로서 음악과
나희를 베풀었던 의례공
간의 장치였다. 또한 우
리나라의 풍속이었다는
채붕은 신라와 고려의 나
례로부터 전통적으로 계
승되어 온 풍습이었으며,

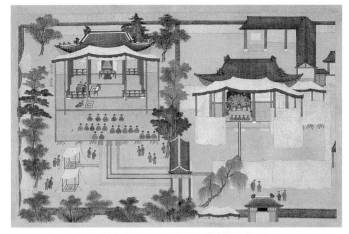

141. 채붕의 공간. 〈영수각친림도(靈壽閣親臨圖)〉 부분. 장득만(張得萬) 외
『기사경회첩(耆社慶會帖)』 제1장면. 1744-1745. 국립중앙박물관.

조선시대에 가장 보편적으로 사용된 천개로서 의식과 연희를 개최할 때마다 동
반되었던 극장공간의 장치라고 할 수 있다.(도판 140, 141)[38]

그런데 채붕의 설치는 산대를 대신할 때만 그 의미를 갖는 것은 아니었다. 채붕
은 의례 및 축제공간 전체를 포함하는 것이고, 산대는 그 안에 있는 신성세계를
의미했다. 따라서 산대는 높이 우러러보는 기념비로서 모든 사람들에게 경건한
마음을 들게 하고, 신산(神山)에 사는 동물들이 나와 놀이를 펼칠 때 축제의 기쁨
을 맛볼 수 있었던 것이다. 산대의 실제 운영을 알기 위해서 그 제작의 과정과 규
모에 대한 사료를 살펴보면 다음과 같다.

의금부(義禁府)에서 아뢰기를 …"호조(戶曹)가 보관하고 있는 「채붕식(綵棚
式)」을 가져다 보고 임오년에 사신이 왔을 때에 산대도감의 하인이었던 사람을
방문해서 물어 보았더니, 채붕에 들어가는 많은 물품은 물론 그 당시 도감의 하인

36. 『문종실록』 권2, '즉위년 6월 10일, 임오'.
37. 『문종실록』 권12, '2년 3월 8일, 신축'.
38. 도판 140에 보이는 채붕 밖 좌우에 호랑이 가죽이 진열되어 있는데, 이는 채붕나례의 잡기에서 우
인이 사용했던 것임을 짐작할 수 있다.

이었던 사람으로는 서리·서원·사령이 각 한 명씩 남아 있을 뿐이었습니다. 자세히 물어 보니 이들이 말하는바 좌우변의 춘산·하산·추산·설산을 만드는 데 모든 산마다 상죽(上竹) 세 개, 차죽(次竹) 여섯 개가 들어갑니다. 상죽이 각각 구십 척이고 차죽의 길이는 각각 팔십 척으로서, 양변의 산대를 계산하면 쓰이는 상죽이 스물네 개, 차죽이 마흔여덟 개이며 이 외에도 필요한 주본(柱本)이 셀 수 없이 많습니다. 가장 짧은 나무라 해도 이십여 척 이하로 내려가진 않습니다. …산대를 만드는 역군들은 전부터 수군(水軍)으로 정해졌는데 의금부 측에서 천사백 명, 군기사 측에서 천삼백 명을 배치했다고 합니다. 현재 남아 있는 수군은 얼마 안 되고 온갖 노력에 시달리다 못해 거의 흩어지고 없는 상태입니다. 초봄의 친경 (親耕)시에는 나례청에서 삼십여 명의 수군을 정해 단지 열흘 동안 부역했는데도 십여 명밖에 나오지 않았으니, 앞으로 이천칠백 명의 부역수군을 동원할 길은 만 무한 일입니다. …평상시에는 경복궁 문밖이 광활해 양변에 산대를 세우기에 넉 넉했으나, 지금 돈화문 밖은 좌우변이 매우 협소해 오른쪽은 비변사를 헐어내야 만 틀을 세울 수가 있고, 왼쪽은 금천교의 수문 아래여서 설치하기가 어려울 것이 니 걱정이 됩니다. …고천준(顧天俊) 이후로 조사(詔使)가 왔을 때 거의 산대를 설치하지 않았는데, 이는 중국의 조정에서도 다 알고 있는 일입니다. …이번에 조 사가 올 때도 궐문 밖 산대는 종전대로 설치하지 않는 것이 마땅할 듯합니다.”(義 禁府啓曰 …取考戶曹所藏「綵棚式」訪問壬午天使時山臺都監下人 則綵棚許多所入 始 置不倫 而其時都監下人 只餘書史書員使令各一人 詳問此人等所言 則左右邊各設春山 夏山秋山雪山 每山上竹三 次竹六 上竹則長各九十尺 次竹則各八十尺 以兩邊山臺計之 則應用上竹二十四柱 次竹四十八柱 此外應入柱木 不知其數 最短之木 亦不下二十餘尺 …且山臺役軍 自前以水軍定給 而義禁府則一千四百名 軍器寺則一千三百名云 今水軍 見在者無幾 而因於百役 逃散殆盡 春初親耕時 儺禮廳定給三十名水軍 只令十日赴役 而 赴役者僅十餘名 前頭二千七百名一朔赴役之水軍 萬無辦出之路 …平時則景福宮門外 地勢廣闊 兩邊山臺排置有裕 而今此敦化門外 左右邊甚爲狹窄 右邊則必毁備邊司 方可 設機 左邊則禁川橋水門之下 勢難排置 此亦可慮 …顧天俊以後 詔使之來 皆不設山臺 此則天朝之所己知 …今此詔使之來 闕門外山臺則依前勿設 恐或便當)[39]

위의 기사는 광해군 12년(1620) 산대의 설치에 대해 의금부에서 왕에게 상소를 올린 내용이다. 임오년(선조 15년, 1582)에 광화문 밖 좌우변에 세운 봄·여름·가을·겨울의 산대 제작에 쓰인 구십 척 상죽이 스물일곱 개, 팔십 척 차죽이 스물네 개이고, 좌변 나례청인 의금부에서 천사백 명, 우변 나례청인 군기사(軍器寺)에서 천삼백 명의 수군을 동원했다고 한다. 선조 35년 3월 중국 사신 고천준이 왔을 때 이후로는 산대의 설치가 한 번도 없었고, 금번 조사가 올 때 산대 설치를 반대하는 이유는 돈화문 밖의 지형이 산대를 세우기에 넉넉하지 못하며 임진왜란 이후에 물품과 인력의 공급이 가능하지 못하기 때문이라는 것이다.

산대 제작에 대한 사료는 세종대에서 선조대까지 일관성있게 나타나는데 그 규모는 상당히 컸던 것으로 보인다. 세종 8년(1426) 2월에 병조(兵曹)의 계에 의하면 좌변 나례도감과 우변 나례도감이 산대의 기둥이 땅 위로 육십 척 이상 솟지 않도록 원칙을 정할 것을 제안했다.[40] 또한 인종 1년(1544) 5월에 군기사가 세운 산대의 한쪽이 무너져 구경하던 사람들이 많이 깔려 죽었는데, 수십 명이나 되었다고 했다.[41] 이와 같이 대산대(大山臺)는 구십 척 길이의 상죽과 육십 척 길이의 차죽으로 틀을 짜고 진흙과 천으로 마감한 채색산이었을 것이다. 산의 모습을 더욱 여실히 묘사하고 있는 사료를 보면 다음과 같다.

세명(世明)이 말하기를, "…신이 농작 때 본 것은 기암괴석과 산천초목으로 만든 것뿐이었습니다. 좌변과 우변이 서로 경쟁해 기교를 보이니 마치 놀이를 즐기는 것 같았습니다"라고 하자, 전하기를, "초목이 없는 것은 산이라 할 수 없으니, 이는 예로부터 그랬던 것이다" 하고 듣지 않았다.(世明曰 …臣觀農作 奇巖怪石之狀 山川草木之形 無不爲之 且分左右邊 爭呈機巧 此實戲玩 傳曰 爲山而無草木 則非山

39.『광해군일기』권156, '12년 9월 3일, 정축'.
40.『세종실록』권31, '8년 2월 28일, 임진'. "兵曹啓 山臺高下 未有詳定 每當結山臺時 左右爭高 或致風亂 傾危可慮 今後山臺柱出地 每過六十尺 以爲恒式 從之."
41.『인종실록』권2, '1년 5월 11일, 임신'. "軍器寺所建山臺一角 崩壞（舊例於光化門外 義禁府 軍器寺 分左右設山臺 務各縱其戲玩 亦無非爲詔使也）遊觀者多壓死 幾至數十人（積雨 初晴 人多登賞 亦有人家奴婢 負其主母之兒年可二三歲者 來觀並壓死）".
42.『성종실록』권211, '19년 1월 9일, 갑진'.

矣 且自古爲之 不聽)[42]

위의 기사는 당시 사람들이 얼마나 산대의 사실적인 세부장치에 정성을 들였는가를 엿볼 수 있게 한다. 산대는 모든 사람들의 관심과 호기심을 유발하는 구경거리였을 것이다. 그렇다면 산대 위에서는 어떤 내용의 볼거리가 있었으며, 채붕 밑에서는 어떤 내용의 잡기가 연행되었는지 살펴보자. 『문종실록(文宗實錄)』 '즉위년 6월'에 나타난 채붕나례에는 광대와 서인들의 줄타기 · 방울던지기 · 재주넘기 등과 수척승(水尺僧)과 광대들의 재담이 연행되었다고 했다.[43] 또한 동월(董越)의 「조선부(朝鮮賦)」에는 다음과 같은 잡기가 소개되고 있다.

장대발 신고 걷는 모습이	躡獨趫
산귀신들 뛰노는 것처럼 놀랍구나	驚見跳梁山鬼
사자와 코끼리를 꾸몄는데	飾獅象
모두가 벗겨서 만든 말가죽 덮어쓰고 있네	盡蒙解剝之馬皮
봉황새와 난새를 춤추는데	舞鵷鸞
들쑥날쑥한 꿩깃을 모아서 꽂았네	更簇參差之雉尾[44]

위의 시부(詩賦)에 나오는 봉황새는 가면무이고 산귀신들은 동물의 가죽을 뒤집어 쓴 가장놀이인데, 이는 곧 삼국시대부터 있었던 백수솔무(百獸率舞)와 같다. 『문종실록』의 기사에 나오는 것은 곡예와 소학지희로서 채붕 밑에서 놀았을 것

43. 제5장 주26 참조.
44. 『중종실록』 권90, '34년 5월 6일, 계유'.
45. 『중종실록』 권90, '34년 5월 6일, 계유'. "仍傳于政院曰 造孔子之像 雖有前例 踵而爲之 至爲非矣 禁府郎官及內資寺官員等推考 今後使勿爲之."
46. 『중종실록』 권89, '34년 2월 6일, 을사'.
47. 『북사』 권94, 「열전」 82, '고려'.
48. 제5장 주26 참조.
49. 『평산신씨고려태사장절공유사』 '열성수교' '병조수교'. "太祖爲八關會 召群臣交歡 崇謙金樂二臣像亦在其 班列賜酒食 輒焦乾 假像起拜猶生之時."

이고「조선부」의 가장놀이도 넓고 평평한 곳에
서 연행되었을 것이다. 이 모든 종목은 구경하는
사람들과 함께 웃고 떠드는 희극으로서 관객과
뒤섞여서 혼연일체가 되는 마당공간의 연희
이다. 그런데 거대한 산대 위에 기암괴석과
초목만이 장식되어 있었다면, 산대 주위에
모여든 사람들은 산대에 흥미를 갖지 못하고
채붕의 잡기에만 열중했을 것이다.『중종실
록』'34년 5월 6일' 기사에는 "산대를 베풀 때
인물 잡상 중에 공자의 화상이 있어 …성인의
화상이 잡희 속에 설치된 것은 중국 사람들에게
국가의 체면을 손상시키는 것이다(山臺時 人物雜

142. 북치는 서인(西人) 광대와 춤추는 광대.
조선 후기. 옥랑문화재단.

像中 有造孔子像 …造設先聖之像於雜戲之中 以示華人 埋沒國體 至爲非矣)"[45]라는 상
소의 내용이 적혀 있다. 이에 대해 왕은 공자의 화상을 설치하는 것은 전례가 있
었으나 그 일을 답습하지 말 것을 명령하고 있다. 또한『중종실록』에서는 중국 사
신인 "공·오가 평양에 도착해 산대 위에 올라가 관람해 마지않
았으며, 또 광화문 밖에서도 멈추어 관람했다(龔吳則到平壤 步上
山臺 觀玩不已 又於光化門外 又住而觀)"[46]라는 기사를 적고 있다.

  고려조에 성인과 충신들의 형상을 산 위에 진열하는 풍습이
있었던 것과 같이 조선조에도 산대 위에 잡상인물을 설치했던
것으로 보인다. 산 위의 잡상이란 목우(木偶)나 토우(土偶)로 된
신산의 신령들로서 조선조까지 깊은 산신앙이 계승되었음을 시
사하고 있다. 고대로부터 제작된 목우의 유래를 생각해 볼 때,
"고구려의 신묘 두 곳이 있는데, 하나는 나무로 부인의 형상을
한 부여신(扶餘神)이고, 하나는 고등신(高登神)이다. 이는 부
여신의 아들로서 고구려의 시조이다(有神廟二所 一曰夫餘神 刻
木作婦人之象 一曰登高神 云是其始祖夫餘神之子)"[47]라고 한 것

143. 재주넘는 광대.
조선시대. 옥랑문화재단.

144. 호랑이를 탄 동자. 조선시대.
옥랑문화재단.

을 보면 목우 제작은 제의적인 목적을 지녔다고 하겠다. 또한 신라의 무덤에서 나온 토우는 무덤을 지키기 위한 비기(秘器)로서, 십이지신상과 기마인물 및 동물들을 포함하고 있었다. 조선시대의 목우는 도판 142-144와 같이 가무와 묘기를 연행하는 재인과 광대의 모습⁴⁸을 하고 있는데, 이들은 산대 앞에서 연행된 잡희의 형태를 짐작케 한다.『중종실록』'34년 5월 6일' 산대 위의 공자화상 설치가 문제가 된 것은 잡상들이 함께 진열되어 있었기 때문이었을 것이다.

한편 고려 태조가 팔관회에서 군신들에게 연회를 베풀었을 때, 개국공신 김락(金樂)과 신숭겸(申崇謙)의 우상이 일어나 춤을 추었다⁴⁹는 사례와 같이 산대 위의 잡상은 움직일 수 있는 인형이었을 가능성이 있으며, 나라를 지키는 호국의 신들이었다. 예를 들면 도판 144에서 사람이 호랑이나 말을 타고 달리는 모습은 단순한 놀이의 종목이 아니라 무속신앙의 대상인 호랑이와 말을 타고 가는 산신령의 의미가 내재되었다고 볼 수 있다. 또한 통일신라의 십이지신상들이 호국불교의 신상들로서 사찰탑과 무덤 주위에 설치되었던 예를 참고로 할 때, 산대 위의 잡상은 나례의 특성상 십이지신상이었을 가능성도 배제할 수 없다.(도판 145)

한편 꼭두인형극은 이미 조선 초기에 휘장으로 만들어진 고유의 꼭두붕에서 연행되었다. 성현(成俔)의『허백당집(虛白堂集)』권7에 나온 시를 인용하면 다음과 같다.

사방 벽의 좁은 방엔 괴뢰가 있고	小室四旁藏傀儡
백척 높은 장대 위엔 뿔술잔의 춤이 있네	長竿百尺舞壺舩
임금님은 광대놀이를 즐기시지 않으나	君王不樂倡優戲
신하들과 더불어 태평성대를 즐기시고자 하네	要與羣臣享太平

145. 십이지신상이 서 있는 대산대의 유추도. 산대 위에는 잡상이 설치되고
밑에서는 가면극과 잡희가 연행되었다. (p.233)

위의 시는 궁궐 뜰에서 열린 나례의 장면을 그린 것으로, 솟대놀이와 꼭두극이 언급되고 있다. 궁 내이기 때문에 이동식 채붕인 비좁은 장막을 치고 꼭두극을 상연했겠으나, 광화문에 설치된 높은 산대 위에서 오락용 꼭두극을 벌였다고 볼 수는 없을 것 같다.

결론적으로 산대는 고대로부터 우리나라의 제단이었던 신산으로, 기암괴석과 초목 사이에 성현과 신령들을 모신 높은 무대였으며, 신비한 장면연출을 위한 인형 조작과 음악의 연주가 있었을 것이다. 한편 재인·광대들은 산대 앞에서 가면을 쓰거나 동물로 가장해 살아 있는 잡상놀이인 산대잡희를 했으며, 재담 및 가면극과 함께 산대도감극을 형성했다.

침향산(沈香山)과 헌가산대(軒架山臺)

조선 초기에는 채붕·산붕·산대의 용어가 많이 쓰였지만, 성종대(1457-1494)에 이르러서는 대산대·예산대·다정산대(茶亭山臺) 등의 명칭이 나오고,[50] 임진왜란 후 광해군대(1575-1641)에 이르러서는 헌가산대·윤거(輪車)·침향산의 이름이 소개된다.

예산대는 예산붕이라고도 하여 왕의 행렬을 전도하는 이동식 산대수레였다. 사료를 보면 다음과 같다.

앞뒤에서 고취악이 연주되는데 예산붕이 앞에서 인도하고 잡희가 벌어졌다. …연(輦)이 광화문 밖에 도착했을 때 좌우의 채붕에서 백희가 베풀어지고 여기와 우인들이 함께 근정전 뜰로 들어갔다. 왕이 근정문에서 연을 멈추고 그것을 구경했다.(前後鼓吹沓奏 曳山棚傳道 雜戲具呈 …輦至光化門外 左右綵棚 百歲具作 女妓優人 俱入勤政殿庭 駐輦勤政門觀之)[51]

바퀴를 단 산대가 임금이 나아가는 길을 정화시키고, 고취악에 맞추어 연행되는 잡기는 제사를 마친 후 선왕들의 축복을 기원하는 공연이었다. 군사위장대뿐 아니라 여기·우인들이 정전 뜰까지 왕을 인도했는데, 이때 산대수레는 광화문

의 채붕으로 옮겨져 백성들과 함께 축
제를 벌였던 것이다. 산대수레는 끌고
다닌다는 뜻에서 예산대로 불렸는데,
침향산과 헌가산대의 두 가지로 나뉘었
다.

왕이 동적전에서 친경례(親耕禮)를
올렸다. 환궁할 때에 헌가산대의 잡희
가 설치되었고, 침향산의 여기헌축이
바쳐졌다. 곳곳에서 연을 멈추면서 하
루를 보냈다.(親耕禮于東籍殿 還宮時 設
軒架山臺雜戲 沈香山女妓獻軸 處處住輦終
日)[52]

146. 침향산. 『악학궤범』 권8. 1493.

헌가산대는 말 그대로 마루를 깐 수레 위에 산붕을 얹은 것으로 움직이는 산이
었다. 그런데 곳곳에 연을 멈추었다는 표현으로 보아 잡희가 있는 헌가산대는 여
러 곳에 설치되었고, 왕을 인도한 예산대는 수레 위에 태운 침향산이었을 것으로
추측된다.(도판 147)

『악학궤범』에 의하면 침향산의 여기헌축(女妓獻軸)이라 함은 왕의 환궁시 대

50. 『성종실록』 권174, '16년 1월 17일, 경자'. "大山臺雖不可 如曳山臺茶亭山臺結彩 儺禮女妓呈才
等事 依祖宗朝例 行之何如."
51. 『단종실록』 권11, 38-40장.
52. 『광해군일기』 권150, '12년 3월 13일, 신묘'.
53. 『악학궤범』 권5, 「시용향악정재도의」 '교방가요'.
54. 『삼국유사』 권3, 「탑상」 4, '사불산·굴불산·만불산'.
55. 도판 146에 보이는 침향산의 모습은 금강산을 연상시키는 암벽의 산으로, 이 형상이 신라 때부터
전통적으로 계승되어 온 것이 아닌가 하는 추측과 더불어 광화문 앞에 세워졌던 대산대의 축소판이었
을 가능성도 배제할 수 없다.

147. 예산대와 어가행렬의 유추도.

가(大駕)를 맞이하는 의식으로서, 동녀가 한문으로 쓴 가요(歌謠)의 축(軸)을 함탁(函卓)에 올려 놓고 좌우에 꿇어 엎드려 왕께 바칠 때 모든 여기들은 여민락의 노래를 불렀고, 왕이 함을 받으면 여기들은 학무(鶴舞) · 연화대와 금척무의 춤을 추었다. 침향산은 대가를 대궐문까지 조금씩 조금씩 인도해 나아가는데, 산이 멈춰 서면 정재를 마치고 끝나면 산이 움직였다. 침향산이 임금을 모시고 궐 내로 들어갈 때 고취악이 연주되었고, 시위대와 대가가 궁궐로 들어간 후에는 주악이 멈추었다.[53]

도판 146에서 보듯『악학궤범』에 있는 침향산은 지당판 위에 연꽃과 함께 설치

되어 있다. 연꽃은 동녀가 숨었다가 나오는 꽃봉오리이다. 그런데 그 배경에 있
는 침향산은 나무판자 위에 피나무(椵木)를 조각해 산봉우리를 만들고 사찰·승
불·고라니와 사슴 등의 잡상을 만들어 산골짜기에 깃들이고 채색했다. 또 산 좌
우에는 비단으로 만든 모란꽃 가지를 세웠다. 이 가산(假山)은 산골짜기에 부처
와 중을 조각해 넣은 신라의 사불산(四佛山)을 연상케 한다. 『삼국유사』에는 경
덕왕이 당 태종에게 보낸 사불산을 굴불산(掘佛山) 또는 만불산이라 하여 "중의
형상이 천여 개가 있고 종각을 세워 바람이 불면 종소리가 울린다(前有族遷比丘
像千餘軀…皆有閣…有風而鐘鳴)"[54]라고 기록되어 있다.

이처럼 궁중에서 왕의 신성성을 상징해 소유하고 있었던 산을 향산(香山)[55]이라고 통칭했는데, 이 향산을 윤거 위에 싣고 움직일 수 있었던 산이 예산대였던 것이다.[56] 연화지당판 위에 세워진 침향산이 우주산을 상징하고 있다면, 재인들이 꾸민 헌가산대는 옛 문학에 나오는 신성한 산과 신선들의 이야기를 묘사하고 있다.

『기완별록(奇玩別錄)』은 1865년 윤5월 경복궁 중건 축하로 광화문 앞에서 베풀어진 산대나례를 보고 '벽동병객'이라는 관람객이 쓴 글이다.[57] 이 관람기는 왕의 행차와 함께 동원된 무동놀이와 오방색 깃발, 먹중과 왜장녀의 모습과 다양한 헌가산대의 내용을 상세히 적고 있다. 저자는『구운몽(九雲夢)』의 팔선녀와 성진(性眞)을 경복궁 영건을 돕는 선불(仙佛)이라고 칭하면서, 금강산이 움직여 오고 있는데 이 산은 틀 위에 암석과 송죽의 가산을 꾸며 군인들이 메고 온다고 했다.[58] 또한 거문고를 연주하는 벽오동(碧梧桐)의 신선과 차를 달이는 동자, 천

148. 사신 영접을 위한 가설무대장치. 아극돈(阿克敦) 〈봉사도〉 제14폭. 1725. 북경대학교.

149. 헌가산대와 산대나례 장면. 아극돈 〈봉사도〉 제7폭. 1725. 북경대학교.

도반(天桃盤)을 받쳐 들고 서 있는 선녀가 설치된 산의 연봉난간 채색판에 있는 꽃 같은 가산에 송죽기화 · 불로초 · 황학 · 청학 · 사슴이 장식되어 있다[59]고 적고 있는데, 이는 신라의 사불산이나 궁궐의 침향산과 비슷한 유형으로 예산대에 속하는 것으로 보인다.

인조는 반정 직후에 침향산을 불태워 버렸으나 삼 년 후에 『나례청등록(儺禮廳謄錄)』을 작성해 궁중나례의 절차와 시설을 정비했다. 병인(丙寅) 인조 4년(1626) 2월 30일에 의금부에서 지시한 것을 보면, 좌우나례청에서 윤거와 잡상을 배설하고 영조문(迎詔門) 등 여러 곳에 결채하고 가로에 향분(香盆) 등을 놓은 것을 전례에 따라 거행한다[60]고 했고, 역군으로 수군 육십 명을 병조가 보내도록 하라는 내용이었다. 또한 절도부조첩정(節到付曹牒呈)의 내용이 헌가잡상의 묵은 것을 보수하는데 모두 진흙으로 만들어 채색하고 꾸민 물건이라 오래가기 어려운 상태이며, 남아 있는 기목(機木)이 많이 부서지고 부러져서 지난해의 일보다 적지 않거늘, 역군 육십 명으로 수를 줄인다면 앞으로의 공력을 예측할 수 없으니 다시 사세(事勢)를 살펴 달라[61]는 병조에 대한 이문(移文)이었다. 이상의 내용은 해마다 헌가산대를 중국 사신의 영접시 보수해 사용했는데, 인력과 목재의 조달에 어려움이 많았다는 것을 시사한다. 한편 헌가산대만의 보수에 그토록 많은 인원의 역군과 목재가 필요하지 않았을 것이므로, 위에 필요한 공력이란 태평관 앞길에서부터 서울까지의 거리에 설치된 모든 시설물에 대한 것이라고 볼 수 있다.

한편 1998년 북경대학교 도서관에서 발견된 아극돈(阿克敦)이 그린 〈봉사도(奉使圖)〉의 윤거(도판 148, 149)는[62] 『나례청등록』에서 기록하고 있는 헌가산대의 유형이었다고 생각된다. 아극돈은 영조 1년(1725)에 조선에 들어온 중국 사신인데, 그가 기록한 헌가산대나례는 인조 병인년의 『나례청등록』의 나례와는 백 년의 차이가 있는 셈이다. 〈봉사도〉에는 헌가산대나례의 장면뿐 아니라 사신이 입성할 때 통과하는 대문에 채색을 한 장치물을 세워 놓은 그림이 보인다. 이러한 설치물과 채붕이 곳곳에 설치되었다면 『나례청등록』에 나타난 인력과 목재의 공급난의 문제는 당연한 것이었을 것이다. 도판 149에 보이는 기암괴석의 높이는 사람 크기의 여섯 배 정도 되는 것으로 보아 약 십팔 미터가량 된다. 산대의 모습

---

56. 침향산을 줄여서 향산이라고도 하며, 예퇴침향산(曳退沈香山)이란 말에서 알 수 있듯이 침향산 밑에 바퀴를 달아서 끌고 다닌다. 따라서 침향산을 산거 또는 예산대라고도 한다.(『성종실록』 권174.)

57. 『기완별록』은 "일 엽쓴 늘근이가 소일이 젼혀 업셔 ㄷ로 ㅈ어쓰ㄴ 무식ㅎ옴 용서하ㅇ/을ㅊ 윤월 상한 벽동병 ㄱ셔"라는 글로 끝나는데, 저자는 자신을 벽동에 사는 병객(病客)이라고 적고 있다. 윤주필, 「경복궁 중건 때의 전통놀이 가사집 『기완별록』」, 『문헌과 해석』 9호, 문헌과 해석사, 1999.

58. 위의 책, p.19.

59. 위의 책, p.22.

60. 『나례청등록』. "左右儺禮廳良中 知委施行爲白乎矣 迎詔門等各處結彩 街路頂香盆等依前例."

61. 『나례청등록』. "廳爲相考事 節到付曹牒呈內 …軒架雜像雖曰仍舊修補 而皆是泥塑彩節之物 勢所難久彌不喩 餘存機木亦多破折 今此改造之擧 似不下於上年之功役是去乙 如是減數 不無後日之弊 是沙餘良 前頭容入功力 不可預度 殊甚可慮是在果 徐觀事勢 更爲移文計."

62. 阿克敦, 『奉使圖』, 遼寧民族出版社, 1999, p.7, p.14.

63. 오산은, 발해 동쪽 바다에 다섯 개의 산이 있었는데 뿌리가 없어 부유하니, 하늘이 큰 자라 열다섯 마리로 하여금 머리를 들고 그것들을 이고 있게 했다는 데서 유래된 신선들의 산이다.(湯問, 『列子』)

은 한쪽 면을 보도록 부조된 괴암산의 평면적 세트로서, 그 뒤편에 잡상들이 설 수 있는 평평한 바닥을 연결해 세트의 하중이 한쪽으로 치우치지 않도록 제작한 것을 알 수 있다. 바퀴의 크기는 지름 백팔십 센티미터가량 되는데, 산대의 무게를 줄이기 위해 입체적 진흙산이 아닌 반입체의 부조산 위에 작화된 천을 씌웠을 것으로 생각된다. 백희의 내용은 줄타기와 새 깃털을 머리에 장식한 봉황가면무와 깃발춤으로 그려져 있다. 또 산대의 구멍 사이로는 살아 움직이는 것 같은 잡상들이 보이는데, 낚시하는 장면이 강태공의 고사와 관련이 있다면 춤을 추는 미인은 서왕모일 가능성이 있다. 산의 상단에는 붉은 옷을 입은 잡상이 있고 두 개의 누각과 소나무가 있다.

150. 금빛 거북이 위의 봉래산. 헤이안 시대. 호류지.

이와 같은 잡상을 설치한 헌가산대의 산은 중국 신화의 봉래산(鼈山)[63]의 모습과도 유사하며(도판 150), 고려시대 채붕산의 실제 모습을 유추할 수 있게 한다. 산대 위에 설치된 잡상들의 제작은 『나례청등록』에 기록된 잡상과 긴밀한 관련이 있을 것이다. 헌가에 필요한 옷감의 재료를 쓴 목록을 살펴보면 다음과 같다.

감결(甘結) : 흰 무명은 헌가에서 서른네 필, 소간에 두 필, 휘휘사지(揮揮斜知)에 세 필 열 자, 상색재인(上色才人)이 찰 창부(倡夫)의 대나무에 감을 열두 필을 사용 후에 돌려줄 것, 아청색 무명 일곱 필, 홍색 무명 일곱 필, 반흑색 명주 두 필 여덟 자, 홍색 명주 일곱 필, 황색 명주 여섯 필, 초록색 명주 한 필, 단비 가죽 네 령, 다홍치마(열 폭짜리, 길이 일곱 자) 하나, 휘휘사지옷 두 필단, 날개옷 서른아홉, 감토(甘土)를 갖춘 전후(前後) 홍배 서른아홉, 헌가산의 인물이 입을 유문단·홍색흑단·청단·남단·황단·황색비단 각 일곱 자, 번홍 다섯 자, 금선 다

섯 자, 모단반골(冒段半骨) 넉 자, 흰 명주 다듬은 것 다섯 자, 이상. 호조 제용

감.(甘結 白木 軒架三十四疋 嘯竿二疋 揮揮斜知三疋十尺 上色才人帶次唱夫竹 甘伊十

二疋 用後還下 鴉靑木七疋 紅木七疋 半黑紬二疋八尺 紅紬七疋 黃紬六疋 草綠紬一疋

獱皮四令 多紅赤亍連十幅長七尺一 揮揮斜知衣二匹段 飛介衣三十九 前後胸背具甘土

三十九 軒架山上人物所着 有文段 紅色黑段 靑段 藍段 黃段 黃紗 各七尺 飜紅五尺 金縉

五尺 冒段半骨四尺 白線紬擣 鍊五尺 已上 戶曹 濟用監)

『나례청등록』에는 헌가산의 제작뿐 아니라 나례행사에 필요한 재료 목록을 모

재, 대나무, 철물, 옷감, 가죽, 물감, 아교, 송진, 밧줄, 멍석 및 방석, 병풍, 악기,

말구유, 공작구, 역군(役軍), 희자(戲子, 才人) 등에 대해 상세히 기록하고 있다.

또한 위의 기사에 보이는 옷감은 비단 헌가산대 제작에 필요한 것만이 아니라

희자들에게도 적용된 것으로 보인다. 예를 들면 흰 무명 서른네 필은 채붕에 필

요한 것으로 생각되며, 오방색의 명주는 처용가무 같은 오방무 의상을 위한 것

같고, 날개옷과 흉배 서른아홉은 행렬의 시위대를 위한 것 같고, 마지막의 헌가

산 인물이 입을 옷감의 양은 각각 다섯 자에서 일곱 자로서 사람의 크기보다 작은

잡상의 의상을 위한 것으로 사료된다. 가죽은 위의 단비 가죽 외에도 너구리 · 여

우 · 황구 가죽 네다섯 령으로 동물로 가장하는 데 필요한 재료였으며, 같은 항목

---

64. 윤주필, 앞의 책, p.20.

65. 위의 책, p.21.

66. 김빈(金鑌)의 『보루각명병서(報漏閣銘幷序)』에는 다음과 같은 기록이 있다. "궁 안 서쪽에 세 칸
짜리 각을 세우고 호군 장영실에게 명하여 시각을 알리는 세 개의 인형과 십이지신의 소상(塑像)을 나
무로 만들어 이로써 시각을 알리는 관리의 직무를 대신하게 했다. 동쪽 칸에는 이층으로 자리를 만들
어 위층에 세 개의 시보인형을 세웠는데, 하나는 앞에 놓인 종을 쳐서 시를 알리고, 하나는 앞에 놓인
북을 울려 경을 알리고, 하나는 앞에 놓인 징을 두드려 점을 알린다. 십이지신은 각기 시패를 잡고 수
평 밖에 둘러선 채 가운데층 밑에 숨었다가 때에 맞춰 번갈아 올라온다. 서쪽 칸의 중간에는 물 항아리
를 놓고 기구를 설치한다. 쇠구슬을 써서 기구를 작동시켜 때에 이르면 그때마다 여러 인형들이 곧 응
답한다(酒於禁內西偏 建閣三楹 令護軍臣蔣英實 作司辰木人三神十二神以代雞人之職 東楹之間 設
座二層 三辰在上層 一前置鐘 撞之以報時 一前置鼓 擊之以報更 一前置鉦 擊之以報點 其十二神 各
執辰牌繞立平輪 隱於中層之下 隨時迭升 中楹之中 用壺設機 用鐵丸以撥其機 每於時至 諸神輒應
參究儀像)" 남문현, 『장영실과 자격루』, 서울대학교출판부, 2002, p.175 참조.

67. 『문종실록』 권2, '즉위년 6월 5일, 정축'.

242

에 나오는 붉은 양탄자, 무늬 양탄자 각
각 두 장씩은 땅재주넘기 같은 잡기를
위해 땅에 펼쳐 놓은 장치로 유추할 수
있다.

산대 위의 잡상은, 진흙으로 만들어
채색하고 꾸민 물건이라는 기록에 의거
해 볼 때 토우의 종류라는 것을 알 수 있
다. 헌가산대의 잡상을 줄인형으로 보
는 설이 있으나, 십팔 미터 높이의 산 위
에 있는 인형을 막대나 줄로 조정했을
가능성은 희박한 것 같고, 하단의 낚시
꾼과 춤추는 잡상은 실제 인물이 연기
했을 것으로 사료된다.

그러나『기완별록』의 금강산처럼 사

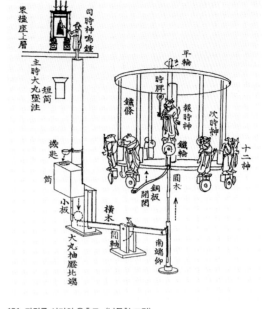

151. 자격루 시기의 유추도. (남문현 그림)

람들이 메고 가는 작은 헌가산대에서는 줄이나 막대를 이용한 인형극이 가능했
을 것이다. 앞서 언급한『기완별록』에서「서유기(西遊記)」의 진현장(陳玄奘)이
세 명의 제자를 거느리고 백마를 타고 가는데, 그 중 손행자오공(孫行者悟空)은
금빛 같은 두 눈망울을 부릅뜨고 얼굴을 까닥거리며 쇠막대를 경망하게 휘두른
다[64]고 했고, 또 어떤 산대패에서는『구운몽』의 성진이 머리를 요령(搖鈴)처럼 흔
들고 검은 수염 휘날리며 법고를 어지럽게 두드린다[65]고 했다. 이와 같은 잡상들
의 반복적인 움직임은 줄이나 자동장치에 의한 조작이었을 가능성이 있다.

자동장치의 예를 들면, 세종 16년(1434)에 제작된 자격루(自擊漏) 시기(時機)
는 십이지 동물들이 시패를 들고 자동으로 들어왔다 나갔다 하는 장치로서, 정해
진 시간마다 삼신이 치는 종·북·징 소리가 들렸다고 한다.[66](도판 151) 또한
『문종실록』에서 "작은 채붕을 설치하고 사람과 짐승들의 잡상을 진열해 채붕 뒤
의 큰 통에 물을 부으면 물이 잡상의 입으로부터 흩어져 나와 솟아오르는데, 세
속에서 이것을 다정(茶亭)이라고 한다(設小綵棚 前列人獸雜像從 棚後植大筒注水

152. 〈수영들놀음의 행렬도〉 부분. 천재동(千在東) 제작. 공주민속극박물관.

水自雜像口中送出高湧 俗謂之茶亭)"[67]라고 했다. 물을 뿜는 잡상은 용신의 모습이었을 가능성도 배제할 수 없다. 잡상과 물시계, 잡상과 물분수 등의 장치가 이미 조선 초기에 유행한 것을 볼 때, 고정형 산대 위의 잡상놀이가 기계적인 기술로서 운영되었을 가능성이 있다.

산대의 유동성은 나례의 연희를 열려 있는 길 공간으로 나가도록 한 요인이 되었다. 『나례청등록』에는 헌가와 잡상을 메고 가는 담지군의 인원수가 적혀 있는데, 그대로 옮겨 보면 다음과 같다.

사자 담지군: 입전 서른여섯 명.

호랑이 담지군: 혜전 스물네 명, 저포전 열 명, 사립전 다섯 명.

낙타 담지군: 입전 열네 명, 초립전 열 명, 상미전 여덟 명, 시소전 여섯 명, 철물전 네 명.

소간(솟대) 담지군: 이엄전 열여섯 명, 어물전 일곱 명, 생선전 일곱 명, 의전

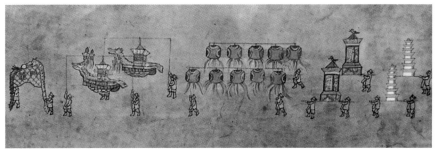

153. 〈무격행렬도〉 부분. 김영달(金永達) 제작. 공주민속극박물관.

네 명, 전상전 여섯 명, 전우전 다섯 명, 지전 일곱 명, 진사전 담지군 한 명.

헌가 담지군: 마전 담지군 열 명, 방민 백 명.

(獅子擔持軍 入前三十六名 虎擔持軍 鞋前二十四名 苧布前十名 絲笠前五名 駝擔持軍 入前十四名 草笠前十名 上米前八名 匙召前六名 鐵物前四名 嘯竿擔持軍 耳掩前十六名 魚物前七名 生鮮前七名 衣前四名 典床前六名 典隅前五名 紙前七名 眞絲前擔持軍一名 軒架擔持軍 馬前擔持軍十名 坊民一百名)

헌가에는 바퀴가 달려 있고 아무리 무거운 것이라 해도 이동을 위해서라면 수레를 끌어서 옮겼을 것이다. 여기서 헌가 담지군이 백열 명이나 되고, 사자·호랑이·낙타 및 잡상을 메고 가는 데 수십 명의 인력이 필요했다는 것은 산대나례에 필요한 설치물들을 현장에 옮겨서 조립했다는 뜻이 된다. 이 의문점을 풀기 위해서 조선시대 관나(官儺)의 모습을 유추해 볼 수 있는 들놀음의 행렬도(도판 152)를 보면, 십이지신수 등과 함께 가면무를 추면서 광대들과 악사들, 가면극패

154. 〈무격행렬도〉 부분. 김영달 제작. 공주민속극박물관.

와 군인들이 화려한 행진을 하고 있는 모습이 보인다. 또한 무격행렬도(巫覡行列圖, 도판 153, 154)에서는 북문·야유기(野遊基)·용선·봉등·학등·자라등·용등·꽃등을 메고 화려한 길놀이를 하고 있다. 헌가산대나례에서도 진기한 동물들을 만들어 전시용 행렬을 하는 데 필요한 인원을 모두 담지군으로 포함시켰을 것이다. 또한 이 담지군들은 각 시전에서 뽑아 올린 상인들이자 물자와 기술을 공급하는 자들로서 없어서는 안 될 기술인력이었다. 헌가의 설치준비 행렬은 임금과 시위대의 행차가 아니고, 민속음악·가면무·잡기 등의 재인들과 산대 설치를 하는 상공인들의 행차로 보아야 한다.[68] 고정된 장소에서 열린 대산대 및 채붕나례와는 달리 신성한 헌가산대를 꾸미기 위해서 이동했던 행렬은 담지군과 역군들이 가무잡희의 연행과 함께 길놀이를 벌인 하나의 축제극장이었다. 또한 잡상놀이는 이야기 위주의 꼭두극과는 달리 시간과 공간을 주관하는 신들의 현시로서, 동물가장놀이와 분리할 수 없는 하나의 통합된 레퍼토리였으며 잡상들은 산 위에서, 가장놀이는 땅 위에서 논 것이었다.

3. 자연공간의 극장

조선시대 궁중연향(宮中宴饗)은 채붕나례·진풍정(進豐呈)·진연·진찬·회례연(會禮宴) 등으로 예제(禮制)에 따라 의식으로서 연행되었다. 그런데 곡연(曲宴)·소작(小酌)·사연(賜宴) 등은 일정한 의식 절차에 구애받지 않는 비공식적인 연향이었다.[69] 그러나 이러한 연회는 궁인들만이 개최할 수 있는 것으로, 그 장소는 관아에 소속된 누대와 누정 또는 사가의 정원이 주무대였다. 특히 국왕이 종친과 관료대신, 기로신(耆老臣), 과시(科試)의 합격자들에게 잔치를 하사하는 사연의 경우에는 기녀·악사·무용수들을 함께 내려 주었기 때문

---

68. 광해군 때 산대나례에 참여한 희자(戲子)들은 삼백예순 명으로 집계되는데 상공인들을 포함시킨 것으로 보인다. 『광해군실록』 권170, '13년 10월 5일, 임신' 조에 "'좌우나례청에서 희자들의 이름과 인원수를 이제야 적어 공문으로 보내왔기 때문입니다. 삼백예순 명에게 전례대로 면포 각 한 필씩을 마련해 줄 것입니다' 하니, 그렇게 하라고 전교했다"라는 기록이 있다.
69. 박정혜, 『조선시대 궁중기록화연구』, 일지사, 2000, p.100.

155-156. '연광정연회도'와 그 세부(아래). 김홍도 〈평양감사환영도〉 부분. 1745. 국립중앙박물관.

157. '부벽루연회도' 부분. 김홍도 〈평양감사환영도〉 부분. 1745. 국립중앙박물관.

에 가무백희의 종목이 궁중의 것과 비슷했다.

지방의 관아에서 관리했던 누정들은 보통 강안(江岸)에 위치한 명소로서, 연향과 함께 시회(詩會)가 병행되었다. 누정에서는 공식적인 사연 외에도 관원들의 계회(契會)·기로연·경수연(慶壽宴) 등이 열리기도 했는데, 충효의 유교사상이 연회와 함께 어우러져 풍류로 실현되는 자연 속에서의 의식공간이라고 하겠다. 한마디로 누정은 숲을 배경으로 하고 물을 앞으로 내다보는 도성의 경승지(景勝地)에 지어진 가례용(嘉禮用) 건축이라 하겠다.

1745년 평양부 연광정(練光亭)에서 신임 평양감사의 부임 축하연이 있었다. 김홍도(金弘道)가 제작한 '연광정연회도'(도판 155)를 보면, 대동문 옆에 연광정이 있는데 그 뒤로 대동강과 멀리 장림의 숲이 보인다. 이층 구조의 연광정 앞에는 넓은 마당과 연못이 있는데, 많은 사람들이 그곳에 모여 서서 대 위의 연회를 구경하고 있다. 도판 156에 나타난 '연광정연회도'의 세부 내용을 보면 여기두 명이 황색·청색의 사자와 함께 춤을 추고 있다. 바깥의 계단 밑에는 백학과 청학이 출연 순서를 기다리고 있고, 선유락의 채선과 연꽃 두 봉오리가 놓여 있어 궁중정재와 같은 종목의 춤이 연행된 것을 알 수 있다. 보통 마당에서 놀던 사자들이 누상으로 올라가 환영의 인사를 하는 전령의 역할을 하는 듯이 보인다. 이 장면은 신임사또를 환영하기 위해 평양의 부민(府民)들이 올리는 공연이었다. 그런데 그림의 내용에서 음식과 술을 동반하지 않은 음악과 춤의 정재만 그려져 있는 이유는, 연광정 연회가 평양의 관리들과 신임감사가 공식적 상견례를 하는 모습을 그

158. 부벽루로 오르는 길. 김홍도 〈평양감사환영도〉 부분. 1745. 국립중앙박물관.

린 기록화이기 때문에 연향장면을 넣을 수 없었기 때문일 것이다. 이 장면의 핵심은 여기들의 공연이라기보다는 연광정 위의 신임사또와 그를 둘러싼 환영행사일 것이다. 신임사또의 부임으로 도성의 정치·경제·사회적 여건이 새롭게 변화하는 것을 선포하는 공식적 행사가 백성들에게 그대로 공개되는 연광정은 하나의 역사적 사건을 의식화하는 극장공간을 형성하고 있다.

〈평양감사환영도〉의 첫번째 그림은 부벽루연회도(浮碧樓宴會圖)이다.(도판 157) 이 장면의 공연은 부벽루 월대 밑에 돗자리를 깔고, 시위대와 깃털을 꽂은 무관들 그리고 고취악대가 나각을 불고 있다. 돗자리 위에는 삼현육각(三絃六角)의 악공들과 기녀들이 삼면으로 둘러싼 가운데에 여기들의 처용무·포구락·검무·무고·헌선도가 그려져 있다. 부벽루 내에는 평양감사가 관복을 입지 않은 평양의 사대부들과 함께 앉아 있는데, 연회임에도 술과 음식이 보이지 않는다. 유가(儒家)의 사대부들은 검약과 절제를 미덕으로 하고 자연·승경을 찾는 것을 심성의 연마로 삼았다. 따라서 김홍도가 그린 연회도는 공식적인 행사의 기록화

로서 예악의 상징인 정재무의 묘사에 치중했던 것 같다.

부벽루의 연회도는 작자미상의 다른 그림(도판 160)에서도 발견되는데, 도판 157에 나타나는 것과 동일한 연회인지는 확실치 않다. 이 그림에서는 평양감사와 관인들이 여기들과 함께 누 안에 좌정하고 있고, 화려한 정재무는 보이지 않는다. 부벽루 밑에 위치한 영명사문(永明寺門)을 지나 부벽루로 오르는 길에 음식을 파는 목판이 보이고 연회의 주안상을 옮기고 있는 모습(도판 158)을 보면 부벽루 내에 연찬이 있었고, 그후에 정재무의 공연을 개최했던 것 같다. 도판 160에서 가장 눈길을 끄는 것은 앞의 김홍도의 그림에서 보이지 않던 산대놀이패들의 공연이다. 초록 저고리에 다홍 치마를 입은 소무(小巫)를 둘러싸고 흰 장삼을 입은 네 명의 우인들이 상좌춤을 추고 있다. 긴 담뱃대를 든 노인이 흰 도포를 입고 망건을 쓴 것으로 보아 이 인물은 양반탈을 쓴 샌님 역할의 배우라는 것을 알 수 있다. 구경꾼들과 실갱이를 벌이는 포도부장들은 「남성관희자(南城觀戱子)」[70]에 나오는 인물들로 보인다. 얕은 둔덕에 세워진 흰 천 앞면에는 할미탈이 부착되어 긴 소매를 흔들며 춤추고 있다.

159. 영명사 북쪽에 위치한 부벽루와 부도의 공간.
작자미상 〈평양도〉 부분. 조선 19세기. 서울대학교박물관.

사진실은 등장인물에 근거해 이 공연을 해서(海西)탈춤으로 보았으며, 춤추는 할미탈이 부착된 위의 설치물을 전문 탈춤패의 길놀이용 깃발이라고 정의했다.[71] 한편 그림의 밑부분에 나타난 줄광대 옆에 작은 오층탑이 보이고 윗부분의 산 앞에 비석과 부도가 설치되어 있는 것을 볼 때, 이 장소는 영명사 북쪽에 높게 위치한 성단의 공간인 것을 알 수 있다.(도판 159)

160. '부벽유연(浮碧遊宴)' 부분. 작자 미상 〈평양감사환영도〉 부분. 18세기 후반. 피바디 에섹스 박물관, 보스턴.

부벽루는 고구려의 평양 천도 이후 제천의례를 지낸 곳으로 알려져 있다. 『신
증동국여지승람』 「평양부」 '고적' 조에, "기린굴이 구제궁(九梯宮) 안 부벽루 밑
에 있었는데, 동명왕이 기린마를 타고 기린굴 속으로 들어가니 땅속에서 조천석
(朝天石)이 나와 하늘로 올라갔는데, 그 말발굽이 지금까지 남아 있다"[72]는 전설
이 있다. 이 전설의 배경에는 대동강과 부벽루를 신화적 공간으로 생각하는 의식
이 배어 있다. 그런데 도판 160에서는 산대극을 연행하고 있다. 부벽루의 암벽과
산은 사람들의 마음속에 신산으로 여겨졌겠는데, 그 산기슭에 사람들이 모여들
어 산대극을 하는 장면은 국가의례에서 이미 사라져 버린 산대나례를 고구려의
제장에서 재현하고 있다는 생각을 하게 한다.

부벽루가 궁중정재를 벌이고 시를 바치는 이상세계의 대라고 한다면, 마당은

161. '월야선유도' 부분. 김홍도 〈평양감사환영도〉 부분. 1745. 국립중앙박물관.

현실세계에 대한 풍자와 해학을 펼치는 산대극의 공간이다. 그리고 산비탈은 현실과 이상, 두 개의 세계를 동시에 바라보는 객석이 되어 대와 마당이라는 두 개의 무대를 내려다보고 있다. 산비탈에 앉은 관객의 시각으로 보았을 때 이 두 개의 무대배경에는 대동강과 장림이 보일 것이다. 앞서 언급한 바와 같이 대동강은 동명왕의 기린마 승천의 이야기를 담고 있는 신화적 공간이다. 그리하여 고려시대의 문인들은 부벽루에 올라 동명왕의 전설을 시부(詩賦)로 읊었던 것이다.

멀고 먼 지난 일이 괴상하고도 신비하니	往事悠悠怪且神
성동(城東)에 있는 굴을 기린굴이라 이르네	城東有窟號麒麟
동명왕이 여기에서 아침 하늘 위로 올랐다는데	明王從此朝天上

---

70. 제5장 주28 참조.
71. 사진실, 『공연문화의 전통』, 태학사, 2002, pp.173-174.
72. 『신증동국여지승람』 권51, 「평양부」 '고적' '기린굴'. "在九梯宮內 浮碧樓下 東明王養麒麟馬于此 後人立石誌之 世傳 王乘麒麟馬 入此窟 從地中出朝天石 升天 其馬跡至今在石上."
73. 이첨, 「기린굴시」, 『평양지』.

큰 돌이 전처럼 물가에 남아 있네	巨石依然在水濱
원수(沅水)는 근원이 깊으니 세상을 피할 만하고	沅水源深堪避世
구지(仇池)는 구멍이 좁아 겨우 몸을 용납할 만하다	仇池穴窄僅容身
전설이 족히 담소의 재료가 될 만하니	流傳足可供談笑
지나는 객이 구태여 진위를 따져 무엇하리	過客何煩辨僞眞[73]

위의 시와 연관해 영명사가 부벽루의 주위에 서 있는 것은 이곳이 옛 신궁터였음을 짐작하게 한다.

조선시대의 선유락의 축제는 〈평양감사환영도〉의 '월야선유도'(도판 161)에 나타나고 있다. 연광정 앞에 꿩털을 단 장간(長竿)이 세워지고, 성벽과 강변에 사람들이 횃불을 들고 열을 지어 있고, 강물 위에 횃불을 띄워 불놀이의 장관을 이루고 있다. 평양감사가 타고 있는 누선(樓船)을 중심으로 많은 배들이 함께 강의 하류로 떠나고 있는 장면인데, 그림의 왼쪽 끝에 상현달이 뜨고 있는 모습이 보인다. 배의 행렬은 맨 앞의 고취악대가 깃발과 등불을 든 군위대와 평양감사의 누선을 인도하고, 관리들과 여기들이 탄 배들이 뒤를 따르고 있다. 백성들은 강변에서 등불로 장식한 평양감사의 채선(彩船)을 구경하고 있는데, 작은 배를 띄워 이 선유락 행렬에 참여하고 있는 사람들도 보인다.

작자 미상의 〈평양감사환영도〉의 또 다른 '선유락'(도판 162)을 보면, 공식적인 기록화로 그린 김홍도의 그림과는 다른 면을 볼 수 있다. 정면으로 그린 기록화와는 달리 이 그림은 사선으로 각도를 잡고 배 안에 타고 있는 모든 사람들의 위치와 역할을 상세하게 묘사하고 있다. 깃발·양개(陽蓋)·등롱·촛대 등의 의물과 사람들의 복식 및 인원수까지 정확히 그린 것을 보면 선유락을 총집행한 주최자의 기록화일 가능성이 있다. 신임 평양감사가 앉아 있는 누선에는 용기(龍旗)를 달고 안에는 평평한 마루를 깔았으며, 누정과 배 위에도 평판을 깔아 작은 대가 있는 의례의 공간을 만들고 있는데, 전면과 좌우에 여러 개의 무대가 둘러싸고 있는 것이 흥미롭다. 평양감사를 중심으로 전면의 시야에는 좌우에 깃발을 든 시위대와 고취악대가 배치되어 있고, 오른편 배에는 무격들이 춤을 추고 있

고, 징 · 북 · 장고의 악사들이 보인다. 특히 채붕을 친 기녀들의 배는 세 개의 배 위에 보계를 깔았으며 삼현육각의 음악에 맞추어 민속춤과 민요창이 어우러지고 있는 듯 보인다. 또 밥을 짓고 있는 장면까지 그려져 있어 평양의 백성들이 신임감사를 모시고 유람하는 축제의 자유로움과 생동감이 느껴진다. 사람들은 강물과 횃불, 또 멀리 보이

162. '선유락' 부분. 작자 미상 〈평양감사환영도〉 부분. 18세기 후반. 피바디 에섹스 박물관, 보스턴.

는 도성을 구경할 뿐 아니라 동행하는 많은 사람들을 서로 바라보게 된다. 각각의 배들은 물길을 따라가는 동안 서로 앞뒤를 다투며 새로운 공간관계를 만들 수 있다. 또한 음악의 요소는 변화하는 시간성의 요소로서 선유락의 전체 분위기에 적극 개입하고 배의 행렬을 멈추거나 출발시킬 수 있다. 다원적이고 개방된 공간체험을 총체적으로 통제하는 것은 음악의 요소일 것이기 때문이다.

이와 같이 〈평양감사환영도〉를 통해서 본 자연공간에는 세 가지 유형의 극장공간이 발견된다. 축제의 중심개념이 되는 공식 상견례와 정재의 무대는 연광정의 누정이었으며, 객석은 연못이 있는 아래층 마당이었다. 또 부벽루에서는 반대로 높은 산기슭이 객석이 되고, 그 앞의 둥근 마당은 가면극과 줄타기의 무대였으며, 강물을 배경으로 한 부벽루는 또 하나의 무대이면서 객석이기도 했다. '월야선유도'에서 횃불이 띄워진 강물 위의 모든 배들은 각각의 독립된 기능을 갖고 있는 건축적 대라고 할 수 있다. 연광정의 높은 대가 무대라고 할 때, 그 위에 있는 내용은 이미 결정된 공식행사로서 틀이 있는 액자무대의 원리가 성립된다고 하겠다. 그러나 산비탈에서 내려다본 둥근 마당과 건축의 대로 구성된 부벽루의

공간은 역사적 유적이 담고 있는 신화와 전설의 이야기로 말미암아 모든 사람들의 마음속에 특수한 공간체험을 일으켰을 것이다. 또한 산대극의 마당은 관객과 대 사이에 존재하는 또 하나의 가상세계를 제시하는 무대가 되었다. 객석으로 사용된 산비탈은 인위적인 건축물이 아니었기 때문에 장옷을 입은 여인들이 나와 앉을 수 있었다. 자연의 유람공간은 인습이나 신분을 분별하지 않는 개방성이 있기 때문이다. 궁중의 예악공간에서 중시된 분별성의 공간미학은 서로 마주보는 축제의 공간에서 그다지 중요하지 않았던 것이다. 또한 고대 동맹제와 마찬가지로 물과 불의 축제인 선유락에서는 각각의 배가 독립된 대로서 서로의 대상이 되어, 상호교감의 공간 체험 속에서 현실과 이상세계가 혼합되는 야외극장의 특성을 잘 드러내고 있다.

6장 궁중의례 극장공간의 원리

1. 산(山)의 장치와 대(臺)의 장치

고대로부터 근세까지 한국의 의례는 산(山)을 중심으로 형성되었다. 산의 신화는 한국인의 우주관과 내세관을 담고 있어 세시의례와 길흉에 관한 모든 제의와 축제는 산을 대상으로 연행되었고, 세속공간을 신성화하는 장치로 도입되었다. 산의 장치는 그 자체가 숭배의 대상이며 제단이 되었기 때문에 일반적인 무대장치의 원리로 다룰 수가 없다. 실내극장의 무대장치는 인간 행동의 직접적인 환경으로 되어 있어, 그 안에 있는 자연공간의 개념은 고정된 시각으로 규정되어 있다. 그러나 의례극장에서는 인간의 행동을 자연 그 자체에 투입해 우주적 행동으로 확대하는 것이기에, 산의 장치는 야외극장의 시각에서 보아야 한다.

한국인에게 산은 이 지상에 존재하는 성역의 땅이었다. 제주도의 무가 「초감제(初監祭)」에서는 창세신화와 산의 생성을 다음과 같이 이야기하고 있다. 그 내용을 보면 "태초에 천지가 혼돈이라 하늘과 땅의 구별이 없었는데, 하늘과 땅이 벌어지며 하늘이 열리고 땅에서는 산이 솟고 물이 생겼다. 하늘에는 암흑인 채 별들이 생기고, 옥황상제가 해와 달을 보내고 지상의 질서를 잡아 오늘과 같은 세상이 있게 되었다"[1]라고 해 산이 최초의 땅이었고 산천이 지상세계임을 말하고 있다.

환웅이 태백산 정상에 있는 신단수 아래로 내려와 신시(神市)를 열었다는 단군신화는 산이 태양의 빛을 받은 밝산이며, 하늘과 땅을 연결하는 우주목이 최초의 제단이었음을 밝히고 있다. 이는 태양을 숭배했던 동북아시아의 우주산과 우주목 신화와 공통된 것으로, 시베리아 야쿠트(Yakut)족의 신화를 예로 들면 다음과 같다.

최초의 인간이 세상에 와 보니 동방에 넓고 밝은 벌판에 높은 산이 있었다. 그 산꼭대기에는 큰 나무가 있었는데, 일곱 층으로 하늘 위까지 솟았고 뿌리는 땅 밑에 있는 깊은 나라에까지 내려갔다. 나무에서 흐르는 진이 나무 아래 괴어 있었는데 아주 맑고 향기로웠다. 예부터 그 산은 한밝닭(太白山)이라고 하고, 그 산에 사는 사람과 짐승이 모두 흰빛이었다.[2]

한국무속의 공간은 위의 제주도 「초감제」와 야쿠트 신화에 나타난 것과 같이 천상·지상·지하의 삼계로 나뉘는데, 천상계는 하늘, 지하계는 죽음의 세계로서 땅 밑으로 간주한다. 그리고 지상의 동굴·산·물·나무·암석의 자연물은 천상과 지하를 수직적으로 연결하는 우주산으로서 신성시되고 숭배의 대상이 되었다. 또한 지하의 조상은 천상계의 일월성신과 함께 신령으로서 숭배되었는데, 신령과 조령은 자유자재로 수직적 통로를 통해 이동할 수 있으며, 저승세계는 이 세상의 끝에 있는 곳으로 간주되었다. 김태곤은 이러한 우주관에 대해 지상에 있는 가시적 존재를 '코스모스(cosmos)'로 보고 저승에 있는 불가시적 존재를 '카

1. 현용준, 『제주도신화』, 서문당, 1976, p.11.
2. 박시인, 『알타이 신화』, 청노루, 1994, pp.368-369.
3. 김태곤, 『한국무속연구』(한국무속총서 Ⅳ), 집문당, 1995, pp.298-299.
4. 김유감 구연, 「서울새남굿 신가」 『서울새남굿』, 국립문화재연구소, 1998, p.266. "일직사재는 앞을 몰고, 월직사재는 뒤를 몰아, 천방지축 가시는 망재님. 고개고개 넘어가실 제, 살 칡산은 갈칡고개, 붉 칡산은 붉칡고개. 아미랑산은 염불고개 고개고개 넘어갈 적에, 열두고개 다 넘어가셔서, 시왕사재 중디영정 시위들어소서"; 김진영·홍태한, 『바리공주 전집』 1, 민속원, 1999, pp.192-193. "앞으로는 황천강이요 뒤로는 유사강이오. 해울 여울 피바다에 줄줄이 떠오는 배에, 염불 송작하고 아미타불 공부해 연화꽃이 사방에 비쳐 있고, 거북이 받들고 청룡·황룡이 끌어 오는 배는 어떤 배인고. …저기 돌에 얹혀 오는 배는 어떠한 배인고. 그 배에 오는 망제는 세상에 있을 적에, 무자귀신과 해산 길에 간 망 제와 지노귀 새남 사십구제 칠제 백제도 못 받고, 길을 잃고 떠돌아 댕기는 배로소이다."

오스(chaos)'로 보는데, 인간을 비롯한 지상만물의 존재의 근원을 불가시적 영원 존재인 '카오스'에 둔다고 했다.[3]

고대 힌두교의 창조신화에서 산은 풍륜(風輪) 속에서 들어 올려진 최초의 우주 기둥이었다. 그리고 이 수미산을 축으로 지하에는 지옥계가 있고 지상에는 산을 중심으로 둘러싼 다중원상(多重圓相)의 만다라의 세계가 생겨났다. 그러나 한국 무속의 산은 삼계를 연결하는 공간이면서도 이승보다는 저승세계에 속하는 천상 계의 산이다. 죽음의 세계를 통과해야 도달할 수 있는 신산은 '바리데기' 무속굿 에서 산 넘고 물 건너 도달하는 서천 꽃밭으로 나타난다. 바리데기가 이 여정(旅 程)[4]에서 만나는 여러 명의 공덕 할미와 할아버지는 모두 신산 또는 산천의 신령 이며 그곳에 깃들어 있는 조령이다.

산은 죽은 후에 묻히는 곳이고 저승으로 연결되는 성역이라는 한국인의 관념 은 천신에 대한 제천의례와 함께 산에 대한 무속신앙의 체계를 발전시켰다. 산은 단군이 사후에 아사달(阿斯達)에 들어가 산신이 된 것과, 고려 왕실의 시조인 호 경(虎景)이 범과 싸워 평나산신(平那山神)과 결혼한 설화 등을 통해 알 수 있듯이

163. 신간의 일종인 살대. 삼척의 정월민속놀이.

왕권의 국토수호를 상징하는 천지신이 되었고, 유화부인(柳花夫人)에 대한 성모 사상이 합쳐져 탄생과 죽음의 공간으로서 현실공간 안으로 들어오게 되었다. 고대의 제천의례는 산 정상의 제단에서 지내던 교제(郊祭)였다가 국동수혈(國東隧穴)과 신궁 또는 사당 사이에 있는 강물에서 동맹제를 지낸 '물의 제사'였다. 또 백제에서는 궁의 남쪽에 신궁과 단을 세우고 천지신에게 제천의례를 행했는데, 일산(日山)·오산(吳山)·부산(浮山)에도 산신당이 있어서 왕의 순행제사가 있었다. 신라 왕실의 순행제사 또한 삼산오악(三山五岳)을 성역으로 정하고, 왕이 사계절 동안 순행제사를 올려 실재하는 산을 제의의 공간으로 삼았다.

이처럼 산은 현실적인 신앙의 대상이면서도 궁궐이나 도성으로부터 멀리 떨어져 있었고, 그것은 민간의 동제(洞祭)에서도 마찬가지였다. 즉 산신이 있는 산신당은 세속공간으로부터 절연되어서 축제와 연희를 벌이는 인간공간과 혼합되지 않았다는 것이다. 여기에 산으로부터 신령을 모시고 이동하는 장치가 바로 신간(神竿)이었다.

태양숭배에 근거한 한국의 제천의례에서는 우주목의 장치를 제장과 제례복식에 활용했다. 장엄화한 우주목은 이 지상의 중심축인 우주산을 상징하는 나무로서 장치화한 산이라고 볼 수 있다. 함경도 무가 「창세가」[5]에서도 우주목은 태초에 하늘과 땅이 갈라질 때 그 사이의 공간에 버티고 서 있는 구리기둥(우주기둥)으로서 나타난다. 우주목과 우주기둥은 제의에서 다양한 유형의 장치물로 설치되었다. 예를 들어 신간(도판 163)은 땅과 하늘을 잇는 우주기둥으로서, 신기(神旗)·장간(長竿)·조간(鳥竿)으로 세분화되어 영신(迎神)과 신성공간을 이동하는 장치(도판 164)가 되었고, 마을숲과 당산목은 산신을 고정적인 영역에 머무르게 하는 우주목의 장치가 되었다. 또한 입석(立石)과 조산(造山)은 우주산을 마을의 사방과 중심에 세워 공간을 성역화하는 장치였다. 이처럼 수직적 통로로서의 자연물은 모두

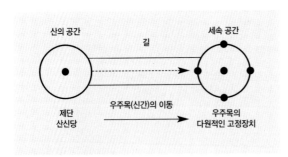

164. 산의 이동을 표현한 도식.

산의 관념에 의한 장치가 되어 제의 및 축
제 공간의 장엄물이 되었다.

165. 잡색의 일종인 호랑이·곰·소 등의 가장놀이패.
전남 여천의 백초(白草) 농악.(정병호 사진)

삼국시대의 궁중의례는 궁궐 뜰과 왕실
에 속한 사찰의 중정이나 사문 밖 마당에
서 치러졌는데, 높이 설치된 용과 봉의 당
간(幢竿)은 의례공간의 장엄장치였다. 용
과 봉은 천신과 그 대리자인 왕권의 상징
이었다. 백제금동대향로(도판 46)에는 삼
산이 연속적으로 중첩되어 하나의 커다란
산의 모습으로 되어 있는데, 태양(天神·日神)을 상징하는 봉황과 물(地神·水
神)을 상징하는 용을 위와 아래로 둔 천상계의 구조가 나타나고 있다. 이 향로에
는 또한 선인들로 나타나는 조상들과 신수(神樹)·신수(神獸)들이 하나의 산악
에 포함되어 산신령의 존재들을 구체적으로 보여주고 있다.

『삼국유사』에 의하면 왕의 순행제사 때 산신·지신들의 신악무가 거행되었는
데, 이는 신산의 제사장들이 의례에 출연한 것이라고 할 수 있다. 이견대(利見臺)
의 사례를 보아 신악무는 무대와 같은 노대나 누대에서 올려졌
고, 이러한 대의 공간은 신들이 나타나는 산붕의 개념으로
축조되었다.

신산에 사는 동물이 신간을 태운 산거(山車)
와 함께 세속공간에 들어와 축제를 벌인 것은
백수만연지희(百獸漫衍之戱)였다. 용·봉
황·코끼리〔象〕·말〔馬〕은 불교의 신성동
물인 데 비해, 고려 때부터 나타나는 토속적
인 산대잡희의 동물은 소·곰·호랑이로 나
타나는데,(도판 165) 이들은 예로부터 산을
지키는 신령들로 간주되었다. 산에서 이동해
속세로 들어오는 우주목은 통일신라와 고려

166. 일본 야마호코(山鉾)의 일종인 승산(昇山). 에도 시대.
스기우라 고헤이 「생명의 나무와 꽃우주(生命の樹·花宇宙)」.

의 팔관회 때 산거의 형태로 도성의 축제공간을 열었다. 산거는 실제 산의 모습을 한 예산대로 발전되어 조선 초기에도 나타나는데, 일찍이 고구려·백제·신라의 의례악에 깊은 영향을 받아 일본 나라(奈良) 시대에 '표산(標山)'과 '차악(車樂)'6이 시작된 것으로 보아, 삼국시대에 산거가 운영된 것을 추정할 수 있다.(도판 166)

고려의 연등회와 팔관회에 나타나는 채산과 등산, 높이 오 장(丈)의 채붕산은 각각 연등을 하고 잡상을 올려 놓는 기능을 함으로써, 산이 의례의 상징적 장치가 되고 가무악과 잡기의 배경장치가 되었다. 밤이 되면 채산에 수많은 등불을 밝히는데, 이는 산에 지혜의 빛을 밝혀 종교적 장엄물을 만드는 장치였고, 이를 중심으로 제의적 축제극장의 공간을 조성했다.

조선시대 궁중의례에 나타나는 산은 도교의 봉래산(鼇山)을 대상으로 서왕모를 중심으로 한 정재악(呈才樂)의 배경이 되었다. 궁궐 내에서 연행된 진찬(進饌)과 가례(嘉禮)에서 산은 오봉일월도(五峰日月圖)의 병풍으로서 어좌 뒤에 위치했고, 의례공간의 대는 보계설치로서 산이 있는 왕악(王嶽)과 맞닿아 있었다. 공중에는 전의 처마와 같은 높이의 채붕을 설치해 의례공간을 신성화했다. 궁궐 내의 의식적 공간에서는 산이 전의 안쪽에 성소로서 위치하고 있는 반면, 궐 바깥에서 행해진 산대나례에서 산은 광화문 앞 좌우변에 설치되어 모든 백성들이 다 함께 바라볼 수 있는 거대한 기념비가 되었다. 산 위에는 성현충신들과 고사(故事)의 인물 및 동물의 잡상들이 진열되었는데, 이들은 곧 국가를 수호하는 조상 및 신령이었다. 또한 산 밑의 마당 또는 광장에서 펼쳐진 신수(神獸)들의 가장놀이와 잡기에서 곰과 호랑이 등 산짐승이 등장하는 것은 한국의 산대잡희가 중

---

5. 이 책 p.28 참조.

6. 표산(標山)은 신년에 산에 있는 신을 소나무 같은 사철나무에 모셔서 수레에 태워 마을을 돌아다니며 가무로 신을 위로한 후 떠나 보내는 축제에 만들어진 산이다. 이는 산거의 원류로서 가마쿠라(鎌倉) 시대의 산모(山鉾)와 합류해 기원제산모(祇園祭山鉾)가 되었다. 한편 진구고고(神功皇后)의 신라 섭정기 때 삼한 퇴치의 길례에서 시작되었다는 차악은 이륜 수레 위에 큰 우산을 설치하고 각종 조화와 새를 장식하고 피리·북·징의 음악을 연주하는 행렬 수레였다. 우에키 유키노부(植木行宣), 『山·鉾·屋台の祭り』, 東京: 白水社, 2001, p14, p.20.

7. 스다 야스오(須田敦夫), 『日本劇場史の研究』, 東京: 相模書房, 1957, p.102.

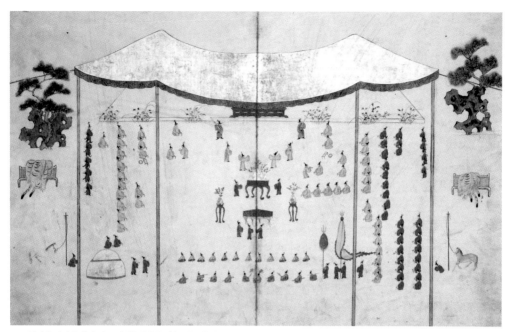

167. 산과 우인의 호랑이 가죽. 〈서총대시연도(瑞怱臺侍宴圖)〉. 16세기. 고려대학교박물관.

국과 서역의 산악(散樂)의 영향을 받으면서도 고유의 산신신앙을 내면에 담고 발전된 증거라고 하겠다.(도판 167)

일본 무로마치(室町) 시대 초기의 「만제준후일기(滿濟准后日記)」에는 에이코 간넨(永享 元年, 1429) 9월에 '나라 고후쿠지(興福寺) 엔넨(延年)'에 대한 기사가 나오는데, 대규모의 곤륜산을 설치했다는 사실과 대풍류에서 산을 상징하는 작은 무대를 좌우에 설치해 그 위에 축제 행렬의 옷을 입은 어린이가 올라서서 고사에 대한 문답으로 부처님의 덕을 찬미하는 극적인 연출을 행했다는 내용이 기술되어 있다.7 곤륜산의 장치가 어떤 모습이었는지는 확실치 않으나, 이처럼 일본 사원 내에 설치되었던 산의 공간은 동녀들만이 오를 수 있었던 중국 한대의 통천대(通天臺)나 조선시대 궁궐 앞에서 연출되었던 연화동녀의 침향산(沈香山)과 같은 신들의 무대라고 할 수 있다.

한국의 의례는 천지의 중심인 우주산을 장치로서 설치하는 다양한 방법론을 제시했다. 삼국시대에는 성림(聖林) 속에 숨어 있던 산의 신령들이 우주목을 앞

세우고 먼 길을 내려와 신악무로 세속공간을 정화시켰고, 고려시대에는 등불의 산으로서 세상을 밝히고, 조선시대에는 재담·묘기와 함께 물분수의 축제장치가 되기도 했으며, 바퀴가 달린 예산대(曳山臺)로서 왕을 인도하거나, 백성들에게 연희를 베푸는 대산대(大山臺)로서 야외극장의 장치가 되었다.

결론적으로 산은 우주목과 환생의 꽃과 합하여, 신간·채산(彩山, 綵山)·대의 형태로서 의례공간을 장엄화하는 신화적 공간이었다. 또한 산의 정상에 있던 제단은 산을 얹은 산대로 발전되었고, 산을 배경으로 사찰이나 도성의 중심에 축조된 누대는 건축으로 정착된 산대라고 정의할 수 있다.

2. 대와 마당(場)의 공간 원리

최초의 무대는 흙으로 쌓은 것이었다. 산의 정상에 쌓은 고구려와 신라의 제천단은 돌과 흙으로 쌓아 올린 교제(郊祭)의 단이었고, 백제의 왕들은 해마다 남단을 쌓았다. 중국의 "한무제는 명정궁(明庭宮) 북쪽에 대를 설치해 백옥으로 된 종을 걸고, 현려(懸黎)의 경(磬)을 매달고, 상조(霜滌)의 지(篪)를 불고 내운의일(來雲依日)의 곡을 노래했으나, 대 아래 있는 사람들은 들으려 해도 연주와 노래 소리를 들을 수 없었다(武帝起招仙之臺于明庭宮北 明庭宮者 甘泉之別名也 于臺上撞碧玉之鍾 掛懸黎之磬 吹霜滌之篪 唱來雲依日之曲 使臺下聽而不聞管歌之聲)"[8]고 해 최초의 대가 제사의 연악 연주를 목적으로 축조되었음을 알 수 있다. 중국의 신묘에는 이러한 노대를 건축하는 것이 보편적인 형식이었는데,「동악묘신수노대기(東岳廟新修露臺記)」비(碑)에 다음과 같이 노대의 기능을 기록하고 있다.

무릇 시제나 월향이 있을 때는 그 위에서 음악을 연주하고 여러 가지 제물과 음식을 진설했는데, 지금 그 보잘것없는 모습으로는 악인이 늘어서거나 음악을 펼

---

8. 곽헌(郭憲), 『동명기(洞冥記)』권1.
9. 예성현(芮城縣), 『동악묘신수노대기』「동관 동악묘 금태정(金泰定) 3년(1203)」: 廖奔, 『中國古代劇場史』, 北京: 中天古籍出版社, 1995, p.9.

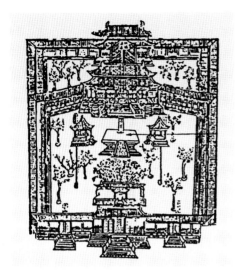

168. 중국의 노대. 하남성 등봉시(登封市)
숭산중악묘(嵩山中岳廟) 김승안묘모도비(金承安廟貌圖碑). 1200.

169. 중국의 희대(戱臺)와 희용(戱俑). 산서성 후마시(候馬市)
우촌(牛村) 동씨묘(董氏墓). 1210.

치기에 충분치 못해, …주민들도 이를 안타까워했다.(凡有時祭月亭 當奏音其上
用薦庶羞 今以卑隘 不克行列□(樂)人 樂先其備 …居民常以爲憾)⁹

　위의 기사에 의하면 노대는 제물의 봉헌과 음악 연주를 목적으로 축조되었고
(도판 168), 단과 마찬가지로 땅을 하늘로 상승시키는 건축적 장치로서, 그 위에
신악무를 올림으로써 왕이 통치할 수 있는 공간이었다.
　중국의 극장에서 대가 무대로 쓰이기 시작한 것은 당대(唐代)의 일이었다.『동
파시집주(東坡詩集注)』권11에 사윤(師尹)이 주를 달기를 "지난날 상원절에 노
대를 세웠는데, 높이가 한 길이 넘고 배우와 기녀들이 그 위에 늘어섰다. 그런데
그것이 높기 때문에 난간을 설치했다(故事 上元日端門露臺 高丈餘 優人妓女 皆列
其上)"라고 했다. 이것이 돈황 막고굴 벽화에 그려진 무악무대인데, 중국의 사료
에서는 이를 노대로 기술하고 있다. 당대 이전 남북조와 수조(隋朝)에는 산악이
궁정악으로 채택되었기 때문에 궁중에서는 무대를 짓지 않았고, 대신 넓은 광장
의 공연을 관람하기 위한 간붕(看棚)이 발달했다. 그러나 비에 젖지 않기 위해 노
대 위에 지붕을 씌워서 영구한 악붕이 생겨나고, 송대 이래로 무정(舞亭)·무루

(舞樓)·희루(戱樓)가 지어졌다.(도판 169)[10] 이와 같은 중국 대의 변천사와 비교할 때, 한국에도 삼국시대에 이미 비슷한 유형의 대가 존재했음을 알 수 있다.

중국 송나라 때에는 주(周)의 예악사상에 기반한 대성아악(大晟雅樂)이 발달했으며 고려에 원구제사(圓丘祭祀)와 사직제의(社稷祭儀)의 음악을 전했다. 고려 조정은 연등회·팔관회에서 당·송의 의례악인 교방악을 좌방악으로 채택했고, 신라로부터 전승된 향악을 우방악으로 사용했다. 그러나『고려사』「가례잡의」에 나타나는 부계(浮階), 즉 대의 공간은 그 기능이 군신들과의 진찬과 교방악을 동시에 행한 의례공간으로서, 연향을 위한 중국의 무악무대와는 목적이 같지 않음을 알 수 있다.

그러나 한편 중국 사신 서긍의 기록을 보면 고려시대에도 연향을 위한 악붕과 무정이 존재했음을 알 수 있다. 서긍은『고려도경』에서 자신이 머물던 순천관(順天館)의 정원에 '작은 정자가 두 채 있고 그 가운데 휘장을 친 악붕이 있다'[11]고 했다. 이 기사는 고려의 연향악이 악붕을 중심으로 좌우에 두 개의 무정을 설치했음을 시사하는 것으로 사료된다. 악붕의 명칭은 통일신라기 감은사 사리탑에서 발견된 악사들의 노대를 다시금 생각하게 한다. 발굴 당시 이 사리탑의 뚜껑 부분이 깨어져 있었으나 여의주를 받치고 있는 연꽃을 중심으로 네 명의 악사들이 연주하고 있는 악기가 당악기인 동발(銅鈸)·요고(腰鼓)·횡적(橫笛)·곡경비파(曲頸琵琶)인 것을 감안할 때, 이 노대가 당시 중국에서 유행했던 악붕노대와 유사한 형태라고 추정할 수 있다.

170. 쌍계사 범종루. 경남 하동.

통일신라의 가무 국선들 대신에 고려시대 교방악의 여제자들은 당대(唐代)에 맹위를 떨친 도교의 신선사상에 의해 모두 서왕모

와 배경이 같은 선녀들이었다. 교
방은 선방(仙坊)으로 그에 속한 창
기(倡伎)들은 신선대(神仙隊) 혹
은 선대로 불렸으며, 그들이 연주
하는 음악은 선악 또는 천악이었
다. 목종(穆宗) 때는 이들이 선계
를 의미하는 낭원정(閬苑亭)에서
음악을 연주하도록 했다.[12] 또한
『고려사』「악지」에 의하면 이견대
가 설치되어 신라의 왕과 그 아들
의 상봉이 연출되었다는 기록이 있다.[13]

171. 고려시대의 기악 무루. 설충(薛沖)·이?(李?) 필(筆)의
〈관경변상(觀經變相)〉 부분. 1323. 치온인, 교토.

탑과 같은 통일신라의 악붕노대는 고려대에 지붕이 있는 무정 및 누각 형태의
무루(도판 171)로 발전된 것으로 보인다. 현존하는 사찰의 종고루(鐘鼓樓, 도판
170)는 지상으로부터 높이 올려지고 사방이 트인 누대의 형태인데, 삼국시대와
고려대에 기악과 가면무를 연행하던 무정 및 무루의 형태가 이와 같은 것이었다
고 사료된다.

삼국시대부터 고려조·조선조에 이르기까지 궁중의례 극장에서 무대라는 용
어는 발견되지 않는다. 한국의례 극장의 무대는 앞서 고찰한 무정과 무루 외에,
노대를 확대해 부계로서 지어진 대의 개념으로서 확인된다. 그러나 대와 무대는
각각 의례공간과 관람용 가무공간이라는 데서 크게 차별된다. 이러한 차별성을
고찰하기 위해 한반도에서 삼국의 가무를 받아들인 일본의 무악무대를 살펴보기
로 하자.

10. 廖奔, 앞의 책, p.12-13.
11. 서긍, 『고려도경』 권27, 「관사(館舍)」. "庭中有二小亭 當其中作幕屋三間 昔爲作樂之地."
12. 김창현, 「고려시대 음악기관에 관한 제도사적 연구」, 전통예술원 편, 『한국 중세사회의 음악문화』,
민속원, pp.94-95.
13. 『고려사』「지」 25, '악' '삼국속악' '신라'. "世傳 羅王父子 久相失 及得之 築臺相見 極父子之懽
作此以歌之 號其臺曰利見."

172. 연못 위의 무악무대. 시텐노지, 오사카.

먼저 한·일의 무악 교류사를 언급하자면 다음과 같다. 스다 야스오(須田敦夫)는 진구고고(神功皇后)가 신라 섭정시 신라로부터 고지무(古志舞)를 들여오게 된 것을 대륙무(大陸舞) 전래의 효시라고 했고, 인기요우(允恭) 천황 42년(454)의 인산(因山) 때 신라 왕이 악인을 헌상했다고 했다. 또한 다이호(大寶) 원년(元年, 701) 8월 궁정에 아악료(雅樂寮)가 설치되어 대륙계악(당악·기악)과 조선계악(고려악·백제악·신라악) 등을 관장하는 악사 및 악생의 총인원이 백마흔일곱 명인데 조선계악의 인원은 일흔두 명이었다고 했다.[14] 한편 『일본후기(日本後紀)』에서는 대동(大同) 4년(809) 3월에 아악료에서 정하기를 "…고려 악사 네 명은 횡적·군후(箏篌)·막목(莫目)·춤 등의 선생이고, 백제 악사 네 명은 횡적·공후·막목·춤 등의 선생이며, 신라 악사 네 명은 가야금과 춤 등의 선생이다(丙寅 …高麗樂師四人 橫竹箏篌莫目舞等師也 百濟樂師四人 橫竹箏篌莫目舞等師也 新羅樂師四人 琴舞等師也)"[15]라는 기사를 쓰고 있어, 통일신라기에도 삼국의 음악과 춤이 각각 고유성을 지닌 채 일본에 전래되었음을 알 수 있다.

일본에서 무대라는 용어가 사용된 것은 '나라 시대 고구려의 대사(大使) 양승경(楊承慶)의 방문시 향연에서 구축된 무대에서 여악(女樂)을 추었고 또한 그 뜰 위에서 내교방의 답가가 연주되었다'고 하는 『속일본서기(續日本書記)』 22, '덴표호지(天平寶字) 3년(759) 정월 을유' 조의 기록에서 출발한다. 이 기사는 나라의 궁정악에 고구려 음악이 이미 전래되었음을 암시하고 있으나 일본의 답가는 당악을 받아들인 것으로, 이는 당대(唐代) 돈황석굴 벽화에 나타나는 유형의 무대였을 가능성이 높다. 이 시기는 통일신라 경덕왕대(742-765)와 동일 시기로

당과 밀접한 교류를 가졌던 신라에 당악식 무대가 존재했으리라는 추론과 함께 백제와 신라의 신악 무대와 관련이 있다고 생각되는 일본 시텐노지(四天王寺)의 무악시설에 대해 알아보기로 한다.

시텐노지는 야마토(大和) 시대 스이코(推古) 천황 원년(593)에 쇼토쿠 태자 (聖德太子)가 창건한 가람인데, 연못 위에 무악석무대(舞樂石舞臺)가 설치되었 다.(도판 172) 헤이안 시대 전기 연희(廷喜, 917)년에 편찬된 「쇼토쿠 태자 전력 (伝曆)」상에 의하면, 육시당(六時堂, 예불당)의 전면에 있는 연못은 시텐노지의 창건 당시부터 존재했던 것으로 황릉지(荒陵池)라고 불렸고, 청룡이 연못 바닥 에 살고 있다는 전설 때문에 청룡지(靑龍池)라고도 불렸다고 했다.[16]

또한 천왕사악소계(天王寺樂所系) 악무의 정통을 잇는 이쓰쿠시마(嚴島) 신사 앞에는 바다 위에 설치한 평무대와 그 위에 이층으로 겹쳐진 고무대가 있는데,[17] 한반도 삼국에 있었던 '물의 제단' 과 같은 종교적 의미가 발견되는 만큼 무대의 구조에서도 유사한 점이 있을 것이다.

나는 이 책 제3장에서, 신라 신문왕 2년(682) 동해 앞바다에 검은 용이 나타나 왕에게 만파식적(萬波息笛)을 바친 곳은 감은사 앞의 이견대였으며, 현존하는 사 문 앞 유적지의 흔적으로 보아 이는 바닷물이 들어오는 곳에 세워진 누대의 무대 였을 것으로 추정했다.[18] 또한 남산과 포석정에서 왕 앞에 나타난 산신들의 가면 무는 이궁에 설치된 무정 및 무루에서 연행되었을 것이라고 추론했다.

---

14. 스다 야스오, 앞의 책, pp.11-12.

15. 『日本後記』권17, '平城太皇 大同 四年 三月'.

16. 다리가 놓이기 전의 이 연못은 애초에 장방형이었고 석무대 또한 정면 오 칸 오 척 칠 촌, 측면 칠 칸 오 척의 장방형이었으며 그 높이는 삼 척 이 촌이라고 한다. 이는 최초의 석무대가 연못 안에 누대의 형태로 지어졌을 가능성을 시사하고 있다. 스다 야스오, 앞의 책, p.94, p.97.

17. 스다 야스오, 앞의 책, pp.91-92.

18. 도판 86-88 참조.

19. 스다 야스오, 앞의 책, pp.66-68.

20. 서긍, 『고려도경』권40, 「동문(同文)」 '악률(樂律)'. "大樂司二百六十人 王所常用次 管絃坊一百七 十人 次京市司三百餘人."

21. 문종 31년 2월 을미, 왕이 중광전에서 연등회 교방악을 감상할 때 여제자 초영이 아뢰기를, "왕모 대(王母隊) 가무의 전체 대오 인원이 오십다섯 명인바 춤을 추면서 네 글자를 형성하는데, '군왕만세' 혹은 '천하태평' 이란 글자를 나타냅니다"라고 했다. 이 책 p.172 참조.

예불 기악을 하는 당악은 춤을 추는 인원수가 많아서 무대도 큰 규모였던 것 같다. 헤이안 시대 전기 정관(貞觀) 3년(861) 3월 14일 남도 도다이지(東大寺)에서는 비로자나불의 수리가 완료되어 성대한 무차대회(無遮大會)가 거행되었다. 이때 올려진 기악은 '천인악(天人樂)'이라 하여 당의 '예상우의곡(霓裳羽衣曲)'을 수입한 것인데, 사방 팔 장(이십사 미터), 높이 삼 척(구십 센티미터) 규모의 거대한 무대를 목조로 짓고 동서에 일곱 그루씩의 소나무를 심었다고 했다. 이때 출연한 무인의 숫자는 왜무(倭舞) 스무 명, 보살무 백 명, 동무(東舞) 예순 명으로 총 백여든 명이었다.[19] 이에 비해 고려의 교방악 인원수는 대악사에 이백예순 명, 관현방에 백일흔 명, 경시사(京市司)에 삼백여 명이라고 했는데,[20] 출연 인원수[21]에 따라 부계 무대의 크기가 결정되었던 만큼 고려 교방악에서 대의 면적은 꽤 넓은 것이었다고 사료된다.

고려의 조정은 연등회와 팔관회를 불교사상의 의례로 거행했지만, 음악과 무용·시부의 내용은 도가의 것이었다. 고려 궁궐의 제1정전인 회경전(會慶殿)과 제2정전인 건덕전이 있었음에도 불구하고, 연등회 예식은 내전과 편전(便殿)을 합친 중광전에서, 팔관회 예식은 왕부의 바깥 뜰이라고 할 수 있는 구정에서 개최되었다. 중광전에서의 연회는 왕의 일상공간에 부계와 채산을 설치한 것으로, 불교적인 의례공간은 아니었다. 연등회에서 왕과 백성들의 합일은 길거리와 광화문 앞의 등석놀이와 채붕잡희에서 이루어졌다. 그런데 왕은 궁궐의 끝에 있는 편전의 뜰에 등불을 켜고, 화산과 화수의 이상세계에 귀속되기 위한 하나의 수평적인 대를 형성했다.

팔관회의 의례공간(도판 173)은 제의와 축제에서 발생하는 다층적 공간을 열고 있다. 신봉문(神鳳門) 상층에 태조의 진위가 모셔져 있고, 아래층 어좌의 뒤에는 초련(軺輦)과 위장대(衛仗隊)가 진열하고, 어좌의 좌우에 백관들이 시위하고 있는데, 그 가운데에 부계가 깔리고 진찬의식과 교방악이 거행되었다. 부계 앞에

173. 팔관회의 극장공간 유추도. 교방악을 올린 무대와 연결된 '마당' 공간에는 잡상이 올려진 채붕산을 좌우로 중앙에 윤등이 설치되었다. 회랑으로 둘러싸인 객석과 무대 사이의 '길' 공간으로 사선(四仙)을 태운 산거가 등장했다. (p.271, 도판 115 참조)

있는 잡기의 공간에는 윤등(輪燈)·향등·채붕산이 장엄물로 설치되었고, 악사들은 좌우 채붕산 앞에 좌정했다. 산거와 잡기인들은 남쪽의 승평문(昇平門)에서 들어오고, 진상물은 동쪽에서 서쪽으로 나갔으며, 부계와 잡기공간을 둘러싼 위장 군인들의 수가 삼천이백일흔여섯 명이었다.[22] 백성들은 의례와 음악, 외국 사신들의 방문 등을 모두 관람했으며, 의례가 끝나면 그 자리에서 반승(飯僧)이 이루어졌다. 팔관회의 공간은 두 개의 연속적인 무대, 즉 어좌가 있는 부계와 채붕산이 있는 잡기공간을 삼면의 객석이 둘러싼 야외극장이었다. 후면에 있는 잡기공간은 교방악의 세계인 산의 공간이기 때문에, 이 두 개의 공간은 이상과 현실 세계의 대비를 이룬다기보다, 제의와 축제가 서로 연결되는 축제적 의례공간이라고 하겠다. 팔관회의 야외극장에서는 제사·연향·가무·잡기·교역·정치에 관련된 여러 개의 대가 설치되었고, 이러한 다기능의 행사 때문에 하나의 무악무대로 축소시킬 수가 없었다.

무대는 문자 그대로 춤과 음악을 공연하는 곳이고, 대는 일상과 현실의 경계를 넘는 특수공간의 장치이다. 축제극장에서는 다층적 대가 혼합되어 야외극장을 형성하는데, 길은 대와 마당을 분리시키고 있지만 의례공간 전체를 일상공간과 연계시키는 경계선이 되고 있다.

팔관회의 성소는 신봉루(神鳳樓)이다. 그 뒤편에는 천자에게 제사하는 복원궁과 고려 선왕들의 진위가 있는 법왕사(法王寺)가 있는데, 왕의 편전과 더불어 제의의 배경이 되는 역사적 공간이 삼각형을 이루고 있다. 신봉루 맞은편 승평문은 현실세계의 요소들이 들어오는 입구가 되며 산거와 잡기인들의 세계가 구정의 중심부로 들어와 마당을 축제의 공간으로 만든다.

마당은 산대나례에서 산을 둘러싸고 있는 지상공간이다. 산이 하늘이고 대라면, 그 밑은 땅이고 마당이 되는 것이다. 그런데 이 마당공간은 끊임없이 회전하

---

22. 『고려사』 권72, 「지」 26, '여복 의위(儀衛) 중동팔관회 간악전(看樂殿) 위장(衛仗)' 에 의하면 의종조에 상정한 의위사는 삼천이백일흔여섯 명이라 했다. 따라서 외국 사신, 지방 관리, 백성들의 인원수를 모두 합하면 구정의 팔관회에 참여한 인원수는 수천 명을 훨씬 넘었다는 것을 알 수 있다.
23. 스다 야스오, 앞의 책, pp.61–62, p.64.

는 윤등에 의해 영속적인 시간의 흐름을 상징하는 생명의 공간이 되고 있다. 중앙의 윤등과 사방의 향등은 오방의 위치에 설치되어 열려 있는 마당을 도상적인 우주공간으로 기호화하고 있다.

정재를 중심으로 하는 조선시대 궁중의례의 대의 공간을 분석하기에 앞서 일본의 궁중무악의 무대에 대한 한 예를 들자면 다음과 같다.

일본 헤이안 시대 초기의 궁중사연(宮中賜宴)은 풍락원(風樂院) 뜰에 무악무대를 만들고 실내에서 연회를 베풀었다. 『내리식(內裏式)』에 전거한 '헤이안 시대 천장(天長) 10년(823) 2월 19일' 자의 정월 칠일절회에서는 풍락전 앞에 무대 높이 삼 척, 사방 육 장의 무대를 세우고, 난간을 설치하고 계단이 있는 곳을 제외한 삼면에 매화나무를 심었다는 기사와, 천황은 삼위 이상의 고관과 함께 풍락전에 자리하고, 외국 사신 및 그 외의 관리들은 풍락원 삼면에 있는 현양(顯陽)·승관(承觀)·명의(明義)·관덕당(觀德堂)에 위치하며, 악인의 장막은 무대 동남쪽 모서리에 설치했다는 기록이 있다.[23] 따라서 일본의 신년 궁중사연에서는 한국의 진찬의례와는 달리 무악을 관람하는 향연이었음을 알 수 있다.

앞에서 본 바와 같이 우리나라 고려대와 조선대의 궁중의례는 예식과 진찬을 함께하는 의례로서 일본의 무악무대와는 아주 다른 의례공간을 구축했다. 무엇보다도 대에 올려지는 가무악이 거리를 두고 관람한 연향악이 아니라 구조적으로 의례의 내용과 형식을 이끌어가는 의례로서의 정재라는 것이다. 이미 밝힌 바와 같이 정재의 내용은 때로는 백성들의 가요로서, 때로는 왕이 받으시는 작의 의미를 전

174. 춘대옥촉의 무대. 『진작의궤』. 1828. 서울대학교 규장각.

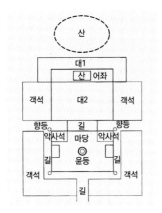

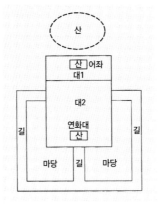

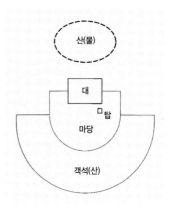

175. 고려시대 팔관회의 야외극장 평면도.

176. 조선시대 외진찬의 공간 평면도.

177. 부벽루의 야외극장 평면도.

달하는 치어로서의 사(詞)였다. 정재는 왕이 작을 드시는 동안 오행의 공간을 화(和)로 운영하는 사우무(四隅舞) · 선무(旋舞) · 회무(回舞) 등으로, 작의 행위를 미학적으로 완성시킨다는 데 특징이 있다.

「순조기축명정전외진찬」에서 본 바와 같이 정전 앞의 대는 삼단으로 분리된 월대를 무시하고 보계를 설치해 수평으로 된 하나의 대를 이루었다. 군신들의 시위(侍位)는 작을 바치기 전까지는 대 밑의 뜰에 마련되어 있다가 차례가 되면 동과 서로 나뉘어 전정의 회랑을 한 바퀴 돌아서 대에 오르는 동작선을 취했다. 대를 둘러싼 마당의 회선(回旋)과 우회(迂回)의 동선은 음과 양의 순환을 통해서 재생의 공간을 여는 앞전의 의식으로서 속과 성을 연결하는 '길'의 공간을 창출하고 있다. 대 위의 인물들은 의례의 시작과 함께 예악세계의 존재들로서 행동하며 도를 추구한다. 따라서 이 배우들은 신악무를 거행하는 제사장처럼 몰입과 상징의 행동을 하게 된다. 무대감독들은 의례를 집전하는 반면 기능적 행동을 하는 코러스 배우들이라고 볼 수 있다.

조선시대 궁중의례의 공간은 고려 팔관회와 같이 다층적 공간의 변별성을 드러내지 않으면서 다원적인 기능의 여러 행동들이 대 · 마당 · 길의 공간에서 동시에 하나의 사건을 구성하고 있다. 이러한 복합 행동의 콜라주 기법은 무대를 행동의 상황으로 표현하는 극장주의 무대의 미학과 맞닿는 것이라고 하겠다.

결론적으로 조선시대 궁중의례의 대는 허구의 세계를 관조하는 무대라기보다 사회적 행동의 구조가 하나의 이상적 신화공간을 창출하고 체험하는 현시적 무대라고 할 수 있다. 그러나 이러한 대 위에는 옥좌의 오악일월도를 마주보는 신성공간들이 설치되었는

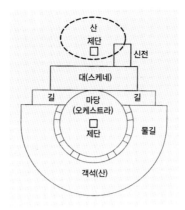

178. 그리스의 야외극장 평면도.

179. 로마의 야외극장 평면도. 프로방스 오랑주.

데, 정재의 연화대와 춘대옥촉(春臺玉燭, 도판 174)을 그 예로 들 수 있다.

한국의 의례공간에서 산은 실재하는 이상공간이었고 대는 이 세계를 공개적으로 보여주는 극행동의 공간이었다. 또한 대를 둘러싼 세속의 공간은 '마당'이라는 놀이공간을 창조했다. 이러한 관점에서 고려 팔관회의 야외극장과 조선시대의 의례공간, 부벽루의 야외극장의 구조를 서양의 제의적 야외극장과 비교해 도면으로 그려 보면 다음과 같다.(도판 175-177)

위의 도면을 분석해 보면, 의례의 공간에 산을 장엄물로 설치하고 실재하는 산을 북쪽에 두고 있다. 또한 남쪽의 마당에서 북쪽의 대로 나아가는데, 마당공간을 중심에 놓고 길의 공간이 좌우로 원을 그리고 있다.

그러나 한국 의례공간에서는 대가 상층에 놓이거나 중심부에 위치하는 것에 반해, 그리스와 로마의 극장은 경계 내에 신전과 제단을 포함하고 있음에도 불구하고 가무악 공간인 마당(오케스트라)이 그 중심을 이룬다.(도판 178, 179) 또한 실재하는 산 위에 객석의 공간을 구축한 것도 한국의 의례극장과는 다른 점이다. 그리스 극장의 오케스트라 주위에는 좁은 물길이 설치되어 음향판의 기능을 했고, 로마 극장에서는 오케스트라에 물을 채워 수중발레를 했다. 이처럼 그리스·로마 극장에서 '물(자연)'의 요소가 기술적인 기능을 했던 것에 비해, 한국의례극장에서는 풍수지리학의 음양인 물과 산이 대의 배경을 이루었고, 정재의 연화

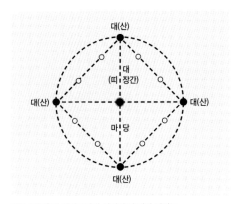

180. 들놀음의 마당공간과 십이지 띠 장간 평면도.

지당판과 교방악의 침향산으로 등장해 자연물질을 관념화했다.

결국 그리스·로마 극장은 인간 행동의 공간인 마당(오케스트라)을 중심에 놓고 극장공간을 둘러싼 경계로서 벽을 객석으로 하는 한편, 한국의 의례극장은 중심에 대가 있어 사방에 나 있는 길을 통해 모든 사람들이 대의 공간으로 집결하도록 되어 있다. 이는 대와 객석의 공간을 분리시키지 않는 제의적 공간의 특성이라고 할 수 있다.

한편 마당공간의 사례로 수영들놀음의 십이지간등(十二支竿燈)의 설치(도판 180)를 보면 완벽한 원의 공간을 형성하고 있어도 대와 길의 공간이 없어 폐쇄적으로 느껴진다. 그러나 들놀음에서는 마당공간의 중심에 서 있는 띠 장간(長竿)과 사방에 높이 매달린 열두 개의 등수(燈獸)들이 자연공간의 순환을 상징적으로 보여준다. 즉 수평적인 대의 공간 대신 천공에 등불을 켠 신수들을 모셨다고 볼 수 있다.

한국의 가면극은 정월 보름부터 시작되는 세시의례 및 별신굿의 주종목으로서, 연희자들이 서낭당에서 서낭신을 영신해 동구(洞口)에서 거리제를 지낸 후 신목과 신기를 앞세우고 마을의 광장·논바닥·나루터·백사장·시냇가 및 사문 앞의 놀이터로 주악가무를 하면서 행진했다. 놀이터에서는 신목 아래에 고사상을 차려서 산신제를 지내고 터를 정화하는 오방신장무로 가면극을 시작했다. 가면극의 보편적인 주제는 영감이 소매각시를 맞이해 할미가 죽게 되고 장례를 치르는 것인데, 이 주제는 농경제의에서 서낭신의 죽음과 부활을 다루듯이 자연의 순환을 재현하는 것이다.

신을 맞이하고 보내는 영신과 송신(送神)의 공간은 한국의 굿공간에서 산과 물의 길로 통일된다. 길의 공간은 죽음과 소생의 공간으로서 굿에서 바다 멀리로 나아가 소각되는 띠배의 형태로 연출되기도 하고, 할미의 죽음 후 상여와 사찰의 모형으로 변환되기도 했다. 신을 모시고 가는 행렬은 영신의 길이며, 길이 멈추는 곳에 신성한 대의 공간을 만들어 오신(娛神)의 공연을 벌이는 것이다. 따라서 길의 공간은 성과 속을 연결하면서 대와 마당 사이에 중성적으로 존재하는 다층적 기능공간이라고 하겠다.

3. 대와 길의 공간연출 원리

이 책에서는 의례공간에서 신이 출현하는 신화의 세계 또는 환상적 가상세계를 대라고 명칭했고, 마당은 신이 바라보는 오신의 인간공간으로서 가무악의 원형무대(오케스트라)로 정의했다. 그러나 극장의 공간으로 보았을 때 극의 내용과 주인공이 대에 있다면, 마당공간은 대를 우러러보고 동화되는 관조의 공간이 되어 객석으로 고정되는 경우가 많다. 또한 대 위의 사건은 마당과 길에서 들어온 행동에 따라 결정되므로 누가, 어디서, 무엇을, 어떻게 하는가의 구체성을 가질 수 있다.

도판 181[24]을 보면 모든 행동은 마당공간에서부터 출발해 좌우에 있는 대의 길로 나아가고 있는데, 임금이 치사를 받은 후 작을 드실 때 대에서 향악정재를 올리고, 길에서는 다음 인물이 대 방향으로 나아가고 있다. 또한 문무백관이 어전의 왕으로부터 꽃과 술을 받을 때는 음악이 없으나, 왕에게 배(拜)를 올릴 때는 마당의 헌가에서 아악을 연주한다.

외진찬 제3작에서 대의 좌우에 앉게 되는 문무백관은 어

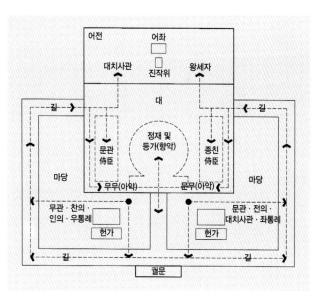

181. 조선시대 외진찬의 공간연출 평면도.

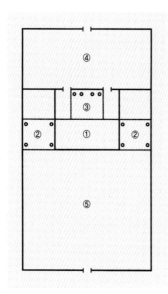

182. 판칼. 바라타의 정사각형 극장의
구조 평면도.
① 본무대, ② 좌우무대, ③ 후면무대
④ 분장실(nepathyagrha)
⑤ 객석(auditorium)

전의 임금과 함께 술과 음식을 드는데, 그 행동은 제조와 집사의 지시에 따르며, 절차와 내용은 길을 통해 올라온 인물의 치사와 중앙에 들어온 정재가무에 따라 결정된다. 즉 대의 공간 개념은 마당과 길에서 들어온 행동에 따라 구체성을 갖게 되는 것이다. 외진찬은 아홉 작과 아홉 종목의 정재로 구성된다. 왕이 등퇴장을 하거나 왕에게 모든 사람들이 행동을 집중할 때는 아악을 연주한다. 따라서 길의 공간으로부터 아홉 단계의 에피소드가 연속적으로 들어오고, 나갈 때 대의 공간은 유동적인 공간으로 열려 있다. 그러나 참여자들이 작과 찬을 들기 위해 이동을 멈추면 대의 중심에 향악정재가 들어오는데, 정재의 창사와 춤의 내용에 따라 대의 공간은 구체적 장소로서의 개념을 갖게 된다. 이처럼 고정된 장소의 설치가 없는 동양연극의 무대는 중성적 공간을 유동적으로 활용하는 연출기법을 쓰고 있다.

종교적인 의식의 형태로 발전한 인도연극의 무대를 보면, 주무대의 공간전환과 관조할 수 있는 미학적 거리를 확보하기 위해 여러 개의 중성적 공간을 설치하고 있다. 도판 182는 바라타(Bhārata)가 말한 직사각형 극장을 판칼(G. Panchal)이 그린 것인데, 본무대(rangapītha)는 좌우무대(mattavāranī)와 후면무대(rangaśārsa)의 단무대로 둘러싸여 있다.[25]

바라타는 신에게 봉헌하는 연극을 올리는 데 있어서 직사각형 · 정사각형 · 삼각형 등 이상적인 극장의 형태와 건축적 공간의 크기 · 비율 · 장식에 대한 규정을 제시했다. 많은 학자들이 이 기록을 보고 바라타의 극장을 재현하기 위해 연구했는데, 공통점은 좌우 무대 앞면에 화려한 코끼리 장식을 하고 네 귀퉁이에 기둥을 세운 발코니 공간이 있다는 점이다. 이 공간은 중앙의 본무대와는 다른 장소를 보여주는 공간기법(kaksyās)이 사용되었다.

판칼의 설명에 따르면 「샤쿤탈라(Śakuntala)」의 1막에서 두시얀타가 샤쿤탈라를 만나러 올 때, 본무대의 공간은 그가 오고 있는 길이 되며 후면무대는 샤쿤탈라가 두시얀타를 기다리고 있는 집 안이 된다. 그리고 하녀들이 본무대에 나와 있을 때 좌우무대는 두 연인이 각각 건물의 기둥을 나무로 삼아 숨는 정원공간이 된다.[26] 또한 후면무대가 본래 여덟 명의 악사가 앉을 수 있는 오케스트라 (kutapa)의 단으로서 네 기둥이 있는 발코니 형식의 실내공간을 상징하는 반면, 본무대의 좌우무대는 숲속이나 길이 될 수 있는 유동적 공간이기 때문에 본무대와 똑같은 일과 이분의 일 헤스타(이십칠 인치)의 높이로 지어졌다.[27]

그러나 이 극장에서는 서사적 이야기를 여러 개의 공간에서 연출하는 기능성에도 불구하고 대의 바깥쪽으로 연장된 길의 공간개념이 빠져 있다. 평면도상으로 볼 때 객석에 있는 길은 좌우의 발코니 무대나 중앙의 본무대와 관련이 없는 듯 보이기 때문이다. 이는 바라타 극장의 산스크리트 연극이 이야기 해설 위주의 상징적 제스처와 배우의 연기를 중심으로 해 밀접한 현장감을 고취하고 있는 반면, 공간적 행동의 현장성은 고려하지 않고 있다는 뜻이다. 그러나 대의 공간이 여러 개의 장소의 개념으로 변화할 수 있기 때문에 각각 길의 공간으로 대치되어 다원적으로 상호 반응하는 기능성을 높이고 있다.

공간적 체험이란 인간에게 있어서 미지의 세계를 탐험해 자신의 환경을 만들고자 하는 본능적 행동이다. 무대에서의 행동은 주인공이 동기를 가지고 움직이는 길 위의 행동과, 목적지에 도달해 그 행동을 완결시키는 두 단계로 나뉜다. 전자는 내면적 동기의 공간으로서 유동적인 움직임을 허용하는 반면, 후자는 고정된 환경으로서 구체적인 행동을 요구한다. 그러나 주인공의 내면에 일어나는 환상은 길을 따라 가는 동안 신화의 공간을 형성하므로, 대의 공간은 기능적 장소

---

24. 도판 181은 「순조기축명정전외진찬」에서 연출된 진작의 동작선과 향악정재의 진퇴를 평면도로 그린 것이고, 아악인 문무 · 무무의 동작선은 영조 19년(1743)의 「국조속오례의어연의」에 따라 삽입시킨 것이다.

25. Panchal, Coverdhan, *The Theatres of Bharata and Some Aspects of Sanskrit Play-production*, New Delhi: Munshiram Manoharlal Publishers, 1996, p.113.

26. 위의 책, p.109.

27. 위의 책, p.103, p.106.

28. 제5장 주2 참조.

의 개념이 아닌 상징적 체험의 공간이 된다.

「악기」에서 말하기를 '군자가 악의 근본을 행할 때 악이 상(象)이 된다'고 했으며, '그 연후에 장식을 다스리는 까닭으로 북을 울려서 경계하고 세 번 걸음을 옮겨 방향을 보여준다. 또 두번째 시작할 때는 발을 들어 가는 바를 보여주고, 끝에 가서 다시 돌아오는 것을 장식하며, 빠르나 지나치게 빠르지 않고, 깊이 그윽하나 숨기지 않고, 그 뜻을 즐거워해서 도를 싫어하지 않는다'[28]라고 했다. 위의 글을 해석해 보면, '마음의 움직임으로 가는 바를 보여준다'는 것은 내면적 동기를 말함이고, '끝에 가서 다시 돌아오는 것'이란 완결된 행동을 뜻하고, 너무 느리지도 빠르지도 않게 마음에 있는 뜻을 숨기지 않음으로 해서 도를 나타낸다는 요지로서, 아리스토텔레스가 연극을 조화(調和, decorum)와 정의(正義, poetic justice)로 규정한 것과 일맥상통하는 대목이라고 하겠다.

그러나 아리스토텔레스는 연극을 행동의 모방(imitation of action)으로 보고 재현된 행동의 동화에서 일어나는 연민(pity)과 공포(fear)를 연극의 목적으로 정의했다. 이러한 재현주의에 의해 서양극장은 인물의 행동뿐 아니라 무대공간을 사

183. 엘 리시츠키 디자인. 〈난 차일드를 원해(*I want a Child*)〉. 1926-1930. 바크루신(Bakhrushin) 박물관, 모스크바.

실적 장소로 묘사했으며 무대는 환경적 배경이 되었다. 따라서 인간 행동은 환경이 지배하는 관념적인 공간에 머무르게 되어, 20세기 초기 러시아 구성주의자들은 재현적 무대공간을 타파하는 극장주의적 공간을 창출하게 되었다.

도판 183은 1926년에서 1930년까지 건축이 시도되었다가 중단된 엘 리시츠키(El Lissitzky)의 모형으로서, 이상적인 극장주의의 무대공간을 제시하고 있다. 실현되지는 않았지만 이 모형은 무대공간 일체를 다층적인 길과 계단으로 바꾸는 독특한 공간개념을 시사하고 있다. 즉 길과 계단은 움직이고 있는 육체에 대한 기계로서, 인간의 행동을 표현하는 데 가장 효율적인 공간을 모색했던 것이다. 이는 현시적인 행동이 인간의 사상과 감정을 집약적으로 표현하는 기호가 되어야 한다는 생각이고, 따라서 이를 가능케 하는 것은 공간 자체의 역학원리를 이용해야 한다는 것으로 해석된다. 이러한 기능주의적 극장공간은 어쩌면 인간 행동이 절대순수 공간 안에서 반응하는 동양의 제의적 공간과 상통하는 것인지도 모른다.

바라타의 이상적 극장공간은 인간의 육체와 조화되는 소규모의 실내극장이었으나 본무대는 사방이 중성적인 공간으로 둘러싸여 있다. 이는 배우의 움직임에 의해 순수공간을 기능적 행동공간으로 전환시키는 구성주의 무대와 동일한 것으로 생각된다.

한편 한국의 궁궐에서 펼쳐진 수평의 대는 음양과 오행의 역학이 사방의 길로 들어오는 행동의 진퇴, 느리고 빠른 악의 조화, 굽히고 펴는 배(拜)의 형상 속에서 도(道)를 갖추고 정(情)을 표현하는 사색적인 행동공간이었다. 그런데 대는 자의로 멈추어 서 있을 수 없는 길의 연속공간으로서, 배우가 외부의 변화에 끊임없이 반응하면서 움직이는 '상황의 공간'이 되고 있다. 상황의 공간이라 함은 예와 악, 또는 몰입과 관조의 태도가 상호전환되면서 변화하는 공간을 말한다. 예를 들어 대 위의 군신들과 후면무대인 어전의 왕은 좌우의 길에서 들어오는 진작과 치사를 주고받는 의식을 치르는데, 마당에서부터 가무악의 정재가 대의 중앙으로 들어오면 예의 행동은 음의 요소가 되고 악의 행동인 정재가 양의 요소가 되어 의례를 마무리하면서 다음 단계로 전환시키는 역할을 한다.

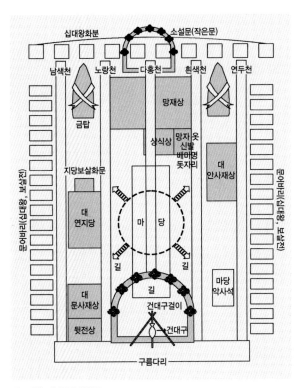

184. 서울 새남굿의 평면도.

고대로부터 의례굿은 계절의 순환제로서 생성과 죽음을 주제로 삼았다. 이 책에서는 궁중의례의 가례만을 채택해 연구했으나 상장례 및 불교의 천도의식(薦度儀式) 등의 의례에 다양한 극적 공간 연출이 포함되어 있다고 사료된다.

이와 더불어 조선 후기부터 지금까지 연행되어 온「서울 새남굿」에서 연출되는 길의 공간을 고찰하기로 한다. 도판 184는 말미거리가 끝난 후 바리공주가 망재(亡者)를 저승으로 천도하는 도령거리의식의 공간구조를 도식화한 그림이다. 왕녀의 모습으로 말미상(말미쌀·향로·촛불) 앞에서 바리공주의 귀환을 독송한 무녀는 실제 바리공주로서, 망재를 인도해 다시 한번 저승길을 가게 된다. 이 도령굿에서는 주인공인 망재 대신에 망재의 신발과 옷을 돗자리에 올려 제가집 식구들이 저승문까지 함께 동행한다. 공간적으로 보면 망재의 넋이 오색구름을 타고 저승에 들어가는 것인데, 저승의 십대왕 호위신장과 여러 신령들을 모시고 망재의 넋을 보호하고 인도하기를 기원하는 의식이다. 대상은 신령들에게 바치는 상, 사재상(使者床)은 저승사자들에게 바치는 상이다.

첫 부분에서 바리공주는 문 사재에게 값을 치르고 저승 문을 들어가, 망재를 지장보살에게 인도해 억울한 누명과 잘못을 고하게 하고 자비를 구한다. 그리고 대상 주위를 유족과 함께 아홉 번 돌고 망재에게 바치는 상식 앞에서 제사를 지내는데, 영산재(靈山齋)의 음악과 허튼타령, 조상 노래가락을 부른다. 바리공주 대신 다른 만신이 망재의 옷을 입고 넋받이를 하면 망재는 유족과 못다 한 말을 하며 이별한다. 그후 저승 다리를 상징하는 베가르기와 이승 다리를 상징하는 무명가르기를 하고, 십대왕 호위신장들께 노래로서 기원하고 신들을 보낸다. 뒷전에서는 모든 잡귀잡신들을 불러 즐겁게 하고 제명들을 소각한다. 이 천도굿의 공간적 특성은 오색의 비단천을 하늘에 띄워 굿공간 전체를 저승의 세계로 설정하고 있다는 것이다. 또한 사방에 문 사재, 안 사재, 여러 신령들 및 지장보살과 십대왕을 모시고 있으나, 저승세계를 불교의 극락과 지옥의 수직적 이분법으로 나누지 않고, 문 사재가 지키고 있는 작은 꽃문이 이승과 저승의 경계가 되는 수평적 환생의 공간을 보여주고 있다. 바리공주 무당은 건대구가 걸린 꽃문에서부터 십대왕 앞까지 망재를 인도하는 등 안 제상이 차려진 여러 개의 대를 거쳐야 되는데, 그때마다 무당의 가무와 사설은 중앙에서부터 각 대 앞에 깔린 돗자리로 이동해 간다. 이 중앙의 가무공간은 무녀들의 베가르기가 황천강을 상징하듯 대설문에서 소설문 쪽으로 길게 뻗어 나간다.

이처럼 망재가 살고 있던 마당에 호위신장과 십대왕의 그림을 걸어 직사각형의 경계를 짓고, 그 안에 망재의 저승길을 연출하는 이 굿공간은 대를 중심으로 사방에 길이 연결된 궁중의례와는 정반대의 공간구성을 보여주고 있다. 즉 굿공간에서는 사방에 신들의 공간인 여러 개의 대가 있고, 그 중심에 각 방향으로 나가는 길의 공간이 있는 것이다. 길 위의 행동은 유동적으로 변화할 수 있기 때문에 상상의 통로를 열어 주는 개방성을 지니고 있지만, 계속 움직여 나가야 하는 공간적 동기를 대의 공간 쪽에 두고 있다. 반면에 대는 미리 규정지어진 세계로서 그 공간개념이 명확해 그 위의 행동은 정적인 관조의 대상이 된다. 여기서 길은 기능적 공간이 되고, 대는 상징적 행동공간으로 작용하고 있다. 길은 바라타 극장의 좌우무대(마타바라니)와 같이 비어 있으며 순간마다 변화할 수 있는 중성적 공간이다. 이 공간 안에 극적 행동으로 들어오는 특수한 공간적 장치는 곧 대의 공간을 형성할 것이며, 이를 중심으로 확대되는 또 하나의 동심원의 공간은 마당공간이

29. 평면도는 아메드 수에드 자밀의 기사를 읽고 집약해 작성한 것이다. Ahmed Sued Jamil, "Decoding Myths in the Nepalese Festival of Indra Jātrā", *New Theatre Quarterly 74*, May 2003, Cambridge: Cambridge University Press, pp.118-138.

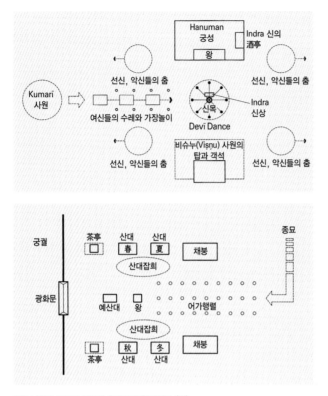

185. 네팔의 인드라 자트라 축제의 유추 평면도.(위)
186. 조선시대 광화문 앞 산대나례의 유추 평면도.(아래)

되는 것이다.

계절순환제로서 열렸던 자연공간의 야외극장은 사실상 동서양의 모든 민족의 민속축제에서 유래된 것이다. 중세 유럽의 이동극장이나 동양의 행상수레는 신의 강림과 순행이라는 측면에서 그 본질은 같다. 그리스 극장에서도 디오니소스 신은 바퀴 달린 배를 타고 출현했고, 지붕에서 내려오는 신들의 수레(chariot)는 바퀴가 있는 수레의 형상이었다. 신들이 타고 있는 수레는 세속공간인 길 위의 대로서 광장에 나타났는데, 음악과 가무로서 의례극장의 시작을 열고 사라졌다가 며칠 후에 다시 나타나 의례를 종결하고 다시 돌아가곤 했다.

도판 185는 네팔의 인드라 자트라(Indra Jātrā) 축제[29]를 평면도로 집약시킨 것인데, 아메드 수에드 자밀(Ahmed Sued Jamil)이 쓴 축제의 체험기를 요약하면 다음과 같다.

마을 사람들은 축제의 첫날에 카트만두의 하누만 도카(Hanuman Dhoka) 광장 중심에 오십 피트 높이의 거대한 신목을 세우고 그 밑에 인드라 신상을 안치하는데, 이를 중심으로 원형을 그리는 여신들의 가면무(Devī Dance)로 축제가 시작된다. 그후 코끼리·물고기·거북이·곰·사자·원숭이·개·공작을 탄 사라다(Sāradā) 신의 가장행렬이 지나가면, 쿠마리(Kumārī) 사원에서 출발한 세 여신들〔가네사(Gaṇeśa)·바이라바(Bhairava)·쿠마리〕의 행상수레가 들어온다. 이 행상수레들과 함께 인드라의 어머니인 다기니(Dāgini)와 여러 명의 선신과 악신들이 음악 연주단과 함께 가면무를 추며 마을의 여러 곳을 순행한다.

팔 일 동안 계속되는 이 축제는 인드라 신의 생애를 재현하는 가무로 일관되는데, 마지막 날 하누만(Hanuman) 궁성의 벽에 설치된 거대한 인드라 가면의 입에서 술이 쏟아져 나올 때, 비와 풍요의 신인 인드라가 축복의 비를 내린다고 했다. 이와 같이 마을 전체를 축제공간으로 삼는 네팔의 야외극장에서는 신들이 타고 있는 수레가 신들이 등장하는 가무극과 신성동물들의 잡희를 동반해 여러 장소를 순행한다는 특성을 드러내고 있으며, 마을 중심에 있는 신목에 신상을 설치한 사례를 보아 한국의 야외극장과 상통하는 면모를 보여주고 있다.

조선시대에는 축제적 산대나례를 큰길에서 베풀었다. 과거의 조상이 모셔져 있는 종묘·사직의 공간으로부터 임금이 거주하는 궁궐 앞 광화문까지의 도로가 모두 나례의 공간이었다. 도판 186에서 보듯이 도로의 양변에는 춘하추동 사계절의 모습을 꾸민 거대한 산과 채붕들이 설치되었고, 가무잡희가 연행되었다. 그리고 이 길의 가운데로 잡상들이 장식된 예산대, 즉 헌가산대가 임금의 어가(御駕)를 전도(前導)해 나아갈 때 행렬의 고취악이 연주되었다. 광화문 앞에서는 연화대의 동녀가 나와 치사와 가요를 바치면 헌가산대 대신에 침향산이 임금과 행렬을 대궐로 인도해 들어갔다. 왕의 질서정연한 어가행렬이 궁궐 안으로 사라지면, 사람들은 잡상의 입에서 물이 쏟아져 나오는 다정이나 채붕 밑의 온갖 잡희와 함께 놀이를 했고 산대 위에 올라가 보기도 했다.

신산을 싣고 이동하는 산거의 역사는 통일신라의 용봉상마차선의 축제에 나타나지만, 동명왕 신화에서 오룡거(五龍車)를 탄 해모수의 모습을 상기해 볼 때 신이 수레를 타고 세속공간을 순행하는 유래는 동맹제의로 거슬러 올라

187. 디오니소스가 탄 배 모양의 수레.

갈 수 있다. 그리스의 디오니소스 신이 배 모양의 수레를 타고 야외극장에 나타난 것은 해마다 봄이 되면 그가 동방의 소아시아에서부터 수레를 타고 육지와 해상을 통해 왔기 때문이었다.(도판 187) 이는 해가 뜨는 동쪽 바다에서 왔다는 해모수의 출현 배경과 매우 유사하다. 해모수의 오룡거는 강물 위의 동맹제의에서 용선(龍船)이었을지도 모른다. 따라서 통일신라의 거(車)와 배(船)는 어쩌면 동해바다 해신의 선거(船車)였을 가능성도 배제할 수 없다.

이처럼 산과 물을 주제로 한 한국 고대의 야외극장은 신의 수레를 중심으로 연출되었다고 하겠으며, 산의 수레는 산대로, 물의 수레는 굿 의례의 띠배와 용선이 되고 후대에 선유락의 용선으로 발전한 것으로 사료된다.

한편 의례굿과 궁중의례의 극장공간에서 길은 이상세계인 대로 향하는 내면세계의 통로로서 유동적이며 기능적인 공간이었고, 야외극장의 길은 세속적 현실공간으로서 산거와 가무잡회의 마당공간으로 변형된 원초적 신화공간이었다고 할 수 있다.

7장 결론

이 책은 한국 극장예술의 원천을 고대로부터의 의례굿으로 보고, 국사학의 사료와 시부(詩賦)·무가·향가 등의 국문학 자료의 연구, 고적지의 사적 연구, 고분벽화와 유물의 미술사적 연구, 사원과 궁궐 건축 연구, 음악·무용·가요의 연구를 종합해 의례공간의 운영을 형상화하는 한편, 그 원리와 사상을 극장예술의 관점으로 해석하는 데 주안점을 주었다.

한국 의례굿의 대상은 천신이었다. 부여의 영고(迎鼓)와 예(濊)의 무천(舞天)에서는 신맞이를 위한 집단적 가무음복을 했고, 마한의 소도제(蘇塗祭)에서는 큰 나무에 방울과 북을 걸어 놓고 천군이 제사를 주관했는데, 제천의례의 장소는 숲과 산이었다. 우주산과 우주목은 하늘과 땅 사이를 버티는 우주기둥으로서, 천상으로 연결되는 통로의 관념에서 제단이 되었다. 신단수는 단군의 건국신화에서나 고구려 벽화의 장례제의에서 신과 인간의 소통매체로 표현되듯이, 의례에서 무왕(巫王)의 관(冠)이나 검에서 신목으로 형상화되었다. 신라의 수지녹각형관(樹枝鹿角形冠)과 자작나무 잎으로 장식한 귀걸이와 허리띠, 또 백제의 칠지도(七枝刀)는 그 대표적 예이다.

우주목이 부여계의 기러기 토템과 합해져 나온 조간(鳥竿)은 오늘날에도 발견되는 마을의 수호신이 되었는데, 고려시대부터 새털을 꼭대기에 장식한 무당의 장간(長竿)으로 나타나기 시작하고 신기(神旗)로 탈바꿈되었다. 공간적 장엄물로서의 신목은 산악백희의 솟대로도 정착되었고 백수(百獸)들의 산거(山車)에서도 발견되는데, 이는 신이 강림한 우주목이 수레를 타고 지상에 내려오는 것이었다. 우주목의 장엄화는 성인들을 기념하는 입석 · 비석 · 오벨리스크에서 출발해 신전이나 사원의 연화기둥으로 발전되었다. 고구려 수산리 고분벽화에 나오는 연화기둥은 삼국시대부터의 전통으로, 신궁 · 사원 · 궁궐 건축의 종교적 장식으로 발전되어 건축적 의례공간을 형성했다.

최초의 제단은 돌이었다. 상고시대에는 박달나무 숲 가운데 북극성과 칠요(七耀)의 위치에 평평한 돌을 천단으로 삼았고, 고인돌과 바위 위에 성혈과 별자리를 새겨 비를 기원했다. 돌의 제단은 삼국시대 이래 산천신의 제단이 되어 울주 반구대(盤龜臺)와 경주 남산에 있는 마애불의 제장(祭場)을 이루었으며, 부안 죽막동 칠산바다 암벽에는 해신당이, 대동강 부벽루에는 동명왕의 신궁이 세워졌다. 이로써 물 속에 뿌리를 둔 암벽은 물의 제단이 되었다. 고구려와 백제는 신궁 제사와 함께 산의 정상에 천단을 만들고 왕이 손수 사슴을 사냥해 바치는 교제(郊祭)를 지냈다. 졸본의 오녀산성과 요동반도 벽류하(碧流河) 유역의 성산산성에 있는 교제의 단은 정방형의 적석대(積石臺)로서, 중국 한무제가 평지에 세웠던 통천대(通天臺)와 마찬가지로 제물과 음악으로 청신(請神)을 한 곳이었다.

그러나 고대국가 초기에 수림과 산꼭대기에 제단을 세웠던 산상제천(山上祭天)은 왕권시대의 농경의 발달과 함께 수상제천(水上祭天)으로 변천했는데, 그 대표적인 예가 고구려의 동맹제의이다. 동맹제의의 극적 주제는 일신(日神)과 수신의 교합을 상징하는 해모수(解慕漱)와 유화(柳花)의 결혼이었다. 따라서 물속의 유화와 결합한 후 하늘로 승천하는 해모수는 일신이었으며, 고구려의 시조 동명왕은 해모수와 동격화되었다. 동명왕 숭배의 수상제의는 국내성 시기에 시작된 것으로 보이며, 고구려가 수도를 평양으로 천도하는 5세기 이후에 주몽신화(朱蒙神話)로 이어졌다. 동명왕과 동격화된 주몽의 수상제사는 일몰과 일출의 제의로서 대동강의 천신제로 거행되었다. 고려는 개국초부터 서경에 10월의 맹동팔관회(盟東八關會)를 독자적으로 열었는데, 과연 건국신화에 기반한 동맹제의를 계승했는지는 확인할 길이 없다. 그러나『삼국사기』에 의하면 대무신왕(大武神王) 3년(20)에 동명왕묘를 세웠으며, 주몽신화는 1세기부터 중국의『논형

(論衡)』에서 문헌신화로 등장하고 있어, 적어도 이 시기부터 고구려가 멸망한 6세기말까지는 동맹제의가 연행된 것으로 추정되며, 이후 무가의 형태로 한반도 전역에 유포된 것으로 보인다. 압록강과 대동강에서 거행되었던 동맹제의의 '물의 제단'은 대성산성(大星山城)의 구룡지(九龍池)에서 고구려 왕들의 무덤이자 저승으로 통하는 용궁의 개념으로 발전했는데, 이곳에는 유화의 사당이 있었고 조선시대에 당금애기라는 무당이 이곳에 기우단(祈雨壇)을 세우고 용신굿을 하게 되었다. 한편 고구려와 동계열의 신화를 가진 백제의 신궁과 산의 제단은 연못과 강물을 앞에 두고 있어서 산의 제단과 물의 제단은 천지신에 대한 의례굿에서 함께 병행된 자연의 제장이었음을 알 수 있다.

삼국시대에는 제천 및 시조묘 참배의 제례굿뿐만 아니라 궁중의 조의(朝儀)·가례(嘉禮)·연향(宴饗)에서 행해진 귀족들의 악가무가 있었고, 외국에서 들어온 산악백희(散樂百戲)의 놀이가 있었다. 고구려의 벽화와 중국의 문헌을 통해 볼 때, 고구려는 삼국 중에서 가장 일찍이 중국 북조와 중앙아시아의 악기를 받아들여 의례악을 발달시키는 한편 수·당의 궁중에 진출했다. 산악백희는 중국 진한시대부터 발달한 잡기와 배우가무(俳優歌舞)를 혼합한 가무백희였다. 그런데 중국의 산악백희는 한대부터 수대(隋代)까지 궁정의 절주악에 맞추어 연행되었고, 고구려의 산악백희도 군사행렬의 고취악(鼓吹樂)과 전정의 연향악(宴享樂)에서 공연되었다.

고구려의 가무백희는 중앙아시아의 영향을 받은 궁중의례악과 잡기 외에 도교 사상에 기반한 백수만연지희(百獸漫衍之戲)를 병행하고 있었는데, 이는 중국에서 성행한 곤륜산의 신수가장(神獸假裝)놀이와 일맥상통하는 것이었다. 그러나 5세기경 고구려의 무덤벽화에는 용·봉황·기린마·백호 등의 신수를 탄 기악 천인들이 서역풍의 의상을 입고 있으며, 가면착용과 특수의상으로 소·학·호랑이의 모습을 연출한 것이 발견된다. 특히 도약무를 추는 여사제와 볏단을 들은 주몽의 소 가면에는 구슬이 박혀 있어 동맹제의의 한 장면을 엿볼 수가 있다. 고구려의 의례악이 이처럼 신수와 연계된 가면무와 가장놀이로 구성된 것과 같이, 백제의 의례악 역시 봉황·기러기 등의 새춤과 '山' 자 가면, 창을 들고 하늘을 나는 진인(眞人)의 모습에서 강력한 샤머니즘 제의의 양상을 찾아볼 수 있다.

신라의 의례악은 삼죽삼현(三竹三絃)의 향악에 외래 악기를 수용한 것으로서 가창이 병행하는 가무악이었다. 6세기에 진흥왕이 창설한 국선화랑은 몸과 마음을 닦아 호국의 미륵선화(彌勒仙花) 또는 용화향도(龍花香徒)가 되고자 했다. 향가를 중심으로 한 국가 의례굿은 궁궐과 사찰에서 연행되었는데, 국선동자들이 음악과 무용을 담당했다. 그러나 이러한 호국 의례굿의 대상은 천신과 미륵을 혼합한 제석천(帝釋天)이었으며 본격적인 불교의례의 형식을 갖춘 것은 아니었다.

신라는 국토를 성역화하기 위해 삼산오악의 사전(祀典) 제도를 수립했는데 이는 곧 토속종교인 산천신앙을 강화해 산신·지신·해신의 가면무가 성행하게 되었다. 『삼국유사』에는 상염무(霜髯舞)·처용무·황창무(黃昌舞)·십이지신무와 같은 가면무가 수록되어 있는데, 일본 헤이안 시대 초기에 제작된 『신서고악도(信西古樂圖)』에 있는 신라박(新羅狛)은 다섯 개의 호랑이 가면을 장착한 신수 가장무였다.

한편 신라의 가무백희 중에는 대륙에서 유입된 잡기와 구나무(驅儺舞)로서 오기(五伎)를 들 수 있으나, 용봉상마차선(龍鳳象馬車船)과 같은 '백수솔무(百獸率舞)' 또는 '어룡백희(魚龍百戱)'가 있었다. 이는 사선악부(四仙樂部)를 중심으로 한 중국과 고구려의 산악백희로서, 코끼리 행렬과 마희(馬戱)를 동원한 거대한 축제공연이었다.

신라의 팔관회를 계승한 고려 태조가 국시(國是)로서 선언한 내용은 '천령(天靈)과 오악(五嶽)·명산대천(名山大川)·용신(龍神)을 섬기는 것'이었다. 이는 또한 고구려의 10월 동맹제를 계승한 것으로, 사선악부와 용봉상마차선은 선교(仙敎)와 도교를 기반으로 하는 신수가장놀이(百獸率舞)와 산거·용선 등의 총체적인 가무백희였다. 용과 봉황은 물과 태양의 신으로서 신라의 시조를 낳은 천신 계룡과 깊은 관련이 있으며, 사선은 고대로부터 제천의식을 담당했던 천지화랑의 후예로서 무지개색 옷을 입고 의식무를 추었다.

이와 같이 고구려·백제·신라의 가무백희는 중국 산악백희의 녹선(鹿仙) 수레와 백수만연지희와 유사한 형태를 지니면서도 각 나라의 건국신화와 토속신앙

표 7. 연등회 · 팔관회의 의례 분석.

구분	제의	의례	축제
	앞전	본전	뒷전
굿놀이	거리부정, 세경굿 준비, 정화, 걸림.	제석굿, 본양굿, 소지, 기원.	중굿, 탈놀음굿, 뒷풀이, 놀이.
연등회	소회일 예회의식, 교방악, 산대잡희, 법가행렬.	진조배알, 연등도량, 공양기악.	환궁 행차 가두 행렬, 대회일 예회(하사품), 교방악, 산대잡희, 등석놀이.
팔관회	소회일 조하의식, 난가행렬.	진조배알, 교방악 · 사선악부 공연, 법왕사 행향.	대회일 연회(하표전상), 외국 교역인 영접, 교방악, 산대잡희.

에 기반한 가면무와 신수가장놀이를 연행했다.

신라의 의례굿은 궁궐과 자연 제장에서 사찰공간으로 이동하면서 불교사상의 장엄물을 사용했다. 그 하나의 예는 감은사지 삼층석탑 내에서 발견된 청동사리기(靑銅舍利器)에서 볼 수 있다. 뚜껑이 부서진 이 유물은 당시의 악붕노대(樂棚露臺)의 모형으로 보이는데, 이층에는 네 명의 동자화랑들이 동발(銅鈸) · 요고(腰鼓) · 횡적(橫笛) · 곡경비파(曲頸琵琶)를 연주하고 있고, 하부에는 여덟 명의 동자들과 신장들이 가무를 하고 있다. 따라서 이층 중앙부에 사리병을 넣은 연꽃이 정점을 이루는 탑식(塔式)의 장엄물은 궁궐과 사찰의 중정에 설치되었던 노대 또는 누대였다.

신라는 고구려와 백제와 마찬가지로 깊은 용신사상을 가지고 있었으며, 물 위에 제단이나 누대를 설치했다고 추정해 만파식적의 의례를 거행한 무악루를 이견대(利見臺)로 결론지었다.

고려의 연등회와 팔관회는 정월과 중동(仲冬)에 열렸는데, 이는 봄과 겨울의 세시의례로서 삶과 죽음의 모든 갈등을 해소하려는 축제성에 기인하고 있다. 고대 그리스의 연극 역시 농경의 신이자 술의 신인 디오니소스에게 바쳐지는 3월과 12월의 제전에서 비롯되었는데, 반인반수의 존재들(Satyr)이 디오니소스의 죽음과 부활을 영창하며 춤추던 제의적인 축제였다. 이 제전은 길놀이, 비극, 희극, 춤과 노래의 구조로 사흘간 연행되었는데, 이는 한국 굿놀이 축제의 앞전, 본전, 뒷전의 구조와도 동일하다.

굿놀이 축제 구조와 연등회와 팔관회 의례를 분석·대조해 보면 표 7과 같다. 연등회와 팔관회는 소회일과 대회일에 각각 예회의식을 열었는데 이는 앞전과 뒷전의 의례로서 축제적 성격을 띠고 있으며, 본전은 시조에 대한 진조배알(眞祖拜謁)을 중심으로 하고 있다. 연등회 때는 봉은사에서 진조배알을 하는 것을 시작으로 연등도량을 열었고 팔관회의 진조배알은 구정의 넓은 뜰에서 백성들의 참여와 함께 이루어졌다. 그리고 뒷전인 대회일에는 가두행렬로서 도성 전체에 장경을 베풀고 음악을 연주함으로써 본격적인 축제를 벌였다. 대회일의 축제에서는 왕과 군신, 왕과 백성들이 함께 의식을 치르고 관악하는 데서 신분과 계급의 경계가 허물어지는 축제의 분위기가 연출되었다. 연등회의 의의가 겨울이 끝나고 새로운 해를 경축하는 것이었다면, 팔관회는 왕이 토속신앙의 제관으로서 천지와 산천신을 위해 사선악부의 음악을 올린 것이었다. 즉 팔관회의 핵심은 백성 앞에서의 진조배알과 농경의 주관신인 천지·산천·용신을 기쁘게 하는 제천악무였다. 연등회·팔관회에서는 아악·당악·향악으로 분류되는 고려시대 모든 장르의 음악들이 연주되었고, 산대잡극의 화산대·불꽃놀이·줄타기·어용백희 및 자지(柘枝)와 포구(抛毬)의 기예, 만석중놀이, 창우들의 재담 등 연희가 귀족계급과 서민층에서 공통적으로 연행되어 한국 중세문화의 금석을 이루었다.

연등회·팔관회의 축제는 일상의 공간을 임시적 특수성을 가진 환경극장으로 구축했다. 이러한 축제공간을 이루는 중심축은 역시 산이었다. 연등회에서는 왕의 편전에 채산이 설치되고 봉은사 행향 이후 밤에는 등불을 켜서 등산(火山)을 만들었다. 우주목 형상의 등수(燈樹)가 늘어서 있는 이 등산의 세계는 헌선도(獻仙桃)의 세계로서, 선모가 왕에게 선도를 바치고 왕이 군신들에게 꽃과 술의 선물로 보답할 때 세속적인 공간이 영생의 공간으로 전이되는 불의 제단이었다. 왕악에 연결된 부계는 왕과 군신이 함께 음악에 맞추어 함께 꽃을 꽂고 술을 마실 때 마음과 몸이 일체를 이루는 교합의 장소였다. 또한 첫 보름달의 상징으로 내건 등불은 도성의 거리를 치장했으며, 궁궐의 광화문 앞과 사문 앞은 채붕을 치고 잡기와 희극을 상연하는 무대가 되었다.

한국의 연등회는 원래 고대로부터 뿌리내렸던 '세시기(歲時記)'에 의해 정월 초하루와 보름날에 천지 · 종묘 · 사직에 제사하는 상원가례(上元嘉禮)였으며, 이는 왕실을 비롯한 민간인들에게도 통용된 것이었다. 따라서 상원등석제는 정월 보름의 달맞이 행사에 등불을 켜는 데서 유래되었고, 민가에서도 채색 깃발을 매단 등간을 세우고 등간의 사이사이에 수많은 등불을 달게 되었다. 즉 불탄일의 경축행사로 발전되기 이전의 연등회는 전통적인 농경제의였으나, 왕실의 봉은사 진조배알이 의례의 중심을 이루게 됨에 따라 점차 불교의례로서 거행되었다. 불교의 기악은 범천왕이 부처님의 공덕을 노래함으로써 마왕을 제압하는 수단이었으며, 하늘과 땅의 중생들이 음악 · 꽃 · 향으로 부처님께 공양을 드리는 것이었다. 따라서 연등회의 예불을 위한 독경 찬탄, 악기 연주, 의식무는 사원의 중심인 중정에서 이루어졌고, 영등놀이 · 만석중놀이 · 솟대놀이 · 가무잡희와 같은 민속연희는 사문 앞 공터에서 공연되었다.

삼국시대와 고려 사찰의 중정은 동서탑을 양 축으로 사각형의 만다라 형태를 이루어 왕생정토의 땅이라는 의미를 갖고 있다. 이는 또한 불도를 수행한다는 가람(Sanghārāma)의 뜻이 있어 불교의 제의식이 올려지는 공간이다.

그러나 백제 미륵사의 중원 가운데에는 거대한 목탑이 있었기 때문에 중문과 남문 사이에 넓은 기악공간이 조성되었고 좌우에 당간지주를 세웠다. 한편 화엄사와 쌍계사의 중원은 대웅전을 마주 바라보는 중문 자리에 사방으로 트인 높은 누대가 있는데, 그 좌우에는 음악을 연주하는 종고루(鐘鼓樓)와 사법악기(四法樂器)의 악붕누대가 위치하고 있다. 따라서 중앙의 누대는 독경 찬탄과 의식무를 올리던 무악루였으며, 의식구(儀式具)로 장엄화된 중정으로 연결할 수 있는 특수무대였다.

팔관회가 열렸던 궁궐의 구정(毬庭)은 국가적인 야외 축제극장이었다. 구정의 극장은 또한 중동팔관회와 계동대나례(季冬大儺禮)에 백성들에게 개방되었는데, 국내의 잡기창우와 외국의 연희자들이 백희잡기와 재담으로 재기를 다투던 국제적인 연희공간이었다. 이 극장에는 왕에게 올리는 교방악의 대와 외국 사신들의 접견, 진상물의 등퇴장이 가능한 길의 공간에 둘러싸인 마당공간 좌우에 높은 채붕산이 구축되었다. 채붕산 앞에는 난간을 두른 악붕이 설치되었으며 붉은 비단으로 씌운 향등은 음악과 함께 음양의 기를 화하게 했다. 그러나 무엇보다도 마당공간의 공중에 떠 있는 거대한 윤등(輪燈)은 우주의 운행을 그리는 천체도였으며 극장의 테크놀로지였다.

통일신라의 연화악붕은 고려조에 '연화대와 같은' 높은 채붕산으로 발전되었다. 연등회의 등산은 흙으로 만든 채산에 등불장식을 한 것이었고, 팔관회의 채붕산은 비단으로 만든 높은 산이었는데, 성현과 충신의 우상을 산 위에 올리는 전통에서부터 인형극의 산붕이 출현하게 되었다. 또한 고려말 이색이 지은「산대잡극」시에 산대에 헌선도와 처용의 가무가 출현하는 묘사가 있어 산대 앞에는 선인들의 가무를 올리는 수평무대가 있었고, 산대를 중심으로 한 지상에서는 솟대놀이와 폭죽놀이 같은 잡희가 연행되었음을 알 수 있다. 등산과 채붕산은 도가의 사상에 기반한 교방악의 배경이 되었으며 발해 동쪽 바다에 있는 오산을 상징했다. 이들은 또한 누각 밑으로 백수솔무가 등퇴장할 수 있는 기능적인 산의 장치였다.

고려조의 채붕산은 산신앙에 기반한 우주산의 악붕이었다. 이러한 채붕산은 민간의 가무백희를 종합한 산대잡극의 중심에 세워졌으며, 고려의 계동대나례가 조선의 궁중나로 이어짐에 따라 산대나례의 산대로 불리게 되었다. 산대나례는 벽사진경(辟邪進慶)의 나식(儺式)을 겸한 재인들의 가무희극으로서 궁중나례, 사신의 영접, 부묘(祔廟)의 길례, 태실(胎室)의 이안, 궁전의 낙성, 왕의 환궁, 감사의 부임, 전승의 축하 때에 연행되었다. 그 내용은 광대·서인·주질(注叱)·농령(弄鈴)·근두(斤頭)와 같은 규식지희(規式之戲), 재담을 하는 소학지희(笑謔之戲), 사자·호랑이·만석승이 춤을 추는 산희(인형극), 상좌·노장·소매·취발이·샌님·포도부장·거사·사당·할미 등이 나오는 가면극 등으로, 삼국시대의 가면무는 연극으로, 신수가장놀이는 인형극으로, 신들의 묘기였던 잡기는 광대놀이로 변화했다.

산대나례는 인조 즉위년(1636)에 나례도감을 폐지할 때 사신 영접을 위한 나례로만 축소되었으며, 영조 30년(1754)에 부묘나례마저 없앨 때 조정에서 완전히 정파(停罷)했다. 이로써 국가의 의례 및 축제공간의 중심을 이루었던 산대가 사라졌고, 산이 없는 산대도감극이 민간의 후원으로 지속되었다.

그러나 이 책에서는 세종대부터 선조대까지 지속된 채붕나례 및 산대나례의 기록을 추출해 기암괴석과 초목을 설치한 춘하추동의 대산대(大山臺)와 왕의 행차를 인도하던 예산대(曳山臺), 사신을 영접하던 헌가산대(軒架山臺)를 고찰했다.

헌가산대는 문자 그대로 마루 위에 산을 세운 것인데, 바퀴를 달아 끌고 다닐 수 있었기 때문에 윤거(輪車)라고도 했다. 통일신라 이후 고려 태조의 팔관회에 등장했던 산거는 조선 성종 16년(1485)에 바퀴달린 예산대인 향산으로 재등장하게 되었다. 그러나 신선계의 잡상을 설치한 헌가산대는 나례를 폐지했던 인조대와 영조대 이후 정조대까지 사신 영접에 동원되었던 것으로 볼 때, 비용이 많이 드는 대산대를 축소하고자 한 의도 외에 산대나례의 절실한 필요성이 무엇이었는지 생각하게 한다.

예악에 입각한 조선 왕실의 국조오례는 백성들에 대해 도덕적 규범을 보이는 의례였으며, 정재의 음악과 무용은 군신간의 화(和)를 도모하고 이상세계를 제시하는 제의적인 예술이었다. 의례에서 왕에게 바치는 진찬·치사·창사는 종교적인 찬탄가로서, 환상성을 지녔으나 억제된 환상이 풀려나는 카니발리즘을 부여하지는 못했다. 따라서 조선조의 의례에서 성과 속의 경계를 넘나드는 또 하나의 환상세계는 산대나례에서 창조되었다. 나례는 행렬과 의물의 전시로 속의 공간을 성스럽게 하는 동시에 재담·잡기·가면극 등의 가무희극에서 풍자와 환상으로 축제를 베풀었다.

산대나례는 나례도감이 폐지된 백여 년 후인 1865년 윤5월 고종왕이 경복궁 중건 축하방문을 했을 때도 베풀어졌다. 이 행사의 관람기인 『기완별록』에는 왕의 행차와 함께 동원된 무동놀이와 오방색 깃발, 먹중과 왜장녀의 모습과 여러 패의 헌가산대 내용이 상세히 적혀 있다. 각각의 헌가산대에는 『구운몽』과 『서유기』 같은 고문학에 나오는 인물들과 벽오동 신선과 차를 달이는 동자, 천도반(天桃盤)을 받쳐들고 서 있는 선녀가 설치되어 있었고, 산의 모습은 '꽃 같은 가산에 송죽기화·불로초·황학·청학·사슴'이 장식되어 있다고 했다. 『기완별록』에서는 위의 잡상 중에 손오공이 쇠막대를 휘두르고 구운몽의 성진이 법고를 두드린다는 묘사를 하고 있는데, 줄의 작동장치나 반복적인 기계장치가 설치되었을 가능성을 시사하고 있다. 이는 영조 1년(1725)에 중국 사신이었던 아극돈(阿克敦)이 그린 〈봉사도〉의 헌가산대에 나타나는 낚시하는 강태공과 춤추는 선녀의 작동과도 상통한다.

산대 위의 잡상 설치는 대사가 없다는 데서 휘장을 친 산붕의 꼭두극과는 큰 차이를 가진다. 그러나 고대의 산거와 중세의 채붕산으로부터 근세의 산대까지, 잡상과 영기를 설치함으로써 축제의 난장 한가운데 아름답고 기묘한 대를 구축한 것은 속의 공간에 신성성을 부여하는 한국 의례극장의 창조적 기술을 증명하는 것이다.

의례와 극장의 공간은 다 같이 역사적 사건을 극화하고 현실의 공간을 신성화하는 데 그 특성이 있다. 이처럼 참여자들이 의식적 행동을 위해 일상적 공간을 장엄화하면서 함께 행동하고 반응할 때, 이 공간은 그들에게 이상세계에 대한 특별한 공간적 인식을 불러일으킨다. 의례와 극장예술에서 사용되는 장치와 의물은 이상세계를 구현하는 은유의 언어로서 공간적 행동을 구사한다. 즉 자연공간에서는 환경을 변화시키고 건축공간에서는 자연의 순환사상을 반영한다.

의례는 극장예술과 마찬가지로 가상세계를 창조하는 작위성과 환상적 놀이성을 가지고 있어 그 연행의 구조와 법칙은 연극에서의 희곡에 해당한다. 그러나 연극을 상연하는 극장공간은 허구의 세계와 현실세계를 이분화하면서 무대를 관조하는 미학적 거리를 확보하는 반면에, 의례의 공간에는 절대신성의 공간만이 존재하고 있다. 의례에서는 참여자들의 마음속에 핵을 이루고 있는 신화의 공간이 세속적인 시간의 흐름을 차단시켜서 신화의 재현을 위한 몰입을 요구하기 때문이다. 대 위의 의례는 참여자들의 내적인 환상을 촉발시키고, 마당의 축제에서는 실제로 그 환상을 실현할 수 있는 놀이의 법칙을 전개한다. 가무와 백희잡기의 환상은 동양연극의 근간을 이루는 신명 또는 라사(Rasa)의 조건이며, 로제 카이요와(Roger Caillois)가 정의한 놀이의 내용, 즉 '우연ㆍ모방ㆍ광란의 육체적 활동'인 것이다.

근대 이전의 한국에는 의례공간으로부터 독립된 극장건축이 존재하지 않았다. 자연 속의 제장이나 사원과 궁궐의 건축은 애초부터 의례용으로 축조되어 제의와 축제의 연행을 위해 장엄화되었다. 한국의 의례는 인간의 삶과 죽음의 사건을 우주의 순환법칙과 일치시키는 행위로서 종교적 사상에 기반했으며, 샤머니즘ㆍ유ㆍ불ㆍ선의 융합과 함께 신산을 현시적인 대상으로 삼았다.

의례의 대상이었던 산은 저승세계로 연결하는 길이었고, 물의 공간 또한 이승과 저승 사이의 통로였다. 산은 죽음과 환생의 근원지로서 성역화했고, 신령은 신목에 강림해 인간세상에 올 수 있었다. 건축적 의례공간에서 산은 신의 대리자인 임금이 좌정한 곳에 위치했으며, 신과 인간이 소통하는 곳에 대의 공간이 탄생했다. 또한 움직이는 산으로서 산대수레는 신수들을 동반해 축제가무로써 기존 질서의 세계를 허물고 세속을 정화시켰다.

최초의 대는 단으로서 제물의 봉헌과 음악 연주를 목적으로 지어졌다. 그러나 오신유인(娛神遊人)의 신악무는 무대ㆍ무루ㆍ무정을 형성케 했다. 무대는 엄밀하게 보면 신이 있는 신전과 인간 사이에 존재하는 배전(拜殿)에 불과했다. 반면에 대는 신과 인간의 행동이 동시에 병행되는 이상세계의 공간이었다.

이 책에서 필자는 한국 의례공간의 특성을 '행동하는 대의 공간'으로 밝히고자 했으며, 모든 참여자가 하나의 신화적 공간에 몰입하는 제의적 무대를 대로 명명했다. 그러나 몰입의 동기는 『예기』「악기」에서 말하는바, '마음의 움직임'으로 세속공간인 '마당'으로부터 '대'로 연결되는 '길'에서 이루어졌다. 길은 내면적인 상상의 통로이며 외면적으로는 방향을 가지고 나아가는 순수공간으로서, 대에 대한 관념을 행동으로 표현하는 기호의 공간이었다. 즉 예악의 목적인 '화(和)'의 관념은 음양오행의 상생을 그리는 길의 동선에서 표상화했고, 대에 이르러 행해지는 상징적인 예의 행동은 마당에서 들어오는 코러스의 가무와 길에서 들어온 치사·전문(箋文)의 직접적 행동에 의해 구체화되었다.

이와 같은 개방적 행동공간에 대해 인도의 바라타 극장을 분석했을 때, 대라고 할 수 있는 본무대의 사방에 중성적인 길의 공간이 둘러싸고 있었으나 객석으로 부터의 길은 발견되지 않았다. 반면 러시아 구성주의자들의 총체극장(Total Theatre)은 본무대를 객석의 중심에 놓고 다층적인 길의 공간이 극장공간의 경계를 짓는 건축적 공간으로 되어 있다. 구성주의자들은 작품마다 새로운 길의 공간을 구축해 배우의 육체가 기호화되는 기능적 공간을 열었다.

서양극장에서 대와 마당, 또는 무대와 객석을 양 축에 놓고 길의 공간을 절대행동 공간으로 삼고 있는 현장주의는 구성주의 이래로 극장공간의 총체성에 대한 자각을 불러일으켰고, 20세기 중반부터는 제의적 연극공간을 부활시키려는 움직임이 일어났다. 그 대표적인 예로 재현주의의 액자무대를 타파하고 생활공간이나 자연공간에 극장공간을 설치하는 '환경극장'을 들 수 있는데, 이는 극 행동이 관념적인 미학공간으로부터 벗어나 살아 있는 사건으로서 체험되기를 바랐던 것이다.

반세기가 지난 21세기의 현대사회는 다원적인 자본주의와 전자정보의 통신망에 의해 현실공간이 가상적 환상으로 인식되어 가상과 현실이 병행되고 있다. 따라서 극장예술은 이미 규정된 공간개념으로는 관객의 공간적 체험을 만족시킬 수 없게 되었다. 현대인들은 인식 공간의 안팎을 자유자재로 드나드는 통로와 새로운 정보의 체험을 원하고 있다. 그 통로는 규칙적인 시공간의 실재를 초현실로 바꿀 수 있는 주술적 장치, 즉 현대사회에 원초적 신화세계가 되살아나는 점등(点燈) 장치를 의미한다.

현대극장에서 절대적 시공간에 포함된 신화를 재생시키는 주술은 과연 무엇일까. 또 한국의 극장은 언제까지 서양 근대연극의 액자무대에 머물러 있을 것인가. 결국 한국 전통극장의 현대적 창조는 한국 극장예술의 목적과 내용을 문화사적인 차원에서 재검토하고 정립할 때 가능할 것이다. 한국의 궁중의례는 결코 과거·현재·미래를 연결짓는 의식으로만 거행된 것은 아니었다. 오히려 자연의 순환 속에 삶이 용해되어 원초적 시공간, 즉 카오스의 세계로 되돌아갈 수 있는 초감각의 길을 찾는 데 그 목적이 있었다.

최근 한국의 극장에서는 전통극장의 현대적 계승이라는 측면에서 다각적인 시도를 하고 있는데, 그 유형은 두 가지로 분류할 수 있다. 첫째는 1970년대부터 활성화된 마당극 공간이다. 이는 액자무대를 벗어나 야외공간에서 배우와 관객이 현실적 문제를 고발하고 해학과 신명으로 갈등 해결을 추구하는 한국 민속극의 원형을 고수하면서 가면극과 인형극, 집단적 가무의 원리를 재생시키고 있다. 그러나 일반적으로 마당극의 극구조가 상당히 다차원적으로 구성되어 있음에도 불구하고, 관객이 둘러싸고 있는 원형무대는 폐쇄성을 면치 못하고 있다. 거기에는 바깥으로 분출되어 나아가는 내면적인 '길'의 공간이 빠져 있기 때문이다. 또한 극대화된 몸짓과 소리의 형상으로 인해 현실을 뛰어넘는 가상공간의 기호가, 즉 '마음의 움직임'이 형상화하는 대의 장치가 결여되어 있는 것이다.

개선안으로는 사면으로 막힌 원형무대의 중심축과 사방에 대의 기능을 하는 상징적 구조물을 설치한다든가, 부벽루의 야외극장이나 그리스 극장처럼 한쪽 면을 대의 공간으로 설정할 수 있을 것이다. 또한 전통을 계승하는 현대의 무대에는 산과 물의 신화공간 안에 자연의 순환을 표상하는 육체예술이 요구되는 만큼, 사실적인 대사 위주의 연극을 극복해야 할 것이다.

전통극장의 부활을 시도하는 두번째 유형은 전통 민속예술의 공연과 궁중의례의 재현이다. 전자의 경우는 대부분 민속악과 민속춤의 공연인데, 이들이 연행되었던 공간은 삼면이 건축공간과 관객으로 둘러싸인 대와 마당이었고, 야외에서는 산수의 자연공간을 고려한 누대 및 누정의 공간이었다.

민속예술의 내용과 형식은 이들 공간이 표상하는 자연사상과 사회성에 의해 창조되었다고 할 수 있는데, 현재 한국의 민속예술은 이러한 원형공간에 대한 고려가 없는 액자무대 위에서 공연되고 있다. 한국의 극장건축은 자연공간을 배경으로 지어져야 하며, 극장공간 내에 자연공간을 포함할 수 있어야 한다. 한편 조선시대 궁중의례의 재현은 한국문화재청 문화재연구소의 주최로 경복궁과 명정전에서 고증에 의한 조하식을 거행하고 있는데, 진찬과 정재를 생략한 행정적 의식으로 일관하고 있다. 조선시대 궁중의례는 이 책에서 연구한 바와 같이 예와 악의 행동이 내면적 신화를 구현하는 것인데, 극적 사건 구성에 대한 본격적인 연구와 더불어 현대 관객이 참여할 수 있는 방법이 고려되어야 할 것이다.

고대의례가 신과 인간의 행동을 병행시키는 대를 창조했다면, 현대극장에서는 초월세계를 표상하는 테크놀로지와 인간 행동이 결합하는 대가 필요하다. 고대 의례극장에서 지혜의 등불을 밝힌 채산과 춤추는 신수들의 산대는 천상·지상·지하를 연결하는 상승 및 하강의 장치였다. 또 띠 장간이 중심축을 이루는 들놀음의 마당에는 신성동물들이 등불이 되어 마당공간을 비추었다. 등간·등수·등산은 수직적인 '길'의 공간이었으며 당시 의례극장 공간의 테크놀로지였다. 한국의 의례극장은 산천의 자연공간에서 제의와 축제를 연행함으로써 삶과 죽음의 원초적 공간으로 삼았다. 그런데 이 산천의 제장은 생활공간으로부터 멀리 떨어진 금기의 영역이 아닌 주거지가 있는 뒷산과 길 앞에 흐르는 냇물이나 마당의 우물이었다. 이러한 환경공간의 산과 물은 의례공간으로서 국토를 지키는 바다와 삼산오악이었고, 또는 북두칠성의 세계로 통하는 은하수의 강물 및 태양과 맞닿는 한밝닭(太白山)이 되었다.

이처럼 관습에 의한 신화적 공간의 통로는 극장예술에서 길의 공간이며 고유문화의 공간적 기호가 된다. 따라서 한국의 야외극장은 사방이 통해 있는 원형 및 장방형의 마당공간으로만 한정지을 수 없다. 판굿 공간은 신이 산에서 인간세상으로 들어온 마지막 순행지로서, 복합적인 길 공간을 운행하는 대의 공간이어야 한다.

결론적으로 한국의 야외극장은 세속공간에서 초월공간으로 통하는 '길' 공간을 찾아야 하고, 동시에 재생의 의미를 가진 주술적 장치를 구축할 수 있어야 한다. 또한 현대 한국의 극장건축은 자연친화적인 환경 속에 오행의 물·불·흙·나무·금속 등 자연물이 상징적인 장치로서 장엄화하고, 하늘로 열려 있는 대와 마당의 주변에 행동 공간의 길을 설치해 다차원적인 대를 운영하는 극장공간을 창출해야 할 것이다. 주술로서의 극장기술은 산대와 같은 신화적 장엄물을 창조해야 하는데, 이는 곧 현대 극장공간이 우주적 행동을 펼 수 있는 극공간으로 재생될 때 가능한 것이다.

참고문헌

1. 古典

韓國

姜彝天, 『重菴稿』.
桂延壽 撰, 『桓檀古記』.
『高麗大藏經』.
『高麗史』.
『高麗史樂志』.
『高麗史節要』.
『國朝五禮儀』.
金大問, 『花郎世紀』.
『己巳進表裏進饌儀軌』.
金富軾, 『三國史記』.
『儺禮廳謄錄』.
『東國輿地勝覽』.
『東文選』.
『戊申進饌儀軌』.
朴堤上, 『符都誌』.
范樟 撰, 『北夫餘紀』.
徐兢, 『高麗圖經』.
成俔, 『慵齋叢話』.
____, 『虛白堂集』.
『純祖己丑進饌儀軌』.
『樂學軌範』.
安含老 撰, 『三聖記全』.
『英祖甲子進宴儀軌』.
『園幸乙卯整理儀軌』.
柳得恭, 『京都雜誌』.
尹斗壽, 『平壤誌』.
李奎報, 『東國李相國集』.
李陌, 『太白逸史』.
李穡, 『牧隱藁』.
李仁老, 『破閑集』.
一然, 『三國遺事』.

『呈才舞圖笏記』.
『朝鮮王朝實錄』.
『增補文獻備考』.
崔滋, 『補閑集』.
洪錫謨, 『東國歲時記』.
紅杏村老人 撰, 『檀君世紀』.

中國

郭憲, 『洞冥記』.
『舊唐書』.
『大唐西域記』.
戴聖, 『禮記』.
董越, 『朝鮮賦』 1.
孟元老, 『東京夢華錄』.
班固, 『漢書』.
法顯, 『法顯傳』.
蕭統, 『文選』.
『梁書』.
楊衒之, 『洛陽伽藍記』.
劉熙, 『釋名』.
李昉 等 撰, 『太平廣記』.
李昉 等 撰, 『太平御覽』.
李延壽, 『北史』.
『朝野僉載』.
『周書』.

2. 圖錄

國內

강우방 · 김승희, 『甘露幀』, 예경, 1995.
『高句麗古墳壁畵』, 풀빛, 1995.
『高麗佛畵』(韓國의 美 7), 중앙일보, 1999.
관조스님, 『寺刹壁畵』, 미술문화, 1999.
국립경주박물관 편, 『신라인의 무덤-新羅陵墓의 形成

과 展開』, 통천문화사, 1996.

_____, 『新羅黃金』, 시티파트너, 2001.

국립국악원 · 서인화 · 윤진영, 『朝鮮時代 宴會圖』(韓國音樂學資料叢書 36), 민속원, 2001.

국립김해박물관 편, 『국립김해박물관』, 통천문화사, 1998.

국립중앙박물관 편, 『百濟』, 통천문화사, 1999.

_____, 『朝鮮時代風俗畵』, 한국박물관회, 2002.

국보편찬위원회 편, 『國寶-古墳金屬』Ⅰ · Ⅱ, 예경산업사, 1986.

_____, 『國寶-工藝』Ⅰ · Ⅱ, 예경산업사, 1986.

_____, 『國寶-宮室建築』Ⅰ · Ⅱ, 예경산업사, 1986.

_____, 『國寶-金銅佛』, 예경산업사, 1986.

_____, 『國寶-寺院建築』Ⅰ · Ⅱ, 예경산업사, 1986.

_____, 『國寶-石佛』Ⅰ · Ⅱ, 예경산업사, 1986.

_____, 『國寶-石造』Ⅰ · Ⅱ, 예경산업사, 1986.

_____, 『國寶-塔婆』Ⅰ · Ⅱ, 예경산업사, 1986.

김기웅, 『고구려 고분벽화』(한국의 미술 1), 서문당, 1994.

동국대학교박물관 · 통도사 · 국립민속박물관 편, 『佛敎儀式具』, 신유, 1995.

서인화 · 박정혜 · 주디반자일 편저, 『朝鮮時代 進宴, 進饌, 進賀屛風』, 국립국악원, 2000.

『朝鮮佛畵』(韓國의 美 16), 중앙일보, 1999.

『集安高句麗壁畵』, 조선일보사 출판국, 1993.

通度寺 聖寶博物館, 『韓國의 名刹 通度寺』, 三省出版社, 1987

황수영 · 문명대, 『盤龜臺岩壁彫刻』, 동국대학교출판부, 1984.

國外

江蘇省新華書店, 『六朝藝術』, 江蘇美術出版社, 1996.

高文 編, 『四川漢代石棺畵像集』, 北京: 人民美術出版社, 1997.

阿克敦(黃有福 · 千和叔 校註), 『奉使圖』, 沈陽: 遼寧民族出版社, 1999.

蕭登福, 『道敎術儀與密敎典籍』, 台北: 新文豊出版有限公司, 1992.

中國美術全集編輯委員會, 『敦煌壁畵』上 · 下(中國美術全集 繪畵編 14 · 15), 上海: 上海人民美術出版社, 1988.

3. 繪畵

김홍도, 〈平壤監司歡迎圖〉, 3폭 그림, 종이에 담채, 71.2×196.9cm, 국립중앙박물관.

작자 미상, 〈東闕圖〉, 16폭 畵冊, 비단에 채색, 각폭 273×36.5cm, 고려대학교 박물관.

작자 미상, 〈平壤圖〉, 10폭 병풍, 종이에 채색, 각 131×39cm, 서울대학교 박물관.

작자 미상, 〈平壤監司歡迎圖〉, 8폭 병풍, 비단 채색, 각 128.1×58.1cm, Peabody Essex Museum, Boston.

4. 映像

「고구려 시조 동명왕릉」, KBS 역사스페셜(북한문화유산 시리즈 제5편), 2001. 12. 8.

「고구려 평양성」, KBS 역사스페셜(북한문화유산 시리즈 제1편), 2001. 10. 6.

「고려사 수수께끼―안악 3호분 그 주인공은 누구인가?」, KBS 역사스페셜, 2001. 2. 10.

「고인돌왕국-고조선」, KBS 역사스페셜(북한문화유산 시리즈 제4편), 2001. 10. 27.

「궁중의 한나절 정취를 찾아서」('99 정재제전), 국립국악원 자료실, 1999. 11. 25-26.

「만수무강 하옵소서」, 11월의 문화인물 김창하(金昌河)의 달 기념 정재 발표회, 국립국악원, 2000. 11. 27-28.

「북녘땅 고구려 고분벽화 무엇을 그렸나?」, KBS 역사스페셜, 2000. 6. 17.

「왕조의 꿈 태평서곡」(궁중 연례악), 국립국악원, 2002. 6. 7-11.

「정재, 그 원형과 춤의 아름다움」('97 정재제전), 국립국악원 자료실, 1997. 10. 23-24.

「정재 들여다보기」('01 정재제전), 국립국악원 자료실, 2001. 10. 18-19.

「천 년 전 국제도시 개경」, KBS 역사스페셜(북한문화유산 시리즈 제3편), 2001. 10. 20.

5. 著譯書

國文

가와타케 시게토시(河竹繁俊), 이응수 역, 『일본연극사』, 청우, 2001.

강경구,『고구려의 건국과 시조숭배』, 학연문화사, 2001.

고승길,『東洋演劇研究』, 중앙대 출판부, 1993.

국민대학교 한국학연구소 편,『朝鮮時代 養老宴儀禮와 御宴儀禮의 硏究』(궁중문화 재현행사 고증연구 총서 2), 국민대학교 한국학연구소, 1997.

국립국악원 편,『戊申進饌儀軌』(한국음악학 자료총서 6), 국립국악원, 1981.

국립문화재연구소,『서울 새남굿』, 태흥문화사, 1998.

국립민속박물관,『한국의 마을제당』, 국립민속박물관, 1995.

국립민속박물관,『한국세시풍속자료집성-삼국·고려시대편』(국립민속박물관 자료총서 1), 국립민속박물관, 2003.

규장각 편,『순조기축진찬의궤』상·하(영인본), 서울대학교 규장각, 1996.

권희경,『불교미술의 기본』, 학연문화사, 1999.

김기흥,『고구려 건국사』, 창작과 비평사, 2002.

김동욱,『실학정신으로 세운 조선의 신도시 수원 화성』, 돌베개, 2002.

김선풍 외,『韓國祝祭의 理論과 現場』(松泉 金善豊博士 華甲紀念論叢), 월인, 2000.

김영수·심이석,『한국의 나무탈』, 열화당, 1993.

김옥랑 편,『한국의 나무꼭두』, 열화당, 1998

김우탁,『韓國傳統演劇과 그 固有舞臺』, 성균관대학교출판부, 1986.

김인규·이윤희·장준식,『韓國民族文化와 意識』, 정훈출판사, 1994.

김정배,『韓國民族文化의 起源』, 고려대학교출판부, 1976.

김진영·홍태한,『바리공주 전집』1, 민속원, 1999.

김재철,『조선연극사』, 東文選, 2003.

김태곤,『韓國巫俗硏究』(韓國巫俗叢書 4), 집문당, 1995.

김학범·장동수,『마을숲』, 열화당, 1994.

김학주,『중국고대의 가무희』, 민음사, 1994.

_____,『한·중 두나라의 가무와 잡희』, 서울대학교출판부, 1994.

김홍우 외,『불교전통의례와 그 연극·연희화의 방안 연구』, 엠애드, 1999.

_____,『한국의 놀이와 축제』1, 집문당, 2002.

남문현,『장영실과 자격루』, 서울대학교출판부, 2002.

노계현,『고려 외교사』, 갑인출판사, 1994.

노태돈,『고구려사 연구』, 사계절, 2000.

대한불교조계종 역경위원회,『한글대장경』권64, 동국대학교 부설 동국역경원, 1973.

말리노우스키, 서영대 역,『원시 신화론』, 민속원, 1996.

문화재관리국 문화재연구소,『佛敎儀式』, 문화재연구소, 1989.

미시나 아카히데(三品彰英), 이원호 역,『新羅花郎의 硏究』, 집문당, 1994.

민경현,『韓國庭苑文化-意匠 및 技法論』, 예경산업사, 1991.

문무병,『제주도 무속신화』(열두 본풀이 자료집), 제주 칠머리당굿 보존회, 1998.

박경자,『한국 전통조경 구조물』, 조경, 1997.

박규홍,『增補 韓國民俗學槪論』, 형설출판사, 2001.

박범훈,『한국 불교음악사 연구』, 장경각, 2000.

박시인,『알타이 神話』, 청노루, 1994.

박정혜,『조선시대 궁중기록화 연구』, 일지사, 2000.

박진태,『한국 민속극 연구』, 새문사, 1998.

_____,『동아시아 샤머니즘 연극과 탈』, 박이정, 1999.

白影 정병욱선생 환갑기념논총 간행위원회 편저,『韓國古典文學硏究』, 신구문화사, 1983.

법현,『불교무용』, 운주사, 2002.

사진실,『한국연극사 연구』, 태학사, 1997.

_____,『공연문화의 전통』, 태학사, 2002.

서길수,『고구려 역사유적 답사』, 사계절, 1998.

서연호,『꼭두각시 놀이』(한국의 탈놀이 4), 열화당, 1990.

_____,『山臺 탈놀이』(한국의 탈놀이 1), 열화당, 1997.

_____,『野遊, 五廣大탈놀이』(한국의 탈놀이 3), 열화당, 1997.

_____,『한국 전승연희의 원리와 방법』, 집문당, 1997.

_____,『꼭두각시 놀음의 역사와 원리』, 연극과 인간, 2001.

서정록,『백제금동대향로』, 학고재, 2001.

손진태,『朝鮮神歌遺篇』, 東京: 鄕土硏究社, 1930.

성기숙,『한국 전통춤 연구』, 현대미학사, 1999.

송방송,『高麗音樂史硏究』, 일지사, 1992.

_____,『韓國古代音樂史硏究』, 일지사, 1992.

_____,『韓國音樂史論叢』, 민속원, 1999.

_____,『조선조음악사연구』, 민속원, 2001.

신명호, 『조선왕실의 의례와 생활, 궁중문화』, 돌베개, 2002.

아키바 다카시(秋葉隆), 심우성 역, 『朝鮮民俗誌』, 東文選, 1993.

오바야시 타로(大林太良), 兒玉仁大·權泰孝 譯, 『神話學入門』, 새문사, 1999.

오출세, 『한국민간신앙과 문학연구』, 동국대학교출판부, 2002.

王克芬, 고승길 역, 『중국무용사』, 교보문고, 1991.

王克芬, 차순자 역, 『중국무용사-수·당·오대』, 동남기획, 2002.

윤광봉, 『改訂 韓國演戲詩硏究』, 박이정, 1997.

윤열수, 『龍, 불멸의 신화』, 대원사, 1999.

윤장섭, 『韓國의 建築』, 서울대학교출판부, 1996.

_____, 『中國의 建築』, 서울대학교출판부, 1999.

_____, 『日本의 建築』, 서울대학교출판부, 2001.

윤철중, 『韓國 古典文學의 理解』, 보고사, 2001.

이기백·민현구, 『史料로 본 韓國文化史 - 高麗篇』, 일지사, 1999.

이두현, 『韓國의 假面劇』, 일지사, 1992.

_____, 『韓國巫俗과 演戲』, 서울대학교출판부, 1996.

_____, 『韓國演劇史』, 學硏社, 2000.

이민홍, 『韓國 民族樂舞와 禮樂思想』(성균관대학교 인문과학연구총서 제2집), 집문당, 1997.

이재숙 외, 『조선조 궁중의례와 음악』, 서울대학교출판부, 1998.

이종욱, 『신라의 역사』 1, 김영사, 2002.

이홍구·손경순 역, 『朝鮮宮中舞踊』, 열화당, 2000.

이혜구, 『補訂 韓國音樂史硏究』, 민속원, 1996.

인남순·김종수, 『고종황제 50세 경축연향 女伶呈才笏記』, 민속원, 2001.

임동권, 『민속문화의 탐구』, 민속원, 2001.

_____, 『韓國歲時風俗』, 서문당, 1984.

_____, 『韓國歲時風俗硏究』, 집문당, 1985.

_____, 『한·일 궁중의례의 연구』, 중앙대학교출판부, 1995.

임승국, 『한단고기』, 정신세계사, 2003.

장사훈, 『韓國舞踊槪論』, 대광문화사, 1997.

장주근, 『한국신화의 민속학적 연구』, 집문당, 1995.

_____, 『풀어쓴 한국의 신화』, 집문당, 1998.

장지훈, 『한국 고대 미륵신앙 연구』, 집문당, 1997.

장춘식, 『고려 화엄판화의 세계』, 아세아문화사, 1982.

장한기, 『韓國演劇史』, 동국대학교출판부, 1986.

자크 브로스, 주향은 역, 『나무의 신화』, 이학사, 2000.

전경욱 책임집필, 문화체육부/문화재보호재단, 『한국의 탈』, 태학사, 1996.

전경욱, 『한국가면극 그 역사와 원리』, 열화당, 1998.

_____, 『한국의 전통연희』, 학고재, 2004.

전규태, 『韓國神話와 原初意識-그 比較文化論的 考察』, 이우출판사, 1985.

_____, 『韓國古典文學史』, 백문사, 1993.

전세영 외, 『禮樂敎化思想과 한국의 倫理的 課題』, 한국정신문화연구원, 1995.

전신용 편저, 『한국의 무속문화』(한국문화선집 시리즈 제2집), 박이정, 1998.

전인초 외, 『중국신화의 이해』, 아카넷, 2002.

전인평, 『새로운 한국음악사』, 현대음악출판사, 2001.

전통예술원 편, 『한국 중세사회의 음악문화-고려시대편』, 민속원, 2001.

전호태, 『고분벽화로 본 고구려 이야기』, 풀빛, 1998.

정병호, 『農樂』, 열화당, 1986.

_____, 『韓國춤』, 열화당, 1995.

_____, 『韓國의 傳統춤』, 집문당, 1999.

정수일, 『고대 문명교류사』, 사계절, 2002.

정순모·허동성, 『동양 전통연극의 美學』, 현대미학사, 2001.

정은혜 편저, 『呈才硏究』 I, 대광문화사, 1996.

조지프 캠벨, 과학세대 옮김, 『신화의 세계』, 까치글방, 2000.

조지훈, 『한국학 연구』, 나남출판, 1996.

주남철, 『한국건축사』, 고려대학교출판부, 2000.

최남선, 『六堂全集』 권2, 현암사, 1974.

최무장, 『고구려·발해문화-중국 고고학자의 발굴보고서』, 집문당, 1985.

최상수, 『野遊, 五廣大 假面劇의 硏究』, 성문각, 1984.

최인학 외, 『기층문화를 통해본 한국인의 상상체계』, 민속원, 1998.

최종성, 『조선조 무속 國行儀禮 연구』, 일지사, 2002.

콜린 맥커라스, 김장환·하경심·김성동 譯, 『中國演劇史』, 학고방, 2001.

타가와 준조(田川純三), 박도화 역, 『敦煌石窟』, 개마고원, 1999.

편무영, 『한국불교민속론』, 민속원, 1998.

표인주, 『공동체신앙과 당신화 연구』, 집문당, 1996.

한국역사민속학회, 『南滄 손진태의 역사민속학 연

구』, 민속원, 2003.

한국역사연구회, 『고려의 황도 개경』, 창작과 비평사, 2002.

한국향토사 연구 전국협의회 편, 『화랑문화의 신연구』, 문덕사, 1995.

한영우, 『다시찾는 우리역사 1-고대·고려』, 경세원, 1998.

_____, 『정조의 화성행차 그 8일』, 효형출판, 1998.

한옥근, 『한국고전극 연구』, 국학자료원, 1996.

한효, 『조선 연극사 개요』, 한국문화사, 1996.

허균, 『한국의 정원, 선비가 거닐던 세계』, 다른 세상, 2002.

현용준, 『濟州島神話』, 서문당, 1976.

_____, 『濟州島巫俗資料事典』, 신구문화사, 1980.

_____, 『巫俗神話와 文獻神話』, 집문당, 1992.

홍윤식, 『佛敎와 民俗』, 동국대학교 불전간행위원회, 1980.

_____, 『한국의 불교미술』, 대원정사, 1999.

홍윤식 외, 『불교민속학의 세계』, 집문당, 1996.

中文·日文

鄧綏審, 姜啓哲 編譯, 『中國劇場史』, 明志出版社, 1993.

廖奔, 『中國古代劇場史』, 北京: 中州古籍出版社, 1995.

廖奔, 『中國戲劇圖史』, 北京: 河南敎育出版社, 1996.

張連, 『中國戲曲舞臺美術史論』, 北京: 文化藝術出版社, 2000.

金秀男, 「神人のにぎわいー韓國のムーダンとアジアのシャーマン」『自然と文化』, (財)日本ナショナルトラスト, 1995.

大阪天滿宮文化研究所, 『天神祭, 火と水の都市祭禮』, 京都: 思文閣出版, 2001.

マリア=ガブリエル ヴオジーソ, 市川雅 譯, 『神聖舞踏』, 東京: 平凡社, 1983.

服部幸雄, 『大いなる小屋-近世都市の祝祭空間』, 東京: 平凡社, 1986.

杉山二郎, 『遊民の系譜』, 東京: 靑土社, 1988.

西和夫, 神奈川大學建築史研究室, 『祝祭の假設舞臺-神樂と能の組立て劇場』, 東京: 彰國社, 1997.

松尾恒一, 『延年の藝能史的研究』, 東京: 岩田書院, 1997.

須田敦夫, 『日本劇場史の研究』, 東京: 相模書房, 1957.

植木行宣, 『山·鉾·屋台の祭りー風流の開花』, 東京: 白水社, 2001.

岩田慶治·杉浦康平, 『アジアの宇宙觀』, 東京: 講談社, 1989.

迁惟雄 監修, 『日本美術史』, 東京: 美術出版社, 2001.

迁惟雄 監修, 『日本美術史年表』, 東京: 美術出版社, 2002.

SD編集部, 伊東正示, シアターワークツョップ, 『演劇のための空間』, 東京: 鹿島出版社, 1995.

前田耕作 監修, 『東洋美術史』, 東京: 美術出版社, 2000.

竹内芳太郎, 『日本劇場圖史』, 東京: 壬生書院, 1935.

_____, 『野の舞臺』, 東京: ドメス出版社, 1981.

S. テドワース(Simon Tidworth), 日川宜力·石川敏男 譯, 『劇場―建築·文化史』, 東京: 早稻田大學出版部, 1997.

チエザーレ·モリナーリ, 倉橋健 譯, 『演劇の歷史』上·下, 東京: PARCO, 1977.

英文

Bablet, Denis, *The Revolutions of Stage Design in the 20th Century*, New York: Leon Amiel Publisher, 1977.

Barba, Eugenio and Nicola Savarese, *The Secret Art of the Performer*, London, New York: Routledge, 1991.

Barthes, Roland, *Image · Music · Text*, New York: Hill and Wang, 1997.

Bentley, Eric, *The Theory of the Modern Stage*, London: Penguin Books, 1968.

Brockett, Oscar G., *History of the Theatre*, Boston: Allyn & Bacon 1982.

Cawley, A. C. ed., *Everyman and Medieval Miracle Plays*, London: Everyman, 1997.

Carlson, Marvin, *Theories of The Theatre*, Itaka: Cornell University Press, 1984.

Covell, Alan Canter, *Folk Art and Magic-Shamanism in Korea*, Seoul: Hallym, 1998.

Gray, John, *Near Eastern Mythology*, Feltham, Middlesex: Hamlyn House, 1969.

Gupta, Manjul, *A Study of Abhinavabhāratīon Bharata's Nātyaśāstra and Avaloka on Dhana ňjaya's Daśarūpaka*, Delhi: Gian Publishing House, 1987.

Hartnoll, Phyllis, *A Concise History of the Theatre*, New

York : Charles Scribner's Sons, 1980.

Heinz, Brecht and Richard Gombrich ed., *The World of Buddhism—Buddhist Monks and Nuns in Society and Culture*, London : Thames and Hudson, 1984.

Yi, Fu Tuan, *Space and Place—The Perspective of Experience*, Minneapolis : The University of Minnesota, 1977.

Langer, Suzanne K., *Problems of Art*, New York : Charles Scribner's Sons, 1957.

Leacroft, Richard and Helen, *Theatre and Playhouse*, London : Methuen, 1984.

Mackintosh, Iain, *Architecture, Actor, & Audience*, London & New York : Routledge, 1993.

Macgowan, Kenneth and William Melnitz, *The Living Stage*, Englewood Cliffs : Prentice-Hall, 1987.

Marasinghe, E. W., *The Sanskrit Theater and Stagecraft*, Delhi : Sri Satguru Publications, 1989.

Nagler, A. M., *A Source Book in the Theatrical History*, New York : Dover, 1952.

Panchal, Coverdhan, *The Theatres of Bharata and Some Aspects of Sanskrit Play-production*, New Delhi : Munshiram Manoharlal Publishers, 1996.

Rangacharya, Adya, *The Nātyaśāstra*, New Delhi : Munshiram Manoharlal Publishers Pvt Ltd., 1996.

6. 論文

國內

강춘애, 「불교의 행상의식과 가두연희」『동양연극연구』1, 동양연극학회, 2000.

古家信平, 「日本의 祭禮와 行列」, 동양연극학회 국제학술회의 발표논문, 2001.

고승길, 「고분벽화에 묘사된 고구려의 곡예와 아시아의 곡예」『연극연구』10, 중앙대학교 연극학과, 1996.

_____, 「한국 사자춤의 源流」『동아시아의 불교문화』(제4회 동아시아 비교문화 국제회의 논문집), 동아시아 비교문화 국제회의 한국본부, 1999.

_____, 「만석중놀이와 아시아의 그림자 연극」『동양연극연구』1, 동양연극학회, 2001.

_____, 「한국과 아시아의 山車」, 제2회 동양연극학회 국제학술회의 발표논문, 2001.

공석구, 「安岳 3號墳 主人公의 節에 대하여」『高句麗研究』11, 학연문화사, 2001.

권창순, 「조선시대 궁궐건축의 공간이용에 관한 연구」, 고려대학교 석사학위논문, 1984.

김기철, 「한국전통극의 연극특성에 따른 공연장 건축적 요소에 관한 연구」, 홍익대학교 박사학위논문, 1987.

김기태, 「高麗八關會에 대한 硏究」, 서강대학교 석사학위논문, 1989.

김병모, 「한국 거석문화원류에 관한 연구」『한국고고학보』10 · 11, 韓國考古學硏究會, 1981.

김열규, 「고려사회의 민속과 무속」『한국신화와 무속 연구』, 일조각, 1977.

김영모, 「朝鮮時代 祠廟空間의 構成에 관한 硏究」『서울학연구』9, 1998.

김정희, 「朝鮮時代 宮闕建築의 空間利用에 關한 硏究」, 고려대학교 석사학위논문, 1983.

김태경, 「한국축제의 공간과 행태적 특성에 관한 연구」, 서울시립대학교 박사학위논문, 1997.

김태곤, 「무속과 불교의 습합」『한국민속학』15, 민속학회, 1986.

김형우, 「高麗時代 國家的 佛教行事에 대한 硏究」, 동국대학교 박사학위논문, 1992.

김혜숙, 「八關會의 機能과 變化」, 한국정신문화연구원 한국학대학원 석사학위논문, 1997.

문명대, 「高麗佛畵의 造成背景과 內容」『高麗佛畵』(한국의 美 7), 중앙일보, 1999.

_____, 「朝鮮朝 佛畵의 양식적 특징과 변천」『朝鮮佛畵』(한국의 美 16), 중앙일보, 1999.

문명대, 「觀經變相圖의 圖版解說」『高麗佛畵』(한국의 美 7), 중앙일보, 1999.

박은영, 「奉使圖에 나타난 山臺雜像놀이의 무대와 공연형태에 관한 연구」『한국 고대연극사 특수연구』, 중앙대학교 대학원 연극학과 발표요지, 2000.

박전렬, 「일본 교토 기온마쓰리의 상징과 사회성」, 제2회 동양연극학회 국제학술회의 발표논문, 2001.

박종기, 「나무의 신화적 의미」『계간 꼭두극』10, 한국낙산 주식회사, 1988.

박종민, 「고려왕실의 세시의례」『민속학연구』5, 국립민속박물관, 1995.

박호원, 「高麗 巫俗信仰의 展開와 그 내용」『민속학연구』1, 국립민속박물관, 1994. 8.

_____, 「高麗 山神信仰」『민속학연구』2, 국립민속박물관, 1995.

_____, 「韓國共同體信仰의 歷史的 研究」, 한국정신문

화연구원 한국학대학원 박사학위논문, 1997.

사진실, 「공연예술의 기록, 儺禮廳謄錄 1」『문헌과 해석』, 1997년 가을호, 태학사, 1997.

_____, 「고려시대 呈才의 공연방식과 연출원리:〈舞鼓〉,〈動動〉,〈紫霞洞〉,〈獻仙桃〉를 중심으로」『한국정신문화연구』73, 한국정신문화연구원, 1998.

_____, 「山臺의 舞臺樣式的 特性과 公演方式」『구비문학연구』7, 한국구비문학회, 1998.

_____, 「儺禮廳謄錄 2」『문헌과 해석』1998년 여름호, 태학사.

_____, 「儺禮廳謄錄 3」『문헌과 해석』1998년 가을호, 태학사.

_____, 「儺禮廳謄錄 4」『문헌과 해석』1998년 겨울호, 태학사.

_____, 「〈船遊樂〉의 공연 양상과 연극사적 의의」『동양연극연구』1, 동양연극학회, 2000.

_____, 「조선시대 궁정 공연 공간의 양상과 극장사적 의의」『서울학연구』15, 서울학연구소, 2000.

_____, 「山臺와 野戲의 공연양상과 연극사적 의의-『奇玩別錄』에 나타난 공연 행사를 중심으로」『고전희곡연구』3, 한국고전희곡학회, 2001.

서길수, 「碧流河 유역의 고구려 산성과 관방체계」『高句麗研究』11, 학연문화사, 2001.

심우성, 「민속극의 무대공간(놀이판): 들놀음」(민속극장 설립을 위한 자료 1),『공간』77, 1973. 8.

_____, 「민속극의 무대공간(놀이판): 오광대놀이」(민속극장 설립을 위한 자료 2),『공간』79, 1973. 10.

_____, 「민속극의 무대공간(놀이판): 산대놀이」(민속극장 설립을 위한 자료 3),『공간』80, 1973. 12.

_____, 「민속극의 무대공간(놀이판): 해서탈춤」(민속극장 설립을 위한 자료 4),『공간』82, 1974. 2.

_____, 「민속극의 무대공간(놀이판): 꼭두각시놀음」(민속극장 설립을 위한 자료 5),『공간』84, 1974. 4.

_____, 「민속극의 무대공간(놀이판): 줄타기」(민속극장 설립을 위한 자료 6),『공간』85, 1974. 5.

_____, 「민속극의 무대공간(놀이판): 사자놀이」(민속극장 설립을 위한 자료 7),『공간』86, 1974. 6.

_____, 「한국목우의 분류와 성격」『계간 꼭두극』10, 한국 낙산 주식회사, 1988.

심재기, 「八關·燃燈會散考: 그들의 演劇的 貢獻에 留意하여」『文理大學報』7-1(12), 서울대학교 문리과대학, 1958. 12.

안계현, 「燃燈會攷」『白性郁博士 頌壽紀念 佛敎學 論文集』, 동국대학교출판부, 1959. 7.

안지원, 「高麗時代國家佛敎禮儀硏究-燃燈·八關會와 帝釋道場을 중심으로」, 서울대학교 박사학위논문, 1999.

양재연, 「山臺戲에 就하여」『中央大學校 三十周年 紀念論文集』, 중앙대학교출판부, 1955.

오출세, 「한국민속과 불교의례」『불교민속학의 세계』, 집문당, 1996.

유미희, 「김창하 시대 정재의 향악적 특성」〈만수무강하옵소서〉(국립국악원), 11월 문화인물 김창하의 달 기념 정재발표회 프로그램, 정재연구회·창무예술원, 2000.

윤광봉, 「불교의식과 연회: 팔관회와 연등회를 중심으로」『대전어문학』4, 대전대학국어국문학회, 1987. 2.

_____, 「돈황의 세시풍속」『민속학회』24, 1991. 9.

_____, 「한국연희와 역사적 전개」『고전희곡의 개념과 그 역사』, 한국고전희곡학회 발표논문, 2000.

二宮啓任, 「고려의 팔관회에 대하여」『조선학보』9.

이동주, 「高麗佛畫-幀畫를 중심으로」『高麗佛畫』(한국의 美 7), 중앙일보, 1999.

이두현, 「山臺都監劇의 成立에 對하여」『국어국문학』18, 국어국문학회, 1957.

이병옥, 「松坡山臺놀이의 옛 놀이판과 背景」『한국민속학』14, 한국민속학회, 1991.

이석호, 「동국세시기(외) 해제」『동국세시기(외) 역본』, 을유문화사, 1969.

이은봉, 「고려시대 불교와 토착신앙의 접촉관계: 연등회, 팔관회의 종교의 기능을 중심으로」『종교연구』6, 한국종교학회, 1990.

_____, 「燃燈會와 土着信仰의 關係」『柳炳德博士 華甲紀念論叢 韓國哲學宗敎思想史』, 원광대학교 종교문제연구소, 1990.

이혜구, 「의례상으로 본 팔관회」『예술논문집』1, 대한민국예술원, 1962. 12.

_____, 「牧隱先生의 驅儺行」『補訂 韓國音樂史研究』, 민속원, 1996.

_____, 「山臺劇과 伎樂」『補訂 韓國音樂史研究』, 민속원, 1996.

임미선, 「己巳 進表裏 進饌儀軌에 나타난 궁중연향의 면모와 성격」『국립국악원 논문집』7, 국립국악원, 1995.

장한기, 「韓國演劇의 思想的 背景」『梁柱東博士華誕

紀念論文集』, 동국대학교출판부, 1963.

_____, 「기악과 무애무: 일본현지 답사를 통해 본 우리의 불교극」, 『불교와 제 과학, 개교 80주년 기념논총』, 동국대학교출판부, 1987.

전경욱, 「한국의 가두행렬의식」, 제2회 동양연극학회 국제학술회의 발표논문, 2001.

정민혁, 「山臺 제작에 대한 연구」, 『한국 고대연극사 특수연구』, 중앙대학교 대학원 연극학과 발표요지, 2000.

조창한, 「韓國寺刹과 희랍神殿의 建築空間構成比較研究」, 서울대학교 박사학위논문, 1985.

諏訪幸雄, 「日中舞臺의 유사성」, 『동양연극연구』1, 동양연극학회, 2001.

한국음악사료연구회, 「國譯純祖己 丑進饌儀軌』 I, 『한국음악사학보』14, 1995.

_____, 「國譯純祖己 丑進饌儀軌』 II, 『한국음악사학보』15, 1995.

_____, 「國譯純祖己 丑進饌儀軌』 III, 『한국음악사학보』17, 1996.

韓永熙 외, 「扶安 竹幕洞祭祀遺蹟 發掘調査進展報告」, 『韓國考古學誌』4, 韓國考古美術研究所, 1992.

허술, 「傳統劇의 舞臺空間」, 『창작과 비평』32, 1974.

洪起三, 「月明師兜率歌의 佛敎說話的 觀點」, 홍윤식 · 오출세 · 윤광봉 · 이창식 엮음, 『불교민속학의 세계』, 집문당, 1995.

홍미라, 「山臺造設의 意味와 構造에 관한 研究」, 동국대학교 박사학위논문, 1998.

홍순창, 「연등考-특히 상원연등의 유래에 대하여」, 『김재원 박사 회갑기념논총』, 을유문화사, 1969.

홍윤식, 「불교의 민속」, 『현대불교신서』33, 동국대학교 부설 역경원, 1980.

國外

周華斌, 「中國早期劇場論」, 『中華戲曲』10, 1998.

Ahmed, Syed Jamil, "Decoding Myths in the Nepalese Festival of Indra Jātrā," *New Theatre Quarterly 74*, Cambridge : Cambridge University Press, May, 2003.

Grazia, Margreta de, "World Picture, Modern Periods, and The Early Stage," John D. Cox and D. S. Kastan ed., *A New History of Early English Drama*, New York : Columbia University Press, 1997.

Mcree, Benjamin R., "Unity or Division? —The Social Meaning of Guild Ceremony in Urban Commmunities," Barbara A. Hanawalt and Kathlyn L. Reyerson ed., *City and Spectacle in Medieval Europe*, Minneapolis : University of Minnesota Press, 1994.

찾아보기

코스모스 136, 258

신선희(辛仙姬)는 1945년생으로 경기여중고와 이화여대 영문과를
졸업했다. 하와이 대학에서 연극학을 전공하고 뉴욕 폴라코프
무대미술학교에서 수학 후 중앙대학교에서 연극학 박사학위를
받았다. 이십오 년 동안 대학에서 극장사를 강의해 왔으며,
오랫동안 연극 현장에서 무대미술가로 활동하며 백상예술대상 및
동아연극상 등 다수의 무대미술상을 수상했다. 현재
국립극장 극장장으로 있다. 〈자전거〉(1983), 〈봄이 오면
산에 들에〉(1996), 〈문제적 인간 연산〉(1996),
〈바리〉(1999 · 2005), 〈태풍〉(1999) 등의 무대디자인을 했으며,
〈청산별곡〉(2000 · 2003), 〈고려의 아침〉(2002),
〈무천 · 산화가〉(2005)의 가무악 극본 및 연출을 맡은 바 있다.
저서로는 『무대작화』(1996)와 『신선희 무대예술 작품집—
침묵과 여백의 공간』(2008) 등이 있다.

한국 고대극장의 역사
辛仙姬

초판1쇄 발행 ——— 2006년 5월 1일
초판2쇄 발행 ——— 2008년 4월 10일
발행인 ——————— 李起雄
발행처 ——————— 悅話堂
　　　　　　　　　경기도 파주시 교하읍 문발리 520-10 파주출판도시
　　　　　　　　　전화 (031)955-7000, 팩시밀리 (031)955-7010
　　　　　　　　　www.youlhwadang.co.kr　yhdp@youlhwadang.co.kr

등록번호 ——————— 제10-74호
등록일자 ——————— 1971년 7월 2일
편집 ——————————— 조윤형 · 송지선
북디자인 ——————— 공미경
인쇄 · 제책——————— (주)상지사피앤비

* 값은 뒤표지에 있습니다.

ISBN 978-89-301-0185-1

Published by Youlhwadang Publisher
A Study of Theater Space in Korean Court Ritual © 2006 by Shin, Sun-hi
Printed in Korea

이 도서의 국립중앙도서관 출판시도서목록(CIP)은
e-CIP 홈페이지(http://www.nl.go.kr/cip.php)에서
이용하실 수 있습니다.(CIP제어번호: CIP2008000531)